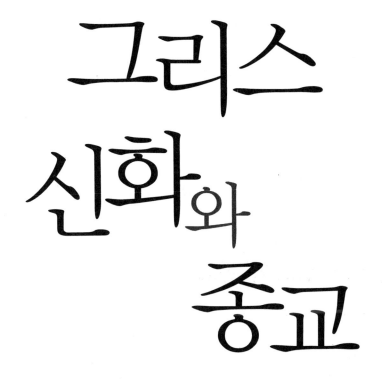

그리스 신화와 종교

최한수 지음

명인문화사

그리스 신화와 종교

제1쇄 펴낸 날 2021년 11월 2일

지은이 최한수
펴낸이 박선영
주 간 김계동
디자인 전수연
교 정 김유원

펴낸곳 명인문화사
등 록 제2005-77호(2005.11.10)
주 소 서울시 송파구 백제고분로 36가길 15 미주빌딩 202호
이메일 myunginbooks@hanmail.net
전 화 02)416-3059
팩 스 02)417-3095

ISBN 979-11-6193-046-6
가 격 25,000원

간략목차

세부목차

사진목차

서문

그리스는 내 인생에서 행복한 동반자다. 나의 인생 후반에 그리스를 여행하고 그리스에 관한 글을 읽고 그리스에 관한 글을 쓰는 것은 나로서는 대단한 행운이다. 특히 그리스의 신화와 종교는 나에게 많은 영감과 상상을 불러온다. 물론 이것은 많은 사람들에게도 마찬가지일 것이다. 이 영감과 상상으로 나와 세상을 보고 생각하면 여전히 무한한 가능성과 자신감 속에 아름다운 행복을 느낀다. 이 책은 이런 아름다운 행복감을 독자와 함께 나누려는 것이다.

이 글은 그리스 신화와 이 신화를 경전으로 했던 그리스 종교에 관해 기술한 내용이다. 그리스 신화는 수백의 신들이 시공을 초월하여 가족을 이루고 활동하기 때문에 이해하기가 아주 복잡하다. 그러나 그리스 신화는 최고의 상상력, 가장 가까운 현재와 가장 먼 미래 그리고 창조력과 재생력을 갖고 있는 삶의 보고이다.

신화 한 편을 읽는 것은 큰 나무에 주저리 달린 하나의 잎을 보는 것이다. 잎만 보면 그 나무가 어디에서 자라는 어떤 나무인지 그리고 그 잎은 나무의 어느 가지에 달려있는지를 알 수 없다.

그리스 종교는 다신과 뛰어난 상상력을 바탕으로 다양한 의식을 갖고 수천 년 지속되어 오면서 찬란한 그리스 문명의 모티브가 되었고,

그리스 문명은 인류 문명의 모티브가 되어 우리의 사상과 행동의 샘물이 되고 있다. 그러나 그리스 종교는 이미 2000여 년 전에 폐교된 종교라서 이해하기가 쉽지 않지만 이런 역사는 오히려 현대 종교의 미래를 가늠하는 지표를 제공한다.

이 글은 그리스 신화라는 나무와 그 주변 그리고 잎들을 보고 역사에 덮인 그리스 종교를 다시 만날 수 있는 네비게이션을 제공하기 위해 쓰게 되었다.

그리스의 고전 문헌들은 영어로 옮겨졌고 우리나라의 일부 학자들의 노고로 중요한 문헌들이 한글로도 옮겨졌다. 영문 서적 외에도 그리스 문헌을 영문으로 번역한 자료들을 구글 사이트에서 읽을 수 있다.

그리스에 관한 글을 쓰는 데 어려움은 그리스어와 라틴어 그리고 영어로 얽혀 있는 많은 용어들 중에 골라서 본래의 그리스어 용어를 중심으로 뜻을 전달하는 것이다. 구글의 영문 자료들은 이 어려움을 해소하는 데 아주 유용했으나 그 출처를 일일이 제시하지는 않았다. 구글에서 인용한 자료들도 가능한 한 출전을 표시하려고 했지만, 원고가 너무 난삽해지기에 단지 확인하거나 대조하는 정도의 내용은 생략했다. 대신 이 자리를 통해 관계자들의 노고에 사의를 표한다.

일부 신화의 내용 중에 중복되는 부분이 있는 것은 신들의 활동이 시간과 장소를 초월하여 이루어지고 족보가 이어지기 때문에 이야기들의 연결을 위한 것이었지만, 최소로 하려고 노력했다.

그리스의 신화와 종교는 오래된 과거의 이야기들이다. 그러나 모든 내용을 과거형으로 기술하면 자칫 사실의 단정이나 연속성의 단절로 인식될 수도 있다. 이런 이야기들은 관습적이거나 일반적이고 원론적인 이야기라서 시제에 얽매이기보다는 현재형을 중심으로 기술한 부분도 있다. 따라서 우리는 타임머신으로 BC 2000년의 그리스 크레타와 미케네로 시간여행을 하여 그 당시의 신화와 종교를 접하면서 이해하는 것이 바람직하다.

　나는 정치학 전공자이다. 그러나 많은 시간 종교에 관심을 갖고 여러 종교들을 탐방했다. 대학에서 여러 해 정치와 종교에 관한 강의를 하면서 관련 문헌들을 고찰했다. 총신대 대학원 목사과정에 잠시 재학하면서 기독교에 관해, 조계종 불교대학과 대학원 과정의 수학을 통해서 각각 기독교와 불교를 비롯한 종교에 관해 관심을 가져왔다. 그리스의 환경과 고대 문명에 매료되어 그리스를 3번 탐방했다. 처음에는 단체여행으로, 두 번째는 친구 셋이서 그리고 세 번째는 와이프와 둘이서 배낭여행을 했다. 세 번째는 아테네의 민주주의와 전쟁에 관한 내용의 원고를 쓰면서 페르시아 및 펠로폰네소스의 전쟁지역을 중심으로 15개의 섬들을 돌았다. 이런 일련의 경험들이 이 글을 쓰는 데 유용했다.

　나는 이 글을 쉽고 재미있게 써보려고 시도했다. 그러나 책은 재미도 있어야 하지만 새로운 지식을 습득할 수 있는 원천이어야 한다. 글을 쓰면서 학자로서 버릇을 벗어나지 못하고 이런저런 내용을 살피다 보니 약간 전문적인 내용이 담기게 되었다. 그러나 나는 종교학자가 아니어서 종교에 대한 제한된 지식과 방법으로 글을 쓰는 어려움이 있다. 또한, 문헌의 고찰도 아주 제한된 범위를 넘지 못했다. 분석적 연구가 아니라 역사적이고 해석적 기술이기 때문에 서론에서 문제 제기와 목적을 기술하고 결론은 간략한 맺음말로 대신하고자 한다.

　그럼에도 망설임 속에 이 원고를 세상에 내는 용기를 가진 것은 첫째, 우리나라에 이런 종류의 글이 희소하다는 점에서 관심 있는 독자들에게 약간의 도움이 되기를 바라기 때문이다. 특히 그리스 신화와 종교를 문명사적 차원에서 근원과 배경의 이해를 통해서 신화와 종교의 본질에 더 가까이 접근할 수 있도록 하며, 이를 계기로 이에 대한 많은 연구가 이어지기를 기대하는 마음이다. 의욕과 달리 혹시 잘못된 내용이 있다면 필자의 천학 비재의 탓이니 아낌없는 질정(叱正)을 기대한다. 또한, 이 원고를 읽어본 동료학자인 명인문화사 대표인 박선영 박사께서 출간을 적극 제안했다. 어려운 상황에서도 출간을 맡아 수고해주시는 박선영 대표와 임직원에게 감사의 뜻을 전한다. 끝으로 이 글을 준비하고 쓰는 동안 그리스의 배낭여행에 동반해주고 뒷바라지해준 처와 함께 의미를 새기고자 한다.

 나는 이 글의 초고를 들고 LA로 와서 마무리하였다. 이 글의 보완과 교정은 출판사와 이메일로 연락하였지만, 저자가 해야 할 일들도 출판사에서 박선영 박사를 비롯한 전수연 디자이너와 직원들이 수고해 주심에 미안하고 감사한 마음이다. 끝으로 이 책이 독자들에게 소박한 행복과 소소한 지식을 전하게 되기를 바라면서 다음에는 『아테네 민주주의와 전쟁』으로 다시 만나기를 기대한다.

신축년 가을 오렌지카운티에서
우담(雨潭) 최한수(崔漢秀)

일러두기

1. 인명, 신명, 지명, 기타 고유명사의 표기는 그리스어를 기본으로 하였으나 널리 일반화 된 일부 표현은 필자의 부주의로 미쳐 그리스 식으로 옮기지 못한 부분이 있을지 우려 스럽다.

2. 주는 각주를 원칙으로 하되 그리스 고전의 경우 인용문장의 끝에 내주로 처리했다. 고대 그리스의 문헌은 [도서명, 권, 장. 행]으로 표시되어 있고 거의 모든 번역서들도 이 형식을 따랐기 때문에 번역자나 출판사 및 출판 년도 그리고 책의 유형이 달라도 이 표기는 동일하며 페이지는 의미가 없다. "한 저자의 한 문헌"만 존재하는 경우나 여러 권이 있어도 저자가 잘 알려진 경우는 저자 이름을 생략하고 [책. 장. 행]으로 표기했다. 예를 들면 헤로도토스의 문헌은 「역사」 한 권이기 때문에 (역사. 권. 행)으로, 플라톤의 경우는 여러 권이 있어도 잘 알려진 문헌인 『국가』는 저자명을 생략했다.

3. 문헌은 그리스 어의 영문번역본과 한글 번역본을 동시에 참고했고 번역본이 있는 것은 번역본을 표기했고, 영문 번역본만을 참고했을 경우는 영문으로 표기했다.

4. 그리스어 고전은 구글 사이트에 여러 영문 번역본이 등재되어 있다. 각 번역본마다 약간의 차이가 있기 때문에 여러 번역본을 참조했으나 참고문헌에는 대표적으로 하나만 제시했다. 영문 번역본을 참고할 수 있도록 해준 관계자에게 감사한다.

5. 그 외의 문헌들은 각주로 표시하고 모든 문헌은 뒤에 정리했다.

1장

서론

인간에게 신(神)은 본능적 대상이다. 인간은 스스로 깨닫건 깨닫지 못하건 정신 속에 신을 담고 산다. 다른 본능적 욕망이 항상 마음속에 있는 것은 아닌 것처럼 신도 항상 마음에 담고 사는 것은 아니다. 그러나 고대사회로 거슬러 올라갈수록 인간은 신에 예속되어 있었다. 여기에서 인간들의 이야기와 신들의 이야기가 뒤섞이고 신화가 탄생한다.

인간들은 신을 경배하는 행위를 반복적으로 계속했다. 현대에서는 이것을 의식이라고 부른다. 그리고 인간의 신에 대한 믿음과 숭배 그리고 의식 등을 통틀어 '종교'라는 용어로 표현하고 있다. 즉 근대적인 용어로서의 종교는 이미 수천 년 또는 그 이전에 탄생했는데 그 현상의 개념을 담고 있는 '종교'라는 용어는 근대에 탄생한 것이다.

인간의 역사는 신과 종교의 무덤이다. 그동안 수많은 신들과 종교들이 출현했다가 사라졌다. 고대사회로 거슬러 올라갈수록 인간들은 자신들의 생로병사와 우주 만물의 변화에 대해 무지했다. 이 무지에 대한 해답을 주던 신과 종교는 인간의 이성과 과학이 발전하면서 아침놀의 안개처럼 걷혀갔다. 무지와 공포가 믿음으로 포장되고 혹세무민이 종교라는 이름으로 용인되는 사회는 저녁놀의 태양처럼 저물어가고 있다.

식물이 싹이 나고 자라려면 적합한 토양이 필요하듯 신이나 종교도 발생하고 유지되려면 적합한 문명적 환경이 필요하다. 토양의 필수 요소가 흙, 물, 태양, 양분이라면 종교의 환경은 무지와 비이성, 비과학 그리고 욕망이다. 현대사회는 신이나 종교가 탄생할 수 있는 이런 상황이 사라졌거나 사라져가고 있다. 역사 속에서 치열한 생존경쟁 끝에 살아남은 종교들의 일부는 신앙, 일부는 문화의 형태로 종교 세계를 지배하고 있다. 이런 종교들은 제도화되면서 힘을 확보하게 되고 종교 권력으로 변화하게 되었다. 종교 권력은 신과 인간의 관계에 여러 요소들을 가미하여 인간을 종교에 예속시켰다. 특히 유일신교인 유대교, 기독교, 이슬람교는 거대한 종교 권력을 배후로 하여 인간이 가야 할 하나의 길을 지정해 놓고 있다. 하나의 신, 하나의 종교다. 그리고 그 길의 목표는 눈에 보이는 죽음을 극복하고 눈에 보이지 않는 '부활'과 '영생'을 추구하는 것이다. 마르크스의 주장대로 신이나 종교에 대한 예속이다. 대신 인간은 부활과 영생이라는, 마르크스의 용어로 '아편'을 통해 현세의 고통을 일시적으로 면하고 일시적 위안을 얻는다.

태초의 인간들도 당연히 신을 가슴에 안고 살았지만, 이 신들이 인간의 생각 밖으로 표출되고 표현된 것은 역시 문명의 발달과 궤를 같이한다. 문명을 통해서 자신들의 신들과 믿음 그리고 의식을 체계화하였고 이를 전파하여 후세에 전해지도록 했다. 우리가 보통 문명의 발상지로 부르는 곳은 곧 종교 문명의 발상지다. 나일강을 중심으로 하는 이집트, 티그리스강과 유프라테스강을 중심으로 하는 메소포타미아, 인더스강을 중심으로 하는 인도, 황하와 양쯔강 일대의 중국 문명 등에서는 인간의 삶의 시작과 함께 신과 의식 즉 종교가 시작되었다. 이 지역 중에서 유적과 문자가 가장 뚜렷한 곳이 이집트와 메소포타미아 지역이다.

그리스에도 종교가 있었다. 현재를 기준으로 하면 1만 년, 기독교의 발흥기를 기준으로 하면 최소한 8000년 전에 그리스의 신석기 문화에는 이미 신이 존재했다. 가장 빠른 지역은 크레타섬(이하 크레타와 크레타섬을 혼용해서 표기)이었다. 크레타섬은 이집트 문명과 메소포타미아 문명을 접할 수 있는 지정학적 요충지였다.

크레타는 BC 3500년경부터 미노아 문명을 바탕으로 선진적인 해양 문명들과 활발히 접촉했다. 이집트도 이미 크레타에 앞서는 왕조 문명이 번성했다. 문명의 선도지역이었던 근동의 수메르에는 BC 2100년경 이미 문자를 고안하여 『길가메시』라는 서사시를 남겼다. 수메르 문명과 종교는 유대인 종교의 모델이 되었고 근동에서 여러 곳으로 퍼져 나갔다. 크레타는 자체 문명을 바탕으로 중근동 및 이집트와 왕래가 빈번해지면서 신(神)들의 왕래도 함께 이루어졌다.

크레타의 미노아 문명은 본토의 미케네인들에 의해 멸망했지만 미케네인들은 미노아 문명을 자신들의 땅으로 이전해 새로운 문명으로 발전시켰다. 그러나 미케네 문명(BC 1600~1100)으로 대표되는 청동기 문명 시대는 BC 1100년에 끝나고 이때부터 BC 750년대까지 암흑시대에 싸인다. 이 시대는 모든 문명이 파괴되고 유적들만 간간이 남아있어 역사적으로 캄캄한 시대였다. 물론 이 시대에도 사람이 살고 활동하면서 그동안 숭배했던 신들도 계속 동반했다. 그리스인들은 페니키아인들에게 문자도 배워 익혔다.

암흑시대가 끝나면서 근동의 문자 문명보다 1300여년 이후인 중엽에 이르러 호메로스라는 미지의 인물이 이 문자를 사용하여 『일리아스』와 『오디세이아』라는 서사시를 써냈다. 그리스뿐만 아니라 근동 특히 유대인들도 이즈음에 그간에 구전되던 전설을 경전으로 문자화하기 시작했다. 호메로스의 『일리아스』는 트로이 전쟁을 배경으로 하는 이야기들이다. 트로이 전쟁은 인간의 역사인데 여기에 신을 투입해서 신화가 되었다. 신화를 벗겨내고 역사를 드러내기까지는 1000여 년 이상의 세월이 흘렀다.

호메로스는 그동안 각 지역별로 민간인들 사이에서 산발적으로 구전되던 신들의 명칭과 성격 및 역할 등을 비유법을 동원하여 소상하게 묘사하고 인격을 부여하였으며 신들을 숭배하는 종교의식의 중심인 희생 제의에 관해서도 자세히 기술했다. 그런데 허구적인 이야기로만 인식되던 이 이야기는 놀랍게도 역사를 담고 있었다.

호메로스가 역사에 덧씌운 신화를 걷어 낸 인물은 19세기 초 독일의 아마추어 고고학자 하인리히 슐리만(Heinrich Schliemann, 1822~1890)이었다. 그는 호메로스의 『일리아스』의 내용이 단순한 신화가 아니라 역사적 사실이 담겨있다는 신념을 가지고 발굴 작업을 한 결과, 전쟁이 역사였고 등장하는 신들도 그리스인의 종교적 신들이라는 점을 밝혀냈다. 이를 시작으로 땅 속에 묻혀 있던 크레타와 미케네 문명을 휘감고 있던 암흑도 어느 정도 걷히게 되었다.

호메로스에 이어 불과 몇십 년 차이로 이번에는 헤시오도스가 『신들의 계보』와 『일들과 나날』이라는 서사시를 냈다.[1] 헤시오도스는 이 작품들에서 신들의 계보를 정리하여 호메로스의 작품들과 함께 그리스인들의 종교적 교과서 즉 경전이 되었다. 물론 그리스인들은 이 서사시들이 나오기 이전에도 관습과 구전으로 신을 숭배해 왔다. 어느 시대 어느 사회나 불신과 의심을 갖는 사람은 존재하지만 거의 모든 그리스인들은 이 서사시의 신들을 사실적 존재로 믿었다.

이 시기를 전후하여 그리스는 도시국가들이 출현하면서 산간(山間)과 섬을 중심으로 1,500여개의 도시국가들이 난립했다. 신들도 수백이었다. 그러나 각각의 도시국가 시민들은 모두 하나의 그리스인이고 수백의 신들도 한 가족의 신들이라고 생각했다.

권력은 부자간에도 살상을 마다하지 않는다. 하나의 그리스인이라 여기던 그리스 도시국가들 사이에서도 수시로 전쟁이 일어났던 것은 결코 이상한 예외적 현상이 아니다. 그러나 유럽에서 기독교를 중심으로 일어났던 폭력적인 종교분쟁이 그리스에서는 없었다. 그리스인들은 지역별로 각각의 신을 숭배하는 다양한 밀교의식이 있었음에도 배타적이 아니라 보완적이고 협의적이었다. 적대적인 도시국가들도 종교의식이 거행되는 성소에 함께 참가했으며 종교의식이 거행되는 중에는 전쟁도 멈췄다. 올림픽은 바로 전쟁을 하는 도시국가들이 신을 중심으로 함께 모이는 대표적인 종교의식이었다.

그리스 종교가 국가와 사회에 긍정적인 기능만 한 것은 물론 아니다. 아테네군과 페르시아군이 마라톤 평원에서 격돌한 마라톤 전투에 지원군을 파견하기로 했던 스파르타는 종교의식에 발이 묶여 출전이 늦는 경우도 있었다. 또한, BC 5세기 초 아테네의 시칠리아 원정에서는 헤르메스 신의 흉상 훼손 사건이 나자 시칠리아 원정군 총사령관에게 신성 모독죄를 씌워 결국 그가 적진인 스파르타로 망명하는 사건이 발생하기도 했다. 그리스에서 신성모독은 중대 범죄로 소크라테스의 죄명에도 포함되었다. 시칠리아 원정에서 지휘관은 전투를 하거나 대피하는 대신에 종교적 신념의 실천으로 꾸물거리다가 수만 명이 죽거나 적진으로 흩어지고 6,000여 명이 포로로 잡혀 카프치니 채석장에서 숨겨간 비운의 악연으로도 작용했다.

그리스인들은 도시국가나 도시국가의 각 지역별로 신이 사는 성스러운 곳 즉 성소를 지정하고 그 안에 신전을 건립했다. 아테네 아크로폴리스의 파르테논 신전을 비롯한 여러 개의 웅장하면서도 아름다운 건축의 신전들과 주변의 극장들은 바로 그리스인들이 신을 얼마나 경건하고 정성스럽게 숭배하고 믿었는지에 대한 역사적 증거이다. 그리스 각 섬에도 이와 유사한 성소와 신전들이 존재하며 아폴론의 출생지로 알려진 델로스섬의 경우 섬의 평지 전체가 성소로 지정되고 그 안은 신전들과 신상들로 채워져 있다.

그리스는 BC 1세기에 로마에 복속되었다. 그러나 로마는 그리스 문명과 종교를 받아들였다. 유대인들도 그리스의 위대한 문명을 동경하여 자신들의 히브리어 성경을 이미 BC 3세기에 70인을 동원하여 그리스어로 번역하기 시작했고 이 작업은 4년간 이어져 AD 1세기에 '70인 역'이라는 그리스어판 성서가 탄생했다. 여기에 그리스의 종교와 경전의 영향이 깃들었을 것은 물론이다. 그리스의 종교용어로 히브리의 종교를 표현했기 때문이다.

예수를 교주로 하는 기독교의 성서들(신약성경)은 아예 처음부터 그리스어로 작성되었다. 따라서 여기에는 그리스의 신플라톤주의와 엘리우시스 밀교, 디오니소스 밀교, 오르페우스 밀교의 사상이 깊이 침투되었다. 이데아, 로고스, 재림, 부활은 유대인의 성서가 아니라 그리스인의 경전과 종교의식에 존재했던 내용들이다.

로마인들은 4세기 초에 이르러 박해하던 기독교를 오히려 국교로 인정했다. 콘스탄티누스는 세력 투쟁에서 기독교도들의 도움을 받았을 뿐만 아니라 시민 통제를 위한 정치적 목적도 있었다. 권력으로부터 인정받은 기독교가 제일 먼저 정치권력을 배경으로 하여 그 힘을 행사한 것은 그리스 종교의 말살이었다. 로마 문명에 깊이 착근된 그리스 종교에 대한 두려움과 유일신에 대한 강박관념의 발로였을 것이다. 그러나 그리스 종교의 경전은 이미 로마에 뿌리를 내리고 있었기 때문에 파내서 뿌리를 제거하기는 어려웠다. 대신 유전자를 조작하여 경전을 '신화'로 둔갑시켰다. 그리스 종교의 경전에 있는 신들은 로마 신화의 신들로 강등되어 숭배나 숭앙의 대상이 아닌 재밌거리의 신들로 전락되었다. 전쟁에서 패한 황제가 노예로 신분이 달라지듯 그리스인들이 나라와 힘을 잃으면서 그리스의 종교는 말살되고 신들은 신비스러운 권위를 박탈당한 채, 잔디 대신에 잡풀이 무성하듯 경전은 사라지고 그 자리에 신화가 돋아난 것이다.

그리스인들이 그들의 신을 숭배하고 경전을 읽고 믿었던 것은, 유대인들이 야훼신을 숭배하고 타나크(구약성서)를 믿은 것, 기독교인들이 유대인의 신과 예수를 믿고 신약성서를 읽는 것과 다를 바 없다. 그렇다면 역설적으로 기독교가 힘을 잃게 되는 경우 성서의 위상은 어떻게 될까? 그 대답은 그리스 경전의 현주소가 말해줄 것이다. 다만 현대사회에서 종교의 가장 강한 적은 국력보다도 과학과 이성이다. 현재도 기독교의 보수적인 종교인들은 기독교의 성서들이 신의 말씀이고 계시이기 때문에 글자 한 획도 고쳐서는 안 된다고 고집한다. 기독교가 코페르니쿠스, 갈릴레이 갈릴레오, 다윈, 홉스, 포이어바흐, 마르크스, 칸트와 같은 학자들을 배척하는 것은 이들이 기독교에 비판적인 과학자이고 이성주의자들이기 때문이다. 그러나 기독교의 고집은 곧 고립이다. '판도라의 항아리'가 열려 '성경'을 무차별적으로 공격하는 반종교, 반신적 요소들이 튀어나온다면 신앙이라는 무장이 해제되는 결과로 이어질 수 있다.

그리스는 거의 2000년간을 외세의 지배에 억눌렸다. 그리고 19세기 초에 독립을 쟁취했다. 2000년간의 외세지배 속에서도 민족의 정체성을 유지하고 다시 살아난 것은, 특히 그리스의 문명이 다시 소생한 것은 그리스의 유구한 역사와 찬란한 문화 그리고 건축물의 기둥에 들어 있는 철근처럼 문화 속에 담긴 종교 때문이다. 문명의 뿌리가 없어 자존심이 상했던 유럽인들은 특히 14세기부터 16세기 르네상스라는 이름으로 고대 그리스의 문명으로의 회귀하는 운동을 전개했다. 그리스 문명에서 자신들의 뿌리로 여기는 이론을 개발하고 그리스 문명과 자신들의 역사적 동질성을 주장했다. 그러나 삼엄한 기독교의 감시속에 유럽인들의 그리스 종교와 경전에 대한 접근은 '신화'를 대상으로 하는 것이었다. 19세기 니체도 디오니소스를 자신의 철학 개념인 '힘의 의지'로 인식했지만 종교나 경전이 아니라 신화를 바탕으로 했다.

20세기에 들어서면서 기독교 성서를 신화로 접근하는 시도가 시작되고 그리스 종교와 신화가 재조명되면서 이에 대한 연구가 활발해졌다. 우리나라도 일부 학자들의 노고로 그리스 원서들이 번역되고 그리스에 대한 관심이 높아지면서 그리스에 대한 문헌들이 많이 등장한다. 그러나 주로 고대 그리스 철학자들에 관한 내용이거나 신화들을 문학적 관점에서 기술한 내용 또는 각자가 각색한 신화들이 주류를 이룬다. 필자는 여기에서 그리스 종교의 본질을 탐구해보고 신화를 경전의 관점에서 이해하고자 한다. 이 글은 그리스 종교의 지위를 회복시키고 신화를 그리스 종교의 경전이라는 패러다임으로 시작하여 해석적 방법으로 기술한다. 특히 당시에는 경전이었으며 모든 것이 사실로 인정되었고, 현재는 신화인 이야기들에는 역사의 단편들이 흩어져 있다고 확신한다. 그리고 그 단편들의 퍼즐들을 맞추어 역사로 만들어 내는 것이 우리의 일이며 이 글은 그런 작업에 일조하고자 하는 것이다.

그러면 왜 '그리스 종교'이고 그리스 '신화'가 종교의 '경전'인가?

첫째, 그리스는 암흑시대를 지나고 BC 8세기를 전후해 그간의 축적된 역량으로 새로운 문명이 융성하기 시작했다. 그리스 문명은 유럽 문명의 원초(原初)가 되었고 유럽 문명은 세계 문명을 선도했다. 따라서 그리스 문명은 세계 문명의 원료나 다름없다. 원료는 새로운 물건을 만드는 재료가 되지만 만들어진 물건은 그대로 사용할 수밖에 없다. 이런 점에서 유럽은 물론 세계 문명의 원료인 그리스의 문명을 이해하는 것은 창조로 가는 길이다.

둘째, 그리스 종교는 그리스 문명의 핵심이고 역사적 맥락에서 고대 종교의 전형이다. 고대로 거슬러 올라갈수록 종교의식은 사람으로부터 시작하여 동물을 제물로 하는 희생제 의식으로 거행되었다. 그런데 그리스는 희생제 이후에 희생물로 잔치를 벌이고 축제도 거행했다. 이 과정은 고대인들의 종교 형태의 한 전형이다.

셋째, 그리스 종교와 신은 인간의 삶의 한 부분이었다. 그리스인들은 신들에게 인격을 부여하여 모든 삶에서 동반했고 종교는 삶의 방식이었다. 그리스는 종교라는 대지에 신으로 꽉 찬 곳이었다. 손님을 맞는 것도 신의 뜻대로 대접해야 했다. 희생제의 한 의식인 '데오크세니아'의 전통은 지금도 그리스인들의 친절한 모습에 배어 있다. 교차로에서도 길의 신상을 만나 신의 뜻으로 가야 했다. 집안에는 당연히 가정의 신이 존재하고 그 신을 숭배했다. 농업시대에 모든 농사도 신들의 뜻과 도움으로 수행했다. 전쟁, 여행 등 모든 일은 신의 의지에 의해 이루어졌다. 결국, 그리스 종교는 인간 삶의 상식과 관습의 뿌리다.

넷째, 그리스 종교와 신은 인간의 역사적 자취이며 미래의 좌표이다. 호메로스와 헤시오도스 등 종교 교사는 이런 신들의 성격들이나 역할 등을 소상히 기록해 주고 있다. 신들에 대한 숭배 의식에는 인간의 본성이 그대로 표출된다. 경전에 나타난 신들의 이야기는 인류의 과거의 거울이며 미래의 지표이고 인간이 가야 하는 참 길과 헛길이다. 이런 이야기를 '경전'을 통해서 읽으면 역사가 보이고 믿음과 각오가 우러나지만 '신화'를 통해서 읽으면 흥미에 그치고 만다.

다섯째, 그리스 종교는 신들의 이야기 형태의 경전을 가지고 있었다. 이 이야기들은 그리스의 1세대와 2세대 신들의 이야기다. 그리스 신들은 하나의 거대한 가족이다. 일부는 외부 신도 있지만, 부모자식과 형제자매 그리고 처가와 사돈으로 얽혀 있다. 이 거대한 가족 신들이 시공(時空)을 초월하여 존재하고 인간들과 상호작용하는 이야기들이 바로 그리스 종교의 경전이다. 그런데 이 신들의 이야기는 인간의 삶을 비유와 은유로 상징하며 나름의 메시지를 전해주고 있다. 그리스 경전은 신화로 변했지만, 그 힘은 이제 인류 문화의 원류로 자리 잡고 있다.

여섯째, 그리스 종교와 경전으로서 신화는 그리스 철학의 토대이고 정치와 문명의 바탕이다. 그리스의 정치와 문화는 신을 중심으로 신이 먼저라는 인식에서 수행되었고 그리스 철학은 이를 학문적으로 이해하고 정리하는 방법이고 도구였다. 따라서 현재 그리스 신화로 인식되고 있는 그리스 신들의 이야기를 그리스 종교의 경전의 관점에서 이해하면, 그리스의 역사와 정치사회, 철학과 문화 그리고 더 나아가 그리스인들은 물론 인간들의 인성을 볼 수 있다.

일곱째, 그리스 종교를 회복시키고 신화를 경전으로 되돌릴 수는 없다. 그러나 그 뿌리는 찾을 수 있다. 경전은 여러 단계를 거쳐 신화로 탄생했다. 후세의 역사가들과 문학자 및 종교학자들이 경전들을 해석하여 정리했다. 희극과 비극 작가들이 서사시를 발전시켜 새로운 작품을 써서 경전을 늘려갔다. 그리스인들은 문학 작품도 일종의 경전으로 인식했다. 이것은 유대교의 성서가 창세기 외에 후세 작가나 사가들이 작성한 이야기들(예를 들면 레위기, 민수기, 사무엘기, 열왕기 등 등)이나 기독교가 4개의 공관복음(마가, 마태, 누가, 요한복음) 외에 사도 바울의 서간이나 저자가 불확실한 여러 서간이나 이야기들을 신약성서에 추가한 것과 마찬가지다. 그리스 종교의 경전은 이후에 로마의 작가들에 의해 신화로 각색되고 또 다른 작가들이 그 뒤를 이어 새로운 버전으로 등장시키고 있는 것이다. 이 글은 신화를 경전으로 되돌려 신화의 뿌리와 배경 그리고 의미를 추구하여 전달하려는 것이다.

이 글은 먼저 그리스의 종교와 신화 및 그리스 종교의 시대와 지역에 대해 기술한다. 그리고 그리스 성소와 신전에 대해 소개한다. 성소와 신전은 현대의 성소와 사원이다. 이어 현대 종교의 사제나 목사 등에 해당하는 사제에 관해 이야기한다. 이런 대상들은 그리스인들의 독특한 용어와 의미가 있다. 또한, 그리스 종교의식의 가장 중요한 대상인 희생제 의식과 축제에 대해 기술한다. 특히 그리스 후기에 축제를 중심으로 이루진 의식이었던 밀교를 엘레시우스, 디오니소스, 오르페우스 의식으로 나누어 기술한다. 이 의식은 특히 기독교에 상당한 영향을 미쳤다는 점에서 기독교의 연구와 관련하여 의미 있는 시사점을 제공한다.

그리스 신화는 여러 측면으로 분석할 수 있다. 가장 많은 분석이 문학적 접근이다. 그러나 신화 속에는 문학적 성격은 물론이고, 정치나 전쟁, 철학과 사상, 과학과 비전 등 다양한 분야가 망라되어 있다. 또한, 신화에서 등장하는 상상이 현대사회에서 현실이 되어가는 것도 허다하다. 신화가 주는 메시지는 현대의 문학가 또는 철학자 그리고 정치학자들과 과학자들에 의해 현대적으로 재해석되고 재구성되고 있다. 여기에서는 이런 성격들을 혼합적으로 기술했지만, 특히 그리스 신들의 사랑과 성생활에 대해서도 관심을 기울였다. 그리스의 신화와 문학은 특히 신탁을 중심으로 전개된다. 국가 정책이나 사람들의 삶도 마찬가지다. 이런 점에서 신탁에 관해 상대적으로 상세하게 기술했다.

과거의 현상에 대한 분석이나 기술은 현상을 역사적으로 접근하여 내용을 체계적으로 구성할 수 있다. 그러나 신들은 시간과 공간을 초월하기 때문에 시계열적 접근보다는 순환론적 접근을 원용했다. 다행히 그리스의 신화는 신들의 족보가 체계적이고 아귀가 잘 들어맞지만, 시간과 공간 그리고 사건들이 체계적일 수는 없다. 이 경우 이야기가 좀 중복되는 단점이 있지만, 이해에는 도움이 된다.

이 글은 특히 그리스의 문명이 기존 유럽인들이 주장하는 도리아인이 주역이라는 관점에서 벗어나 이집트와 메소포타미아 문명의 영향이 컸다는 관점에서 출발한다. 호메로스의 『일리아스』에 트로이 전쟁이라는 역사가 담겨있었던 반면에 최초 역사서인 헤로도토스의 『역사』에 신화가 담겨있는 것처럼 그리스의 문명사에는 신화가 역사와 보완적으로 작용하여 역사의 한 가닥을 추정하는 단초를 제공해 준다는 점을 유념한다. 그리고 그리스 종교도 오늘날 이른바 4대종교라고 불리는 불교, 힌두교, 기독교, 이슬람교처럼 그리스인들이 신들을 숭배하고 지금 신화로 분류되는 경전을 가진 종교였다는 개념적 프레임워크(conceptual framework)에서 출발한다.

이 글은 종교의 무덤에서 그리스 종교를 다시 꺼내 제단에 올려놓고, 흩어져 나뒹구는 잎들을 모아 가지와 줄기 그리고 기둥을 되살려 나무를 복원하듯 그리스의 신화의 전체적 모습을 구조화하고 그 뿌리를 추적하고자 한다. 여기에서 그리스 신화의 단편이 아니라 그리스 신화를 체계적으로 이해하고 이를 통해서 신화 속에 가려진 역사를 찾는 기쁨을 맛보고자 한다.

여기에서 다시금 제기되는 문제가 역사의 본질 즉 역사가 무엇인가하는 점이다. 호메로스의 『일리아스』에는 신화와 역사, 그리고 헤로도 토스의 『역사』에 역사와 신화가 들어 있다면 이 둘을 어떻게 평가하고 그 차이는 무엇이며 이때 역사의 본질은 무엇인가. 이를 위해서는 역 사에 대한 개념을 토대로 필요한 정의를 도출해 내는 것이 편리하다. 역사의 기준이 없다면 신화의 기준도 없어지기 때문이다.

우리 말로 '역사(歷史)'는 '과거'다. 영어의 '역사(history)'는 '과거' 라는 의미와 또 다른 의미로 그리스어의 'historia'에서 유래한 '지식 탐구'라는 의미가 있다. 과거의 사실에 대한 탐구를 통해 지식을 얻는 다는 것이다. 여기에 전제되는 것이 '과학'이다. 역사에는 과학이 담긴 것으로 인식되고 있다. 마르크스는 자신의 이데올로기에도 '과학'이라 는 수식어를 붙일 정도로 '과학'에 대한 맹신자였는데, 사실 그를 제외 하고라도 누구나 '과학'은 정확하고 믿을 수 있는 대상으로 인식한다. 대학의 모든 학과나 모든 학문에 '과학(science)'이라는 용어가 따라다 니는 것은 우연한 일이 아니다. 반면에 '창작'이나 '신화'는 허구라는 인식이 강하다. 실화(實話) 또는 다큐멘터리(documentary)를 내세우 는 것도 이런 허구나 창작에 대한 인식에서 벗어나 '사실'을 강조하려 는 것이다.

그러나 독일어 'geschichte'는 영어의 'history'와 같은 두 가지 의 미 외에 'narrative', 'story' 즉 '이야기'라는 의미까지 포함하여 '우 화'를 상정할 수도 있기 때문에 '이야기'라는 포괄적인 의미로 확장되 어 역사가 간직한 '과학'과 '사실'에 대한 이미지를 흐리게 만든다.

역사가 과학이라고 해도 역사가 과학처럼 단순한 것은 아니다. 역 사에 관한 중심적인 견해는 실증주의와 가공주의(加工主義) 그리고 창 조주의와 상호주의 등이 있다. 실증주의는 역사를 역사가(歷史家)가 '과거의 사실이 실제로 어땠는지를 보는 것'이라는 관점이다.[2] 귀납적 방법으로서의 실증주의 역사관은 영국의 경험주의 전통과 연결되며 사실을 바탕으로 역사를 기술한다. 그러나 아무리 정확한 과거의 증거들을 토대로 하여도 그대로 재생이 되기는 어렵다. 과거의 현장이나 상황을 재현해도 그것을 본 사람들의 기록이 일치될 수는 없다. 현재의 상황을 공동으로 접해도 이 상황에 대한 묘사나 기술은 다르다.

가공주의 역사관은 역사를 역사가(歷史家) 자신의 세계관과 과거 사건에 대한 이념적 입장의 표현으로 인해 가공된 것으로 본다.[3] 즉 모든 역사는 과거의 사실이 아니라 과거에 대한 역사가의 산물로, 역사가의 현재의 관점에서 편집되고, 과거 사실의 발견보다는 과거 사실에 대한 상상이며, 어떤 역사도 현실과 진정으로 일치할 수 없는 것이다. 따라서 역사적 진실은 역사가들이 객관성과 진실을 위해 노력하지만, 이 진리를 향한 노력은 이념적 또는 방법론적 입장에 의해 단절된다.[4] 따라서 검증 가능하고, 널리 수용되고, 확인이 가능하더라도 역사는 필연적으로 개인 구성물로 남아있으며 '화자(話者)'로서 역사가의 관점의 표현이다.[5] '역사는 역사가들의 노동'[6]이며, '전문적으로 일하는 봉급 역사가들이 생산한 것'[7]으로 규정한다는 관점이다.

창조주의 역사관은 가공주의 관점과 유사하다. 과거에 실제로 일어난 일을 회복하는 것은 불가능하며 이 사라져버린 과거는 모방의 형태라도 전체가 재현될 수는 없고 역사 속에 존재하는 것은 일반적으로 역사가가 선택한 어휘들로 이루어진 단편적인 '흔적'에 불과하다는 입장이다. 창주조의 역사가들에게 역사는 역사가가 일련의 표준 틀을 사용하여 각자의 이념과 서술방식 그리고 장르를 선택하여 역사라는 인공물을 생성한 것이며 이는 곧 과거에 대한 역사가의 인식이 내러티브로 변환된 것이다. 이렇게 생성된 내러티브는 역사적 흔적도 포함되지만 대부분 상상하고 지어낸 것이다.[8]

상호주의는 역사가 역사가와 사실 사이의 끊임없는 상호 작용인 동시에 현재와 과거의 대화라는 입장이다.[9] 이것은 과거의 모든 사실이 역사적 사실이 아니라는 것이 바로 역사적 사실이라는 의미다. 결국, 역사는 역사가가 해석에 따라 중요성과 순서를 결정하기 때문에 역사가의 해석과 상관없이 기술된 역사에 객관적인 역사적 사실이 존재한다고 상상하는 것은 어리석은 일이 되는 것이다. 이런 역사관은 객관적 역사와 해석적 역사가 혼재하게 된다.

이처럼 '역사'는 일반적 인식과는 달리 어휘에 대한 의미뿐만 아니라 역사의 본질에 관한 주장들도 다양하다. 역사는 역사가에 따라서 '과학'을 내세운 사실의 기술이나 이념을 담은 가공적 기술 또는 상상과 창작 형태의 이야기나 신화로 등장할 수도 있다. 이런 형태를 통칭할 수 있는 가장 편리한 용어는 '이야기'다. 이 바구니에는 사실이나 가공이나 창작 그리고 신화까지 모든 내용이 담길 수 있다. 그러나 이런 바구니는 편리한 반면에 발전과 미래가 없다.

역사나 신화 또는 종교의 관념이 다양하고 혼란스럽더라도 그동안 쌓여진 틀을 토대로 가급적 분류하여 검토하고 분석하고 상상하고 기술하는 것이 또 다른 단계로 도약하는 길이다. 그리고 이 다양한 역사관은 오히려 그리스의 신화나 종교 역사에 대한 각자 나름의 상상의 무지개가 펼쳐질 수 있는 안내판이다. 그리스의 여러 학자와 저술가들의 문헌이나 신화들을 단편적인 역사관으로 예단하고 평가하는 것은 자칫 교각살우(矯角殺牛)의 우를 범할 수 있다. 따라서 이 글에서는 여러 자료가 갖는 한계를 인식하면서도 가급적 있는 그대로를 수용했다.

♫ 주

1) 『신들의 계보』는 『신통기』, 『일들과 나날』은 『노동과 날들』 등으로도 번역되고 있다.
2) Leopold von Ranke, *The Theory and Practice of History* (London, New York: Routledge, 2011), p. 86.
3) Keith Jenkins, *Re-thinking History* (New York: Routledge, 1991).
4) Jenkins (1991), p. 17.
5) Jenkins (1991), p. 14.
6) Jenkins (1991), p. 8.
7) Jenkins (1991), p. 24.
8) Hayden White, *The Practical Past* (Il: Northwestern University Press, 2014).
9) E. H. Carr, *What is History?* (New York: Random House, 1963).

2장

그리스의 신화와 종교

시대와 지역

그리스의 '신화'와 '종교'에 대한 개념은 뒤에서 구체적으로 기술하기로 하고 여기에서는 우선 일상적인 의미로 글을 시작한다. 현대 그리스에는 '종교'가 있지만 '그리스 종교'는 없다. 현재 그리스에 있는 종교 즉 그리스인들 대부분이 믿는 종교는 그리스 '정교회'다. 정교회는 초기 기독교가 '삼위일체'를 놓고 로마의 동서 분열에 따라 동방교회와 서방교회로 갈려 서방교회는 가톨릭으로 동방교회는 정교회로 독립하면서 이 동방교회에 뿌리를 두고 있다. 가톨릭은 성부, 성자, 성령이 일체라는 이른바 '3위일체'설을 수용하는 반면에 정교회는 성부를 중심으로 그로부터 성자와 성령이 나온다는 주장이다. 따라서 현재의 그리스 정교회는 '그리스 종교'가 아니라 기독교이다. 그리스에도 신석기시대부터 그리스인의 '그리스 종교'가 있었다. 이 종교는 그리스가 로마에 복속되고 얼마 지나지 않은 2세기 중엽에 로마가 4세기 초기독교를 공인하면서 생명을 다하게 된다.

그리스 종교도 신을 믿고 숭배하고 원하는 것을 바란다는 점에서는 다른 종교와 다를 바가 없지만, 그리스인에게 종교는 삶과 떼어서 생각할 수 없는 삶의 거의 전부였다. 그리스 종교는 "정치와 전쟁 혹은 사생활과 분리된 것이 아니라 모든 공적이나 사적인 모든 삶에 포함되어 있었다."[1] 그리스인에게 삶과 종교의 관계는 '삶의 종교'나 '종교의 삶'으로 삶과 종교 사이를 어떤 수식어로 연결하는 물리적 결합이라기보다는 '삶과 종교'가 화학적 결합으로 하나를 이루었다. 그리스 종교를 연구하는 학자들도 그리스 종교의 이런 특성으로 그리스 종교의 본질을 주로 종교의 사회적 관점에 초점을 맞춘다.[2] 이런 배경은 정교의 분리 체계였던 유대교나 기독교와 크게 다른 점이다.

그리스 종교는 현재의 종교가 아니라 최소한 지금부터 2000여 년 전에 존재했던 종교이고 그로부터 수천 년간 현재의 그리스 영토는 물론 지중해 전역에 존재했던 종교다. 따라서 그리스 종교를 이해하려면 시기와 장소를 그 당시로 거슬러 올라가 그리스 문명의 변천을 고찰해야 한다. 고대 그리스는 지역적으로는 현대 그리스뿐만 아니라 그리스인들이 정착하여 헬레니즘을 비롯한 그리스 문화가 퍼진 모든 지역이 포함된다. 현재의 그리스를 본토로 부른다면 에게해의 여러 섬도 대부분은 그리스가 개척한 식민지들이다. 키프로스, 그리고 당시에 이오니아로 알려진 터키의 에게해 연안, 시칠리아와 이탈리아 남부의 마그나 그라이키아와 현재의 알바니아, 불가리아, 이집트, 리비아, 프랑스 남부, 에스파냐 남부, 카탈루냐, 사카르트벨로, 루마니아와 우크라이나의 그리스 정착지 등 광범위한 지역이다. 그리스인들은 스스로를 헬레네스(헬라스 사람)로 부르고, 헬레네스가 사는 곳을 본토와 식민지를 통틀어 헬라스로 칭했다. 그리스 종교는 이 지역 전반에 분포되어 있었다.

　고대 그리스 민족은 이오니아(이오네스)인, 도리아인, 아이올리스인, 아카이아인 등 4개 부족으로 구성되어 있었다. 이들이 각각 나뉘어 여러 개의 폴리스를 구성했다. 언어로는 이오니아 방언, 도리아어, 아이올리스어 등 3가지의 주요한 언어가 있었다. 이오니아인은 좁게는 이오니아 방언을 사용하는 부족이다. 또 넓게는 아나톨리아의 이오니아 지역 부족을 의미한다. 이 외에 에우보이아, 키클라데스 제도 등 이오니아인들이 개척한 식민지에 거주하는 사람들과 함께 아티케 그리스어(아티케 방언)를 사용하는 사람들을 가리킨다.

　아이올리스인은 기원전 3000년쯤에 다뉴브강 유역에서 이주해 온 것으로 보인다. 그로부터 1000년 후에는 그리스의 중부 테살리아와 보이오티아 지방에서 레스보스섬으로 이주하고 아나톨리아 서부를 지배하면서 여러 폴리스를 건설한 부족이다. 도리아인은 스파르타를 건설한 부족이며 북방에서 그리스 본토로 이동해 왔다. 아카이아인은 기원전 2000년 즈음 테살리아 지역에서 남하하여 펠로폰네소스반도 일대에 정착한 부족이다. 이들은 인도유럽어 분파 중에서 원시 그리스어에서 파생된 언어를 사용한 종족으로, 후에 이오니아인으로 불리기도 했다. 특히 호메로스는 『일리아스』와 『오디세이아』에서 그리스인들을 아카이아인들로 호칭하고 있다.

　그리스에서는 크레타섬을 중심으로 미노아 문명이 발전했으나 본토의 미케네 세력에 지배받고, 그 후 BC 11세기에 여러 원인으로 미케네 문명도 파괴되면서 이른바 '암흑시대'가 도래한다. 암흑시대가 끝나는 BC 750년부터 250여 년간은 '고풍'이라는 의미의 '아르카이크

(Archaic)' 시대로 고대 그리스 문명과 역사가 열리는 시기이다. 이 시기에는 '폴리스(polis)'라는 새로운 '공동체'가 등장한다. 폴리스는 흔히 '도시국가'로 번역된다. 도시국가란 국 가의 규모가 현대의 한 도시만 한 규모라서 붙여진 이름인 것으로 이해하지만 이것은 외형을 중심으로 접근한 것이고 본질은 '도시를 중심으로 형성된 국가'라는 의미이다. '폴리스'는 평지 가운데 솟아 있는 구릉지를 지칭하는 단어였다. 그리고 구릉지에 성벽을 쌓으면서 '폴리스'는 성벽으로 둘러싸인 곳 즉 방채(防砦)로 의미가 구체화 되었다. 이를 기능적으로 보면 공동체 국가라고 불러야 적절하다. 그렇다고 폴리스가 성의 내부만을 의미하는 것은 아니었다. 예를 들면, 아테네(Athenai)는 아티카 전역을 포함하는 하나의 폴리스였다. 이러한 도시국가 체제는 당시 세계의 다른 여러 지역에서 거대한 제국 또는 왕국이 형성되었던 것과는 다른 그리스만의 독특한 특징이다. 각각의 폴리스들은 강한 독립성으로 인하여 하나의 통일된 국가를 형성하기보다는 필요에 따라 전쟁 또는 동맹체제로 유지되었다.

BC 8세기에는 세계 최초로 신화가 문자로 정리되고, 비극 작품이 공연되었다. 그리고 이 시기에 철학자들이 등장하면서 다양한 사상이 생겨나고 여러 제도가 수립되었다. 올림픽이 개최되고 민주정치가 시작되었을 뿐만 아니라 당시의 그리스 문학과 사상 및 철학 그리고 제도들이 현대 문명의 모태로 이어지고 있다. BC 8세기에서 3세기까지 그리스 고전기에는 본토에만 폴리스가 200개가 넘었고, 소아시아에서 에게해와 지중해 일대에 건설된 식민지까지 합치면 1,500여개에 이르는 것으로 전해진다.

고대 그리스가 점차 발전해감에 따라 폴리스라는 단어는 구릉지보다는 도시국가 자체를 지칭하는 표현으로 쓰이기 시작했다. 더 나아가 성벽을 넘어 생활 공간이 확대되면서 폴리스 중심에는 시가(市街) 와 마을이 형성되고 그 밖으로 성곽이 세워졌다. 폴리스의 마을 중심 에는 아크로폴리스(Acropolis)나 시장(아고라[Agora])이 형성되어 행 정, 경제, 종교의 중심이 되었다. 아크로폴리스는 그리스어로 '높은'을 뜻하는 '아크로(Acro)'와 '도시'를 뜻하는 '폴리스(Polis)'가 합쳐져서 생긴 표현이다. 아크로폴리스는 고대 그리스 폴리스의 중심이었던 언 덕으로, 여기에는 거의 공통적으로 신전과 요새가 구축되었다. 각각의 폴리스들은 각 폴리스의 수호신들을 설정했다. 예를 들면, 아테네와 스파르타의 수호신은 '아테나'였다. 그리고 이들을 숭배하기 위한 신 전들도 건축하여 모든 폴리스의 아크로폴리스마다 성채와 신전은 필 수 요소였다. 이것은 폴리스 단위로 공통된 신을 중심으로 각각의 신 앙을 가지고 있었음을 나타낸다. 그 외에 극장과 음악당, 개선문 등이 건설된 곳도 있다. 그리스에서 도시국가가 발전한 것은 지리적, 역사 적 배경과 관련이 있다.

폴리스의 인구는 시민으로서의 성인 남자만을 기준으로 하면 폴리 스의 규모에 따라 2,000명에서 1만 명에 달했다. 여기에 시민이 아닌 성인 여자, 어린이, 노예, 이방인을 포함하면 인구 수는 배 이상으로 늘어날 것이다. 폴리스들 가운데에는 아테네의 인구가 가장 많았다. BC 431년 펠로폰네소스 전쟁 직전의 시민 수는 4~5만 명이었는데 여 성과 노예 등을 합하면 몇 배에 이를 것이다.

아르카이크 시대의 그리스인들은 활발한 국제무역과 식민지 개척 에 나서면서 근동 사람들과의 접촉이 늘어났다. 이를 통해서 그들은 새로운 문물들, 특히 이집트의 거대한 신전과 페니키아 알파벳 문자 등을 접하면서 이를 바탕으로 그리스도 새로운 문화의 발전을 가져오 게 되었다. BC 1500년 전후의 세계는 대부분 청동기 문명 시대라서 소위 4대 문명 발상지를 중심으로 발전하는 문명들이 비슷한 과정을 거쳤다. 그러나 다른 지역들의 문명은 발전 속도가 아주 느렸다.

그리스 문명에서 BC 6세기에서 BC 4세기까지 약 200년간을 고전기로 부른다. 이 시기 그리스 여러 도시국가들의 문명은 나름의 특성이 있었지만, 그 중심은 아테네였다. 페르시아 전쟁과 펠로폰네소스 전쟁은 고전기의 중요한 사건이며 이 사건들은 결국 고전기 그리스 변동의 결정적 요인이었다.

고대 그리스 사회는 공동체가 형성되고 사회가 안정되면서 사회적 위계도 구체화되고 강화되었다. 가장 눈에 띄는 것은 신분의 구별이었다. 그동안의 정복과 경제적 우열 과정에서 엘리트와 시민 그리고 노예의 사다리가 형성되었다. 엘리트는 권력을 확대 강화하려고 시도했다. 그러나 평민이 재산을 갖게 되면서 권력에 저항하는 상황이 나타났다. 평민은 평등한 권리, 피선거권과 투표권, 동등한 법적 대우 그리고 재산권 보장 및 언론의 자유 등을 추구하기에 이른다. 그러나 이런 운동은 '남성 시민'에게 한정되었다. 왜 '남성 시민'인가? 당시 그리스 사회는 5신분으로 구별되었다. 원주민 성인 남자, 원주민 여자, 원주민 어린이, 노예, 이방인 등이다. 이 중에서 시민은 '원주민 성인 남자'만 해당되었다. 이방인은 해당 폴리스의 외지인으로 법률적으로는 어떤 보호 대상이 아니라는 점에서 노예와 다름없는 대우를 받았으나 시민 계급과는 달랐다.

그리스 사회는 가부장적 문화였다. 사회에서 우선 필요한 것은 남성이었다. 남성은 전쟁에 참여하고 농사를 지었으며 배를 운항했다. 반면에 여성은 집안 가사 일을 담당할 뿐 집 밖에서는 딱히 할 일이 없었다. 웬만한 일은 남녀 노예가 처리했다. 그리스 시민 가정에는 2~3명의 노예가 있었다. 결국, 사회활동의 주체는 남성이었고 이런 점에서 정치 참여의 시민 자격도 자연스럽게 남자에게 한정되었다.

우리에게 회자되는 아리스토텔레스의 "인간은 사회적 동물"이라는 말은 아리스토텔레스가 그의 유명한 저서 『정치학』(1253a 2-3)에서 "인간은 본성적으로 폴리스에 살게 되어 있는 존재"라고 한 말에서 나왔다. 어느 한 폴리스의 시민이라도 자신이 소속된 폴리스를 벗어나면 다른 폴리스에서는 이방인이 되어 시민으로서 평등권과 참정권, 재산권이 보장되지 않는다. 이런 점에서 아리스토텔레스는 "어떤 우연한 일이 아니라 자신의 본성으로 폴리스를 벗어나서 사는 사람은 가난뱅이거나 신일 것"이라고 말한다. 이어 호메로스가 폴리스를 벗어나서 사는 사람은 "소속된 부족도 법도 없는 매정한 인간"이라고 비난한 내용을 인용한다. 그렇기 때문에 당시로써는 인간은 폴리스에서 살아야 하는 존재인 것이다. 물론 아리스토텔레스의 '폴리스적 동물'로서의 인간의 의미는 다른 사람과 함께 더불어 사는 존재, 이를 통해서 정치적 공동체 즉 국가를 형성하는 존재라는 의미도 담고 있다. 아리스토텔레스의 이 말은 '인간은 정치적 동물'로 이해되어 인간의 본성은 권력 게임이나 권모술수를 타고났다는 식으로 해석되기도 한다. 그러나 당시에 아리스토텔레스가 바라 본 BC 4세기의 정치는 현재와는 달랐다는 점을 유념해야 한다. '사회적 동물'로 이해되어 인간은 모여 사는 존재라는 해석도 당시의 폴리스 체제를 직시하면 본래의 의미와는 거리가 있다.

전쟁포로는 당연히 노예가 된다. 또한, 노예는 매매의 대상이다. 경제적인 능력이 없어져도 노예로 전락된다. 노예의 신분이 얼마나 비참했는지는 아리스토텔레스의 말(정치학 1253b 2)에서 잘 나타난다. 그는 노예는 "생명이 있는 재물"이라고 말한다. 아리스토텔레스는 노예제도는 자연스러운 것 즉 선천적인 것으로 본다. 그리고 노예는 이성을 갖지 못하여, 감정에 복종하는 동물 같은 존재로서 주인에게 인간이 아니라 물건이었다. 주인은 노예들의 생사여탈권(生死與奪權)을 가지고 있었다. 노예들은 각 가정의 모든 노동을 담당한다. 여자 노예는 가사일뿐만 아니라 주인의 성적 대상이 되기도 했다. BC 5세기에 일부 도시국가에서는 노예가 전체 인구의 1/3에 달했다. 그런데도 왜 자신들의 이익을 차지하지 못했나? 출신성분이 다양하기 때문에 응집력이 없었다. 조직적인 저항이 일어날 수 없는 배경이다.

그리스는 페르시아와 BC 490년과 BC 480~479년에 두 차례의 전쟁을 치렀다. 1차 전쟁을 마라톤 전쟁이라고 부르는데 이것은 아테네군이 마라톤 평원에서 페르시아군을 무찌른 전투이다. 당연히 페르시아의 승리로 예상되던 전투에서 그리스는 기적의 승리를 거둔다. 이전투에서 올림픽 경기의 마라톤 경주가 유래되었다. 2차 전쟁은 테르모필라이 전투와 살라미스 해전이다. 테르모필라이 전투는 스파르타의 레오니다스 왕과 그가 이끄는 소수 정예부대의 장렬한 전사로 유명하고 현대에는 영화 〈300: 제국의 부활〉을 통해 잘 알려져 있다. 또한, 살라미스 해전은 아테네와 스파르타를 중심으로 31개의 그리스 도시 국가연합의 민병대가 단결하여 막강한 페르시아 함대를 격퇴한 전쟁이다. 그러나 이 전쟁은 그리스 내의 도시국가들의 질서를 혼란스럽게 만들었다. 전쟁을 주도했던 아테네는 그리스의 패권국가로 등장하면서 오만해지고 결국 그리스 내의 전쟁인 펠로폰네소스 전쟁에 들어가게 되었다.

그리스 도시국가들이 전쟁의 소용돌이 속에 국력이 쇠잔해진 상황에서 BC 350년대에 이르러 그리스 북쪽의 마케도니아 왕국이 세력을 떨치고 나왔다. 마케도니아는 원래 BC 8세기~7세기 초 아르고스 왕조로부터 비롯된다. 전설에 따르면 아르고스 왕조는 펠로폰네소스반도의 아르고스 지역에서 이곳으로 이주해 왔다. 마케도니아는 다리우스 1세의 페르시아 제국의 지배를 잠시 받은 뒤, 알렉산더 1세 때 독립을 되찾았다.

페르시아 제국은 현재의 이란이 중심이다. 일반적으로 제국은 BC 550~30년까지의 아케메네스 왕조를 가리킨다. 마케도니아의 알렉산더는 333~331년에 강국 페르시아를 비롯해 이집트, 빅토리아, 인도 일부 등을 점령하여 대제국을 건설했다. 알렉산더는 동서고금의 인류 역사에서 전투에 패한 적이 없는 가장 탁월한 영웅으로 평가받지만, 323년, 원인을 알 수 없는 질병으로 바빌론에서 사망했다. 그리스도 BC 146년 로마와의 코린토스 전투에서 패배하고 로마의 속국으로 전락되면서 그리스의 독립은 사라진다.

그리스 문화를 헬레니즘이라고 부르는데, 이것은 암흑기에 그리스 인들이 스스로를 '헬레네스', 그리스 지역을 '헬라스'라고 부른 것을 근거로 독일 역사가 드로이젠(Johann Gustav Bernhard Droysen, 1808~1884)이 1833년 자신의 저서『알렉산더 대왕의 역사』에서 '헬레니즘'이라는 용어를 사용하면서 일반화된 것이다. 헬레니즘은 역사적인 시대구분으로는 알렉산더의 죽음(BC 323)에서 이집트의 마지막 마케도니아 여왕 클레오파트라의 죽음(BC 30)까지 약 300여 년의 그리스와 근동의 역사를 나타낸다. 알렉산더 대왕의 갑작스러운 유고로 제국이 3개의 왕국으로 분열되면서 각국의 왕들은 문명과 선동을 가진 그리스인에게 새로운 공동체를 제공했다. 이 과정에서 그리스 문화가 각 지역으로 확산되고 정착되었다. 그리스의 제도, 그리스 문화는 물론 그리스어가 근동의 상용어가 되고 신약성서까지 그리스어로 쓰여지게 된다.

그리스는 BC 146년 로마에 귀속됨으로써 형식적으로는 막을 내렸으나 로마 제국(BC 27~ AD 476/1453)에도 큰 영향을 끼쳤다. 로마는 헬레니즘 사회와 문화를 파괴하지 않고 100여 년 이상 계속 존속시켰다. 로마인들은 지중해 지역과 유럽에 그리스 문화를 전파했다. 고대 그리스 문명은 언어, 정치, 교육 제도, 철학, 과학, 예술에 크나큰 업적을 남겼고 이 지역들에서 후대에 큰 영향을 끼쳤는데, 특히 이슬람 황금시대(9~13/15세기)와 서유럽 르네상스(14~16세기 말)를 촉발시킨 원동력이 되었다.

　헬레니즘 문화는 기독교가 공인되면서 퇴조하게 된다. 그리고 지금부터 기술하게 되는 그리스의 종교는 사라지고 경전은 신화 이야기로 전락한다. 그러나 이 시대를 통틀어 그리스 종교의 경전으로서 신화는 그리스인들의 삶을 지배하는 숭고하고 경건한 믿음의 대상이었다. 그리스의 신화는 특히 도시국가의 출현을 중심으로 건국 시조에 대한 신화로 발전했다. 건국 시조는 주로 신과 인간의 관계에서 탄생하는 영웅이었다. 이런 신화는 그리스 최초의 국가인 크레타와 그 다음의 미케네 시조의 이야기를 통해서 분명히 드러난다. 크레타 왕조의 신화는 크노소스 궁전의 발굴로 역사와 맞물려지게 되었고 특히 미케네 왕조는 호메로스의 『일리아스』의 주제인 트로이 전쟁의 총사령관 아가멤논의 왕국이라는 역사가 드러났다. 이런 점에서 고고학과 신화 양면을 통해서 두 문명을 이해하는 것이 그리스 종교와 신화의 뿌리를 이해하는 길이다.

종교의 본질

18세기 말엽 영국의 정치철학자인 버크(Edmund Burke)는 인간을

'구조상 종교적 동물'로 보았다. 아리스토텔레스의 "인간은 사회적 동물"이라는 말에서 '사회', 즉 '폴리스'를 종교로 바꾼 것이다. 인간은 누구나 어느 폴리스에 소속해서 함께 살기 마련이라는 의미에 종교에 속해서 살기 마련인 존재라는 의미다. 버크가 이 말을 했던 시대와는 달리 현대사회는 비종교인이나 무신론자들이 오히려 더 많다. 그러나 이들의 대부분은 종교집단에서 요구하는 '종교의식'이나 '신의 특성'을 믿지 않는 것이지, 나름의 초월적 존재 즉 신(神)마저 부정하는 것은 아니다. 다만 종교의 정의에 따라 인간과 종교의 관계는 달라진다. 종교를 막연하나마 '초월적 존재를 의식하는 태도'라고 정의한다면 버크의 인간에 대한 관찰은 지금도 의미가 있다.

종교에 대한 간략하지만, 핵심적인 의미에 대해 해리티지 영어사전에는 "우주의 창조주이자 통솔자로서 인정된 어떤 초인적인 힘에 대한 인간의 믿음과 경외의 표현"으로 정의하고 있다. 이 정의의 핵심은 기독교에서 말하는 "우주의 창조 및 주관자인 초월적 존재 즉 하느님에 대한 믿음"을 대변하고 있다. 옥스퍼드 영어사전에서 "종교는 순종, 경배, 그리고 예배에서 전형적으로 드러난 어떤 초능력자의 힘 혹은 힘들 (특히 신 혹은 신들)에 대한 인정이나 믿음으로, 그런 믿음은 삶의 규칙을 규정하는 체계의 부분으로서, 특히 정신적이고 물질적인 증진을 성취하는 수단으로의 부분으로서 신앙"으로 정의한다. 이 정의는 해리티지 사전의 정의에 더하여 신앙을 통해 정신적 물실적 반대급부를 바라는 기복신앙을 담고 있다. 이런 정의는 초인적 대상에 대한 인간 인식에 초점을 맞추고 있다. 이 정의는 당연히 기독교 문화권에서 기독교적으로 종교를 정의한 것이다.

대부분의 사람에게 '종교'는 도덕적 가르침, 사후에 대한 희망, 혹은 정서적 지원의 원천이지만 주로 신을 경배하면서 신으로부터 각자가 바라는 것을 얻으려는 태도이다. 그러나 이런 정의는 종교와 관련하여 인간들의 행동을 중심으로 보이는 현상에 대한 기술이다. 종교는 보이지 않고 존재가 확인되지도 않은 신을 대상으로 하여 드러나지 않는 인간의 태도를 대상으로 하는 추론이기 때문에 개념화의 어려움이 따른다. 이런 점에서 종교의 보편적 개념이나 정의는 기대하기 어렵다. 그러나 출발은 "신의 존재와 전능함을 믿으며 신에게 필요한 것을 갈구하는 태도"이다. 신의 존재나 특성 그리고 믿는 방법은 종교집단에 따라 다르지만, 신이 빠지면 종교일 수가 없고 신의 존재가 상정되는 이상 종교가 아닐 수 없다.

인간에게 신이라는 존재를 토대로 믿음이 생성되고 종교라는 이름의 행태가 이루어지는 것은 인류학이나 사회학적 관점에서 보면 문화다. 이런 점에서 종교는 문화다.[3] 그렇더라도 동질적 사회문화에서 구성원들이 신자와 비신자로 구별되는 것은 "신비스러운 경험에 의해 변화된 의식에 대한 특이한 태도"[4]나 "성스러운 일들과 관련되는 신념과 실천의 연합체계"라는 특성에 따라 달라지기 때문이다.[5] 이런 점에서 종교를 문화의 범주에 넣더라도 종교는 나름대로 "우리가 살고 있는 복잡하고 불확실하고 신비한 세계를 이해하고 설명하려는 사람들의 집단에 의한 일단의 신념과 의식"[6]으로 구분될 수 있다. 기독교에 비판적인 포이어바흐(Ludwig Feuerbach)는 종교를 "인간의 상상력이 독자화되고 대상화된 존재"로 허구적 상징체라는 관념을 가지고 있다. 종교학자들도 종교를 상징체계로 접근한다.[7]

인간은 상상의 상징적 존재를 현실적 존재로 인식하고 그에 대해 숭배하며 신비로운 힘을 기대하는 믿음과 의식(儀式)을 고안해 냈다. 이를 통해 인간은 각자 가지고 있는 여러 가지 개인적인 문제, 현재의 만족스러운 상태는 유지하고 불만족스러운 상태는 벗어나려는 욕망,

미래에 대한 서원(誓願) 등을 신과 관련시켰다. 마르크스는 종교를 자본가들이 노동자계급을 억압하기 위한 수단이며 현실의 질곡을 종교로부터 보상받으려는 인식으로 본다. 마르크스는 "인간이 종교를 만들지, 종교가 인간을 만드는 것은 아니다"라고 전제하고 종교는 "이미 자기 자신을 상실해 버린 인간의 자의식이고 자아 존중감"이며, "이 세계의 도덕적 제재이고 위안의 일반적 기초이자 정당화 근거이며, 인간적 본질이 아무런 진정한 현실성도 갖고 있지 못해서 발로하는 인간적 본질에 대한 환상적 현실화"라고 진단한다. 더 나아가 종교는 "억압받는 피조물의 한숨이며, 무정한 세계의 심장이고, 영혼 없는 상태의 영혼이며, 인민의 아편"이라고 주장한다.[8]

니체(Friedrich Wilhelm Nietzsche)는 1882년 『즐거운 지식』의 집필을 통해 "신은 죽었다"라고 선언한다. 니체는 신이란 연약한 인간이 만든 허구의 존재이며 실재하지 않는다고 천명하고, "인간이 신을 창조했다"고 외친다.[9] 이것은 "신이 인간의 독재화된 대상"이라는 포이어바흐의 주장이나 "인간이 종교를 만들고 종교는 인간을 만들지 않는다"는 마르크스의 명제에 대한 계승이다. 니체는 이를 통해 인간이 신의 피조물이라는 신의 속박에서 벗어나 자아의 삶을 통해 삶의 본능에 충실한 인간의 모습을 찾고자 했다. 이것은 마르크스가 "종교는 억압받는 피조물의 한숨"이라고 한 말과 궤를 같이한다. 그가 신을 연약한 인간의 피난처로 본 것은 마르크스의 '인민의 아편'을 떠오르게 한다. 『이기적 유전자(The Selfish Gene)』(1976)로 세계 지성계에 파란을 일으킨 도킨스(Richard Dawkins)는 종교를 집단적 망상의 현상으로 본다.[10]

최근의 학자들은 우리가 종교라고 언급하는 광범위하게 다양한 현상들을 함께 집단화하는 것을 정당화하는 충분한 공통성이 없기 때문에, 비교연구에서 '종교'가 유용한 개념적 범주가 아니라고 결론지었다. 종교를 마음의 진화적인 발전에 뿌리를 둔 일단의 믿음의 행태로 연구하는 인지학(Cognitive science)자들은 종교를 "문화적으로 상정(想定)된 초인적인 존재와 문화적인 상호작용으로 구성하는 제도"로 정의하는가 하면,[11] 신이든 악마이든 천사이든 영혼이든 유령이든 조상이든 종교현상의 중심에 초인적 대상을 고려한다.[12] 그렇다고 이런 주장들이 초인적 존재의 '실재'를 의미하는 것은 아니고 '상징'을 의미하는 것이다.

그러나 현상학자들은 매우 다르게 접근한다.[13] 세속적 현상에 대한 반대로서 신성한 경험, 혹은 신의 존재를 느끼게 하는 신비한 경험에서 종교의 핵심을 발견하기도 한다. 이런 신비하게 느껴지는 경험은 완전히 생소하기 때문에 일면 두렵지만, 또한 강력한 매력적인 힘을 가진다. 이런 관념은 어떤 초월적이고 알 수 없는 근본적인 경험으로부터 삶과 죽음과 우주에 대한 다양한 이해로 연결된다. 그러나 이런 신비스러운 현상에도 불구하고 신의 관점에서 종교를 구성하는 것은 꺼린다.

종교에 대한 그간의 연구는 '종교'에 관한 실용적 정의를 제시하지 못했다. 정의를 구성하는 요소에 신들을 포함시켜야 하는지, 즉 신들이 종교의 정의에 필요조건인지에 대한 보편적 합의조차도 이루지 못해왔다. 대신 종교의 정의를 인간 인식에 초점을 맞추면, 경험적으로 검증가능한 형식을 제시할 수 있어서 종교를 정의하는 데 수반되는 골치 아픈 일을 해소할 수 있다. 이런 점에서 불교에서 보여주는 "교리, 경전, 신도의 3요소가 갖추어지면 종교"라는 정의는 체험적이고 실용적이다. 이 경우 대부분의 종교가 초월적인 신을 상정하고 신도들도 이를 믿는다고 해도 초월적인 신이 존재하지 않는다는 이유로 종교현상에서 제외할 수는 없다. 정의는 존재하는 현상의 특징을 간명하게 기술하는 작업이기 때문이다.

종교에 대한 연구를 종교학이라고 부른다. 종교학이 다루는 분야는 신의 문제를 다루는 신학에서 벗어나 신과 인간, 인간의 종교에 대한 반응, 신에 대한 인간의 관념이 사회에 미치는 영향, 종교집단의 사회 및 정치적 역할 등 범위가 다양하다. 특히 종교에 초점을 맞추어 종교에 대한 인간의 감정과 사상, 그 감정과 사상이 체계화된 예배 의식을 다루면서 이를 종교철학으로 부르기도 한다. 현대 종교학은 종교적 상징과 행위를 통해서 인간의 감정과 의지를 지배하는 신념체계, 그리고 전통 종교들뿐만 아니라 교조화된 정치사회적 이념들과 관계에 관해서도 연구한다. 이런 점에서 종교학은 문화인류학 및 사회학과 분리될 수 없다. 특히 종교 분쟁이 정치적 과제로 대두하고, 정치과정, 특히 선거에서 종교집단의 영향력이 증대하면서 종교학은 정치학과도 연계된다.

종교는 다양한 특성을 갖는 일종의 집단현상으로 발현된다. 이런 양태는 종교의 집회 즉 각종 예배의 기도, 찬양, 찬송 등에서 나타난다. 그렇다고 종교가 개인적 특성이 없다는 것은 아니다. 종교적 집단뿐만 아니라 모든 집단은 목표를 구현하기 위한 개인을 기초로 구성되어 있으며, 개인의 감정이나 사상과 관련되는 믿음의 대상이다. 종교는 일단의 특정한 의식을 포함한다. 예배를 포함하여 과거에는 동물이나 심지어는 사람의 희생제도 있었다. 오늘날에도 불교와 기독교 등 종교에 따라 각각의 여러 의식이 거행된다. 대표적으로는 불교의 수계식, 승려들에 대한 삭발 그리고 기독교는 세례, 세발의식 등을 볼 수 있다. 이런 의식들은 종교의 본질이 아니라 상징이다.

각각의 종교들은 특성이 각기 다를 뿐만 아니라 종교를 보는 각자의 관점도 다르기 때문에 모두를 만족시킬 수 있는 하나의 정의로 종교를 나타내기는 사실상 불가능하다. 다양한 관점에서 여러 종교에 대한 탐구가 필요한 이유다.

그리스의 종교

고대 그리스인들은 공통적인 믿음은 가지고 있었지만, 보편적인 종교적 개념은 거의 갖고 있지 않았다. 사회학과 인류학으로부터 나온 종교에 관한 정의는 해당 문화를 배경으로 하는 종교에 관한 특별한 관심을 반영하는 경향이다. 따라서 그리스의 '종교'를 유대교나 기독교를 기초로 형성된 '종교(religion)'의 개념이나 정의로 설명하기는 한계가 있다. 그렇다고 이것이 그리스인이 종교가 없다는 의미가 아니라 그리스인의 종교는 다른 종교와 달리 독특하다는 것을 의미한다.

종교를 문화의 일종이라는 관점에서 본다면 결국 그리스 종교의 특성은 그리스인의 문화가 독특하다는 것을 의미한다. 따라서 그리스의 종교는 그리스 문화의 관점과 종교를 어느 정도 동일시하면서 관찰할 필요가 있다. 이런 점에서 그리스의 종교현상을 '종교'라는 용어로 나타내기보다는 기술적(descriptive)인 문구를 사용하여 '종교'라는 용어의 개념에 포함된 내용 중에서 가장 밀접한 내용을 꺼내어 그리스의 문화를 배경으로 '신들에 대한 숭배(Eusebeia)' 혹은 '신성에 대한 일(ta theia)'로 나타내기도 한다.[14] 이런 표현들은 또한 '신들의 본질에 관한 일들' 혹은 '신들의 숭배에 관한 일들'을 의미하게 된다. 이것은 신의 본질을 다루는 일이거나 신의 경배와 관련된 일인 사실상 '신학(theology)'을 의미하는 것이고 이를 바탕으로 '종교'라는 용어로 담아낼 수 있다.

그리스 종교가 갖는 핵심은 어느 특정 신의 신전에서 행하는 전통적인 제의 의식이었다. 그러나 그리스 종교는 신앙을 정신 혹은 물질적 성취의 수단, 특히 절대자의 주관에 의지하는 유대교나 기독교 신앙과는 다르다. 기독교에 익숙한 사람들은 종교를 '구원'과 '영생'으로 인식한다. 기독교의 근본은 하느님의 힘으로 '구원' 즉 죽어서도 육신의 '영생'을 얻는 것이다. 물론 이 관념은 이제 과학과 이성의 힘으로 거의 허물어졌지만 2000여 년간 쌓아온 견고한 기독교의 성으로 지탱되고 있다.

그리스 종교에는 구원과 영생이 없다. 천당이나 극락 그리고 지옥이나 연옥이 있는 것도 아니다. 물론 사후세계는 존재한다. 그리고 사후세계는 이승에서의 삶에 따라 영혼의 삶의 조건이 좌우된다 (사후세계에 대한 관념은 뒤에서 다시 기술하기로 한다). 이것이 그리스 종교가 다른 종교 특히 기독교와 다른 점이다. 그리스 종교에는 많은 신이 존재하고 신들 스스로는 불멸성을 가지고 있으나 신들이 인간을 구원하여 불멸성 즉 영생으로 인도하는 것은 아니다. 다만 신과 인간의 육체적 결합으로 탄생한 이른바 영웅은 불멸의 존재가 된다. 그리스 종교는 다만 엘레우시스, 다오니소스, 그리고 오르페우스 등의 밀교가 등장하면서 새로운 국면을 맞게 된다. 신분에 대한 차별 대신에 생명의 부활과 영생의 관념이 등장하게 되었다 (이에 관한 상세한 내용은 이 밀교들에서 기술하기로 한다).

그리스 종교는 하나의 신계(神系)를 기초로 다수의 신이 서로 유기적 관계를 가지고 있고 인간들은 이 신들을 공동 또는 교차로 숭배라는 독특한 형태의 신앙을 나타냈다. 그리스인들은 제우스를 중심으로 신들을 섬기면서 지역에 따라 다른 신을 섬길 뿐만 아니라 어느 한 지역에 살면서도 두 신 이상을 섬기고 또한 섬기는 형태 즉 종교적 의식도 다른 경우가 일반적이었다. 이것을 종교학자들은 '선택적 종교 (selective religion)'라는 용어로 부른다. 선택적 종교는 종교적 행태를 포괄하는 광범위한 용어다.

기존의 그리스 종교에 대한 연구에서 '신념(belief)'과 '신앙(faith)'은 표준적인 담론의 대상이 아니었다. 그러나 이것이 그리스인들이 종교적인 신념이 부족하거나 혹은 신념을 훼손하면서 의식에만 몰두했기 때문은 아니다. 신들이 존재하고 인간의 일들에 개입했다는 것은 널리 공유된 추론이었다. 전통이나 종파와 관련하여 서로 양립할 수 없는 신념을 가진 사람들에 대해 스스로를 규정할 필요가 있다고 생각할 때 신앙고백이 나타난다. 그러나 고대의 다신교들과 특히 그리스 종교는 그런 시험들이 거의 포함되지 않았다. 찬양과 기도에서 특정 신의 권능, 칭호, 지배의 범위를 확인하는 것이 일반적인 관행이었지만, 이런 확인의 목적은 신념의 고백이 아니라 칭찬이었다. 특히 그리스 신들은 집단적이기 때문에 그리스의 다신론적 전통은 그 자체로 신의 연합의 개념을 가질 수 있다. 그러나 특별한 동기 (치유, 결혼, 출산, 전쟁 등등)에 따라 개별적으로 숭배되는 경우도 있다.

고대 그리스인들은 개인의 부족 또는 사회적 집단 그리고 소속된 도시나 그 이하의 행정 단위 즉 데모스에 의해 어느 하나의 공통적인 행태를 취하도록 요구되지 않았다. 각 집단의 일부 행태의 유형은 사실 '공식적 종교'에 반대되는 입장처럼 보일 수도 있었다. 예를 들면 피타고라스(Pythagoras)의 신봉과 같은 종교 또는 준 종교집단은 특히 동물 희생제와 같은 시민종교의 규범과는 거의 양립할 수 없는 양식을 취했다. 그러나 그리스 사회는 이런 종교행태를 수용했다. 그뿐만 아니라 국가는 새로운 종교집단이나 외국의 신을 탄압할 수도 있었지만 그런 반대나 탄압 자체가 불필요했다. 그리고 '공공' 및 '사적' 종교의 두 가지를 분리하고 적대적인 범주로 생각하지도 않았다. 지나치게 단순화하는 것 같지만 '선택적 종교'는 각자 태어난 곳을 배경으로 하는 종교에 하나의 종교를 추가하는 것이다.

그리스 종교는 고도로 사교적인 일이었다. 종교적 사고와 행동은 개인들의 정신적 과정에서 비롯되었지만, 이런 과정에서 사회 행동과 협력을 촉진하기 위해 진화되었다. 기존 집단의 종교의식에 참가하는 것은 신도로서 자격뿐만 아니라 집단의 사회적 도덕적 규범을 따르려는 의도를 나타낸다. 올바른 종교적 행동, 혹은 정당성은 단지 제의의 기술적 문제가 아니라 제의의 어떤 윤리적 기준에 순종하도록 하는 것이다.

그리스인들은 정착지가 각자 멀리 떨어져 있었기 때문에 단명한 알렉산더 제국 이전까지는 어떤 형태의 민족적 또는 정치적 통일성이 결여되어 있었다. 그들은 종종 서로 적과 외국인으로 의심을 받았다. 그들은 지중해와 흑해를 가로질러 확산되었지만 모든 사람의 전통은 우리가 지금 그리스라고 부르는 곳인 선조의 조상에서 비롯되었다. 이런 그리스인들은 지역마다 의식 형태는 다소 변형되었지만 많은 신과 기본적인 의식들은 공유했기 때문에 상호 이해하기 쉬웠으며 수 세기에 걸친 신들에 대한 경배는 놀랍도록 일관된 추론을 공유했다. 이런 배경으로 인해 그리스 종교를 광범위하게 다른 '그리스 종교들' 이라기보다는 하나의 통일체로서 '그리스 종교'라고 부를 수 있다.[15]

그리스인들은 정치적 분열과 전쟁의 지속에도 불구하고 문화유산을 공유하고 인정했다. 그들의 유산에서 공통적인 언어 외에 3가지 중요한 것은 올림피아 제전, 델피의 아폴론 신탁, 호메로스의 서사시에 대한 친숙함 등이다. 이러한 문화적 현상들은 모두 BC 8세기 말에 시작되었다. 이런 현상에 내재되어 있는 것은 일단의 종교적 신념이었다.

대부분의 종교는 선한 행동 및 제물의 봉헌과 찬양을 통해 축복을 기대하고, 해로운 행동에 대해 신의 분노라고 느껴지는 것을 달래려는 시도가 따르게 된다. 특히 그리스 종교는 신들이 갖는 인간들과 유사한 측면을 토대로 신들과 인간들이 상호관계를 유지할 수 있다는 전제에서 신들이 인간과 닮았다는 사고를 가지고 있었는데, 이런 일들은 직관적인 추론을 바탕으로 예측되었다. 예를 들면, 올림피아, 델피, 델로스, 사모스의 성소에서는 철기시대 초기에 신들을 참여시키기 위해 호화로운 제물을 제공하는 관행이 확장되었다.[16]

그리스인들은 종교를 기능적으로 접근했다. 신들도 전문분야별 역할이 부여된 것이다. 그러나 하나의 신이 하나의 역할만을 맡았던 것은 아니다. 여러 역할이 부여되었고 신들 간에 중첩되기도 했다. 특이한 것은 그리스 신들은 가족관계지만 이 관계가 신들의 역할이나 위계에 특별한 영향을 주지는 않았다. 다만 제우스는 주신으로 강력한 영향력을 발휘했다.[17]

기능주의자들은 종교가 사회적 응집력과 구조화된 정체성을 강화하는 측면을 강조하지만 종교 전쟁 등이 보여주는 것처럼 종교의 신앙과 행태가 역기능적인 측면을 가지고 있다는 점을 간과한다. 그리스 종교에서도 이런 현상은 예외가 아니다. 스파르타가 카르네이아(Karneia) 축제 기간에 전투를 임의로 거절하면서 마라톤 전투에 너무 늦게 도착하는 원인이 되었고(역사 6.106) 테르모필라이에 축소된 파견대를 보낸 것(역사 7.206) 등이 그 예다.

고대 종교들은 의식도 유사하다. 각자의 필요에 따른 독자적인 의식과 축제의 한 프로그램으로 이루어졌다. 의식은 주로 제단에서 행해졌는데 희생제에는 음식 등을 봉헌했고 귀중품을 봉납했으며 돼지나 염소, 양 등의 가축으로 희생제를 거행했다. 그리스의 의식은 이러한 공통적 의례 외에 축제가 겸해졌다. 축제는 특별한 신이나 도시국가를 중심으로 이루어졌다. 예를 들면, 고대 올림픽 경기는 올림피아에 있는 제우스의 신전에서 이루어졌다. 축제는 그리스 극장에서도 개최되었는데, 대표적인 축제는 아테네인들의 디오니시아 축제였다. 축제는 희생제와 함께 음식을 먹는 향연, 향락, 친구의 방문, 특이한 복장, 거리에서 특이한 행동, 심지어는 여러 방식에서 구경꾼들에게 보여주려는 위험한 일들도 했다. 아테네에서는 한 해에 종교적 축제일이 모두 140일 정도에 이르렀다.

종교의 일반적 제의는 동서고금이 대동소이하다. 다만 고대 종교의 일반적 의식이었던 희생제가 많이 변화되었거나 사라졌다. 그런데 고대 종교에는 이런 일반적 제의 외에 신전에서 특이한 일들이 벌어졌다. 이것은 무지 때문이거나 타락에서 비롯된 것 같다. 종교는 인간의 관념에서 만들어진 인간의 피조물임에도 불구하고 인간은 인간이 갖는 최대의 약점인 두려움과 기대 모두를 종교에 모아 놓았다. 그리고 거꾸로 자신들의 피조물에 지배를 받는 종교의 노예가 되었다. 종교 집단은 이 인간의 약점을 최대로 이용하여 집단과 사제의 이익을 극대화했다. 경험적으로 확인 가능한 현실세계의 현상과는 달리 관념적 세계에 존재하는 신의 세계는 의존성이 높아질수록 세력이 강화되고 세력이 강대해질수록 온갖 부패가 수반된다 (종교의 이런 현상은 뒤에서 기술할 것이다).

그리스 종교는 원시 종교로부터 기원되지만 시기적으로는 그리스 르네상스의 개막과 그리스에 도시국가가 처음으로 등장하고 호메로스와 헤시오도스가 그들의 신에 대한 설명으로 그간의 구술 전통을 글로 쓰기 시작했을 때부터인 BC 8세기부터 시작하는 것이 적절하다.

그리스인의 영혼과 사후세계

동서고금의 신앙을 가진 모든 사람은 사후에 대한 부푼 기대와 확고한 신념을 품었다. 인간이 종교에 의지하는 것은 현재의 삶에 대한 복과 사후세계의 안락한 영생에 대한 기대이다. 이런 점에서 종교는 이승의 복과 저승의 안락에 대한 관념적 보험이다. 대부분의 종교에서 인간은 영혼과 육체라는 두 가지 즉 이원적 요소로 구성되어 있다고 본다. 이러한 이원론은 오랫동안 철학 및 과학자들의 과제였다. 특히 중세 이전까지 이원론은 권력을 배경으로 하는 종교를 통해 강압적으로 유지되어 왔다.

왜 사후에도 영혼이 계속 존재한다는 어떤 형태의 개념이 그렇게 널리 퍼지고 지속되는가? 사회학적 설명은 내세의 상징적 차원에 중점을 둔다. 예를 들어, 뒤르켐(Emile Durkheim)은 영혼을 신성한 존재와 관련된 믿음의 특별한 적용으로 정의한다.[18] 표준적인 심리학적 설명은 사후에 대한 신념을 성취에 대한 소망이나 죽음에 대한 보편적인 두려움을 고심하는 것으로 받아들인다.[19]

이런 사고(思考)는 거의 모든 종교에서 나타난다. 지하세계에 대한 묘사는 『길가메시』에도 등장한다. 바빌론인들의 사후세계는 먼지와 어둠의 왕국, 넓은 땅, 돌아오지 못하는 땅으로, 살아있는 자들의 부름을 받은 어떤 영혼들이 다시 올라올 수 있는 곳이다. 이집트인들은 지하세계가 아주 정교하게 준비되어 있고, 선악에 따라 대우가 달라지는 것으로 믿었다. 특히 이집트에서는 영혼뿐만 아니라 육체도 마찬가지였다. 따라서 이집트인들은 죽은 후에 육체가 보존되도록 했다. 인도의 베다 시대 말엽과 우파니샤드의 진입기인 BC 6세기에는 죽은 자들에게는 살아있는 동안의 공덕에 따라 불 속과 연기 속 그리고 미물이나 짐승으로 변해서 가는 세 갈래 길이 주어진다. 차라투스트라가 BC 6세기에 세운 조로아스터교는 영혼이 죽으면 심판을 받고 선악에 따라 천당과 지옥으로 분류되며 선악의 싸움에서 악은 영원히 파괴되고 죽었던 사람들은 다시 육체적으로 부활하게 된다고 믿었다.

유대인들의 지하세계관은 중근동으로부터 유입된 사고를 토대로 한 것이기 때문에 중근동의 사고와 비슷하다. 유대인들은 죽은 후 죽은 자가 가서 머무는 곳이 반드시 있다고 믿었다. 그들은 그 지하세계를 쉐올(Sheol)로 불렀다. 메소포타미아의 지하세계에 대한 신화의 영향을 받은 결과다. 사람이 죽으면 모두 쉐올에 간다고 믿었다. 이 용어가 지옥이며 구약성서에서는 음부로 번역되고 그리스어로 하데스로 나타내는 곳이다. 구약성서에는 쉐올에 대해 1) 의인과 악인, 신자와 불신자가 함께 거하며(창 37:35; 시 9:17), 2) 어둡고 그늘지고(욥 10:21, 22; 시 143:3), 3) 다시는 돌아올 수 없으며(욥 10:21), 4) 침묵(시 94:17; 115:17)과 5) 아무것도 알 수 없는 세계이며 일도, 계획도 없는 장소이다 (욥 14:21; 전 9:5-10). 유대인들은 이 지하세계를 단절된 곳이 아니라 야훼의 힘이 미치는 곳으로 이해했다. 구약성서의 쉐올사상에서 인간이 죽은 후 쉐올로 내려가면 실존상태지만 야훼신과 교제는 단절된다. 결국, 사람은 모두 다 티끌에서 왔다가 티끌로 돌아간다 (전 3:18-21).

이런 사고는 그리스의 '영혼 불멸' 관념과는 대립된다. 그러다가 유대인들에게 신은 인간과 함께할 것이라는 확신(시편 73:23-26)이 생겨났다. 이어서 죽음을 넘어서는 희망을 죽은 자들의 부활로써 설명하기 시작한다. 유대인들의 히브리 성서인 사무엘기에는 "왕이 그에게 이르되 두려워하지 말라 네가 무엇을 보았느냐 하니 여인이 사울에게 이르되 내가 영이 땅에서 올라오는 것을 보았나이다 하는지라"(삼상 28:13)라고 말한다. 이는 지하에서 육신의 부활을 의미한다. 이것은 영혼불멸의 그리스 철학과 야훼의 생명력에 대한 신앙 및 페르시아의 조로아스터교의 이원론적 사상의 영향을 받은 묵시문학의 세계관이 결합된 결과일 것이다.

이것은 예수가 제시하는 내세관과는 차이가 있다. 신약성서는 사람이 죽으면 '낙원'이나 '지옥'으로 간다고 한다. '낙원'은 사후에 의로운 자들이 가는 곳(눅 23:43)이다. 반면에 '지옥(hell)'에는 구원받지 못한 자가 간다. 기독교에서는 현재의 인간이 죽은 후에 영혼은 하늘로 올라가고 육체는 지하에 묻혀 있다가 부활한다. 이 생사와 부활을 주관하는 것은 초월적인 신이다. 기독교의 이런 관념은 그리스의 철학자들과 밀교의 영향이 컸다. 한편 신약성서에서 예수는 죽은 후에 무덤에서 다시 살아났고, 예수를 믿는 사람은 누구나 다시 살아날 것으로 믿는다. 그러나 예수 외에 다른 사람들이 무덤에서 살아나왔다는 기록은 없다.

그리스의 종교도 사후세계에 대한 관심은 예외가 아니었다. 그리스인들의 사후세계에 대한 관념은 훨씬 이전으로 거슬러 올라간다. 그리스인들에게 삶과 죽음의 사이에 놓인 단어는 호메로스의 서사시에 등장하는 '푸스케(pusche)'다. 푸스케는 그리스 신화에서 원래 영혼의 여신이다. 이 여신은 아프로디테에 필적하는 아름다움을 지닌 필멸의 여성으로 태어났다. 그러나 푸스케는 불명성을 가진 다른 신들과 달리 필멸의 변형된 신으로 태어난 특이한 신이다.[20] '푸스케'는 후에 라틴어 'anima', 영어에서는 'soul'로 번역되어 영적이고 비 물질적인 대상 즉 '호흡', '생명력' 영혼, 숨 등으로 사용되었다. '푸스케'라는 단어는 관습적으로 '영혼'으로 번역되지만, 서사시에서는 영원한, 정신적 실체로 생각되는 것이 아니라 오히려 삶을 가능하게 하는 사람의 구성

요소로서 생명 그 자체와 생명의 실체이다. 이것은 기절한 것처럼, 일시적으로 신체를 떠날 수 있고, 그 다음에 다시 돌아온다.

호메로스의 서사시에서 푸스케는 문자적으로 생명이 중지되는 것으로, 신체로부터 호흡의 분리 및 이탈로 인해 비롯되는 것이다. 푸스케는 육체로부터 분리되면 의도적인 힘은 없어진다.

"… 그러자 칠흑 같은 어둠이 그녀(헥토르의 아내)의 두 눈을 덮었고, 그녀는 뒤로 넘어지며 정신을 잃었다." (일리아스 22.466-467)

영혼은 인간의 몸 안에 있는 정신이며, 죽으면 입을 통해 빠져나가는 영혼이다.

"노래하소서, 여신(제우스의 딸)이여! 펠레우스의 아들 아킬레우스의 분노를, 아카이아족에게 헤아릴 수 없이 많은 고통을 안겨주었으며 숱한 영웅들의 굳센 혼백을 하데스에게 보내고 그들 자신은 개들과 온갖 새들의 먹이가 되게 한 그 잔혹한 분노를!" (일리아스 1.1-5)

푸스케는 원소유자의 모양을 가지고 있지만, 그림자처럼 비추일 뿐 실체는 보이지 않는다. 푸스케는 감정과 의지를 나타내는 투모스(thumos, 정신, 생각)와 메노스(menos, 마음, 느낌) 그리고 이성과 이해를 나타내는 누스(noos, 지성)를 포함한다. 호메로스는 푸스케를 죽음의 환영으로 묘사한다.

"저쪽에서는 내 전우의 환영이 많은 것을 말해주었소. (오디세이아 11.83), "현관과 안마당은 암흑을 향해 에레보스(저승)로 달려가는 죽은 자들의 그림자로 가득 찼도다." (오디세이아 20. 355-6)

"한편 퀼레네의 헤르메스는 구혼자들의 혼백들을 밖으로 불러냈다.

그는 손에 아름다운 황금 지팡이를 들고 있었는데 바로 이 지팡이로 자기가 원하는 사람들의 눈을 감기기도 하고 자는 사람들을 다시 깨우기도 했다. 이 지팡이로 그는 혼백들을 깨워 데려갔고 혼백들은 찍찍거리며 따라갔다. 마치 박쥐 떼가 바위에 높다랗게 매달려 있다가 그중 한 마리가 아래로 떨어지면 불가사의한 동굴 맨 안쪽에서 찍찍거리며 날아다닐 때와 같이, 꼭 그처럼 혼백들은 찍찍거리며 그와 동행했고 구원자 헤르메스는 앞장서서 곰팡내 나는 길을 따라 그들을 아래로 인도했다. 그들이 오케아노스의 문들과 꿈들의 나라 옆을 지나 곧장 수선화 피는 풀밭에 당도하니 그곳은 바로 혼백들 즉 죽은 사람들의 환영이 사는 곳이다. (오디세이아 24.1-10)

그리스인들은 일찍부터 장례식을 치르지 않으면 사자의 영혼은 사후세계로 가지 못하고 유령이 되어 세상을 떠돌게 된다고 믿었다. 장례식의 결과로 푸스케는 죽음과 지하세계를 관장하는 하데스(Hades)에게 가고 이 세계는 인간의 육체와 정신의 영구적인 분리를 확인하는 역할을 수행한다. 신의 뜻을 인간에게 전하는 메신저는 헤르메스(Hermes)다. 헤르메스는 '경계석, 경계점'이라는 헤르마(herma)에서 나온 단어다. 따라서 헤르메스는 '건너감'이라는 개념을 가진 신이다. 헤르메스는 죽은 자의 영혼을 지하세계로 안내하는 신으로 지명되었다.

그리스의 철학자들도 영원의 존재를 믿고 영원과 신체가 분리되는 이원론을 주장했다. 특히 소크라테스가 현세보다 더 나은 사후세계가 존재할 것이라고 믿었다는 것은 잘 알려진 일이다. 그는 죽은 이후에 새로운 세계로 가는 것으로 생각하고 독배를 편안하게 마셨다. 소크라테스의 이런 관념은 플라톤에게 이원론적 인식을 갖게 만들었다. 플라톤의 일명 '이데아론'이다. 그에 따르면 현실세계의 사물들은 초월적이며 완전한 원형 즉 이데아의 불완전한 모형이라는 것이다. 플라톤은 현실세계는 한정적이지만 이데아의 세계는 영원불변적이라고 보았다. 플라톤의 이 사상은 신플라톤주의로 발전하면서 그리스도교의 이원론에 이론적 바탕이 되었다. 당시 피타고라스주의와 오르페우스주의는 영혼의 불멸과 인간 또는 동물 형태의 환생에 대한 믿음과 그에 따른 신체 오염을 피하여 영혼을 순수하게 유지하여 다음 생에서 가능한 최선의 결과를 얻으려는 신념으로 잘 알려져 있었다. 헤로도토스는 이런 상황을 소상히 전해준다.

"아이깁토스인들에 따르면, 인간의 영혼은 불멸한 것이고, 육신이 죽으면 영혼은 때마침 태어난 다른 동물에게 들어가고, 그 영혼이 육지 동물들과 바다 고기들과 날짐승들을 두루 거친 뒤 마침 태어나는 어린아이의 몸속으로 들어간다는 주장을 최초로 한자들이다. 영혼이 이렇게 한 바퀴 순환하는 데에는 3000년이 걸린다는 것이다. 헬라스인들 중에도 옛날에, 혹은 근래에 이 주장을 그들 자신의 이론인 것처럼 써먹는 자들이 있는데, 나는 그들의 이름을 알고 있지만 여기에 적지는 않겠다." (역사 2.123)

소크라테스도 피타고라스주의를 자신의 영혼 불멸성에 배합했다. 그리고 독배를 마신다. 피타고라스주의나 오르페우스주의 그리고 소크라테스나 플라톤의 이원론은 매장이 관습이었던 당시에는 육체와 영혼의 분리와 영혼의 불사 및 심신이원론을 전제로 하는 것이다. 특히 플라톤의 『파이돈』은 죽음 이후 영혼의 운명을 묘사하는 신화로 끝을 맺는다. 고대인들에게는 "영혼에 관하여(On The Soul)"로 알려진 파이돈은 아테네의 감옥에서 소크라테스의 마지막 시간들과 죽음에 관한 일종의 드라마틱한 장면을 기술한 것이다. 플라톤은 여기에서 인간을 '삶'과 '죽음'의 상반되는 존재로 전제하고 이 둘은 분리와 결합을 통해서 새로운 것이 생성되는 것으로 인식했다. 사람이 죽으면 혼은 지하세계(하데스)에 있다가 소생하여 다시 태어나는 자들에게 들어가게 된다는 것이다. 그리고 이러한 일종의 윤회현상은 혼의 불사(不死)가 아니면 불가능한 것으로 본 것이다 (Phaedo 70a-73a).[21] 이런 점에서 플라톤은 영혼(pusche)을 삶의 기능으로 인식했다 (국가 1. 353d). 반면에 아리스토텔레스는 영혼은 신체에 속해 신체로부터 분리되어 독립적으로 존재할 수 없으며 생명이 전제되어야 한다고 주장한다.[22]

그리스의 신화들은 지하세계에서 영혼의 삶을 적나라하게 그려냈다. 지하세계는 하데스가 다스리는 하데스의 왕국이다. 하데스 왕국에는 몇 개의 구획이 있다. 엘리시움(Elysium), 아스포델 메도우스(Asphodel Meadows), 타르타로스(Tartarus)등이다. 그리스 학자 아폴로도로스(Apollodorus)는 타르타로스를 "지구가 하늘에서 멀어질 때 지구에서 멀리 떨어진 하데스의 우울한 곳"이라고 기술한다.[23] 그리스인들은 인간이 죽으면 모든 영혼은 일단 지하세계로 가서 심판을 받고 지상 생활 동안 자신이 속한 육체의 형태를 유지하면서 살아있을 때의 언행에 따라 차별대우를 받는다고 믿는다. 하데스가 지하세계를 지배했기 때문에 하데스는 대부분 죽음과 관련이 있고 사람들이 죽음에 대한 두려움에서 그를 두려워했지만, 그가 죽음 자체는 아니었다. 죽음의 신은 타나토스(Tanatos)다 (일리아스 14.231, 16. 672). 타나토스는 비폭력 사망의 신 또는 인격화된 정신(다이몬)이었는데 여러 작품에서 '잠'으로 묘사된다. 헤시오도스는 타나토스가 밤의 신 닉스(Nyx)와 어둠의 신 에레부스(Erebus)의 아들이라고 전한다 (신들의 계보 116-124). 그리스인들에게 죽음은 곧 잠이었다. 호메로스는 죽음을 "호송자들이 잠과 죽음에 맡겨지는 것"으로 묘사했다 (일리아스 16.681).

그리스인들에게 죽은 자는 카론(Charon)이 운항하는 나룻배로 지상과 지하세계의 경계를 이루는 강인 스틱스(Styx)를 가로질러 지하세계로 간다. 스틱스 강가에 이르면 하데스의 보트 선원인 저승사자 카론을 만나 동전으로 오볼로스(obolos, 주화로 6오볼로스는 1드라크마)로 도선료를 내고 강을 건넌다. 그리스에서는 죽은 사람의 입에 동전을 물린다. 그리고 오볼로스를 가졌다는 것은 죽은 사람에 대해 적절한 장의 의식이 이루어졌음을 의미한다. 오볼로스를 갖지 않은 죽은 사람은 기대되는 장의 의식을 치르지 않아 유령으로 나타난, 지상에서는 귀신으로 생각되는 영혼이다. 이 영혼은 아케론강 제방을 따라서 목적 없이 100년간 떠돌게 된다.

강을 건너면 하데스의 첫 번째 영역인 아스포텔이 나타난다. 그리고 하데스와 그의 부인 페르세포네스의 궁전의 앞마당에서 영혼들의 심판이 이루어진다. 재판은 세 그룹으로 분류된다. '낙원'으로 이해되는 곳, 이상향으로 생각되는 곳, 그리고 깊은 구렁텅이인 타르타로스 중 한곳으로 보내진다. 특히 타로타로스는 고통스럽고 음울한 곳[24]인데. 플라톤은 영혼이 죽음 이후에 심판을 받게되는 곳으로 기술한다.[25]

코린토스의 건국자 시시포스 왕이 타르타로스에 갔다가 평생 바위를 언덕 위로 올리면 다시 굴러내리는 형벌을 받게 되었다. 미케네의 탄탈로스는 지하세계의 타르타로스로 가서 물은 가슴까지 차오르고 머리 위에는 과일이 가득 매달린 가지가 늘어져 있는 언못에 서 있게 되었다. 물을 마시려고 고개를 숙이면 물이 마르고 과일을 따려고 손을 뻗으면 나뭇가지가 위로 올라가 영원한 갈증과 배고픔에 시달렸다.

신화의 본질

'신화(myth)'라는 단어는 그리스어 '미토스(mythos)'로부터 나온 말로 '이야기'를 뜻한다. 원래는 고대 그리스의 여러 신에 대한 이야기들을 가리키는 용어였다. 오늘날 신화는 '진실하지 않은', '거짓' 또는 '어리석고 환상적인' '꾸며낸 이야기' 등의 뜻과 거의 같은, 아마도 진위와 신뢰성의 부족을 암시하는 부정적인 의미를 가지고 있다.

신화는 인간의 삶에서 일어나는 일들을 중심으로 인간의 마음에 생겨난 초월적 존재 즉 신들에 관한 허구적인 이야기들이다. 다만 이야기를 지은 것은 신이 아니라 사람이다. 인간의 마음에 신화들이 자라나면서 종교의 싹이 트게 되었다. 결국, 신화는 종교와 같은 뿌리를 가지고 있다. 신화는 인간, 인간의 신들, 영웅들, 문화적 특성들, 종교적 신념 등에 관한 우주적이고 초자연적인 전통들을 설명하는, 이전 시대에 실제로 발생한 것으로 제시된 이야기들이다.[26]

인류의 역사에는 신성을 가진 영웅이 등장하고 이 영웅은 대개 나라를 세우거나 악한을 물리친다. 이 이야기는 시간이 흐르면서 사람들의 마음속에 역사적 사건으로 인식되고 그 영웅은 신으로 숭배되었다. 신화가 종교의 경전으로 발전하는 하나의 모델이다. 이처럼 신비스럽고 거룩하며 강력한 존재 즉 신은 "최초부터 인간의 마음속에 담고 있는 생각으로 모든 종교의 기초가 되는 우주와 환경에 대한 기본적인 심리적 반응"이다.[27]

고대사회의 인간은 자신을 둘러싸고 있는 우주 및 자연환경에 대한 이해가 부족했기 때문에 초월적 힘을 상정할 수밖에 없었다. 그리고 이 초월적 힘을 신으로 등장시켜 본능적인 죽음에 대한 공포에서 벗어나고 또 다른 본능인 욕망을 성취하기 위해 신을 경배하는 사상이 일고 이를 이야기로 엮어낸 것이 신화이고 어떤 유형의 의식을 통해 이를 행동으로 옮긴 것이 종교의 기원이라고 할 수 있다. 신화적 상상 속에는 언제나 종교가 내포되어 있는 것이다.[28] 신화와 종교사상이 함께 일어나 함께 걸어왔다는 점에서 신화사상과 종교사상 간에는 근본적 차이가 없다. 종교는 전개 과정 전체에서 신화적 요소와 단단히 연결되어 있을 뿐만 아니라 신화 그 자체가 곧 종교이며[29] 현재 신화라고 부르는 것은 고대 종교의 신의 이야기였다. 이런 점에서 신화는 여러 문화에서 볼 수 있는 종교적 이야기를 '객관적'으로 분류하는 범주로 볼 수 있다.[30]

고대의 신화를 구성하는 이야기들은 오늘날 종교의 성서 이야기가 사람들을 위해 수행하는 목적 및 기능과 마찬가지로 당시의 사람들에게 같은 목적과 기능을 수행했다. 신화들은 당시의 성서로서 청중들에게 설명하고, 청중들을 위로하고, 청중들의 방향을 제시하고, 더 나아가 같은 생각을 가진 신자들의 공동체에 대한 단결 및 보호와 통일감을 제공했다.[31]

신화는 현재에도 캠벨(Joseph Campbell)의 주장대로 가장 기본적인 단계에서 현상과 전통, 장소의 명칭 혹은 지질학적 형성을 설명하지만, 또한 과거의 사건을 서사적이고 심지어는 초자연적 의미로 끌어올릴 수 있으며, 가장 중요하게는 삶을 통한 개인의 여정에 대한 역할 모델을 제공할 수도 있다.[32] 과학과 이성으로 생각하고 판단하는 현대인에게 이 신화들은 이질적이고 받아들일 수 없는 이야기들이다. 그럼에도 불구하고 신화는 종종 혼돈스럽고 무의미한 것으로 나타나는 세계에서 의미와 질서를 찾아야 하는 인간 정신의 필수적인 측면이다.[33]

독일의 신학자 볼트만(Rudolf Bultmann, 1884~1976)은 신화의 이런 측면을 이해하는 데 필요한 새로운 패러다임 즉 '탈신화화(demythologization)'를 제시한다. 볼트만은 신약성서를 대상으로 당시의 작가들은 당시 그들이 생각할 수 있는 개념을 표현할 유일한 용어들을 사용했다고 전제한다. 그리고 이런 용어들의 개념들이 기적적이고 초자연적인 신화와 뗄 수 없는 관계였다고 본다. 따라서 현대인이 이 성서의 내용을 받아들이려면 탈신화화 즉 신화적이고 기적적인 구성 요소를 제거해야 보편적인 진실을 볼 수 있다는 것이다.

볼트만의 성서에 대한 이런 패러다임은 기독교에 대한 비판이 아니라 변증론적(辨證論的) 관점에서 신약성서를 이해하도록 제시한 것이다. 진보적인 자유신학자들은 볼트만의 새로운 패러다임을 수용했으나 보수신학자들은 비판적이다. 신약성서에서 기적의 이야기인 '부활'을 탈신화화로 털어버리면 기독교는 알맹이가 빠지는 것이다. 탈식민주의 페미니스트 신학자인 페쿠른(Heike Peckruhn)은 볼트만이 과학적 사고방식에 특권을 부여하고 다른 세계관을 원시적인 것으로 무시하고 현대적 사고와 관련된 믿음을 만들려고 시도한다고 지적한다.[34] 반면에 3세기의 기독교 교부인 터툴리안(Tertullian)은 "불합리하기 때문에 믿는다"라는 말로 기독교인들의 환호를 받았으며 프랑스의 기독교 철학자 파스칼도 애매성과 불가해성이야말로 종교의 진정한 요소라는 주장으로 기독교를 옹호했다.[35] 파스칼의 유고작 『팡세(Pensees)』는 사실 "종교 및 기타 주제에 대한 파스칼 씨의 팡세(생각)"라는 긴 제목인데 팡세로 굳어졌다. 『팡세』는 "인간은 생각하는 갈대다", "클레오파트라의 코가 조금만 낮았더라면 지구의 전 표면이 달라졌을 것이다"라는 등의 말로 잘 알려져 있지만, 실제는 모든 사람을 신앙으로 이끌기 위한 기독교 변증론적 내용을 기술하는데 언뜻 보기에 전도서 같은 느낌이 들 정도이다.

특히 신화가 어떤 종교로 변형되면, 그 신화는 새로운 내용으로 해석되면서 그 신화가 본래 추구했던 목적이 변질될 수 있다. 또한, 어떤 신화는 어떤 특정한 목적을 위해 의도적으로 만들어지거나 변형되기도 한다. 아테네의 테세우스 신화를 비롯한 각 도시국가의 건국자들의 신화도 이런 범주에서 벗어날 수 없을 것이다.

볼트만의 패러다임은 유사한 이야기를 담고 있는 세계 여러 지역의 신화들의 이해에도 적용할 수 있다. 예를 들어, 위대한 창조주가 존재하여 우주 만물을 창조했다고 말하는 구약성서 창세기의 창조 이야기는 고대 수메르, 이집트, 페니키아, 중국의 창조신화와 매우 유사하다. 고대 수메르의 사랑의 여신 이나나(Inanna)와 다른 신들의 강림에 관한 시와 오시리스(Osiris)에 관한 이집트 신화, 그리스 신화의 디오니소스, 아도니스, 페르세포네, 그리고 예수 그리스도의 이야기들은 상통하는 이야기들을 담고 있다. 이런 이야기들의 배경은 "이미 있던 것이 후에 다시 있게 될 것이고 이미 한 일을 후에 다시 하게 될 것이다. 태양 아래에는 새로운 것이 없다(전도서 1:9)"는 신약성서의 말처럼 상호 유기적인 순환을 바탕으로 하기 때문일 것이다.

반면에 대부분의 신화는 종교적 성격이 완전히 소멸되어 역사적 산물과 문학으로 남아있다. 그리스 신화 및 로마신화, 고대 이집트 및 중근동의 수메르, 히타이트 신화, 불교의 신화 등 종교적 신화들이 대표적이다. 그러나 학자에 따라서는 아직도 신화는 신비주의, 우주론적 차원으로의 확장, 질서를 유효하게 하는 도덕률로서 사회직 기능과 교육적 기능을 수행하고 있다는 의견을 제시한다.[36]

신화의 본질에 대한 연구는 플라톤을 비롯한 고대 그리스의 학자들에 의해 시작되었다. 고대 학자들과 르네상스기에 이르면서 신화는 어떤 문화가 간직하고 있는 신념과 가치를 표현한 이야기들이라는 측면에서 이른바 신화학(Mythology)이 발전했다. 신화학은 그리스어

mythos(사람들의 이야기)와 logos(단어 혹은 말)로서 "사람들의 말해진 이야기"이다. 여기에서 신화학은 인간 상태의 다양한 측면들 즉 선과 악, 고통의 의미, 인간의 기원, 지역 이름의 기원, 동물, 문화적 가치 및 전통의 기원, 삶과 죽음의 의미, 내세, 신 또는 신 이야기들의 수집과 신화로 알려진 문화의 아주 신성한 이야기나 우화의 연구와 해석이다.[37] 신화는 과거에 일어난 이야기들이지만 현재에도 미래를 조망하는 이야기로 계속 이어지고 있다.

그리스의 신화

그리스인에게 신화는 그리스인의 신들에 관한 이야기들이다. 그런데 그리스의 신들은 그리스인의 믿음 즉 종교의 대상이었기에 그리스인의 신화는 종교 경전들이다. 그리스 신화를 좀더 확장해서 생각하면 그리스 종교의 상상이고 그리스 종교의 표현이며 그리스의 신과 역사 속의 영웅 그리고 그리스인의 우주관과 종교적 의례 및 의식 행위 등과 관련된 이야기들이다.

그리스 종교가 존재했었을 때 그리스에는 오늘날 이야기하는 의미의 신화는 없었다. 오직 신들의 이야기를 중심으로 하는 종교의 경전만이 존재했다. 오늘날 우리가 신화로 표기하는 이 경전은 인류가 살았던 환경, 그들이 목격한 자연 현상, 며칠, 몇 달, 계절에 걸친 시간의 흐름을 설명하는 교과서였다. 상상력이 풍부한 그리스인은 인간 상태의 모든 요소에 대해 설명하는 이야기를 만들었다. 그리스 신화는 풍부한 내용과 탄탄한 구성을 바탕으로, 다양한 분야의 다양한 성격과 역할을 가진 수많은 신들이 등장한다. 이런 점에서 그리스 신화는 세계의 어느 신화도 따라갈 수 없고 비교될 수도 없다.

그러나 그리스에서 신화가 무엇이고 어떤 기능을 하는지에 관한 이론은 민주주의의 정의만큼이나 다양하고 신화에 관해 언급하는 학자 수만큼이나 많을 수 있다. 그리스 신화는 그만큼 정의를 내리기가 어렵다. 오히려 '신화'로 그대로 두는 것이 나을지도 모른다. 그러나 전체적으로 그리스 신화는 잠재적으로 숭배되는 신 또는 영웅의 존재와 관련이 있다. 때로는 인간사회의 구조나 관습에 간접적으로 관련되기도 한다. 이야기 자체는 다양한 방식으로 전개되지만 주로 시나 서사(epic) 또는 서정시와 비극 그리고 2차로 산문작가들에 의해 시의 버전으로 존재한다. 시는 신화에 대한 그리스인들의 사고의 중심이다.

그리스 신화도 유대교의 성서에 등장하는 천지창조와 같은 내용이 있다. 또한, 창조신의 부자(父子)가 죽음의 꼬리를 무는 투쟁을 통해 부자간의 세대가 교체되는 모습을 보여준다. 자연 현상도 신화로 설명되었다. 예를 들면, 지진은 포세이돈이 땅에 자신의 삼지창을 충돌하거나 혹은 태양의 신 헬리오스(Helios)가 그의 전차로 하늘을 가로지를 때 생기는 것이다. 하데스의 아내로 지하에 있다가 지상에 오는 페르세포네의 신화는 계절을 설명했다.

수많은 괴물과 이상한 생물도 포함된다. 오디세우스 이야기의 외눈박이 키클롭스, 전설적인 칼리도니아(Calydonia) 멧돼지 사냥, 스핑크스, 거대한 뱀, 불을 내뿜는 황소 등이다. 인간의 삶이 유명한 영웅들을 소재로 설명된다. 헤라클레스, 아킬레우스, 이아손, 페르세우스, 테세우스 및 그 이외의 유명한 영웅들은 모두 신과 인간 사이에 출생하여 필사자와 불멸의 신 사이의 다리 역할을 한다. 이 영웅들은 환상적인 모험을 헤친다. 헤라클레스의 열두 과업의 노동과 같은 인내는 교훈적이다. 오디세우스의 귀환을 기다리는 오디세우스의 아내 페넬로페는 충실한 아내의 이상적인 자질을 보여준다. 아테네의 테세우스, 미케네의 페르세우스, 테바이의 카드무스 등 도시국가 설립자들도 신화 속에 등장하는 영웅들이다. 트로이 전쟁과 같은 실제의 전쟁에서도 영웅들이 대결한다. 영웅들은 위대한 행동을 통해 불멸에 도달될 수 있는 열망의 전형이 되었다.

신화는 신들의 비밀을 발설하거나 기만하는 행위 그리고 신을 모독하는 행위는 신으로부터 처벌받는다는 사실도 보여준다. 프로메테우스, 탄탈로스, 시시포스, 익시온 등은 대표적인 예이다. 또한 신화들은 인간이 피해야 할 교훈적 이야기도 전해준다. 예를 들어, 미다스(Midas) 왕은 자신이 만지는 모든 것이 금으로 변하는 소망을 이루었지만, 음식과 음료도 금으로 변해 기아와 갈증으로 죽었다. 결국, 그의 죽음은 탐욕이 원인이었다. 수선화(Narcissus)의 신화는 허영심의 위험을 상징한다. 크로이소스(Croesus)의 이야기는 엄청난 부자의 왕이 델피의 신탁을 잘못 해석하면서 파멸해 가는 과정을 그리고 있다 (이런 이야기들은 뒤에서 다시 언급될 것이다).

그리스인들은 인간 상태의 거의 모든 요소를 설명하기 위해 신화를 창조했다. 신화는 특히 그리스 세계에서 종교와 복잡하게 연결되었고 신과 인간의 기원과 삶 특히 인간이 어디에서 와서 사후에 어디로 가는지가 설명되어 있고, 행복한 삶을 이끄는 최선의 방법을 조언한다. 또한 역사적 사건들의 거론을 통해서 그들의 선조들이 겪은 전쟁과 주변 장소를 계속 접촉할 수 있도록 하고, 역사의 과정에서 종교적 공공 건물 즉 아테네의 파르테논 신전, 올림피아의 제우스 신전, 그리고 델피의 아폴론 신전 등을 만드는 지침이 되었다.

대부분의 신화들은 종교의 경전으로 발전했다. 특히 그리스 신화는 고대 그리스의 종교의 한 부분을 이루고 있다. 그리스인들은 일반적으로 신화를 먼 과거의 실제 사건에 대한 설명으로 보았다. 그리스인들은 호메로스나 헤시오도스의 서사시들에 대한 특별한 권위를 인정하고 있었지만, 유대교, 기독교, 이슬람교와 같은 현대 계시 종교가 그들의 성서 즉 신화에 접근하는 것과 같은 정도의 존경심으로 접근하지는 않았다. 그리스인 모두가 신화가 진실이라고 생각하는 것은 아니었고, 그리스인 대부분은 신화를 진심으로 믿었을 것이지만 어떤 사람들은 회의적이었을 것이다.

신화에 대해 비판적 입장이 제기되기 시작한 것은 BC 6세기부터이다. 소크라테스 이전의 일부 철학자들은 신화에 대한 회의와 주변 현상에 대한 과학적인 설명을 찾기 시작했다. 특히 크세노파네스(Xenophanes)와 같은 몇몇 급진적인 철학자들은 시인들의 이야기를 모독적인 거짓말로 분류하기 시작했다. 크세노파네스는 호메로스와 헤시오도스가 "사람들 사이에서 부끄럽고 불명예스러운 모든 것, 도둑질하고 간음을 범하며 서로를 속이는" 것을 신들에게 돌린다고 비판했다.[38]

시대가 흐르면서 신화는 현실과 마주함에 따라 부분적으로 위상이 흔들렸다. 아리스토텔레스는 자신의 이전 시대의 준 신화적인 철학적 접근을 비판했다.[39] 플라톤도 다른 일면에서 신화의 영향에서 벗어나지 못했지만, 악을 피하고 덕을 추구하는 것은 정의와 경건 그리고 현명함에서 오는 것이지 신성(神性)을 따라가는 것이 아니고 신화를 통해서 이런 덕성을 설득하는 것은 늙은 아내의 이야기에 지나지 않는다고 평가했다 (Theaetetus 176b).[40] 세 명의 비극작가인 아이스킬로스(Aeschylus), 소포클레스(Sophocles) 및 에우리피데스(Euripides)의 작품을 통해서 신화는 당시의 현실과 접목된 새로운 장르로 극장의 무대에 올랐다. 그러나 BC 5세기 후반에 그리스 사회에 철학과 역사 등에 합리주의가 등장하면서 신화의 자리가 흔들리기 시작했고 시인들과 극작가들의 신화에 대한 확장 작업이 비판을 받기 시작했다.[41]

　BC 5세기에 등장한 헤로도토스를 시작으로 투키디데스와 같은 역사학자들이 초자연적인 내용을 배제하고 그 자리에 역사를 위치시켰다.[42] 그렇다고 이것이 신앙심의 정도를 나타내는 것은 아니다. 누구나 인간은 자신이 섬기는 신에 대한 관념을 경전(신화)에 일치시키지는 않는다. 신에 대한 관념이 신화의 여러 내용을 벗어나는 일은 얼마든지 있을 수 있다.

　그리스의 많은 신화들은 범그리스적이지만 어떤 신화들은 지역적이며, 어떤 신화들은 특정 성소나 희생제의 전통을 서술한다. 이런 신화들은 최소한 문학으로 취해질 때까지는 더 제한된 범위에서 '성스러운 이야기들'로 말해졌다. 이런 내용들이 문자화된 신화는 곧 성서(聖書)라고 할 수 있다. 당시에는 현대사회에서 나타나는 형태의 경쟁적인 종교시장도 없었다. 그리스인들은 어느 정도의 양립할 수 없는 교리와 관습을 가진 별개의 종교가 존재하는 현대의 인식과는 다른 관념을 가지고 있었다. 이 글에서는 신화와 경전은 교환적으로 사용하며 신화에 대한 자세한 내용은 경전에서 기술하고자 한다.

주

1) Simon Price, *Religions of the Ancient Greeks* (Cambridge and New York: Cambridge University Press, 1999), p. 3.
2) Jennifer Larson, *Understanding Greek Religion* (London and New York: Routledge, 2016), p. 4.

3) Jonathan Z. Smith, *Imagining Religion* (Chicago: University of Chicago Press, 1982), p. xi.

4) Carl Gustav Jung, *Psychology and Religion* (New Haven: Yale University Press, 1938), p. 6.

5) Emile Durkheim, *The Elementary Forms of the Religious Life: a Study in Religious Sociology* (trans. Joseph Ward Swain) (London: George, Allen & Unwin, 1915), p. 47.

6) Ronald L. Johnstone, *Religion in Society: A Sociology of Religion*, 8th Edition (upper Saddle River, New Jersey: Routledge, 2007), p. 14.

7) 루트비히 포이어바흐 지음, 강대석 옮김, 『종교의 본질에 대하여』 (서울: 한길사, 2006), p. 210; Clifford Greertz, "Religion as a Cultural System," in Michael Banton ed., *Anthropological Approaches to the Study of Religion* (London: Tavistock Publications, 1968), p. 4.

8) Karl Marx and Annette Jolin (eds.), trans. Joseph O'Malley, *Critique of Hegel's Philosophy of Right* (Cambridge: Cambridge Univ. Press, 1970), p. 131.

9) F. W. 니체, 마르틴 하이데거 지음, 강윤철 옮김, 『니체의 신은 죽었다』 (서울: 스마트북, 2015).

10) 리처드 도킨스 지음, 이한음 옮김, 『만들어진 신(*The God Delusion*)』 (서울: 김영사, 2007).

11) Melford Spiro, *Culture and Human Nature: Theoretical Papers of Melford E. Spiro* (Benjamin Kilborne and L.L. Langness, eds.) (Chicago: University of Chicago Press, 1987), p. 197.

12) Todd Tremlin, *Minds and Gods: The Cognitive Foundation of Religion* (New York: Oxford University Press, 2006), p. 164.

13) Rudolf Otto, (trans. John W. Harvey), *The Idea of the Holy: An Inquiry into the Non-Rational Factor in the Idea of the Divine and its Relation to the Rational* (London: Oxford University Press, 1924); Mircea Eliade, *The Sacred and the Profane: The Nature of Religion* (Florida: HarcourtBooks, 1959); Robert Bellah, *Beyond Belief: Essays on Religion in a Post-Traditionalist World* (Berkeley and LA: University of California Press, 1991).

14) Jennifer Larson, *Understanding Greek Religion* (London and New York: Routledge, 2016), p. 4.

15) Walter Burkert, *Greek Religion* (Cambridge, MA: Harvard University Press, 1985), p. 8; Simon Price, *Religions of the Ancient Greeks* (Cambridge and New York: Cambridge University Press, 1999), p. ix.

16) Susan H. Langdon, "Gift Exchange in the Geometric Sanctuaries," in Tullia Linders and G. C. Nordquist (eds.), *Gifts to the Gods* (Stockholm:

Almqvist och Wiksell, 1987), pp. 107–113.

17) 그리스 종교에 대해 기록된 대다수의 문헌들은 그리스 종교에 대한 모습을 여실히 보여주고 있다. 대표적으로 호메로스, 『일리아스』 1.457–463, 472–474에서 이런 예를 볼 수 있다.

18) Emile Durkheim, trans. Joseph Ward Swain, *The Elementary Forms of the Religious Life* (London: George Allen & Unwin Ltd, 1915), pp. 262–264.

19) Ralph W. Hood Jr., Peter C. Hill and Bernard Spilka, *The psychology of religion: An empirical approach* (New York: The Guilford Press, 2009), pp. 184–194.

20) Lucius Apuleius, *The Golden Ass* 4.28–6.24. 이 이야기는 송병선 역, 『황금 당나귀』 (파주: 현대지성, 2018)의 번역서도 있다.

21) *Phaedo*, trans. Benjamin Jowett, Produced by Sue Asscher, and David Widger, 2008.

22) 아리스토텔레스 지음, 유원기 옮김, 『영혼에 관하여』 (서울: 궁리, 2012), p. 137.

23) Apollodorus, trans. Sir James George Frazer, (ed.), *The Library*, Bk1.1 (MA: Harvard University Press, 1921).

24) Apollodorus, *The Library* 1.1.2.

25) Plato, *Gorgias* 523b. trans. W. R. M. Lamb. (Cambridge, MA: Harvard University Press, 1967).

26) Maria Leach and Jerome Fried (eds.), *Funk & Wagnall's Standard Dictionary of Folklore, Mythology, and Legend* (New York: Harper & Row Publishers, 1984), p. 778.

27) Leach and Fried (1984), p. 778.

28) Ernst Cassirer, *An Essay on Man: An Introduction to a Philosophy of Human Culture* (New York: Doubleday & Co. Inc., 1970), pp. 99–101

29) Cassirer (1970), p. 116.

30) W. Richard Comstock, *The Study of Religion and Primitive Religions* (New York: Harper & Row, 1972); 리처드 컴스탁 지음, 윤원철 역, 『종교의 탐구: 방법론의 문제와 원시종교』 (서울: 제이엔씨, 2007), p. 69.

31) Joshua J. Mark, *Mythology* (2018), https://www.ancient.eu/mythology/

32) Joseph Campbell, *The Hero with a Thousand Faces* (New World Library, 2008).

33) C. G. Jung, Joseph Campbell (ed.), *The Portable Jung* (London: Penguin Classics, 1992).

34) Heike Peckruhn, "Rudolf Bultmann," in Miguel A. De La Torre and Stacey M. Floyd-Thomas (eds.), *Beyond the Pale: Reading Theology from the Margins* (Westminster: Westminster John Knox Press, 2011), pp.

191-200, 196.

35) Cassirer (1970), p. 97.

36) 조셉 캠벨, 빌 모이어스 지음, 이윤기 옮김, 『신화의 힘』(서울: 고려원, 1992), p. 82.

37) Mark (2018).

38) Fritz Graf, trans. T. Marier, *Greek Mythology: An Introduction* (Baltimore: Johns Hopkins University Press, 2009), pp. 169-170.

39) Jasper Griffin, "Greek Myth and Hesiod," in J. Boardman, J. Griffin, and O. Murray (eds.), *The Oxford Illustrated History of Greece and the Hellenistic World* (New York: Oxford University Press, 1986), p. 80.

40) Platon, *Theaetetus*, trans. Benjamin Jowett, Produced by Sue Asscher, and David Widger, 2013.

41) Geoffrey Miles, "The Myth-kitty," in *Classical Mythology in English Literature: A Critical Anthology* (Chicago: University of Illinois Press, 1999), https://en.wikipedia.org/wiki/Greek_mythology

42) Griffin (1986), p. 80.

3장

그리스 신화와 역사의 기원

크레타의 신화적 역사

그리스의 문명은 크레타섬에서부터 발원되어 육지의 미케네를 중심으로 하는 펠로폰네소스 지역에서 발전하기 시작했다. 이것은 그리스의 신화 및 종교와 역사도 크레타섬을 비롯한 미케네에 기원을 두고 있다는 것을 의미한다. 그리스의 도시국가들은 미케네 지역을 중심으로 성립해 주변으로 퍼져나갔을 것이다. 도시국가가 성립되면서 신들과 영웅들의 활동 모습을 중심으로 신화와 역사가 생성되고 퍼져나갔다. 역사적 발전과정에서 생성된 신화를 '역사적 신화'라고 부른다면 신화가 담긴 역사들은 '신화적 역사'이고 신화가 배제되거나 덜 담긴 역사는 '비신화적 역사'로 구분할 수 있을 것이다. 그리스의 '역사적 신화'의 출발점은 그리스의 문명이 시작된 크레타와 미케네를 기원으로 한다.

그리고 신화와 종교가 동전의 양면이며 달걀과 닭의 관계라면 그리스의 종교도 신화와 함께 생성되고 발전되었을 것이다.[1] 따라서 이 글에서는 '그리스 신화와 역사'를 크레타 문명과 미케네 문명을 중심으로 기술하고자 한다.

고대의 문명은 신화로 덮여 있고 신화에는 역사가 담겨있다. 신화와 역사의 본질에 관해서는 앞에서 토론했다. 이 주장들의 일부를 다시 검토하면 랑케(Leopold von Ranke)[2]는 역사의 사실주의를 주장했고 화이트(Hayden White)[3]는 과거에 실제로 일어난 일은 결코 회복할 수 없으며 일반적으로 역사가가 선택한 어휘들로 이루어진 단편적인 흔적에 불과하다고 주장한다. 한편 젠킨스(Keith Jenkins)[4]는 모든 역사는 과거의 사실이 아니라 과거에 대한 역사가의 노동의 산물로, 역사가의 현재의 관점에서 편집되고, 과거 사실의 발견보다는 과거 사실에 대한 상상이며, 어떤 역사도 현실과 진정으로 일치할 수 없다고 주장한다. 역사학자들의 이런 주장들을 접하다 보면 역사에 대한 개념이 모호해지고 이야기와 신화와 혼동된다. 따라서 역사는 배타적이지는 않더라도 어느 정도의 상호적인 고립은 필요하며 이런 점에서 카(E.H. Carr)의 역사관은 그리스의 신화와 역사를 이해하는 데 유용하다고 판단된다.

특히 신화의 천국인 그리스는 신화에도 역사가, 역사에도 신화가 담겨있다. 가장 대표적인 것이 호메로스의 『일리아스』다. 여기에는 트로이 전쟁이라는 역사와 신들의 전쟁이라는 신화가 엉켜있다. 고대 역사에 관한 연구의 출발은 바로 신화들 속에서 역사들을 발라내는 작업이다. 특히 인류의 역사가 기록되기 이전인 구전의 시대는 어떤 내용을 전달하는 과정에서 사실에 대한 가감은 물론 커뮤니케이션 상호 간의 주관적 해석이 가감되어 내용이 달라질 수 있다. 또한, 인간의 본성에 박혀 있는 초월적 힘 즉 신에 대한 의식이 이 전달내용에 가미되면서 이야기는 신화로 변질된다.

우리가 매일 마시는 여러 과일 주스는 원액의 비율이 표시된다. 100% 원액은 물을 전혀 타지 않은, 오로지 과일로부터 추출된 천연 액(液)이다. 역사로 말하면 사실 그대로이다. 그러나 이런 역사는 존재하기 어렵기 때문에 역사가 모두 사실인 것은 아니다. 역사가 "인간이 말하고 느끼고 생각하고 행동한 것의 기록"[5]이라고 하지만 카의 설명을 보면 역사는 또 다른 측면이 있다.

"어떤 기록도 그 문서의 기록자가 생각한 것 이상을 우리에게 말할 수 없다. 즉, 그가 일어났다고 생각할 일, 그가 일어나야 한다고 생각했던 일, 일어날 것이라고 생각했던 일, 혹은 자기가 그렇게 생각한다고 다른 사람도 그렇게 생각해 줄 것을 바랐던 일, 심지어는 자신이 그렇게 생각한다고 자기 스스로만 생각했던 일, 이러한 것이 전부다."[6]

카의 역사에 대한 인식은 역사에도 사실이 아닌 허위 또는 허구적인 내용이 담긴다는 것이다. 그뿐 아니라 역사에는 권력자를 중심으로 미화되거나 심지어는 조작된 내용도 포함되며 시대에 따라서 신화도 역사의 몫을 차지한다. 그러나 역사에 신화가 얼마나 포함되어 있으며 신화에는 역사가 어느 정도 담겨있느냐의 문제를 토론하는 것은 쉬운 과제가 아니다. 다만 이런 형상을 '역사와 신화의 농도' 또는 '신화와 역사의 비율'이라는 사고에서 출발한다면 아래와 같은 내용으로 표현할 수 있을 것이다.

천연 즙과 물을 점점 섞어가면 물과 천연 즙의 비율에 따라 주스의 농도와 성격이 달라진다. 역사와 신화도 마찬가지다. 인간의 주관이 개입되지 않은 사실의 기록을 가장 정확한 사실적 '역사'로, 공상적이고 상상적이며 신들을 중심으로 한 허구적인 이야기를 '신화'로 분류하여 이 둘을 점점 섞어가면 역사와 신화는 뒤섞인다. 이 과정에서 역사가 많이 담기기도 하고 신화가 많이 담기기도 한다. 따라서 그리스 신화는 그리스의 역사와 함께 시작되어 발전했고 또한 그리스의 역사도 신화와 함께 진행되어 왔다.

신화와 역사의 관계를 2차 함수인 $y=ax^2$로 나타내면 U자형의 포물선이 그려진다. 이 포물선을 중심으로 한쪽을 M(신화), 다른 한쪽을 H(역사)로 하고 중앙점을 C로 한다면 그리스의 신화와 역사에서 M으로 갈수록 신화적이고 H로 갈수록 역사라고 할 수 있다. 그리고 C지점은 역사와 신화가 반반 혼합된 것을 나타낸다. C지점이 M과 H의 양방향으로 넓은 면적을 차지한다면 역사와 신화가 뒤섞인 내용이 많다는 의미다. 물론 이 경우 산술적 계산처럼 신화와 역사가 나뉘고 비율이 정해질 수는 없다. 신화가 생성되지 않는 현대의 기록은 y와 x가 평행이고 그 안은 H로 꽉 찰 것이다. 여기에서 방정식은 그리스 종교의 기원과 변천이 역사 및 신화와 함께 진행되었다는 전제에서 그리스의 역사와 신화의 기원 및 발전을 고찰하면서 신화와 역사가 각각 분리되거나 혼합되었다는 점을 나타내기 위해 상징적으로 채용했을 뿐이다. 여기에서는 MC구역을 '신화적 역사', HC구역을 '비신화적 역사'로 구별하여 기술하고자 한다. 다만 MC구역이나 HC구역에도 신화와 역사가 담겨있을 가능성은 배제할 수 없다. 따라서 그리스의 종교와 신화 그리고 역사의 본질을 이해하기 위해서는 이 둘을 함께 또는 나누어서 고찰해야 한다.

일반적으로 신화가 허구적인 이야기를 써놓은 것이고 역사는 사실을 기록한 것이라고 이해한다. 그러나 역사가 사실이라고 해도 신화가 존재하는 사회의 문화를 벗어날 수 없고 신화가 모두 허구적이라해도 역사적 모티브와 관련된다. 신화에 등장하는 신들과 님프 또는 지명들이 유적 또는 특정 지역의 후손들과 관련되기도 한다. 이런 점에서 과거를 바라보는 경우 신화는 단순히 허구적인 이야기로 역사와는 무관하다는 입장을 취하면 중요한 역사의 단초를 놓치는 우를 범할 수 있다. 특히 역사적 기록이 단절되는 상황을 신화가 메워주는 경우 신화는 역사적 사실의 중요한 모티브가 담겨있을 수 있다. 이런 모티브는 문자가 없던 고대사회에서 민간이 전승하다 보면 신화로 성격이 부여되고 이야기가 굴러가면서 허구적 내용이 눈사람처럼 불어나게 된다. 그러나 그 속에는 민초들의 진솔한 이야기가 담겨있는 것이다. 바로 '신화적 역사'나 '역사적 신화'가 될 수 있다. 이 글은 앞에서는 신화를 중심으로 역사를 유추한다면 뒤에서는 이런 내용을 역사적 신화와 역사적 기록을 통해서 그리스의 문명 중에서 신화와 역사 그리고 종교의 기원과 내용을 가름해보고자 한다.

그리스의 문명은 크레타섬에서 발흥하여 육지의 미케네 문명과 융합하여 그리스 문명의 토대를 이루었다. 이 지역들은 또한 그리스의 신화와 종교의 발상지이다. 특히 크레타는 그리스 문명의 발상지인 동시에 신들의 왕인 제우스의 출생지로 신화의 시발지이다. 신화에서 제우스는 나름의 곡절을 배경으로 크레타섬에서 출생하게 된다. 제우스의 아버지는 티탄족 신인 크로노스이고 어머니는 레아다. 왕위를 차지하고 있는 크로노스는 권좌를 누구한테도 넘겨주지 않으려는 참에, 아버지 우라노스와 어머니 가이아로부터 아들에게 왕위를 빼앗길 것이라는 이야기를 들었다. 불안해진 크로노스는 자식을 낳자마자 모두 삼켜버렸고, 레아는 제우스를 출산할 무렵 아기를 비밀리에 출생할 방법과 크로노스에 대해 복수할 방법을 부모에게 물었다. 가이아와 우라노스는 레아의 호소를 듣고 제우스를 낳을 때는 크로노스를 피해 크레타로 가서 출산하도록 했다.

레아가 찾아간 곳은 크레타섬 라시티 고원의 푸시크로 마을의 딕티산 북쪽 방면의 해발 1,025m 고지에 있는 딕티동굴이었다. 이 동굴은 '쿠로스'라는 젊은 남신을 숭배하던 곳이다. 제우스가 이곳에서 출생했다는 것은 이 남신이 결국 '크레타 제우스'로 변신해 신화에 등장한 것을 의미한다. 주민들은 남신과 여신을 섬겼는데 제우스와 그의 어머니가 대상이었던 것으로 보인다. 동굴 주변에서는 토기와 청동기의 유물들이 발견되었고, 이 유물들을 토대로 추정한 연대가 BC 2200, BC 1700여 년이라는 점으로 보면 이때부터 제우스나 그의 어머니에 대한 숭배의식이 있었다고 볼 수 있다.

레아가 제우스를 출산할 때는 가이아가 함께 가서 산후조리를 맡았다. 아기는 동굴 속에 숨기고 돌보았다. 레아는 크로노스에게 새로 출산한 아기라면서 배내옷으로 싼 돌을 주자 크로노스는 이 돌이 마지막 자식인 줄 알고 먹었다. 돌이 먹힌 대신 살아서 성장한 제우스는 수많은 여자와 염문을 뿌렸다. 그러나 실제는 제우스가 돌아다니며 바람을 피웠다기보다는 각 지역에서 제우스와 연고를 갖기 위해 제우스와 그 지역의 여인과의 스캔들을 만들어냈을 가능성이 더 크다.

제우스는 그리스의 1세대 신인 티탄족을 물리치고 2세대 신의 왕으로 등극한 그리스 신들의 지배자이며 그리스 종교의 주신이다. 그레타가 제우스의 고향으로 설정된 것은 크레타섬이 그리스 문명과 신화의 발상지로서 그리스 문명의 기원에서 차지하는 비중이 아주 높다는 것을 의미한다. 크레타의 전설적인 왕인 미노스는 제우스의 아들이고, 어머니는 제우스의 연인 에우로페(Europe)다. 에우로페는 페니키아인이며 이오(Io)의 후손이다. 이오는 제우스로부터 겁탈을 당한 전설적인 요정이다 (이오의 이야기는 오비디우스가 『변신이야기』에서 전해 주고 있다). 이오의 정조를 유린한 제우스는 아내 헤라가 눈치챌 것을 염려하여 이오를 하얀 암송아지로 바꾼다. 헤라는 예쁜 암소를 보면서 제우스가 바람피운 것을 직감한다. 그러나 짐짓 시치미를 떼고 암소에 대해서 누구의 것이고 어디에서 왔으며 어떤 가축 떼에 속하느냐고 꼬치꼬치 캐묻는다. 제우스가 대지에서 태어난 것이라고 얼버무리자 헤라는 그 소를 자기에게 선물로 달라고 요구한다. 거절하면 의심을 받을 것을 두려워한 제우스는 어쩔 수 없이 암소를 헤라에게 준다.

헤라는 그 소를 받았으나 제우스가 또 바람을 피우지 않을까 염려되어 그 암소를 아르고스에게 맡겨 지키도록 한다. 아르고스는 머리에 백 개의 눈이 달려, 한 번에 두 개씩 돌아가며 휴식을 취하고 나머지 눈들을 치켜뜨고 파수를 본다. 암소로 변한 이오는 낮에는 풀을 뜯다가 자기를 찾아 헤매는 아버지를 만나지만 아버지는 자신을 알아보지 못했다. 이오는 아버지에게 어떤 형태의 의사를 전달하려고 해도 소용없었다. 헤라는 저녁에는 그녀의 목에 고삐를 채웠다. 겨우 앉았다 일어났다 할 뿐 움직일 수조차 없었다.

제우스는 이오의 처참한 상황을 보다 못해 헤르메스를 보내 아르고스를 죽인다. 그러나 이후에도 헤라는 불타는 질투심으로 이오에게 동물의 피를 빨아먹는 쇠파리를 보내서 괴롭히는 바람에 이오는 정신이 나가서 온 땅을 헤매고 다닌다. 결국, 북쪽으로 돌고 바다를 건너 이집트에 이르러 다시 인간의 모습을 되찾는다. 여기에서 이오는 에파포스라는 아들을 낳고 이시스 여신으로 섬겨진다.

이오의 후손인 에우로페는 티레(Tyre)의 페니키아 공주로 언급된다. 티레는 레바논 남부의 항구 도시다. 그러나 에우로페는 호메로스의 『일리아스』(14.321)에서는 페니키아의 시조인 포이닉스의 딸로 등장한다. 그녀에게는 카드무스와 킬릭스라는 두 명의 오라비가 있었다. 페니키아 왕 아게노르는 제우스가 딸을 납치하자, 카드무스를 비롯한 두 아들에게 에우로페를 찾으러 떠날 것을 명했으나 에우로페를 찾지 못한 카드무스는 결국 귀국하지 못하고 대신에 테바이를 건국한다. 카드무스는 하르모니아와 결혼하여 여러 자녀를 낳았는데 그중 하나인 세멜레가 제우스와의 사이에 디오니소스를 낳는다.

에우로페는 '폭이 넓은 두 눈을 가진 여인' 혹은 '폭이 넓은 얼굴을 가진 여인'의 의미를 가진다. 에우로페의 어머니는 '멀리 비추는 자'를 뜻하는 텔레파이사(Telephaessa) 혹은 '흰 얼굴을 가진 자'를 의미하는 아르기오페(Argiope)다. 유럽 대륙의 이름은 에우로페의 이름에서 따온 것으로 전승되고 있다.

에우로페는 어느 날 꽃을 따러 나왔다가 제우스의 눈에 들게 된다. 제우스는 에우로페의 아름다움에 반해서 자신의 옛 연인의 후손임을 아는지 모르는지 하얗고 멋진 황소로 변해서 그녀에게 접근한다. 바람둥이의 작업이 시작된 것이다. 그녀가 호기심으로 황소 등을 쓰다듬는 순간 제우스는 그녀를 자기 등에 올라 태운 채 바다로 들어가 자신의 출생지인 크레타섬으로 간다. 페니키아에서 그리스로 가는 길목에서는 크레타가 중간이다. 사모하는 여인을 납치하다시피 등에 태우고 밀회 장소를 찾는 제우스에게 가장 먼저 떠오르는 곳은 당연히 자신이 출생한 곳, 자신이 자란 곳이다. 제우스는 자신이 어린 시절을 숨어 보냈던 딕티동굴에 들어가서 그녀와 정을 통한다. 둘 사이에서는 미노스, 라다만티스, 사르페돈이 태어났다.

제우스는 다시 떠나고 아들 셋을 혼자 키우던 에우로페는 크레타의 왕 아스테리오스(Asterius)와 결혼한다. 아스테리오스는 '별들의 왕'을 뜻한다. 신화에서 크레타 왕국의 건설자는 헬렌(Hellen)의 아들 중의 하나인 도로스(Dorus)의 아들 텍타모스(Tectamus)다. 텍타모스는 아이올로스(Aeolus)인들과 펠라스기아(Pelasgia)인들을 데리고 와서 크레타에 정착시킨다. 그는 또한 아이올코스(Iolcus)를 설립한 왕이다. 텍타모스는 왕위를 아들인 아스테리오스에게 넘긴다. 그리고 아스테리오스는 제우스의 연인이던 에우로페와 결혼하고 에우로페가 제우스와 사이에서 난 미노스를 비롯한 세 아들을 입양한 것이다.

제우스는 자신의 연인이었던 에우로페의 결혼 선물로 과녁이 절대 빗나가지 않는 창, 사냥감을 반드시 잡는 개, 귀찮은 방문객을 쫓아내는 청동 인간 탈로스를 준다. 여기에서 제우스는 바람을 무상으로 피우고 뒤돌아서서 모른 체하는 야비한 존재가 아니라 나름의 성의를 표시하는 후덕하고 책임지는 모습을 보인다.

에우로페의 아들들은 성장하면서 서로 반목한다. 신화에서는 이 셋이 클레오코스의 딸 아레이아와 아폴론 사이에서 태어난 밀레토스라는 소년에 반해 다툰 것으로 전해진다. 그리스에서 유행하던 미소년을 애인으로 삼던 풍속이 이미 이 신화에 나타난다. 그러나 헤로도토스는 이 세 형제들이 소년 때문이 아니라 왕권 때문에 싸웠다고 기술하고 있다 (역사 1.173). 정치적 측면에서 생각하면 헤로도토스의 주장이 더 설득력이 있다. 밀레토스와 나머지 두 형제는 달아났고 미노스는 크레타 왕좌에 욕심을 낸다.

아스테리오스가 후계자 없이 죽자 미노스는 크레타 왕좌를 자신의 것으로 생각했으나 격렬한 반대에 부닥친다. 미노스는 꾀를 낸다. 자신이 신들로부터 왕권을 부여받았다고 주장하면서, 이를 믿도록 하려고 자기가 기도하면 무엇이든 다 이루어진다고 떠벌린다. 그리고는 포세이돈에게 제물을 바치고 바다에서 황소 한 마리가 나타나게 해 달라고 기도하면서, 황소가 나타나면 다시 제물로 바치겠다고 약속한다.

포세이돈은 그에게 놀랄 만큼 아름답고 빛나는 황소 한 마리를 올려보낸다. 미노스는 이를 토대로 왕권을 차지했다. 이렇게 해서 크레타에 미노스 정권이 탄생하고 미노아 문명이 열리게 된다.

그러나 미노스는 그 황소에 욕심이 생겨 그 황소는 자신이 보관하고 다른 황소를 제물로 바친다. 미노스의 아내 파시파이(Pasiphae)는 그 황소와 사랑에 빠진다. 왕비는 유명한 건축가 다이달로스(Daedalus)에게 암소 상을 만들라고 지시한 다음에 자신이 그 안에 몰래 숨어 들어가 암소 상의 자궁과 자신의 자궁을 일치시켰다. 황소는 암소 상에 속아 암소 상의 자궁에 자신의 성기를 삽입하고, 황소의 성기는 암소 상의 자궁을 거쳐 그 안에서 대기하고 있는 파시파이의 자궁 속으로 삽입되었다. 황소와 파시파에는 암소 상의 자궁을 연결 고리로 성관계를 하게 된다. 그녀는 이 수간(獸姦)을 통해 반은 인간이고 반은 소의 모습인 괴물 아들인 미노타우로스(Minótauros)를 낳았다. '미노스 왕의 소(Minos+Tauros)'라는 이름이다.

▶ 사진 3.1 크레타의 미노아 왕조시대 소타기 경기의 모습

미노스는 기가 막혔지만, 자신의 탓이라고 생각한다. 자신이 포세이돈을 속이고 다른 소를 제물로 바치고 포세이돈이 보낸 아름다운 소를 데리고 있었기 때문이다. 미노스는 신탁에 따라 그를 미궁에 가두고 감시하기 위해 출구를 찾을 수 없는 복잡한 미로의 미궁을 짓기로 한다. 미노스 왕은 이 궁전의 설계를 건축가인 다이달로스에게 맡긴다. 다이달로스는 왕비 파시파이에게 목재로 모형 암소를 만들어준 장본인이다. 미노스 왕은 어느 누구도 출구를 찾을 수 없도록 설계하라는 특별 주문을 한다. 그렇다면 출구를 아는 사람은 왕과 다이달로스뿐이다. 만일 다이달로스가 다른 사람에게 출구를 누설하면 미궁의 기능은 사라진다. 혼자 알고 있는 비밀은 강력한 거래의 무기가 될 수 있지만, 목숨이 위태로울 수도 있다. 중국의 진시황 능의 역사도 이를 보여준다. 물론 이것은 미궁보다 2000여 년 후의 일이다.

미노스 왕은 궁전의 건축이 끝나자 그 내용이 누구에게도 누설되지 않도록 다이달로스를 감옥에 가둔다. 총명한 발명가였던 다이달로스는 감옥에서 두 세트의 날개를 만들어 그의 아들 이카로스를 데리고 섬에서 탈출한다. 다이달로스는 아들에게 날개를 묶은 밀랍이 녹지 않도록 태양에 너무 가까이 다가가지 말도록 경고했지만 젊고 충동적인 이카로스는 아버지의 충고를 아랑곳하지 않은 채 더 높이 올라갔다. 그리고 태양이 날개를 녹여 해체되면서 에게해에 떨어져 죽고 만다.

신화에서 미노스 왕 시대에 아테네는 미노타우로스에게 제물을 바쳤다. 이것은 권력관계에서 아테네가 미노스에 예속되어 크레타 왕국이 아테네를 통제하고 있었다는 의미다. 이때 아테네 왕은 아이게우스(Aegeus)다. 그의 아들 테세우스(Theseus)는 미노스와 예속 관계를 단절하기 위해 미노타우로스를 죽이려고 크레타에 간다. 미노스 왕의 딸 아리아드네(Ariadne)는 테세우스를 보자 사랑에 빠져 테세우스의 협력자가 된다. 미노타우로스와 싸우기 위해 미로에 들어가는 테세우스에게 실타래를 준다. 이 실타래는 미로 속으로 들어가면서 실이 풀리기 때문에 그 실을 따라 다시 돌아 나올 수 있도록 만들어졌다. 테세우스는 미노타우로스를 죽이고, 그와 아리아드네는 화난 미노스 왕을 피하여 크레타에서 도망친다.

테세우스가 미노타우로스를 죽였다는 신화는 아테네의 장군 키몬(Kimon)이 아테네의 위상과 해군력의 위세를 높이려고 신화학자 페레키데스(Pherecydes of Leros)로 하여금 고쳐 쓰도록 했다는 주장이 있다. 그뿐만 아니라 테세우스를 아티카 지역을 통합하고 최초의 민주의회를 수립하여 아테네의 민주정치체계를 확립한 인물로 나타내고 있다.[7] 소포클레스(Sophocles)는 그의 오이디푸스와 관련된 3편의 비극 중『콜로노스(Colonos)의 오이디푸스』에서 테세우스를 장님이 된 오이디푸스가 아테네에 당도하여 그 지역 주민들로부터 봉변을 당하는 것을 보호해주는 관대한 왕으로 묘사하고 있다 (오이디푸스 왕의 이야기는 뒤에서 다시 기술하기로 한다).

섬을 떠난 아리아드네의 운명에 관한 이야기는 여러 버전이 있다. 헤시오도스를 비롯한 대부분의 전승에서 테세우스는 낙소스섬에서 잠든 아리아드네를 그대로 버리고 떠난다. 그 후 디오니소스가 그녀를 발견하여 결혼한다. 몇몇 전승에서는 디오니소스가 테세우스에게 나타나 아리아드네를 낙소스섬에 두고 가라고 요구했다고 전해진다. 디오니소스가 아리아드네에게 결혼 선물로 준 왕관은 하늘로 올라가 별자리가 된다. 플루타르코스는 아테네의 역사가인 필로코로스(BC 340~261)와 아리스토텔레스에 관한 기록들을 근거로 미노스가 소년 소녀들을 일반 감옥에 가두고 미노스 왕의 아들인 안드로케오스를 기념하는 운동경기의 우승자에게 상으로 주어 노예로 삼도록 했다는 내용도 전한다.

크레타의 신화에는 소가 여러 마리 등장한다. 이오가 송아지로 변하고, 제우스가 소로 변한다. 미노스가 포세이돈으로부터 소를 받고 대신 다른 소를 포세이돈에게 보낸다. 포세이돈으로부터 받은 소는 반인반우의 괴물도 소로 분류될 수 있다. 그렇다면 5마리의 소가 등장하는 것이다. 이것은 크레타가 소에 대한 신앙적 사고가 깃들어져 있음을 보여주는 것이다. 크레타의 이라클리온 고고학박물관에도 미노스 궁에서 출토된 소와 관련된 유물들이 다소 소장되어 있다.

불멸의 신들은 시간을 초월한다. 제우스가 이오와 사랑을 나누고 그의 아주 먼 후손인 에우로페와 다시 사랑을 나눈다. 그러나 필멸의 인간들은 시간을 초월할 수가 없기 때문에 각 도시국가의 시조들은 횡적으로 이어진다. 크레타의 미노타우로스를 아테네의 테세우스가 처치했다는 것은 크레타의 미노스 왕과 테세우스가 연령 차이는 있더라도 동시대 인물이라는 의미다. 더 나아가면 테바이의 유명한 오이디푸스 왕과도 횡적으로 연결된다. 여기에 역사적 사실이 얼마나 담겨있는지는 의문이다.

아테네의 테세우스 일행은 미노타우로스를 처치하고 섬을 떠나 낙소스를 거쳐 항해를 계속했다. 당초 테세우스가 아테네를 ·떠날 때 부친인 아이게우스 왕은 목적을 이루면 검은 돛을 흰 돛으로 바꾸어 달고 오라고 당부했다. 그러나 테세우스는 승리에 들뜬 나머지 배가 아티카 항구에 이르렀을 때까지 깜빡 잊고 흰 돛으로 바꾸지 않았다. 아이게우스 왕은 포세이돈 신전이 있는 언덕의 수니온곶(Cape Sounion)에서 아들 테세우스가 검은 돛을 달고 오자 상심하여 바다로 뛰어내린다. 현재 그 바다의 이름이 '에게해(the Aegean Sea)'인 것은 아이게우스의 이름에서 유래한 것이다.

▶ 사진 3.2 수니온곶의 포세이돈 신전 유적

테세우스의 신화는 아테네와 크레타 관계의 반전을 보여준다. 테세우스가 미노타우르를 죽인 것은 아테네와 크레타의 권력관계의 변화를 상징한다. 한편 아테네는 크레타와 긴밀한 교류가 있었음을 시사한다. 이것은 또한 아테네 문명에 미노아 문명이 전수되었음을 나타낸다. 이제 미노스는 쇠퇴의 길로 접어들었고 아카이아(Achaea)인들의 침략이 예고되는 징조였던 것이다.

크레타의 비신화적 역사

그리스 최초의 문명지인 크레타섬에 신석기 시대인 BC 8000년경에 사람들이 거주했다면 어떤 형태의 종교가 태동하고, 사람이 거주하는 그리스 본토나 에게해의 여러 지역에도 종교가 존재했을 것이다. 그러

나 미노아 문명 이전은 역사이며 동시에 신화적 역사다.[8]

그리스 문명의 발원지인 크레타섬은 많은 신들의 고향 또는 종교의 발원지이다.[9] 고고학자와 역사학자들은 크레타섬의 역사를 BC 8000~6000년으로 본다. 그 이전에 사람이 살았다는 것이다. 그 다음 시기가 신화 속의 미노스 왕의 집권 시기이다. '크레타 문명'은 일반적으로 BC 3000년에서 BC 1100년 사이의 2000여 년간 크레타섬의 문명을 말한다. '미노스 문명'은 신화에 등장하는 크레타섬의 전설적 왕인 '미노스'의 이름을 따서 부르는 것이다. 신석기 시대와 청동기 시대에 크레타섬에 정착한 부족을 '미노아 부족'이라고 부르는 것은 '미노아 문명'이라는 용어가 정착된 이후에 붙여진 칭호다.

크레타섬은 신석기 시대부터 지리적 위치로 인해 근동과 에게해 권의 중심권으로 서남아시아와 북아프리카의 접촉점이었다. 북쪽으로는 그리스 내륙 및 섬들과 인접해 있다. 동쪽으로는 인류 역사에서 가장 오래된 문명의 발상지인 메소포타미아 지역인 티그리스, 유프라테스강 문명과 연결된다. 남쪽으로는 4대 문명의 발상지인 나일강의 이집트 문명과 접하며, 서쪽으로는 이탈리아와 북아프리카 지역에 다다른다. BC 7000년경에는 미노아인들이 인근의 아나톨리아에서 크레타섬으로 이주해 왔을 것으로 보인다. 여러 자료들을 토대로 하면 이런 접촉은 청동기 시대(BC 3300~BC 1100)부터 이어진다. 이들은 BC 3000년대 중반에서 2000년대 중반에 크레타섬을 중심으로 크레타 문명을 발전시켰다. 이 시기부터 크레타는 이집트 문명을 그리스 본토로 전달하는 매개자와 여과막의 역할을 담당하면서 그리스 본토의 미케네 문명의 형성과 발전에 중추적 역할을 하게 된다.

미노스 왕의 실존 여부나 재위 시대는 알 수 없다. 신화 속의 미노스 왕이 지은 궁은 역사적으로 크노소스 궁으로 밝혀졌다. 크노소스 궁은 크레타에서 가장 유명하고 가치 있는 유적이다. 크레타의 크노소스 지역은 그리스와 유럽에서 가장 먼저 인류가 삶의 정착지로 삼은 곳이다. 크노소스라는 이름은 아마 신석기 시대 초기에 붙여진 이름으로 추정된다. 왜냐하면, 고대 그리스의 크레타섬의 주요 도시에 대한 언급에 크노소스라는 이름이 등장하고 있기 때문이다.

크노소스 궁은 청동기 시대 말기인 BC 1700년경 파괴된다. 지진이나 다른 외국의 침략 때문이었을 것이다. 지진이 원인이었다면 이웃 산토리니섬의 지진이 크레타까지 영향을 미쳤을 것이라는 견해가 유력하다. 이 재앙으로 파괴된 궁전이 재건된다. 이후에 그리스 본토의 아카이아인들이 크레타를 정복하고 지배한다. 이 왕들은 미케네 왕조의 한 축이다. BC 1450년에 크레타의 다른 도시에 있는 궁전들도 함께 파괴된다. 다행히 크노소스 궁전은 다른 궁전에 비해 파괴의 정도가 덜 심각했다. 그로부터 화려하고 복잡한 약 2만 평방미터의 궁전이 20세기 초까지 3000년 이상 땅속에 묻혀 있었던 것이다.

이 궁전을 영국 고고학자인 아서 에반스(Arthur Evans, 1851~1941)가 세상에 드러낸다. 독일의 아마추어 유적 탐사자인 하인리히 슐리만이 1870~1873년에 트로이 유적을 발굴하여 세계를 놀라게 한 지 30년 후이다. 에반스는 슐리만이 미케네와 티린스의 미케네 문명을 발굴하기 전에 이미 크레타에 다른 문명이 있다는 결론을 내렸다. 에반스는 신화에 등장하는 미궁을 마음속에 간직하고 사재로 유적지를 매입한 뒤 1900년 초에 크노소스 궁전의 발굴작업을 시작하여 30년 만에 궁전의 윤곽을 드러냈다.

에반스는 신화 속의 '미궁'을 마음속에 간직하고 발굴해낸 궁궐의 유적에 대해 처음에는 혼란스러웠다. 자신이 발굴한 궁전인 크노소스 궁전이 신화 속의 미노스 궁전과 같은 궁인지 혹은 다른 궁전인지에 대한 의문 때문이었다. 그는 결국 이 궁전이 신화 속의 궁전이라고 단정한다. 그렇다면 이 궁전은 신화 속의 미노스 왕이 건립한 것이었다.

에반스는 여기에서 자신이 발굴한 문명을 크레타섬의 전설적인 왕의 이름인 미노스(Minos)를 따서 '미노아 문명(Minoan civilization)'으로 이름 붙인다. 그리고 궁전의 이름도 '미노아 궁'으로 불렀다. 이 용어들은 고고학계가 수용함으로써 일반화되었다.

크노소스 유적지를 발굴한 에반스는 BC 8000년 신석기 시대에 주민들이 해외에서 보트를 타고 와서 크노소스의 언덕에 촌락을 세운 것으로 본다. 그렇다면 지금부터 1만 년 전이다. 고고학적 분석 결과 BC 6000~BC 5000년에는 궁전 지역에 200~600명이 거주하는 마을이 들어섰다고 한다. 그들은 돌 또는 석재 인공물 위에 진흙 벽돌로 벽을 쌓아 하나 또는 두 개의 방을 만들어 살았다. BC 5000~4000년 신석기 중기 시대에는 500~1,000명의 사람들이 정착하고, 크노소스 궁전이 최초로 세워진 BC 2000년 경에는 도시 지역에 최대 1만 8,000명의 사람들이 거주한 것으로, 그리고 크노소스의 절정기인 BC 1700년 직후에는 궁전 및 주위 도시에 1만 명의 사람들이 모여들었을 것으로 추산된다.

최초의 크노소스 궁전은 BC 2000년경 카이라토스(Kairatos)강 옆의 낮은 언덕에 있는 유적지에 건설되었다. 궁정은 긴 직사각형이며 북동쪽을 향하고 있는데 일반적으로 '북쪽'을 향하고 있다고 기술되어 있다. 궁전 단지의 북쪽으로 약 5km 떨어진 지점은 이라클리온 항구에 접한 바다이다. 카이라토스강은 동쪽으로는 이라클리온 항의 바다에 이른다. 고대에는 이 강이 표면으로 흘렀을 것이다.

▶ 사진 3.3 크노소스 궁전의 일부

사진에서 보이는 철망은 지하의 방화 복도를 덮어놓은 것이다.

역사로서 미노아인의 후예 조르바

전설의 미노스 왕이 크레타에서 그리스의 문명을 열었다면 실재의 인
물인 니코스 카잔차키스(Nikos Kazantzakis, 1883~1957)는 크레타
에서 20세기에 그리스 문학의 명성을 세계에 떨친다. 고대의 미노아
문명이 크레타의 보물이라면 현대의 또 다른 보물은 바로 『그리스인
조르바』이디. 세계는 물론이고 우리나라에서도 웬만한 사람이면 『그
리스인 조르바』를 모르는 사람은 별로 없다. 『그리스인 조르바』는 물
론 소설의 제목이다. 그런데 오히려 이 소설의 작가인 '니코스 카잔차
키스'는 생소하다. 제목인 『그리스인 조르바』에서 조르바가 앞에 나오
다 보니 저자까지 가지 않고 조르바에서 모든 것을 끝내기 때문이다.

　이 소설의 작가 카잔차키스는 세계적인 작가로 현대 그리스 문학을

대표하는 소설가이자 시인으로 그리스의 제2의 호메로스로 불린다. 카잔차키스의 『그리스인 조르바』의 주인공은 실제 인물이다. 카잔차키스는 여러 차례에 걸쳐 노벨문학상 후보로 지명되지만 제외된다. 이에 영국의 문예비평가 윌슨(Colin Henry Wilson)은 다음과 같은 글을 썼다.

"카잔차키스가 그리스인이라는 것은 비극이다. 이름이 '카잔초프스키'였고, 러시아어로 작품을 썼더라면, 그는 톨스토이, 도스토예프스키와 어깨를 나란히 할 수 있었을 것이다."[10]

카잔차키스가 강대국 러시아인이었다면 상을 받았을 것이라는 의미다. 카잔차키스는 무신론자는 결코 아니었지만, 기독교의 가장 근본적인 가치에 대한 그의 공개적인 의문과 비판으로 그리스 정교회 및 그의 비평가들과 불협화음을 만들어냈다. 그는 전통적인 그리스의 종교를 대체한 정교회에 정면으로 도전장을 내민 반기독교적 작가이며 전통적인 그리스 종교의 유지자이다. 많은 정교회 성직자들은 카잔차키스의 작품을 비난하고 그러한 비난은 그를 파문하기 위한 운동으로 이어졌다.

카잔차키스가 1953년 『그리스도 최후의 유혹』을 출간하면서 그리스 정교회는 그를 파문으로 몰고 가고 미국 정교회는 "매우 추잡하고 불순한 책"이라고 비난했으며, 결국에는 바티칸의 '금서목록'에도 오른다. 하지만 일련의 종교적 비난과 파문 덕분에 이 책은 낙양의 지가를 올리는 데 일조한다. 그에 대한 파문은 정교회의 최고 지도력에 의해 거부되었지만(Nikos Kazantzakis – Wikipedia), 그 파문 사건은 많은 기독교 당국자들에게 그의 정치적, 종교적 견해에 대한 끊임없는 불만의 상징이 되었다. 현대 문학은 카잔차키스가 그의 소설 및 신념의 내용에 신성모독적이고 불경스러웠다는 사고를 일축하는 경향이다.[11]

▶ 사진 3.4 **카잔차키스의 묘지**

나무 십자가가 박혀 있다. 앞의 돌은 묘비석이고 이 비문이 세계인의 관심의 대상이다.

카잔차키스는 향년 74세에 사망한다. 그의 시체는 크레타의 신시가지와 구시가지를 가르는 높은 성채 위에 안장되었다. 성 안의 성당이나 성 밖의 성당, 또는 공동 묘원이 아닌 성채의 보루 위에 안장된 것이다. 파문당했기 때문이다. 카잔차키스의 묘지는 이라클리온에서는 약간 변두리다.

카잔차키스의 소박하다 못해 초라한 묘지와는 다르게 세계적으로 너무나 알려진 유명한 비문이 새겨있다.

묘비석 비문
Δεν ελπίζω τίποτα. 나는 아무것도 바라지 않는다.
Δε φοβούμαι τίποτα. 나는 아무것도 두려워하지 않는다.
Είμαι λέφτερος. 나는 자유다.

이 비문은 그가 1929년에 프랑스어로 쓴 소설 『토다 라바』에 나와 있는 문장이다. 『토다 라바』에서는 혁명 직후에 러시아로 모여든 일곱 명의 관점으로 혁명 러시아를 바라본다. 이 7명 중에서 카잔차키스를 가장 잘 드러내는 인물이 게라노스다. 게라노스가 손가락을 들어 허공에 이렇게 쓴다.

"배를 타고 가던 한 힌두교도가 큰 폭포 쪽으로 그 배를 밀어내는 물살을 거스르기 위해 오랜 시간 싸웠다. 그 위대한 투사는 모든 노력이 소용없다는 것을 깨닫자, 노를 걸쳐 놓고 노래를 부르기 시작했다. 아! 내 인생이 이 노래처럼 되게 하자. '나는 아무것도 바라지 않는다. 나는 아무것도 두려워하지 않는다. 나는 자유다!'"[12]

이 이야기는 힌두교 우화다. 카잔차키스가 힌두교 우화에서 이 구절을 따온 것이다. 그렇다면 이 구절은 불교적 해석이 필요하다. 바라지 않는다는 것은 욕망을 떨쳤다는 것이다. 재물, 명예, 욕정을 끊었다는 의미다. 두려움이 없다는 것은 고(苦, duhkha: 산스크리트어) 즉 고뇌, 고통, 슬픔, 비극에서 자유로워졌다는 것이다. 마지막으로 자유라는 것은 해탈 즉 열반에 들었다는 의미다. 불교의 심오한 교리에 빠져들지 않아도 자유는 곧 생명이다. '자유(自由)'의 '自'는 인간의 코를 토대로 한 상형문자에서 발전했다. 코의 기능은 호흡 즉 숨 쉬는 것이다. 숨을 쉬지 못하면 목숨을 잃는다. 자유는 바로 숨을 쉬는 것과 같다. 자유는 인간에게 목숨처럼 소중한 것이다.

카잔차키스는 『그리스인 조르바』에서 조르바에게 "내가 죽으면 모든 것이 사라진다"라고 말하도록 한다. 이런 관념은 내세와 구원을 교리로 하는 기독교에 대한 전도(顚倒)이며 사실상 사르트르나 카뮈 같은 무신론적 실존주의다. 카잔차키스는 죽음에서 그의 진가가 더 두드러진다. 생전에는 궁핍과 사상을 둘러싼 당국과의 갈등, 작품을 둘러 싸고 발생한 종교 세력과의 갈등 등에 휘말렸다. 그러나 사후에 그리 스 당국과 국민 그리고 세계인은 그에게 찬사와 박수를 보낸다. 그의 반기독교적인 작품들은 영화로 제작되어 흥행에 성공한다.

크레타는 이라클리온 국제공항을 그의 이름을 따서 '니코스 카잔차 키스 공항'으로 명명했을 정도로 카잔차키스는 그리스의 보배이다. 호 메로스가 그리스의 전설적 인물이라면 카잔차키스는 그리스의 역사적 인물로 전설과 역사가 인류의 문명을 찬란하게 엮어가고 있다.

미케네의 신화적 역사

그리스 문명사에서 신들의 이야기는 미노아 문명기에서 미케네 문명 기로 이어지면서 BC 8세기에 호메로스의 서사시를 통해서 그리스 신 들의 모습들이 본격적으로 드러난다. 이 신들이 미케네 시대의 인간들 과 호흡하면서 펼친 이야기들은 그리스인들에 의해 구전된 그리스의 역사이며 신화인 동시에 경전이다. 이 기록들을 중심으로 그리스 종교 의 경전은 후대 작가들에 의해 풍부한 내용으로 발전한다. 신화적 역 사에서 미케네 왕조의 시조는 페르세우스(Perseus)다. 헤로도토스는 페르세우스를 신적인 인간이거나 인간적인 신으로 기술하면서 데바이 의 한 도시인 켐미스 출신으로 전한다.

"이집트의 켐미스에는 페르세우스를 모신 사각형의 신역이 있고, 그 주위에서는 대추야자 나무들이 자라고 있다. 거대한 석조문 옆에 역시 매우 큰 두 개의 석조 입상이 서 있다. 이 신역 안에 신전이 있고 그 안에 페르세우스의 신상이 안치되어 있다. 이 켐미스에 사는 주민들의 이야기에 따르면 페르세우스는 종종 이 지방에 모습을 나타내고 이 신전 내에 나타나는 적도 드물지 않은데, 그때는 그가 신고 있던 신발 한 짝을 남긴다는 것이다. 그 길이는 2페키스 정도인데,[13] 이 신발이 출현할 때에는 이집트 전역이 번영한다고 한다.

이상이 이집트 시민이 전하는 이야기인데, 그들은 페르세우스를 위해 다음과 같은 그리스풍의 행사를 벌이고 있다. 즉 그들은 체육 경기를 전 종목에 걸쳐 개최하고 가축, 겉옷, 짐승 가죽을 상품으로 건다. 왜 페르세우스가 언제나 이 도시의 주민들에게만 모습을 나타내고 또 왜 그들은 다른 이집트인과 달리 체육 경기를 개최하는가 하고 물었더니 그들은 페르세우스가 본래 그 도시 출신이었다고 대답했다. 즉 다나오스와 린케우스는 켐미스의 시민이었는데, 배를 타고 그리스로 건너갔다는 것이다.

그리고 그들은 이 두 사람으로부터 페르세우스에 이르기까지 그 계보를 더듬을 수 있다고 하는 것이었다. 페르세우스가 이집트로 건너온 것은 그리스의 신화에 있는 그대로, 리비아에 가서 고르곤의 목을 치기 위해서였는데, 그때 페르세우스는 이 도시에 와서 일족들을 전부 만나고 자신의 동족임을 확인했다고 한다. 그는 이 도시의 이름을 모친에게서 들어 이미 알고 있던 터였다. 그리고 체육 경기를 개최하는 것도 페르세우스 자신이 요구했기 때문이라는 것이 그들의 이야기였다." (역사 2.91)

헤로도토스의 『역사』는 과장이 심하고 신화적 역사가 많이 등장하지만, 헤로도토스가 전하는 대로 페르세우스를 기리는 신전과 종교의식이 있었다는 것은 신이거나 영웅이거나 어떤 실체가 존재했을 것으로 추정할 수 있다. 영웅이라면 그의 미케네 건국 신화는 역사가 담겨 있을 가능성도 배제할 수 없다.

신화에서 페르세우스는 제우스와 아르고스(Argos) 왕 아크리시오스(Acrisius)의 딸인 다나이(Danaë)의 아들로 신의 자손이다. 다나이의 아버지 아크리시오스는 자신이 아들을 얻을 수 있는지를 알기 위해 델피를 찾아간다. 신탁의 내용은 충격적이었다. 아들은 커녕 자신의 딸이 자신을 죽일 아들을 낳을 것이라는 신탁이다. 자신이 외손자한테 죽을 운명인 것이다. 이 끔찍한 비극을 어떻게 막아야 하나, 손자를 낳을 싹을 자른다? 지금 같으면 불임수술로 처리할 수도 있는 일이지만 당시로써는 생각도 할 수 없는 일이다. 그렇다고 딸을 죽일 수도 없다. 딸이 자식을 낳지 못하도록 남자와의 접촉을 차단하는 것이 좋은 방책이라고 판단했다. 그렇다면 격리가 최선이다. 결국, 지하에 천장의 한 부분만 빛과 공기가 통하도록 틈을 낸 청동 집을 짓고 다나이를 가둔다. 사실상 무기수를 만든 것이다. 어느 때 이 틈으로 황금 소낙비가 내렸다. 제우스가 변신하여 다나에게 임신을 시킨 것이다. 이때 낳은 아들이 페르세우스다.

어머니는 아이에게 페르세우스(Perseus) — 페르세우스 유레메돈(Perseus Eurymedon) — 이라는 이름을 지어준다. 아크리시오스는 자신의 앞날이 걱정되었으나 제우스의 여인과 그의 자손을 죽이는 것은 신의 진노를 자극하는 일이다. 아크리시스는 딸과 외손자를 나무 궤짝에 넣어 바다에 던진다. 델피의 신탁을 피해 자신과 자식을 살릴 다른 방도를 찾기보다는 자신의 안위만을 위해 딸과 외손을 버린 것이다.

궤짝은 세리포스(Serifos)섬의 해안으로 떠내려간다. 세리포스는 에게해의 서쪽 키클라데스(Cyclades)에 위치하고 있다. 그리스 본토의 피레우스 항에서 산토리니 방향으로 170km 거리다. 궤짝은 이 섬의 왕 폴리덱테스(Polydectes)의 동생인 어부 딕티스(Dictys)에 의해 발견된다. 다나이는 폴리덱테스의 아내가 되고 페르세우스는 폴리덱테스를 양아버지로 하여 자란다. 페르세우스는 자라면서 자기 어머니를 험하게 대하는 폴리덱테스가 못마땅하게 생각되어 폴리덱테스로부터 자신의 어머니를 보호해야 한다고 마음먹는다. 반면에 폴리덱테스는 애욕의 훼방꾼인 페르세우스를 불명예의 멍에를 씌워 추방하려는 음모를 꾸민다.

당시의 관습은 구혼자는 신부 아버지에게 선물을 주고 신부를 데려가는 것이었다 (일리아스 11.243). 폴리덱테스는 엉뚱하게 다른 사람의 결혼을 위해 선물을 구한다는 핑계를 대면서 말을 요구한다. 페르세우스는 선물할 말이 없었기 때문에 폴리데텍스에게 말 대신에 어떤 선물을 받을 것인지를 묻자 페르세우스에게 메두사(Medusa)의 머리를 가져오라고 요구한다.

그리스 신화에는 포르키스(Phorcys)와 케토(Cetus)가 낳은 두 부류의 괴물이 등장한다. 하나는 그라이아이(Graiae, 노파들을 의미)로, 세 자매가 눈 하나와 이빨 하나를 함께 사용하는 괴물이다. 헤시오도스는 이들 자매의 이름이 각각 데니오(Deino, 무서움), 에니오(Enyo, 공포) 그리고 펨프레도(Pemphredo or Pephredo, 깜짝 놀라게 함)라고 전한다. 이들은 고르곤(Gorgons) 세 자매의 언니뻘이다. 그라이아이 세 자매의 동생들인 고르곤 세 자매는 각각 스테노(Stheno, 힘센 여자), 에우리알레(Euryale, 멀리 떠돌아다니는 여자) 그리고 가장 유명한 메두사(Medusa, 여왕)이다. 통상 고르곤은 이 메두사를 지칭한다. 이들의 이름은 호메로스의 『일리아스』(5.735 외)와 『오디세이아』(11.635)에서 각각 언급되며, 에우리피데스(Euripides)도 이를 언급한다. 1세기의 로마 시인이었던 오비디우스(Ovidius)는 메두사에 대해 약간 다른 이야기를 전한다. 메두사는 한 때 아름다운 머리카락을 가진 허영심이 많은 여인이었다는 것이다.

이들의 모습은 무시무시하여 모습을 직접 본 사람이나 동물은 모두 돌로 변해버린다. 폴리덱테스의 계책은 페르세우스가 메두사의 얼굴을 보고 돌로 변해버리도록 하려는 흉계였다. 페르세우스는 아테나 여신에게 도와 달라고 간청한다. 다행히 아테나의 도움으로 고르곤들을 물리치고 메두사의 머리를 잘라가지고 세리포스로 향한다. 페르세우스는 세리포스로 오던 중에 하늘을 떠받치고 있는 티탄족 거인 아틀라스(Atlas)를 만나 시비가 벌어진다. 이때 메두사의 얼굴을 보여주자 아틀라스가 돌로 변한다. 아틀라스는 헤시오도스의 『신들의 계보』에 등장하는 신이지만 특별한 역할이 없을 뿐만 아니라 숭배의 대상도 아니고 이 장면에 단역으로 등장할 뿐인 외로운 신이다. 아틀라스는 결국 돌로 변한 뒤에 현재의 아틀라스산맥으로 남아있다.

다른 전승에서 페르세우스의 아버지는 제우스가 아니라 아크리시오스의 쌍둥이 동생으로 티린스 왕인 프로이토스(Proetus)다. 프로이토스는 쌍둥이 형 아크리시오스가 손자에게 죽게 될 것이라는 예언을 전해 듣고 조카딸 즉 아크리시오스의 딸인 다나이를 겁탈한다. 다나이가 아들을 낳으면 아버지 아크리시오스에게는 손자가 되지만 작은 아버지인 자신에게는 아들이 되고, 아크리시오스가 죽게되면 그 자리를 최소한 자신의 아들이나 자신이 계승할 것이라는 계산이었다. 분노한 아크리시오스는 쌍둥이 동생 프로이토스를 쫓아버린다. 프로이토스는 장인인 리키아의 왕 이오바테스에게로 도망친다. 리키아는 오늘날 터키의 남동 해안으로 고대 그리스의 도시이다. 그곳에서 세력을 얻어 장인 이오바테스의 군사와 함께 티린스로 돌아왔다는 전승이다. 그러나 이 전승은 페르세우스의 성장 과정이 가려있다.

페르세우스는 세리포스로 돌아오는 길에 에티오피아 왕국에 들린다. 고대 에티오피아에 대한 최초의 언급은 『일리아스』에서 두 번

(1.423, 13.206), 『오디세이아』에서 3번(1.22-23, 4.84, 5.282-7) 나타난다. 헤로도토스는 에티오피아를 아프리카 일부로 서술했다. 이 신화적인 에티오피아는 케페우스(Cepheus)왕과 왕비 카시오페이아 (Cassiopeia)가 통치하고 있었다. 왕비 카시오페이아는 그녀와 딸 안 드로메다(Andromeda)가 바다 신 네레우스(Nereus)의 님프 딸인 네 레이디스(Nereids)보다 더 아름답다고 자랑을 늘어놓았고, 이에 자존 심이 상한 님프들은 바다의 신 포세이돈에게 케페우스를 혼내 달라고 간청한다. 포세이돈은 괴물을 보내 에티오피아 왕국에 재앙을 내렸다.

케페우스와 카시오페이아는 왕국을 재앙에서 구하기 위해 바다 신 을 진정시킬 수 있는 유일한 방법에 대해 암몬(Ammon)에게 신탁을 구한다. 암몬은 아문(Amun)으로 이집트 신인데 그리스에서는 제우스 와 동일시한다. 여기에서 이집트의 신이 등장하는 것은 에티오피아 지 역에서 암몬이 최고의 신이기 때문일 것이다. 암몬의 신탁은 딸 안드 로메다를 바다의 괴물인 케토에게 주라는 것이었다. 케페우스 왕은 암 몬 신의 신탁에 따라 바다의 제물로 바치려고 딸을 바위에 묶어 놓았 는데, 페르세우스가 메두사의 머리를 통해 괴물을 돌로 만든 뒤에 그 녀를 구출한다. 페르세우스는 안드로메다와 결혼하고 세리포스에서 모친을 모시고 메두사의 머리를 아테네에게 봉헌 예물로 준 뒤 아르고 스로 돌아온다. 아크리시오스는 이 소식을 듣고 혹시나 손자가 자신에 게 해코지하거나 또는 신탁대로 자신이 죽지나 않을까 겁을 먹고 허름 한 옷차림으로 아르고스에서 테살리(Thessaly)의 라리사(Larissa)로 피신한다.

아크리시오스가 달아나면서 페르세우스가 아르고스를 통치한다. 이 시기에 테살리 지역의 라리사의 왕인 테우타미데스(Teutamides) 는 아버지를 위한 장례식 경기를 연다. 장례식 경기는 최근에 사망한 사람을 기념하여 개최되는 운동경기다. 장례식을 축하하는 일은 많은 고대 문명과 공통점이 있다. 페르세우스는 이 원반던지기 대회에 참가하여 차례가 되자 원반을 던졌다. 그런데 원반은 직선으로 날아가다가 마침 불어닥친 바람을 타고 관중석으로 돌더니 관중석의 어느 노인을 맞추어 그 자리에서 즉사시킨다. 그런데 그 노인은 다름 아닌 페르세우스 외조부인 아크리시오스였다. 결국, 손자에게 자신이 죽는다는 신탁의 예언은 현실이 되었다.

페르세우스는 순서에 따라 아르고스의 왕위 계승자이었으나, 외조부를 죽게 만든 가책으로 왕위를 잇기가 곤혹스러웠다. 그는 고심 끝에 티린스로 가서 4촌인 티린스의 왕 프로이토스의 아들인 메가펜테스(Megapenthes)와 협상하여 그에게 아르고스의 왕권을 넘겨주는 대신에 자신이 티린스 왕이 된다. 페르세우스는 중신들과 순시를 하다가 물이 흠뻑 배인 '미케스(Mykes)'라는 버섯에서 물을 빨아 마셨다. 그리고 이 자리에 도시를 건설하고 이름을 미케네라고 불렀다. 이를 통해 페르세우는 미케네의 태조가 된 것이다.

페르세우스의 전설적인 삶에 관한 주요 출처는 2세기의 그리스인들에게 진정한 역사적 인물이었던 파우사니아스(Pausanias)의 『그리스 이야기(Description of Greece)』이다. 파우사니아스는 그리스인들이 페르세우스가 미케네(Mycenae)를 설립했다고 믿었다고 전한다. 그는 페르세우스 신전이 미케네에서 아르고스로 가는 길의 왼편에 서 있었고 또한 미케네에서는 페르세아(Persea)라고 불리는 신성한 분수가 있었다고 언급한다. 성벽의 바깥 쪽에 위치한 이 분수는 요새의 지하 저수지를 채우는 셈이었을 것이다. 또한, 그는 아트레우스가 보물을 지하실에 저장했다고 주장한다.

페르세우스의 아들 중에 알카이오스(Alcaeus)부터 엘렉트리온

(Electryon)을 거쳐 에우리스테우스(Eurystheus)에 이르기까지 미케네를 지배한다. 페르세우스는 7명의 아들과 두 딸을 두는데, 첫째 메스토르(Mestor)는 리시다케와 결혼하여 딸 힙포토에(Hippothoe)를 낳은 후에 요절하고 둘째 아들 알카이오스가 2대 왕으로 즉위한다. 알카이오스는 아스티다메이아와 결혼하여 아들 암피트리온(Amphitryon)과 딸 아낙소를 낳는다. 그리고 알카이오스 동생인 엘릭트리온이 3대 왕으로 즉위한다. 엘릭트리온의 딸 알크메네는 암피트리온과 결혼하는데, 암피트리온이 전쟁에 참가한 사이에 제우스는 암피트리온으로 변장하고 그의 집에 들어가 암피트리온의 아내인 알크메네와 동침하여 아들을 얻는다. 이가 바로 헤라클레스(Heracles)다. 따라서 암피트리온은 헤라클레스의 양부가 된다.

이런 신화를 바탕으로 보면 당시의 국가들은 씨족국가에서 부족국가로 나아가는 모습이다. 트로이전쟁 때도 참전 국가들은 부족국가 형태이다. 에게해를 중심으로 하면 아르고스가 항구와 접해있고 육지 방향으로 티린스와 미케네의 순서다. 따라서 현지인이든 외지인이든 국가의 성립은 아르고스의 나프폴리스가 시발지였을 것이다. 신화의 내용이나 이런 지정학적 배경으로 볼 때 티린스는 미케네의 모체다. 즉 국가 성립이 미케네보다 티린스와 아르고스가 먼저일 가능성이 크다.

페르세우스가 아르고스 왕에서 티린스 왕으로 그리고 미케네 왕조를 창업했다면, 그의 후손들이 티린스와 미케네를 하나의 왕국이나 또는 둘의 왕국으로 다스렸을 것으로 보인다. 예를 들어 스테넬로스는 미케네와 티린스를 지배하는 왕으로 나타난다. 그렇다면 2개의 국가에 1명의 왕이 있는 경우이다. 그렇다면 국제정치의 관점에서 보면 미케네 왕국은 티린스를 동맹국으로 하는 최초의 제국이라고 할 수 있다. 실제로는 티린스는 속국일 수도 있다.

페르세우스의 자손들 중에서 메스트로의 딸 힙포토에는 포세이돈에게 납치되어 에키나데스(Echinades) 군도로 가서 포세이돈과 정사를 통해 아들 타피오스를 낳는다. 에키나데스 군도는 이오니아해에 위치해 있으며 현재 이타카시에 속한다. 이 제도는 신화에 등장하는 오디세우스의 고향이다. 포세이돈은 바다의 신답게 이미 힙포토에와 정사를 나눌 아름다운 섬을 찾아냈던 것 같다. 섬의 정취를 최대한 살려 분위기를 만들었을 것이다.

지금 이 섬은 아랍의 부호인 카타르 왕과 세계적인 투자의 귀재 그리고 스타들이 찾고 있다. 카타르의 알 타니 국왕이 이 군도 가운데 섬 6개를 총 850만 유로(한화 120억 원)에 구입하기로 하고 2013년에 계약을 체결했다는 뉴스가 전해졌다. 알 타니 국왕은 이 섬들을 관광지로 개발하기보다는 자신의 부인 3명과 24명의 왕자, 공주들만을 위한 대저택을 지을 계획으로 알려졌다. 포세이돈보다 더 많은 여성을 데려오는 것이다. 그러나 개인의 집 면적을 250㎡ 이내로 제한하는 그리스의 규제가 걸림돌로 작용하고 있다. 알 타니 국왕은 2013년에 왕좌를 아들에게 넘기고 물러났다. 투자의 귀재 워런 버핏도 이탈리아 억만장자이자 뉴욕타임스 주주인 알레산드로 프로토와 함께 인근의 무인도 '아기오스 토마스'를 2015년에 1,500만 유로(187억 원)에 사들였다. 〈캐리비안의 해적〉으로 유명한 영화배우 조니 뎁도 에게해의 작은 섬인 '스트론질로'를 420만 유로(52억 원)에 매입했다.

아가멤논의 가계

호메로스는 탄탈로스의 아들이 펠롭스이고 펠롭스(Pelops)의 아들이 아트레우스(Atreus)이며 아트레우스의 아들이 아가멤논(Agamemnon)과 메넬라오스(Menelaus)로 기술하고 있다. 그렇다면 아트레우스와 아가멤논 부자가 어떻게 미케네를 지배하게 되었는가. 탄탈로스는 림프를 어머니로 하는 인간이었지만 제우스의 아들이라는 고귀한 혈통을 타고나서 신들과 친구가 되었다. 그는 원래 리디아 지역의 시필로스 왕이었다. 나중에는 제우스의 식탁에서 함께 식사하고 신들이 나누는 이야기도 들을 수 있었다. 그는 이런 특권과 대접에 자신의 분수를 모르고 기고만장해져서 신들의 비밀을 인간에게 누설한다.

인간은 자신만 어떤 비밀을 알고 있을 때 본능적으로 그것을 발설하고 싶어진다. "임금님 귀는 당나귀 귀"라는 그리스 신화도 이런 배경이다. 더구나 자신이 가지고 있는 정보가 일반인들이 접하기 어려운 사회 고위층으로부터 취득한 것이라면 그 정보가 마치 자신의 위상을 나타내는 듯이 으시댄다. 그뿐 아니다. 그 정보에 자신의 해석까지 가감하여 전달하면 결국 가짜 뉴스에 도달한다. 이런 행태는 처신이 가볍고 책임감이나 신의가 약한 사람에게서 더 두드러진다. 탄탈로스는 바로 그런 부류다.

탄탈로스는 또한 제우스의 식탁에서 신들의 음료수인 넥타르와 신들의 음식인 암브로시아를 훔쳐 자신의 인간 친구들에게 나누어 주었다. 친구들과의 우정이나 배려 때문이 아니라 자신을 과시하기 위한 것이다. 또한, 어떤 사람이 크레타섬의 제우스 신전에서 훔쳐 온 값비싼 황금 개를 맡아 달라고 부탁하자, 그것을 가로채기도 했다.

그는 점점 오만해져 자신이 마치 신들과 대등하다고 생각했다. 천박하고 무능한 사람일수록 자신과 지근거리에서 상대하는 사람들의 능력을 과소평가하고 자신과 동일시한다. 그는 신들이 정말로 전지전능한가를 시험해보려고 연회를 열고 신들을 초청한다. 그리고 아들 펠롭스를 청동 냄비에 넣고 삶은 뒤에 그 고기를 신들의 식탁에 올린다.

신들은 당연히 그 고기의 정체를 알고 외면했으나 데메테르(Demeter)는 딸 페르세포네(Persephone)가 행방불명되어 황망 중에 고기 한 점을 먹는다. 어깨 부분이다 (데메테르와 페르세포네에 관해서는 뒤의 밀교 부분에서 다시 다룰 것이다).

신들은 아무 말 없이 제우스를 쳐다본다. 제우스의 분노는 하늘을 찌를 기세다. 그는 먼저 전령의 신 헤르메스에게 펠롭스의 몸을 하나로 모아 냄비에 넣으라고 지시한다. 이어 운명의 여신 클로토(Clotho)에게 조각난 펠롭스의 몸을 꿰매도록 한다. 데메테르가 먹어버린 어깨 부분은 상아로 메운다. 제우스는 이어 헤르메스에게 지하의 하데스한테 가서 펠롭스의 영혼을 데려오라고 지시한다. 펠롭스는 다시 살아났다.

탄탈로스에게는 그리스 신화에서 가장 고통스러운 형벌이 내려진다. 신의 음식을 먹었기 때문에 불멸의 존재가 되어 죽음은 피했으나 죽음보다 더한 고통에 직면하게 된다. 그는 지하 가장 깊은 곳의 타르타로스(Tartarus)에 갇힌다. 헤시오도스에 따르면 타르타로스는 하늘에서 청동이 지구로 떨어지는 데 9일이 걸리고 지구로부터 다시 9일간 걸리는 땅속에 있다 (신들의 계보 116-119). 호메로스는 하늘이 땅 위에 있는 거리만큼 지하세계 속에 있다고 기술한다 (일리아스 8. 17). 플라톤은 『고르기아스』에서 죽은 후에 영혼이 심판을 받고 악인은 신성으로부터 처벌을 받는 곳으로 생각했다. 타르타로스는 죽은 사람이 가는 지하의 가장 밑에 있는 곳으로 안개가 자욱하고 청동 벽에 포세이돈이 청동의 문을 만들어 누구도 도망갈 수 없다. 여기에서 받는 벌은 다양한데 탄탈로스가 받은 벌은 가장 고통스러운 벌이다. 탄탈로스는 물이 목까지 차는 곳에 갇힌다. 그러나 갈증으로 물을 먹으려는 순간 물은 땅속으로 스며들어 버렸다. 머리 위에는 사과와 배, 석류 열매 등 맛있는 과일들이 주렁주렁 매달려 있지만, 손으로 과일을 따려고 하면 바람이 불어와 구름 위로 올라가 버린다. 탄탈로스는 평생 갈증과 허기로 살아야 했다.

탄탈로스의 아들 펠롭스는 아버지와 달리 영리한 청년으로 자란다. 펠롭스가 아트레우스의 아버지이고 아가멤논이 아트레우스의 아들이라면 당시의 수명으로 추정하여 펠롭스의 시대는 아가멤논의 시대보다 약 100년 정도 앞설 것이다. 그리고 아가멤논이 참전한 트로이 전쟁을 1200년대로 추정할 때 트로이 전쟁 이전이다. 펠롭스는 피사의 왕인 오이노마오스(Oenomaus)의 딸 힙포다메이아(Hippodameia)를 보고 반한다. 피사는 펠로폰네소스반도 서북부 엘리스 지방에 있는 도시로 올림피아 근처이다.

펠롭스는 그녀와 결혼하고 싶지만, 난관이 가로 놓여 있다. 오이노마오스는 그의 사위에게 살해당할 것이라는 예언을 듣고 있었기에, 어느 누구도 자기 딸과 결혼하지 못하도록 했다. 그리고 결혼을 막는 방법으로 구혼자들에게 전차 경주를 제안한다. 경기 방식은 구혼자들이 힙포다메이아를 전차에 태우고 코린토스의 이스트모스까지 달아나는 것이다. 이때 오이노마오스가 완전무장하고 추격한다. 따라 잡히면 그 자리에서 오이노마오스에게 살해당한다. 살해당한 자들의 목은 본보기로 궁전 기둥에 걸린다. 결혼할 꿈도 꾸지 말라는 경고다. 12명의 구혼자가 용감하게 도전했지만 모두 목이 기둥에 걸리는 신세가 되었다.

펠롭스는 포세이돈에게 도움을 요청하여 날개 달린 말들이 끄는 전차를 받고, 오이노마오스 왕의 마부인 헤르메스의 아들 미르틸로스(Myrtilus)에게 오이노마오스를 이길 방법을 부탁한다. 미르틸로스는 거래 조건을 내건다. 펠롭스가 승리하면 힙포다메이아와 첫날 밤을 자신과 자도록 해주고 피사의 지배권 반을 달라는 것이었다. 힙포다메이아에게 혼이 나간 펠롭스는 급한 마음에 이 요구를 들어준다.

미르틸로스는 경기 전날 밤에 오이노마오스 마차의 축을 청동에서 밀랍으로 교체하여 마차가 달리다가 부서지도록 만들었다. 오이노마오스는 경기중에 자신의 마차가 부서지는 순간에야 미르틸로스가 마차 바퀴를 부서지게 만든 사실을 알게 된다. 그는 죽으면서 미르틸로스가 펠롭스의 손에 죽게 해달라고 저주를 퍼 부었다.

전차 경주에서 이긴 펠롭스는 힙포다메이아와 미르틸로스를 데리고 길을 떠났다. 도중에 힙포다메이아가 목마르다고 하여 펠롭스가 물을 구하러 간 사이에 미르틸로스가 힙포다메이아를 겁탈하려고 대들었다. 이 순간 펠롭스는 미르틸로스를 바다에 밀어 떨어트렸다. 미르틸로스도 죽으면서 펠롭스에게 저주를 퍼 부었다. 그 저주는 펠롭스 가문을 대대로 불행의 구름으로 덮힌다.

펠롭스는 증조 외조부인 오케아노스(Oceanus)에 가서 삼촌인 헤파이스토스(Hephaestus)로부터 오이노마오스와 미르틸로스에게 저지른 죄를 정화 받는다. 그리고 아피아(Apia) 또는 펠라스기오티스(Pelasgiotis)라는 나라를 장악하여 자신의 이름인 펠롭스를 따서 '펠롭스의 섬'이라는 뜻의 '펠로폰네소스'라고 불렀다. 초기 그리스인들은 이 지역을 섬으로 보았다. 결국, 펠롭스는 '펠로폰네소스'라는 말의 어원이 되었다.

이후 펠롭스는 님프인 아스티오케(Astyoche)와 바람을 피워 미모의 아들 크리시포스(Chrysophos)를 낳는다. 오이디푸스의 친아버지인 테바이의 라이오스(Laius or Laios) 왕은 크리시포스의 아름다움에 반해 그를 납치해 자신의 정부로 삼아버린다. 이 일로 인해 그와 그의 도시, 가족은 나중에 신들에 의해 벌을 받게 된다. 소포클레스(Sophocles)는 재빨리 이 전설을 '오이디푸스 왕'이라는 비극의 이야기로 엮어 냈다.

펠롭스는 힙포다메이아와 사이에 이미 아트레우스와 티에스테스 형제를 두는데 힙포다메이아는 펠롭스가 크리시포스에게 왕위를 줄까 봐 걱정되었다. 결국, 크리시포스는 의문의 죽음을 맞았는데, 힙포다메이아가 아들들을 시켜 우물에 던져 죽였다는 설과 힙포다메이아가 크리시포스가 잠들기를 기다렸다가 직접 칼로 찔렀다는 이야기가 있다. 이 일로 히포다메이아와 두 형제는 펠롭스에 의해 추방당했고 힙포다메이아는 스스로 목을 맨다.

펠롭스는 아내와 아들을 동시에 잃어버리는 불행한 처지가 되었다. 이런 펠롭스에게 아르테미스(Artemis)가 순결을 지키며 자신을 받들라고 권유하지만 거부한다. 아르테미스는 자존심이 상해서, 펠롭스를 불행에 빠트려야겠다고 벼르다가 펠롭스가 스스로 불사신이라고 생각하는 정신병에 걸리게 만든다. 펠롭스는 이미 아버지에 의해 한 번 죽었다가 살아난 경험을 되살려 자신은 타 죽지 않을 것이라고 믿고 불타는 장작더미에 스스로 뛰어들어 마지막을 맞는다. 그러나 펠롭스에게 내려진 헤르메스의 아들 미르틸로스의 저주는 그의 죽음으로 끝나지 않는다.

펠롭스는 아내 힙포다메이아와의 사이에 아트레우스와 티에스테스 외에도 핏테우스(Pittheus)를 두었다. 펠롭스의 아들중에 아트레우스는 펠로폰네소스반도에 있는 도시인 아르고스의 군주가 된다. 아르고스에는 유서 깊은 항구 도시 나폴리오가 있다. 이 도시의 이름은 포세이돈이 아미모네(Amymone)와 동침하여 낳은 영웅 나우폴리오스의 이름에서 나왔다. 아트레우스는 아가멤논과 메넬라오스 형제의 아버지이다. 호메로스도 아가멤논을 '인간들의 왕인 아트레우스의 아들(일리아스 1.5)'로 부른다. 펠롭스에 대한 미르틸로스의 저주는 그의 아들 대에 이르러 나타나기 시작한다.

당시 미케네 왕은 공석이었다. 페르세우스와 안드로메다의 아들로 미케네와 티린스 왕이었던 스테넬로스가 죽고 또한 그의 아들인 에우리스테우스는 아테네와 전쟁 중에 전사했기 때문이다 (아폴로도로스, 그리스 신화 2.8.1). 신탁은 펠롭스의 아들이 그 자리를 이을 것이라고 예언하자 미케네는 신탁에 따라 펠롭스의 아들을 왕으로 삼으려 한다. 두 아들 중에 아트레우스가 미케네의 왕이 되는데, 이 과정에는 몇 가지 전승이 있다. 하나는 에우리스테우스가 전쟁터에 나가 부재한 상황에서 아트레우스를 섭정으로 위촉했다는 것이다. 그리고 에우리스테우스의 패전과 사망 소식이 전해지면서 미케네 귀족들은 아트레우스를 선출한다. 미케네 귀족들은 아트레우스가 자신들을 보호할 전사로 보였고 이미 공동체의 애정을 확보했기 때문이다. 이렇게 그는 미케네의 왕이 되었고 페르세우스 왕궁은 전보다 더 유명하게 되었다.

다른 전승에서는, 에우리스테우스가 죽자 미케네 귀족들은 신탁에 따라 펠롭스의 두 아들인 아트레우스와 티에스테스 둘 중 누구를 왕으로 선택할 것인가를 놓고 숙의한다. 당시에는 장자 승계 제도가 없기 때문에 두 형제는 내기로 승부가 결정될 운명이었다. 아트레우스는 일단 그의 가장 좋은 양을 아르테미스에게 바치겠다고 맹세한다. 여기에서 이야기는 두 갈래로 흐른다.

하나는 헤르메스의 등장이다. 헤르메스는 아들 미르틸로스의 죽음에 대해 복수하려고 벼르고 있던 차에 펠롭스의 두 아들이 서로 왕이 되려고 싸우는 상황을 이용하려고 계획을 세운다. 헤르메스는 펠롭스가 아트레우스와 티에스테스에게 남겨준 아카니아의 양 떼 속에 황금색 양털을 가진 뿔이 있는 양을 만들어 넣었다. 헤르메스는 아트레우스가 그 양이 자신의 것이라고 주장할 것이며, 아르테미스에게 그 양을 주지 않으려 할 것이기 때문에 티에스테스와 갈등에 휘말리게 될 것이라고 내다봤다. 그러나 다른 이야기는 그 양을 보낸 것은 아르테미스가 아트레우스를 시험해보기 위해서라고 한다. 어쨌든 아트레우스는 황금색 양에 욕심을 낸다. 양털은 박제해서 자신이 간직하고 아르테미스에게는 맹세에 따라 양을 바치면서 살을 보냈다. 그리고 황금 양털 박제를 질투심 많은 티에스테스에게 평생의 보물이라며 자랑하고 다녔다. 티에스테스도 이 황금 양털 박제를 보는 순간 탐이 났다.

아트레우스는 그 당시에 아이로페(Aerope)와 결혼한 상태인데 그 과정은 아주 복잡하다. 아이로페는 크레타 미노스 왕의 아들인 카트레우스(Catreus)의 딸이다. 카트레우스에게는 아이로페, 클리메네(Clymene), 아페모시네(Apemosyne) 등 세 딸과 아들 알타이메네스(Althaemenes)가 있다. 카트레우스는 신탁에서 자기 자식들 중 한 명의 손에 죽게 될 것이라는 예언을 듣는다. 그는 신탁을 비밀에 부쳤으나 아들 알타이메네스가 그것을 듣고 아버지의 살해자가 될까 두려워 누이 아페모시네와 함께 크레타섬을 떠나 로도스(Rhodes)에 상륙한다. 여기에서 그는 새로운 도시를 개척한다. 그런데 자기 누이 아페모시네가 헤르메스에게 겁탈당하고 그 일을 알타이메네스에게 말하자 그는 신에게 겁탈당했다는 것은 핑계에 불과하다며 오히려 그녀를 죽인다. 카트레우스는 이어 두 누이인 아에로페와 클리메네를 나우폴리우스에게 이국땅에 내다 팔라며 맡긴다.

포세이돈의 아들인 나우폴리우스는 늙도록 바다를 항해하며 살았는데, 그의 결혼에 대해서는 여러 이야기들이 있지만 그중 하나가 노예로 팔아 달라고 맡겨준 카트레우스의 딸 클리메네와 결혼한 것으로 알려진다. 또한, 아이로페는 노예로 팔렸다가 다시 아트레우스에게 팔려 그와 결혼 하게 된다. 아트레우스의 두 아들 아가멤논과 메넬라오스 두 형제는 아이로페 사이에서 출생한 것이다. 아이로페는 아트레우스의 아내가 되어 두 아들을 두었으나 시동생 티에스테스를 연모하여 유혹한다. 아트레우스와 만난 것이 주인과 노예관계로 만나 애틋한 정이 없었던지 시동생을 유혹한 것이다. 형수인 아이로페가 자기를 유혹하는 것을 안 티에스테스는 이것을 이용하여 탐나는 황금 양털 박제를 차지하려는 계책을 꾸민다. 형이 가지고 있는 그 박제가 반은 자신의 것인데 아트레우스의 목동이 그 반을 훔쳐 갔다는 것이다. 따라서 그 박제를 가져다주면 사랑을 나누겠다고 약속한다. 그리고 아트레우스가 모르게 황금 양털의 박제를 손에 넣는다.

왕을 선정하는 회의에서 아트레우스는 자신에게 왕의 우선권이 있으며 또한 양의 소유자라며 왕관을 요구했다. 이에 티에스테스는 "그렇다면 당신이 박제 양의 소유자가 왕이 되어야 한다는 것을 공개적으로 선언하라"라고 요구한다. 이에 아트레우스는 자신있게 "그렇다"라고 대답했다. 티에스테스는 잔인하게 웃으면서 자신도 "동의한다"라고 답했다. 이어 왕의 선포자가 미케네의 새로운 왕을 찬미하도록 미케네 국민을 불러모았다. 신전은 금으로 치장되고 모든 창문은 열렸다. 도시 전역의 모든 제단은 불이 밝혀지고, 황금 양털에 뿔이 난 어린 양을 찬양하는 노래가 울려 퍼졌다.

왕의 선포자는 정당한 왕위 계승자는 황금 양털을 가진 자라는 신탁을 받았다며, "누가 황금 양털의 박제를 가지고 있는가?"라고 물었다. 티에스테스가 당당하게 나서며 자신이 황금 양딜을 기진 양의 소유자라고 대답했다. 아트레우스는 자신이 왕위 계승자라고 생각했지만, 자신의 창고에서 황금 양털을 가진 양은 이미 사라진 것을 알고 있었으나 티에스테스에게 가 있을 것으로는 생각하지 못했다. 그러나 신탁에 따라 티에스테스가 왕위에 오르는 상황으로 기울어지게 된다.

이때 왕자의 난을 우려한 제우스가 아트레우스의 편을 들고 나선다. 제우스는 헤르메스를 아트레우스에게 보내 태양이 동쪽으로 지면 아트레우스가 왕이 된다는 협정을 맺자고 티에스테스에게 제안하도록 한다. 티에스테스는 그럴 리가 없다고 생각하고 이 제안에 순순히 응했다. 제우스는 태양을 실은 마차를 끌던 말을 뒷걸음치게 만들었다. 서쪽으로 지던 태양이 동쪽으로 움직였다. 그리고 헤르메스는 황금 양털 박제의 소유권에 대한 사실을 밝혔다. 왕좌는 아트레우스에게 넘어오고, 티에스테스는 해외로 망명하게 된다.

아트레우스는 동생인 티에스테스가 자기 아내와 정을 통하고 쌍둥이 아들을 낳은 것까지 다 알고 있었지만 모른 체하며 그냥 내버려 두고 지내고 있었다. 그러나 그 아이들이 점점 자라면서 아트레우스는 두려움을 느끼게 된다. 그는 자객을 보내 그들 사이에서 태어난 플레이스테네스를 죽이도록 한다. 그러나 자객은 엉뚱하게도 아트레우스가 아이로페를 만나기 전에 나은 동명이인의 배다른 다른 아들 플레이스테네스를 죽인다. 이 사건으로 아들을 잃은 아트레우스는 그동안 참아오던 분노가 폭발해버린다.

아트레우스는 티에스테스에게 모든 과거를 덮고 왕국 절반을 주겠다며 돌아오라고 부른다. 티에스테스는 이 말을 믿고 님프와 낳은 세 명의 아들, 형수인 아이로페와 낳은 두 명의 아들을 데리고 미케네로 돌아온다. 아트레우스는 동생을 환영하는 연회를 베푼다. 그러나 그 직전에 티에스테스의 다섯 아들을 모조리 죽이고 8조각으로 토막낸다. 이어서 끓는 물에 삶아서 커다란 파이를 만들어 동생에게 내놓는다. 아들을 요리해버린 할아버지 탄탈로스의 유전자가 다시 활동을 개시한 것인가. 티에스테스가 그 파이를 잔뜩 먹고 나자, 아트레우스는 시종을 시켜 아이들의 머리와 손발이 담긴 접시를 가져와 티에스테스에게 보여준다. 티에스테스는 먹은 걸 모두 토한 뒤, 형에게 저주를 퍼

부으며 세상의 어떤 방법이라도 동원하여 복수하겠다고 다짐한다. 그리고 델피 신전으로 달아나 형에게 복수할 방법을 물었다.

신탁은 엉뚱하게도 티에스테스에게 자신의 딸인 펠로피아와 성관계를 맺어 아들을 낳으라고 전한다. 펠로피아는 티에스테스의 딸로만 등장한다. 어머니가 누구이고 어떻게 출생했는지는 알 수 없다. 죽은 두 오빠처럼 님프의 소생이거나 어느 다른 여성으로부터 태어났을 것이다. 펠로피아는 다행히 피신해 있었기 때문에 토막살인에서 벗어날 수 있었다. 그러나 티에스테스에게는 끔찍하고 통탄스러운 신탁이다. 아들들의 살을 먹은 아비에게 딸과 관계하여 자식을 낳으라니, 너무나 비정한 신탁이다.

티에스테스는 고민하다 결심한다. 그에게 속임수와 배신의 피가 솟고 있었다. 티에스테스는 가면을 쓰고 딸을 찾아가 칼로 위협하고 겁탈한 후에 자리를 피한다. 펠로피아는 가면을 쓴 괴한이 떨어뜨리고 간 칼을 발견한다. 펠로피아는 자신을 겁탈한 남자를 알아내어 복수하기 위해 주운 칼을 간직한다. 그 사이에 뱃속에서는 아버지의 아이가 자라고 있었다.

삼촌이 조카를 끔찍하게 토막 내 요리를 해서 조카들의 아버지에게 먹게 한 미케네에는 대기근이 든다. 신의 응징이다. 아트레우스는 이 기근이 자기의 죄로 인한 것으로 생각하고 용서를 받기 위해 신탁을 구한다. 신탁은 티에스테스를 데리고 와야 해결될 것이라고 대답한다. 아트레우스는 티에스테스를 찾으러 시키온으로 가던 중에 우연히 펠로피아를 만나 사랑에 빠진다. 시키온은 코린토스와 아카이아 사이의 펠로폰네소스반도 북부에 위치해 있던 그리스의 고대 도시국가다. 아트레우스는 펠로피아를 시키온의 공주로 생각했다. 시킨온의 왕도 굳이 그녀의 신분을 밝히지 않고 아트레우스와의 혼인을 허락한다. 펠로피아는 달이 차서 아이를 낳았다. 아트레우스는 그 아이가 자기 아들임을 의심하지 않는다. 반면에 펠로피아는 그 아이가 아트레우스의 아들이 아님을 분명히 알고 있었다. 그래서 아트레우스에게는 상의 없이 그 아이를 목동에게 맡겨 키우게 한다. 그러나 아트레우스는 아이를 데려다가 궁전에서 길렀다. 아이의 이름은 아이기스토스다.

미케네의 기근은 계속되었다. 티에스테스가 미케네에 없었기 때문이다. 아트레우스는 다른 아들인 아가멤논과 메넬라오스에게 티에스테스의 행방을 알기 위해 델피로 신탁을 받으러 보냈다. 그런데 그 자리에는 티에스테스도 신탁을 받기 위해 와 있었다. 그는 결국 아가멤논 형제에게 사로잡히고 만다. 아트레우스는 티에스테스를 감옥에 가둔다. 그리고 어떻게 할지를 고민하다가 7살 난 아이기스토스를 부른다. 펠로피아가 시집올 때 가져왔던 칼을 주면서 감옥으로 가서 티에스테스를 죽이라고 명령한다. 아이기스토스는 아버지의 명령에 따라 감옥으로 가서 칼을 꺼내 티에스테스를 죽이려 한다. 그 순간 티에스테스는 그 칼이 자기 것임을 알게된다. 티에스테스는 소리치며 아이기스토스의 손을 멈추도록 하고 칼의 주인이 누구인지 묻는다. 아이기스토스는 순순히 어머니의 칼이라고 대답한다. 티에스테스는 아이기스토스에게 꼭 해야 할 말이 있으니 어머니를 불러 달라고 간절히 부탁한다. 이윽고 티에스테스, 펠로피아, 아이기스토스가 한자리에 모였다.

티에스테스는 딸인 펠로피아와 관계하여 아이기스토스를 낳았다. 아버지가 딸과 관계하여 그 딸이 아들을 낳은 것이다. 티에스테스를 중심으로 하면 펠로피아와 아이기스토스는 남매이고 아이기스토스는 손자다. 이런 버전은 후에 테바이를 무대로 하는 소포클레스가 지은 『오이디푸스 왕』에서 아버지가 딸과 관계하여 자식을 낳은 것이 아니라 아들이 어머니와 관계하여 자식을 낳은 역순으로 전개된다. 이 무슨 기구한 운명인가. 티에스테스는 무슨 영문인지 모르는 두 사람에게 두 사람 모두 자기 자식임을 밝혔다. 자기가 펠로피아를 겁탈한 사실과 그 증거품인 칼을 펠로피아에게 확인했다.

진실을 알게 된 펠로피아와 아이기스토스 반응은 전혀 달랐다. 펠로피아는 티에스테스의 칼로 자기 가슴을 찔러 자결한다. 티에스테스는 아들인 아이기스토스에게 피 묻은 칼을 주며 아트레우스에게 자신을 죽였다고 말한 뒤, 아트레우스가 방심하면 찔러 죽이라고 시킨다. 일곱 살짜리 아이기스토스는 시킨 대로 했다. 아이기스토스는 어머니의 피가 묻은 칼을 가져가 아트레우스에게 보여주며 티에스테스를 죽였다고 속인다. 이 말을 들은 아트레우스는 얼굴에 후련한 빛이 역력했다. 그는 신에게 감사의 제물을 바칠 제단을 준비하도록 지시한다. 의식이 시작되자 아이기스토스가 아트레우스 옆으로 다가간다. 그리고 어머니가 준 칼로 아트레우스를 찔러 죽였다.

아트레우스의 왕위는 다시 티에스테스에게 넘어갔다. 형제 사이에 권력과 여인을 놓고 벌어졌던 복수의 막은 일단 내렸다. 누구의 승리라고 할 수 있겠는가. 형제사이에서 왕권이 옮겨 다니면서 피비린내 나는 골육상쟁(骨肉相爭)의 참혹한 모습, 형수와 시동생 간의 불륜과 협잡으로부터 인육의 식사, 부녀간의 겁탈과 임신 그리고 자살과 살해, 이 천인공로할 끔찍한 일들의 결말은 일단 여기에서 멈춘다. 그러나 그 잔인하고 처참한 참상을 불러온 죄는 선명히 남아있다.

티에스테스의 왕권은 아이기스토스가 아니라 아트레우스의 아들인 아가멤논으로 이어진다. 그리고 동생인 메넬라오스는 스파르타를 지배한다. 이 상황에서 트로이 전쟁이 일어난 것이다. 호메로스는 BC 13세기 트로이 전쟁을 무대로 하는 『일리아스』와 그 후속작인 『오디세이아』에서 아가멤논을 미케네 왕으로 그의 동생 메넬라오스 및 그의 부인 헬레나를 스파르타 왕과 왕비로 설정한다. 호메로스의 이야기대로라면 BC 13세기, 적어도 지금부터 3200~3300년 전에 미케네 왕조의 스파르타 왕국이 있었다.

더구나 『일리아스』의 '배들의 목록'에는 메넬라오스의 왕국이 나온다. 바닷가의 헬로스(Helos)와 스파르타로 이루어져 있다. 이를 토대로 하면 호메로스가 묘사한 메넬라오스의 궁전이 있던 곳이 바로 스파르타다. 그러나 현재의 스파르타 유적지인 라코니아(Laconia) 즉 스파르타인 라케다이몬(Lacedaemon) 지역에서는 호메로스가 『일리아스』나 『오디세이아』에 기술한 궁과 일치하는 유적이나 유물이 발견되지 않았다.[14) 다만 헬로스는 청동기 시대 이후의 유물들이 발굴된 곳이다. 그런데 헬로스는 라코니아가 아니라 현대의 아이오스 스테파노스(Ayios Stephanos)일 가능성이 높다. 따라서 호메로스의 기술이 역사적 사실에 부합한다고 전제하면 라코니아는 현재의 스파르타 유적지가 아니라 펠로폰네소스 지역의 다른 곳일 가능성도 있다. 고고학적 분석 결과 스파르타 도시는 BC 10~9세기경에 출현한다. 호메로스의 기술과 역사 사이에는 최소한 200년의 시간 차가 있다.

이런 정황은 호메로스가 역사적 고증보다는 당시의 상황을 토대로 트로이전쟁을 200여 년 거꾸로 거슬러 올라가서 기술했기 때문에 드러나는 차이일 가능성도 있다. 즉 호메로스는 BC 12세기에 다른 어느 곳에 있든 메넬라오스 왕국을 당시에 자신이 처한 BC 8세기의 스파르타 왕국을 대상으로 묘사했을 가능성이 있는 것이다.

『일리아스』와 『오디세이아』를 구성할 때, 미케네는 전승을 토대로 하는 상상의 대상이었지만 스파르타는 눈앞에 목도되는 현실의 상황이다. 따라서 현재의 상황을 거꾸로 밀어 올려 200년 또는 500년 전의 시대 상황을 묘사하려면 아무래도 현실을 전부 외면하기는 어렵다.

따라서 『일리아스』 및 『오디세이아』의 내용이 역사적 사실과 간극(間隙)을 갖는 것은 불가피하다. 그러나 BC 13세기에 등장했을 미케네와 스파르타를 구성하는 지리적, 인적 자원과 200~500년 후의 스파르타를 구성하는 지리적 인적 자원이 공통성을 가지고 있다면 '유산'이나 '후예'라는 단어로 묘사할 수 있을 것이다. 특히 이 200~500년 기간 동안 암흑기에서 일어난 많은 변화에 대한 기록이 없기 때문에 여러 가능성이 거론될 수 있지만, 그렇더라도 시대를 주도한 인물들이 완전히 교체되거나 새로운 인물들이 땅에서 솟고 하늘에서 내려오지는 않았을 것으로 보는 것이 합리적이다.

여러 이야기를 종합하면 트로이 전쟁은 트로이의 왕자 파리스와 스파르타 왕 메넬라오스 왕비 헬레네가 눈이 맞아 트로이로 달아나는 바람에 일어났다. 헬레네는 아가멤논의 아내인 클리템네스트라(Clytemnestra)와 자매다. 두 자매는 아이톨리아(Aetolia) 왕 테스티우스(Thestius)의 딸인 레다(Leda)의 딸이다. 레다는 백조로 변한 제우스와 관계하고 이어 같은 날 밤에 남편 틴다레오스(Tyndareus)와 관계하여 두 개의 알을 낳는다. 두 개의 알이 누구의 피를 받았는지는 알 수 없다. 하나는 틴다레오스, 그리고 다른 하나는 제우스의 DNA를 물려받았을 가능성과 둘 모두 틴다레오스나 제우스의 자식일 수도 있다. 제우스는 일을 치루고는 그대로 가버리는 바람둥이다. 누가 누구의 자식인지에 관해서는 전승에 따라 다르다.

클리템네스트라는 아가멤논의 사촌인 탄탈로스(티에스테스의 아들이자, 가문의 원조인 탄탈로스와 이름이 같은 그의 증손자)와 결혼했으나 미케네의 왕으로 기세등등한 아가멤논이 탄탈로스를 죽이고 클리템네스트라를 차지하게 된다. 헬레네는 어렸을 때 아테네의 테세우스에게 납치되었지만 테세우스가 너무 어리다며 풀어주는 바람에 자라서 자태를 뽐내고 있었다. 궁에서 형수의 동생을 본 메넬라오스가 결혼하기를 원하자 헬레네의 아버지 틴다레오스가 흔쾌하게 두 사람을 짝지어주려고 했다. 그러나 당시 스파르타에는 헬레네와 결혼하려는 장정들이 몰려들어 자칫 싸움이 일어날 일촉즉발의 상황이었다. 이 경쟁자들 중에는 꾀 많은 오디세우스도 끼었는데 틴다레오스는 오디세우스에게 해결책을 물었다. 오디세우스는 자신이 헬레네를 아내로 맞기는 역부족이라는 것을 알고 틴다레오스에게 이카리오스의 딸 페넬로페를 자신과 중신을 서주는 조건으로 헬레네의 구혼자들에게 헬레네의 남편으로 선택된 자에게 충성하겠다는 맹세를 받으라는 아이디어를 준다. 그 결과 메넬라오스는 헬레네와 결혼했는데, 그 아내가 바람이 나서 가출을 한 것이다.

어떻게 이런 일이 일어났을까? 신화에서는 '파리스의 심판'을 중심으로 파리스와 헬레네 사이에 신들의 작용이 끼어들었기 때문이다. 그러나 궁궐에 있는 메넬라오스 왕의 왕비가 줄행랑을 치려면 통제불능의 어떤 틈새가 있어야 하지 않나. 트로이의 왕자는 스파르타 궁에 묵고 있었다. 그리스에는 손님을 신처럼 접대하는 크세니아의 관습이 있었다. 파리스는 융숭한 대접 속에 9일째 머물고 있는데, 10일째 되는 날 크레타에 초상이 났다는 기별이 온다. 크레타의 카트레우스(Catreus) 왕이 죽은 것이다. 카트레우스 왕은 크레타 왕 미노스의 아들로 아가멤논의 어머니인 아이로페의 아버지다. 아가멤논의 외할아버지인 것이다.

카트레우스의 아들 알타이메네스(Althaemenes)는 자신의 아버지가 자식들의 손에 죽는다는 신탁을 받고 이 운명을 피하기 로도스로 가서 왕이 된다. 카트레우스는 노령으로 인해 왕권을 아들 알타이메네스에게 넘겨주기 위해 아들을 만나려고 로도스로 간다. 로도스는 터키에 인접한 섬으로 크레타에서는 멀지 않은 곳이다. 로도스섬은 BC 16

▶ 사진 3.5 카트레우스 일행이 도착했을 것으로 추정되는 로도스 성 아래의 항구

세기에 미노아인들이 이주한 이후 BC 15세기에는 미케네인들이 침략했다. 『일리아스』에는 트로이 전쟁 당시에 로도스인들이 텔레폴레모스(Tlepolemus) 인솔로 그리스 편에서 싸웠다고 기술한다.

로도스인들은 카트레우스 일행을 해적으로 오인하고 쫓아냈다. 카트레우스 일행은 사실을 말했지만 개 짖는 소리로 인해 이 말을 듣지 못한 주민들은 돌팔매질을 해댄다. 이 사이 알타이메네스가 도착하여 자기 아버지인 줄을 모르고 그를 향해 창을 던졌다. 그는 신탁대로 자식의 손에 의해 죽는다.

그리스 신화들은 과거의 일을 다른 각도에서 생각하면 사소한 우연이 중대한 필연으로 연결된다. 만일 개가 짖지 않았다면, 카트레우스 왕이 죽지 않았다면, 메넬라오스가 크레타에 가지 않았을 것이다. 그렇다면 스파르타 궁을 비우지 않았을 것이고 헬레네가 파리스를 따라 트로이 왕국으로 갈 수도 없을 것이다. 그렇다면 10년 세월이 걸린 트로이 전쟁도 일어나지 않았을 것이 아닌가. 부질없는 역발상도 신화만큼이나 흥미를 자아내고 역사의 다른 편을 보도록 해준다.

아가멤논의 동생인 스파르타 왕 메넬라오스는 외할아버지인 카트 레우스의 장례식에 참석하기 위해 크레타로 가면서 궁을 비운 사이에 파리스가 헬레네를 설득한다. 결국, 헬레네는 9살 된 헤르미오네를 남 겨두고 재물을 챙겨 사랑의 도피를 하게 된다.

장례를 치르고 온 메넬라오스는 처음에는 하도 기가 차서 말도 나 오지 않았을 것이다. "트로이의 애송이에게 아내를 빼앗기다니…" 분 노가 치밀었을 것이고 헬레네의 배신감에 치를 떨었을 것이며 복수의 불길이 타올랐을 것이다. 그러나 이 내용은 『일리아스』에 거의 나타나 지 않는다. 그러면 스파르타의 입장에서 '헬레네의 납치'가 헬레네인 들이 동맹군에 참여한 유일한 배경일까? '헬라인들에 대한 무례'(아폴 로도로스, 신화 요약 3.6)에 대한 감정적 대응이었을까? '각자 자기 아 내에 대한 안전에 유의'(아폴로도로스, 신화 요약 3.6)하려는 예방 차 원이었을까? 전쟁의 원인이 이렇게 단순할 수는 없다. 전쟁에는 국가 적 이해와 지배자의 야욕 등 아주 복합적 요인이 작용한다.

전쟁의 배경이 무엇이었든 그리스 연합군이 조직되고 트로이 전쟁 은 시작된다. 트로이 전쟁에 대해서는 『일리아스』가 이야기 해준다. 아가멤논이 트로이에서 승리하고 미케네 왕궁에 도착한다. 궁을 떠난 지 10년 만이다. 여기에서부터는 고대 그리스의 비극작가 아이스킬로 스(Aeschylus, BC525/524 – BC 456/455)의 비극 3부작 『오레스테 이아(Oresteia)』가 전해준다. 오레스테이아는 '오레스테스 이야기'라 는 의미이다.[15]

아가멤논은 미케네 왕궁에 개선한다. 10년 만이다. 오래 끈 전쟁의 승리가 얼마나 국민들에게 반갑고 감동을 줄 것인가. 그러나 미케네 왕 국은 전혀 다른 상황에 놓여있었다. 부인 클리템네스트라는 정부 아이기스토스와 함께 아르고스와 미케네의 실권을 장악하고 있었다. 사람은 거리가 권력이고 사랑이다. 10년 세월의 시간적 거리를 두면서 그사이 정부와 놀아나고 있던 클리템네스트라에게 아가멤논의 귀환은 오히려 적의 출몰이었다. 둘 사이에는 원한도 있었다. 아가멤논은 자신의 전남편을 죽이고 자신을 차지했다. 아가멤논 함대가 아르고스에서 출항해 다시 아울리스에 도착했을 때 역풍에 묶여 더 나아갈 수 없게 되었을 때 아가멤논은 딸 이피게네이아를 제물로 바치기까지 했었다. 물론 아르테미스가 그녀 대신 사슴을 계단 옆에 갖다 놓고 그녀를 타우로이 족의 나라로 데려가 자신의 여사제로 삼는 바람에 목숨은 다행히 유지했었다. 아이기스토스도 왕좌는 자신의 것이라고 생각하고 아가멤논 형제에 대해 적개심을 가지고 있었을 것이다.

게다가 아가멤논이 트로이 공주 카산드라를 애인으로 데리고 오니 여인의 한과 질투가 질풍노도(疾風怒濤)의 분노로 활활 타오른 것이다. 예언의 능력을 가진 카산드라는 궁전에 들어서면서 피 냄새를 맡고 불길함을 느낀다. 두려움에 떨며 아가멤논에게 절대 들어가지 말라고 말린다. 그러나 그녀의 말은 누구도 믿지 않는 저주에 늪에 빠져 있었다. 결국, 아가멤논은 목욕탕에 발 하나만 디딘 상태로 아내와 정부에 의해서 비참한 최후를 맞고 카산드라도 함께 살해당한다. 아가멤논의 아들 오레스테스(Orestes, 오디세이아 1.35)는 장성하면서 아버지의 복수를 위해 친구인 필라데스와 고향으로 간다.[16] 오레스테스의 누나 엘렉트라(Electra)는 아버지의 무덤에 술을 바친다. 여기에서 남매는 의기투합한다. 오레스테스가 어머니의 정부 아이기스토스를 죽이고 어머니도 살해해 아버지의 복수를 갚는다.[17]

호메로스의 이야기들은 하나의 나무를 뿌리부터 열매까지 그려낸 것이 아니다. 어느 부분은 뿌리만 그리고 다른 부분은 줄기만 그리거나 잎만 그렸다. 대신 그는 자신이 그려내는 부분에는 여러 비유와 수식어를 동원하고 신들을 의인화하여 인격신으로 만들고 있다. 이것은 당시의 사람들이 줄거리는 다 알고 있다는 것을 전제로 한 기술일 가능성도 있다. 그러나 후대의 이방인들에게는 막연한 이야기라서 맥락을 알기 어렵다. 다행히 그리스 작가들이 다시 전승되는 이야기들을 채집하고 상상력으로 추가하여 풍부하고 완전한 나무를 그려 주고 있다. 여기에 소개된 프로세우스, 펠롭스, 아가멤논 등의 이야기는 이렇게 탄생한 경전이고 신화인 것이다.

미케네의 비신화적 역사

미케네 문명은 미케네 유적지에서 따온 이름으로 미노스 문명에 이어 그리스의 두 번째로 오래된 문명이며 실질적으로 그리스 문명의 기원이다. 이 문명은 BC 1600~1100년대에 그리스 남부 펠로폰네소스반도 동북부 아르골리스(Argolis)의 미케네를 중심으로 새롭게 피어난 청동기 문화다. 미케네(Mycenae)[18]는 역사에서 두 가지 의미로 쓰인다. 하나는 그리스의 BC 1600년부터 BC 1100년까지의 고고학적인 장소이다. 고대 그리스의 도시국가나 현재 그리스의 행정 단위가 아니다. 둘째로 미케네는 도시국가가 성립되기 이전에 존재했던 공동체를 가리킨다. 이 공동체는 단일 집단으로서는 왕국이다. 미케네의 공동체는 티린스, 나우플리오(Nauplio) 및 아르고스 그리고 스파르타 등지와 연결되어 있다. 왕국으로서 미케네는 그리스 문명의 주요 중심이었고 남부 그리스의 군사적인 강자였다. 그리고 이 기간의 문명을 '미케네 문명'이라고 부른다. 호메로스는 『일리아스』에서 미케네와 티린스를 함께 언급했다.

미케네인들은 자신들의 땅을 아카이아, 다나오스로 불렀고,[19] 자신들을 헬레네스, 그리고 그리스 지역을 헬라스라고 불렀다.[20] 미케네 문명은 초기에는 크레타 문명에 영향을 받고 발전했지만, 오히려 크레타를 붕괴시키고 그리스와 에게해의 문명을 주도하면서 BC 1400~BC 1200년경까지 번영을 누린다. 이 시기에 키프로스와 동부 지역의 해안 도시들도 왕성한 무역으로 발전하는데 그리스인들은 이 해안 도시의 주민들을 '페니키아인'으로 호칭했으나 그들은 자신들을 '가나안' 사람으로 불렀다.

BC 1200년경부터 BC 1000년 사이에 도리아인의 침입과 인구이동 그리고 각종 자연재해와 내부갈등 등이 겹치면서 그리스의 나라들이 멸망한다. 이런 격변에 대한 자세한 원인은 전해지지는 않았지만, 외침, 가뭄, 지진, 인구이동에 의한 전쟁, 내분 등의 요인들이 겹쳤을 수도 있다. 일부의 주장들은 그리스 서북부의 그리스 방언을 말하는 사람들인 도리아인들의 침입으로 미케네 문명이 멸망한 것으로 본다. 이런 내용은 미케네 문명의 멸망에 대한 하나의 가설이다. 이 요인들 가운데 하나가 독립변인으로 작용했을 가능성도 있다.

이로써 미케네 문명이 건설한 모든 건축물과 문자가 사라지고 그리스에는 300여 년간 암흑시대가 찾아온다. 그리스의 역사를 미케네 문명이 붕괴된 BC 1100년대부터 BC 146년까지의 기간을 고대(古代) 그리스로 구분하지만 미케네 문명의 발흥과 발전에는 이른바 암흑시대에도 그 이전의 문명들이 이어져 왔음은 물론이다. 어느 경우든 미케네의 패망에 즈음해 그리스는 모든 것이 덮였다. 마을 전체가 정전된 것처럼 암흑으로 칠해졌고, 땅속에 묻혀 잊혀지고 있었다. 그러나 이 시대에 인간의 삶이 단절되었던 것은 아니다.

암흑기 중에서도 살아남은 미케네인들은 주변 국가 즉 이집트나 근동 지역과 교류를 계속한 것으로 보인다. 암흑시대 초기에는 구성원들이 평등한 관계에서 마을 공동체 생활을 영위했으나 후기에 이르면서 위계 체제가 등장한다. 대표적인 제도가 우월한 인물과 그 가족들 즉 귀족(aristocrat) 중심의 귀족제(aristocracy)다. 이때 귀족은 유럽의 신분 체계에 의한 귀족이라기보다는 엘리트의 의미에 가깝다. 이 시기의 그리스인들은 페니키아 알파벳을 사용하여 전승되는 신화들을 문자로 기록한다. 호메로스의 『일리아스』 등은 이 시기의 대표적인 작품이다.

그리스인들은 또한 무역을 통해서 돈을 벌기 위해 에게해를 중심으로 사방으로 항해했다. 호메로스의 서사시에는 이런 무역에 관한 내용이 잘 나타난다. "나는 구리를 구하러 테메세로 가는 중이고 내가 싣고 가는 것은 번쩍이는 무쇠외다. 내가 타고 온 배는 ….."(오디세이아 1.184-185). 그리고 이미 상거래 개념이 나타난다. "그는 황소 100마리 값어치가 있는 자신의 황금 무구들을 황소 한 마리 값어치밖에 없는 튀데우스의 아들 디오메데스의 청동 무구들과 맞바꾸고 말았다."(일리아스 6.234-236).

암흑시대는 삶의 자취가 파괴되고 다시 재건되는 풍요함은 나타나지 않고 있지만 신화와 종교와 역사는 사람들의 입과 행태(의식)를 통해 이어졌다. 후세 사람들은 이 이야기들을 신화로 보고있는 것이다.

미케네 문명은 트로이를 발굴한 독일의 고고학자인 슐리만의 발굴을 통해 20세기 초반에 재발견된다. 슐리만은 트로이 전쟁터를 발굴할 때는 인부 100여 명과 더불어 3년여 동안 37m 높이의 언덕에서 1t 트럭 25만대 흙을 퍼냈으나, 미케네 유적을 발굴할 때는 불과 5m를 파고 들어갔다. 슐리만은 이 발굴에서 저비용으로 재미를 본다. 그

▶ 사진 3.6 미케네의 아크로폴리스

나지막한 산봉우리를 중심으로 궁터와 신전 등이 자리잡고 있다. 정상에서는 멀리 바다를 비롯해 사방이 조망되는 요새지역이다.

는 5개의 무덤을 발굴하면서, 이 무덤 중에 『일리아스』에 등장하는 미케네의 왕인 아가멤논의 무덤이 포함되어 있을 깃으로 기대했다. 황금 장신구를 걸친 19구의 유골도 발굴했을 뿐만 아니라 10kg이 넘는 여러 황금 제품들도 찾아냈다. 여성의 의상에는 수백 개의 황금판이 달려있었고, 팔찌를 비롯한 장식품, 보석, 향유를 담는 도기, 은제품도 나왔다.

　매장품 중에는 특히 6개의 황금가면이 있었다. 이 가운데 하나는 파

▶ 사진 3.7 일명 '아가멤논 가면'
아테네 국립 고고학 박물관

그러나 이 가면은 트로이 전쟁보다 300여
년이 앞선 BC 1500년대의 유물로 밝혀져
아가멤논과는 관계가 없는 가면으로 밝혀
졌다.

손이 심해 판별이 어려웠지만 4개는 남자의 얼굴이고 그중의 하나는 사자상이다. 당시 왕이나 귀족의 매장에는 가면을 씌우는 장례관습이 있었다. 발굴 장소와 자료를 토대로 하면 이 마스크들은 왕족의 마스크가 분명하다. 이를 본 슐리만은 흥분을 감추지 못했다. 이 황금 가면이 아가멤논의 것이라고 확신하고, 그리스 정부에 "아가멤논의 얼굴을 보았다"고 보고했다. 그러나 측정 결과 이 가면은 BC 1500년경의 유물로 밝혀졌다. 트로이 전쟁기와는 300여 년의 차이가 난다. 미케네 왕국의 기간을 BC 1600~BC 1200으로 잡으면 트로이 전쟁 이전 미케네의 어느 선대왕들, 혹시나 신화로 덮힌 인물들의 가면일 것이다.

호메로스의 서사시나 미케네의 군주들에 대한 신화들 그리고 미케네의 유적을 토대로 하면 트로이 전쟁 때를 중심으로 미케네는 아가멤논이 지배했을 가능성이 있다. 슐리만은 이런 점에서 미케네의 아크로폴리스 입구의 동산같은 무덤의 명칭을 '아트레우스의 보고' 또는 '아가멤논의 무덤'으로 기술한다. 당시 미케네에는 순장 전통이 남아 있었다. 왕이나 귀족이 죽으면 그가 사용하던 물건들을 부장품으로 함께 묻었다. 값진 보물들, 전장에서 사용했던 무기들이 함께 묻혔다. 따라서 무덤은 보물 창고(보고)가 된다. 이 무덤은 고고학적 분석 결과, 미케네 문명의 토목 건축물이다. 미케네의 청동기 문명이 번영의 절정에 도달한 BC 1300~BC 1200년의 상황에서 조성된 것이다. 이 무덤의 주인공이 누구인지는 알 수 없다. 아트레우스이거나 또는 아가멤논 또는 극단적으로는 둘 다 아니고 제3자의 묘일 수도 있다.

BC 2000년경부터 아카이아인들이 북방의 산지로부터 내려와 BC 1400~BC 1200년 경까지 미케네문명을 이루었던 점으로 보아 지금의 유적은 BC 16세기~BC 12세기의 것이다. 미케네 유적지 안내판의 아가멤논은 미케네 왕국 특히 호메로스의 『일리아스』에 등장하는

«ΘΗΣΑΥΡΟΣ ΤΟΥ ΑΤΡΕΑ»

Ο θολωτός τάφος που ονομάσθηκε «Θησαυρός του Ατρέα» ή «Τάφος του Αγαμέμνονα» αποτελεί ένα από τα λαμπρότερα μνημεία της μυκηναϊκής αρχιτεκτονικής. Κατασκευάσθηκε ανάμεσα στα 1350-1250 π.Χ. Αποτελείται από δρόμο, στόμιο, θόλο, και μικρό πλευρικό δωμάτιο. Χαρακτηριστικά στοιχεία της κατασκευής του είναι η χρήση μεγαλιθικών στοιχείων στην είσοδό του (παραστάδων και ανώφλιου) και η επιμελημένη τοιχοδομία του. Για τη διακόσμηση της μνημειώδους πρόσοψης χρησιμοποιήθηκε ποικιλία υλικών. Τμήματα του γλυπτού διακόσμου βρίσκονται στο Βρετανικό Μουσείο του Λονδίνου και στο Εθνικό Αρχαιολογικό Μουσείο Αθηνών.
Ο τάφος βρέθηκε συλημένος, όπως όλοι οι θολωτοί, και δεν υπάρχει καμία πληροφορία για τα κτερίσματα και τις ταφές που φιλοξενούσε. Δεν επιχωματώθηκε ποτέ και ήταν πάντα ορατός, προσελκύοντας το ενδιαφέρον αρχαίων και νεότερων περιηγητών.

'TREASURY OF ATREUS'

The tholos or 'beehive' tomb dubbed the 'Treasury of Atreus' or the 'Tomb of Agamemnon' is one of the most splendid monuments of Mycenaean architecture. Built between 1350 and 1250 BC, it consists of a dromos (passage), stomion (entrance), tholos (vaulted chamber) and small side chamber. Distinctive features of its construction are the use of megalithic elements in the entrance (jambs and lintel) and its carefully dressed masonry. The monumental façade was decorated with a variety of materials. Parts of the sculpted decoration are today in the British Museum, London, and the National Archaeological Museum, Athens.
The tomb was found robbed, like all the tholos tombs, and there is no information on either the grave goods or the burials it once housed. It was never buried by earth and remained always visible, attracting the attention of ancient and later travellers.

▶ 사진 3.8 무덤의 안내판

안내 표지판의 제목은 "아트레우스의 보고"인데 자세히 보면 내용에는 "아트레우스의 보고 또는 아가멤논의 무덤으로 판단되는 곳"라고 기술해 놓고 있다. 다만 'dub'라는 단어를 사용하여 모호하게 표현하고 있다. 아트레우스의 보고도 될 수 있고 아가멤논의 무덤도 될 수 있다는 의미이다. 그런데 아트레우스의 경우는 '보고'라고 표현한 데 비해 아가멤논의 경우는 '무덤'으로 표기했다.

아가멤논이다. 불행하게도 호메로스의 『일리아스』는 트로이 전쟁에서 이 인물들의 활동만 알려줄 뿐이다. 나머지는 신화들을 통해서 그 행간의 의미로 유추할 수 밖에 없다.

미케네 성채로부터 나우플리오 방향으로 10km 거리의 나지막한 언덕에 티린스 성채가 있다. 티린스도 미케네와 함께 발굴한 유적이다. 호메로스는 『일리아스』에서 미케네와 티린스를 함께 언급했다. 지리적으로도 티린스는 미케네에서는 10km, 나우플리오에서는 4km 정도의 거리다. 그러니까 미케네에서 나우플리오가 14km의 거리에 있는 것이다. 다른 성채들 즉 아크로폴리스는 대개 산 위에 있었다. 우선 적의 침입을 막기가 쉽기 때문이다. 그런데 티린스의 성채는 미케네의 성채와 달리 높은 산은 물론 동산도 아니고 거의 평지다. 폐교된 학교같이 단순하고 소박하게 보인다. 티린스의 역사도 미케네와 함께 묶여있다. 특히 티린스는 그리스 신화에서 최고의 영웅인 헤라클레스의 고향이다. 티린스인들은 지금도 헤라클레스가 자신들의 고장 출신이라는데 자부와 애착을 갖는다.

미케네에서 남쪽으로 6km 가면 나우플리오라는 항구가 마주한다. 아미모네와 포세이돈 사이에서 낳은 아들인 나우플리오스의 이름에서 비롯되었다. 나우플리오는 후에 아르고스에 흡수된다. 아르고스는 미케네 및 티린스와 함께 미케네의 중요한 중심부였다. 고대 그리스 신화에서 아르고스는 제우스와 니오베(Niobe)의 아들 이름에서 비롯되었다. 호메로스의 『일리아스』에서는 아르고스가 아가멤논이 지휘하는 트로이 전쟁에 전투병을 보낸 것으로 기술되어있다. 아르고스는 두 개의 언덕 즉 해발 80m의 아스피스(Aspis)와 290m의 라리사의 비옥한 아르골리드 평원이다. 이 지역에는 선사시대부터 지금까지 주민들이 거주해오고 있는데, BC 8세기경에는 적어도 5,000명에서

BC 4세기에는 3만 명으로 늘었다. 나우플리오는 지명이 수 세기에 걸쳐 여러 번 변경되었다. 나우플리오는 현재 그리스의 펠로폰네소스에 있는 항구 도시로 아르골릭(Argolic)만 북쪽 끝의 산허리에 걸쳐있다. 이 도시는 1821년 그리스 혁명 이 시작된 때부터 1834년까지 최초의 그리스 공화국과 그리스 왕국의 수도였다. 파우사니아스는 나우플리(Naupli)인들은 다나오스(Danaus)가 아르고스에 데려온 이집트 식민지인들이었다고 전한다.[21] 미케네와 티린스 그리고 주변의 유적지들을 중심으로 신화에 등장하는 영웅들의 실체가 역사적 신화인지 혹은 신화적 역사인지 혹은 비신화적 역사인지에 관한 연구는 계속될 과제이다.

♪ 주

1) 여기에서 그리스적 종교라는 말은 일부 신이나 종교의 관습이 이집트을 비롯한 중근동에서 유입되었을 가능성 때문이다.
2) Leopold von Ranke, *The Theory and Practice of History* (London, New York: Routledge, 2011).
3) Hayden White, *The Practical Past* (Il: Northwestern University Press, 2014).
4) Keith Jenkins, *Re-thinking History* (New York: Routledge, 1991).
5) Charles A. Beard, " Written History as an Acy of Fait," *American Historical Review*, Vol. 39 (1934), p. 219.
6) E. H. Carr, *What is History?* (New York: Random House, 1963), p. 16.
7) John R. Hale 지음, 이순호 옮김, 『완전한 승리, 바다의 지배자(*Lords of the Sea*)』 (서울: 다른세상, 2011), pp. 162-165.
8) 그리스의 고대 문명은 크레타의 미노아 문명(BC 3650~BC 1170)과 키클라데스 문명(BC 3300~BC 2000), 그리고 미케네 문명(BC 1600~BC 1100)으로 특징되는 에게 문명(BC 3650~BC 1100) 즉 청동기 시대부터 자취가 남겨져 있다.

9) 크레타 섬은 수백 년간 이탈리아 명칭인 '칸디아'로 알려졌다. 이 섬의 수도인 이라클리오의 중세 명칭 '칸닥스'에서 나온 이름이다. '크레타'는 그리스어 '여신의 힘' 또는 지배를 의미하는 '크레테(Crete)'가 로마의 지배 속에 고대 라틴 어로 들어가서 영어권 및 라틴 문화권에서 '크레타(Creta)'로 통용되었다. 미노아 문명은 따라서 '크레타 문명'으로도 불리지만 '미노스 문명', 또는 '미노아 문명' 등이 혼용된다. 이 세 명칭들은 모두 크레타섬의 '청동기 시대의 문명'을 말한다.

10) 니코스 카잔차키스 지음, 이윤기 옮김, 『그리스인 조르바』 (서울: 열린책들, 2009).

11) Demetrios J. Constantelos, "카잔차키스 신," 『현대 그리스 학회지』 제16집 2호 (1998.10.01), pp. 357-358.

12) 니코스 카잔차키스 지음, 오은숙 옮김, 『토다 라바』 (서울: 열린책들, 2008)

13) 페키스는 길이의 단위로 1페키스는 약 45cm정도이다.

14) Paul Cartledge, *The Spartans: The World of the Warrior-Heroes of Ancient Greece* (New York: The Overlook Press, 2004), p. 27.

15) 이 3부작은 『아가멤논』, 『제주를 바치는 여인들(코이포로이)』, 『자비로운 여신들(에우메니데스)』의 세 작품으로 이루어져 있다. 주인공 오레스테스에서 그 이름이 유래하였다. 이 3부작은 BC 458년에 비극 경연 대회인 디오니소스제에서 공연하여 우승했던 작품이다.

16) 이 이야기는 오레스테이아 3부작 중 『아가멤논』의 후속작인 『코이포로이』에 나타난다. 『코이포로이』는 '제주를 바치는 여인들'이라는 의미다.

17) 아이스킬로스의 3연작 비극 오레스테이아의 마지막 작품인 『에우메니데스』는 오레스테스가 아테나에게 구원을 청하는 것으로 시작된다. 『에우메니데스』는 '자비로운 여신들'이라는 뜻이다. 이 여신들은 모든 죄를 처벌하는 가혹하고 무서운 여인들이지만, 다행히 아테나의 권유로 '자비로운 여신들' 즉 '에우메니데스'로 변신하였다. 오레스테스를 심판하길 원하는 복수의 여신들(에리니에스)과 오레스테스에게 복수를 명령한 아폴론이 각각 고소인과 변호인이 되고, 아테나는 판사로서 법정에 선다. 아폴론은 아테나에게 남성이 여성보다 더 중요하다는 사실을 그 자신의 출생을 예로 들어 설득한다. 아테나는 이에 '가부 동수가 나올 경우 오레스테스는 무죄'라는 말을 해둔다. 결과적으로 배심원은 6:6으로 나뉘어서 오레스테스를 무죄 방면한다. 이로써 오레스테스의 기나긴 고행이 끝나게 된다. 아테나는 분노하는 복수의 신들을 적당히 구슬린다. 그리고 더 나아가 그리스를 수호하는 자비로운 신들로 변모시킨다. 이때부터 복수의 여신은 자비로운 여신 즉 『에우메니데스』으로 불리게 된다. 오레스테스의 복수 이야기는 여러 버전이 있다. 호메로스의 『오디세이아』(3.304-306)에는 아이기스토스가 아가멤논을 살해한 뒤에 7년간을 통치했다고 기술하고 있다. 그리고 8년째 되는 해에 아가멤논의 아들 오레스테스가 아테네에서 돌아와 아이기스토스와 어머니를 죽이고 장례를 치르고 아르고스인들에게 잔치를 베풀었다는 것이다.

18) 미케네는 그리스어 발음으로는 뮈케나이[Μυκῆναι]이지만 여기에서는 널리 통용되는 미케네로 표기한다)

19) 아키이아인은 고대 그리스의 한 민족 집단의 이름이다. 미케네인들은 현지 주민들과 이집트에서 나와 크레타섬에 살던 다나오스족 등 여러 부족들이 공동체를 이루었던 것 같다. 호메로스의 『일리아스』와 『오디세이아』에서는 그리스인을 아카이아인으로 부르고 있다. 다나오스는 BC 1730년경 이집트에서 나와 크레타섬과 로도스섬을 거쳐 미케네에 정착한 민족이다. 미케네인들이 이 땅을 아카이아 또는 다나오스로 부른 것은 자신들이 속했던 민족을 근거로 부른 것으로 보인다.

20) 그러나 투키디데스에 따르면 트로이 전쟁 이전에는 헬라스라는 이름이 등장하지 않았고, 헬렌과 그의 아들들의 세력이 커지면서 헬라스인들이라는 용어가 생겨났다. (『펠로폰네소스 전쟁사』 1.3) 투키디데스는 헬렌을 역사적 인물로 기술했지만 헬렌은 신화적 인물로 변신했다. 신화에서 헬렌은 프티아(Phthía)의 왕으로 데우칼리온과 피라의 아들이며 고대 그리스인의 시조이다. 프티아는 미르미돈의 본거지로 고대 그리스의 도시국가다. 트로이 전쟁의 대영웅 아킬레우스의 고향인데 아킬레우스의 할아버지인 아이아코스에 의해 세워졌다.

21) 그리스 신화에서 다나오스는 리비아(Libya)의 왕이었다. 다나오스는 이집트의 전설적인 왕 벨로스(Belus)와 강의 신 나일로스의 딸 안키노에 사이에서 태어났다. 아이깁토스(Aigyptos)와 형제다. 벨로스는 두 아들 다나오스와 아이깁토스에게 각각 리비아와 아라비아를 물려주었다. 이 두 아들 중에 다나오스는 딸 50명, 아이깁토스는 아들 50명이 있었다. 아이깁토스는 다나오스에게 자신의 아들 50명과 다나오스의 딸 50명을 결혼시키자고 제안한다. 이 결혼이 자기의 나라를 차지하려는 계책으로 생각한 다나오스는 아테나 여신의 도움을 받아 배로 딸들을 데리고 아르고스로 도망쳤다. 이후 아이깁토스의 아들들이 아르고스로 찾아와 계속해서 결혼을 요구하자 다나오스는 결국 이를 수락한다. 그러나 첫날 밤에 딸들에게 단검을 주어 신랑을 살해하도록 지시했다. 딸들은 모두 아버지의 말에 따랐다. 다만 히페름네스트라(Hypermnestra)만큼은 남편인 린케우스(Lynceus)가 자신의 처녀성을 지켜주겠다고 약속해서 죽이지 않았다. 다나오스는 자신의 말을 거역한 불충한 딸을 아르고스의 정원에 던졌다. 이때 아프로디테(Aphrodite)가 끼어들어 그녀를 구했다. 살아남은 린케우스와 다나오스 딸 히페름네스트라는 아르고스 종곡의 혈통인 나나이드 왕조(Danaid Dynasty)를 설립했다. 다른 전승은 린케우스가 후에 형제들의 죽음에 대한 복수로 다나오스를 죽였고, 남은 49명의 자매들은 도보경기를 통해서 짝을 구해 재혼했다. 또 다른 전승은 이들이 지하세계에서 욕조에 구멍 난 주전자로 물을 채우는 벌을 받으며 죄를 씻었다고 전한다. 이런 전승은 당시에 물에 대한 숭배의식의 발로로 보인다.

4장

그리스의 성소와 신전과 사제

성소

그리스의 아테네 중심에 우뚝 솟은 아크로폴리스와 그 안에 장엄히 서 있는 파르테논 신전은 세계적으로 가장 빛나는 인류의 문화유산이다. 이 아크로폴리스 일대가 성소이고 그 안의 건물들이 신전들이다. 이런 성소와 신전들은 아테네뿐만 아니라 각지에서 찬란하고 유구한 역사를 보여주고 있다. 그뿐 아니다. 그리스 여러 섬에도 이와 유사한 유적들이 즐비하다. 이것이 바로 그리스 종교를 상징해 주고 있다. 그리스인들이 종교와 신들을 얼마나 중요시했는지를 웅변으로 입증해 주고 있는 것이다.

성소(sanctuary)는 그리스어로 히에론(hieron) 또는 테메노스(temenos)다. '신성한(holy)'이라는 의미로, 성소는 신성한 곳이다.

성소 안에는 나오스(naos)로 불리는 신전이 있다. 테메노스는 신성한 공간인 히에론, 구체적으로 나오스를 둘러싸고 있다. 테메노스는 문자 그대로 '단절(cut off)'을 의미하며 원래는 귀족 소유의 토지에 대한 경계를 나타냈다. 테메노스가 성소와 관련된 용어로 사용되면서 '귀족'의 자리가 '신'의 자리로 대체되어 신에게 헌정된 거룩한 땅 또는 신성한 숲의 의미로 확장되었다.

그리스인들은 도시국가나 마을을 형성하면서 성소와 신전도 함께 건설했다. 그리스에서 도시국가가 출현한 것은 그리스 역사에서 암흑기가 지나는 BC 8세기부터다. 그리스에 성소와 신전이 세워진 것도 이 시기다. 호메로스는 트로이 근처 이다(Ida)산의 제단과 샘이 있는 성소에 제우스가 방문하는 것을 묘사한다. 새로운 공동체를 설립하는 것을 기술하면서 호메로스는 신들에 대한 신전들이 가장 필수적이라는 것을 강조한다. 호메로스는 제우스가 이다산 정상인 가르가로스 (Gargarus)에 신전을 지은 내력을 이렇게 기술한다.

"그는 야수들의 어머니인 샘이 많은 이다산에 그의 성역과 제물을 태우는 제단이 있는 최고봉인 가르가로스에 닿았다. 그곳에 인간들과 신들의 아버지는 말들을 세워 수레에서 풀고 짙은 안개로 둘렀다. 그리고 그는 자신의 영광을 뽐내며 산꼭대기에 앉아 트로이아인들의 도시와 아카이오이족의 함선들을 내려다보았다." (일리아스 8.47-52).

또한, 호메로스는 아테나가 신과 같은 나우시토오스에게 키클롭스들이 약탈하는 것을 피해 프아이아키아(Phaeacia)인들을 이끌고 미지의 섬인 스케리아(Scheria)섬으로 인도하여 도시를 세우는 과정도 보여준다.

"그는 그들을 이끌고 가서 고생하는 인간들에게서 멀리 떨어진 스케리아에 정착하게 한 다음, 도시의 성벽을 두르고 집들을 짓고 신전들을 세우고 농토를 나누어 주었다." (오디세이아 6.7-10).

그리스 전역에는 고대 크레타섬에 있는 크노소스 궁전의 죽타스 성소(Juktas Sanctuary)를 비롯해 올림피아 제우스의 테메노스, 그리고 각 지역에도 크고 작은 성소가 산재해 있다. 가장 오래된 성소들은 각각의 성소를 둘러싸고 있는 울타리나 돌이 경계를 이룬다. 최초의 성소들은 이처럼 단순하고 수수해도 세속과는 분리된 곳이다. 또한, 정확한 경계가 있어서 돋보일 수 있으므로 신들이 알맞게 존경받을 수 있는 곳이다. 성소에 이르는 길이나 성소의 문에는 벽이 돌로 정교하게 쌓여 있다. 성소 안의 모든 것은 신에게 속한 영역이고, 신에게 부여된 이미지 혹은 신의 상징적인 거주지다.

성소에는 신전과 제단들이 들어서 있다. 물론 성소에 반드시 신전이 있던 것은 아니다. 큰 성소는 주로 도시지역에 있지만, 교외나 외곽 또는 국경으로부터 멀리 떨어진 곳에도 있다. 성소는 또한 눈에 잘 띄는 공공건물로서 때때로 공식적인 법령을 공개적으로 표시하는 장소로도 활용되었다. 도시의 성소에는 신전이 있지만 시골의 성소에는 신전이 없고 제단만 있는 노천 성지가 일반적이었다. 반면에 올림피아나 델피에 있는 성소는 각각 다른 신들을 위한 많은 신전들을 갖고 있었다.

성소도 처음에는 단순한 제단(altar)에 불과했다. 성소에서 봉헌의 핵심은 제단에서 희생제를 지내는 것이기 때문에 제단은 성소의 핵심이다. 이런 제단을 중심으로 성소가 지정되면서 신전과 저장고 및 전시장이 들어섰다. 제단은 돌벽돌이나 흙벽돌로 하단을 쌓고 상단에는 돌출부를 만들어 신에게 제공된 동물의 부분을 태우기 위한 불을 붙일 수 있도록 만들어진다. 제단은 보통 성소의 한 부분인 신전 앞의 야외에 놓인다. 경배자들이 희생물을 바칠 때는 신전 안으로 들어가는 것이 아니라 제단 근처 앞에 모인다. 초기에는 갑자기 비상사태가 발생하는 경우, 그 자리에서 흙이나 잔디 또는 돌로 제단을 만들었다. 그리고 전쟁의 승리나 특별한 이벤트에 따라 축하와 신에 대한 감사의 표시로 재정적 기부와 헌납을 통해 신전을 지어 나갔다.

모든 성소는 피난처다. 성소에 피난한 사람들은 스스로 신의 보호에 있기 때문에 성소를 망명처로 삼을 수 있고 신의 보호를 받으며 그들의 의지에 반해 추방되거나 체포되지 않는다. 성소 안에 있는 노예나 범죄자에 대한 폭력도 신들 자신에 대한 폭력으로 여긴다. 또한 제단이나 신의 동상을 붙잡고 엄숙한 맹세를 하는 관습이 있었다. 집 입구와 안뜰, 시장과 공공건물, 시골의 신성한 숲에 제단을 세운다. 계속해서 불이 타오르는 웅장한 도시 제단과 성전 안이 아니라 그 앞에 세워진 성전 제단도 있다. 고상하고 당당한 제단은 제우스나 아테나와 같은 강력한 신을 위해 사용되며, 낮은 제단은 베스타와 데메테르와 같은 신들에게 더 적합하다고 생각했다.

성소에는 종종 식사 공간이 있다. '신에 대한 환대'라는 의미의 테오크세니아(theoxenia)라고 불리는 공간이다. 테오크세니아는 경배자들이 신들과 만나기 위해 신들을 불러내는 제단으로 사용되는 곳이다. 성소에서는 신들을 즐겁게 하기 위한 특별한 활동 즉 축제를 거행한다. 축제에는 춤과 시문이나 운동 등 여러 다양한 종류의 경연 활동들이 이루어지며, 도시국가들 및 범 그리스인들이 개인적으로 참석하거나 특히 각국의 공식적 대표들이 참가한다. 이런 축제 중에서 특히 올림피아 제전은 관객들이 운동경기의 관람을 위해서만 오는 것은 아니었다. 공식적인 참관과 제우스의 위대한 제단 앞과 또는 다른 제단 앞의 희생제를 포함하는 더 직접적인 '종교적' 관점에서 참가했다.

일종의 공동 성소로 사용되는 성소도 있다. 참배객들에게 배타적인 요구나 통제를 하지 않는 성소들로 다른 도시국가들로부터 온 경배자들에게도 개방된다. 이런 성소들은 지역의 성소에서부터 범 그리스적 성소에 이르기까지 여러 차원에서 찾아볼 수 있다. 가장 유명한 범 그리스적 성소는 델피와 올림피아 성소 등이다. 이런 성소는 공통의 신전을 보호하기 위해 이웃 국가 간 인보동맹(隣保同盟, amphictyony)을 결성하고 그 동맹국 시민들에게 공동으로 개방했다. 이 경우 성소가 주변 국가들의 중심이 된다.

그리스인들은 수시로 성소를 방문한다. 여기에는 여러 가지 목적이 있을 수 있다. 도시 전체 또는 자신이 속한 작은 집단이 희생제를 지내는 날이거나, 신에 대한 어떤 요구 또는 호의에 대한 감사, 그리고 단순히 좋은 관계를 유지하기 위해 방문하게 된다. 호기심으로 성소를 방문할 수도 있고 여행을 하면서 들를 수도 있으며 어떤 축제에 참석하러 오는 경우도 있었을 것이다. 누가 어떤 목적으로 성소를 방문하든 그들은 신에 대한 공경이나 희생 제의를 소홀히 하지 않았다.

성소의 입장에는 많은 규칙과 제한이 따른다. 제한 규정은 각각의 성소마다 달랐지만, 대개는 비슷한 내용이고 반입이 안 되는 물건과 의복들도 있었다. 이런 제한은 BC 2세기 이후에 나타났는데, 성소가 거룩하고 중요한 곳이라는 사실을 암시하는 것이다. 제한 규정들은 성소 입구에 게시되며 성스러운 곳을 방문하는 자들은 반드시 이 규정들을 숙지해야 한다. 희생제에 참석하는 경배자들은 성소 안으로 들어갈 수 있었으나 일부 성소는 그 지역주민들만 입장이 가능하고 어떤 범주의 사람들은 입장이 금지되는 규칙도 있었다. 대부분의 성소는 다른 도시의 숭배자들에게도 개방되지만, 외국인들은 출입을 제한하는 경우도 있었다.

헤로도토스는 스파르타 왕 클레오메네스(Cleomenes)가 BC 508년 아테네 정치에 참여하는 동안 아크로폴리스 성소에 들어가려다가 제지당한 일을 기록하고 있다. 클레오메네스는 기도를 드리기 위해 여신의 신전이 있는 성소로 향하자 여사제가 자리에서 일어나 그가 문을 통과하기 전에 이렇게 말했다. "라케다이몬의 외국인이여 물러가시오. 이 성소에 들어오지 마시오. 도리아인(Dorians)이 여기에 들어오는 것은 적법한 일이 아니오." 그러자 그가 "여인이여, 나는 도리아인이 아니고 아카이아인(Achaeans)이예요"라고 말했다. 그리고 여사제가 한 말을 무시하고 자기 뜻대로 하려 했지만, 이번에도 다시 라케다이몬인(Lacedaemonian)들과 함께 쫓겨나고 말았다 (역사 5.72).

성소에 가려면 순결하고 적절한 상태를 유지하기 위해 출생, 사망, 섹스는 성소에서 멀리 떨어진 곳에서 이루어져야 한다. 특히 각자의 정화를 위해 성소 입장 당일에 부부관계를 하거나 이틀 내 다른 사람과 남녀관계를 한 경우는 몸을 깨끗하게 씻고 입장해야 한다. 성소 내에서 이런 행위들은 성소를 오염시킨다는 이유다. 마찬가지로 가족 중에 이틀 내에 초상이 나거나 출산을 하면 역시 몸을 정화해야 한다. 그러나 장례식에 참석하거나 시체를 운구한 사람 그리고 정화 장치가 있는 문을 통해 뒤로 들어온 사람은 그 당일 자신을 정화하면 입장이 가능하다. 출생과 사망에 대한 예측력이 약했던 시대에 희생제에 가급적 모든 사람이 참석할 수 있도록 하는 아주 현실적이고 실용적인 규정이다. 헤로도토스는 이집트인과 그리스인은 성소에서 섹스를 금지했다고 전한다.

"성소 안에서 여자와 섹스하지 못하며 섹스 후에 몸을 씻지 않고서는 성소에 들어가지 못하도록 정한 것은 이집트인들이 최초다. 이집트인들과 그리스도인들을 제외한 다른 사람들은 거의 모두 성소 안에서 섹스하며 몸을 씻지도 않은 채 신전으로 들어가기 때문이다. 그들은 인간이 다른 동물들과 똑같다고 생각하는 것이다. 이는 다른 짐승들과 새들이 신들의 성역 내에서 교미하는 것을 볼 수 있기 때문이라고 한다. 만일 이것이 신의 마음에 들지 않는다면 동물들도 그런 짓을 하지는 않으리라는 것이다. 그들은 이런 주장을 내세우며 그렇게 하지만 나는 그런 주장에 수긍하지 않는다." (역사 2.64).

성소의 입장을 위한 도덕적 기준은 오염된 날짜가 지나가거나 세척 등 정화의 방법으로 회복될 수 있었다. 특히 전투에서 순직한 사람들을 제외하고 살인과 관계된 사람들은 심각한 오염에 노출된 것으로 간주되었다. 그러나 이 경우에도 강력한 정화 의무의 수행으로 입장이 가능해질 수 있었다. 규정들은 때때로 도덕 및 정신적 정화의 적극적 요건을 추가한다. 예를 들면 '호시아(Hosia)'를 생각하는 것이다. 호시아는 여신의 이름 앞에 붙여 '신성한(holy)'과 '찬양(praise)'을 의미하는 용어로 사용하거나 모든 희생제와 의식들을 연출한 그리스의 여신을 나타내기도 한다. 호시아의 주제들은 청결, 봉헌, 용서, 마법이며, 호시아의 상징은 의식의 도구들이다.

신전

모든 종교는 신전을 갖고 있다. 신전의 명칭은 종교마다 다르다. 성당, 교회, 절, 사찰, 사원, 회당 등 다양하지만 그리스 신들의 전당은 보통 '신전'으로 통용된다. 그리스인들은 각각의 지역에 기능별로 필요한 신들의 신전을 짓고 신을 숭배했으며 신을 위한 행사를 가졌다. 예를 들면 아테네에는 주신인 제우스의 신전과 아테네의 주신인 아테나의 파르테논 신전이 건립되었다. 그리스의 사모스 남부 지역에는 헤라 여신을 위한 헤라이온(Heraion) 신전, 현재의 터기 에베소에는 아르테미스 여신에게 헌정된 다이아나(Diana) 신전, 아티카반도의 남쪽 땅끝 마을 수니온곶(Cape Sounion)에는 바다의 신 포세이돈 신전이 세워졌는데 이 경우 포세이돈이 바다의 신이기 때문에 바다와 관련된 역할을 기원하기 위한 신전이다. 또 다른 예로서 낙소스섬의 디오니소스 신전이 있다. 디오니소스는 원래 본토의 테바이 신으로 테바이에 신전이 있었으나 풍요로운 섬 낙소스 주민들이 풍요에 대한 감사와 앞으로도 풍요가 계속 이어지기를 바라는 소망에서 풍요의 신으로 디오니소스의 신전을 지은 것이다. 아폴론의 출생지 델로스와 아폴론이 신전을 세운 델피에는 각각 아폴론 신전이 있다. 미의 여신 아프로디테는 코린토스의 신이었다. 이처럼 각각의 도시들은 각자 자신들의 신들을 숭

▶ 사진 4.1 델로스의 아폴론 신전 유적지

델로스의 아폴론 신전은 사진에서 보이는 것처럼 파괴되어 복구를 기다리고 있다.

배하면서 신전을 마련했다.

신전 안에는 헌납된 신을 숭배하는 동상이 있다. 그리고 그 앞에 봉헌물들이 놓인다. 그리스인은 신은 경배자들이 제공하는 봉헌물을 볼 수 있다고 생각했다. 올림피아와 델피 등 규모가 큰 범 그리스의 기념비적인 신전들이 BC 7세기 말이나 BC 6세기에 건립되었다.

1세기의 지리학자 스트라보(Strabo)는 유명한 동상과 많은 봉헌물이 쌓인 제우스 신전이 있는 올림피아 성소에 대해, 처음에는 제우스의 신탁으로 유명해졌으나 신탁 외에도 축제와 올림픽 경기로 인해 신전의 영광이 지속되었고 명성이 올라갔다고 전한다. 이 경기들은 신성하고 모든 경기들 중에서 가장 위대한 것으로 간주되었으며 상은 올리브 나뭇잎으로 엮은 관이었다.

올림피아 신전은 그리스 전역으로부터 답지한 많은 봉헌물로 장식되었다. 이 중에는 코린토스 참주 킵셀로스(Cypselus)가 제공한 금으로 만든 제우스 동상도 있었다. 그러나 가장 큰 동상은 아테네의 파르테논 신전의 아테나 동상을 조각한 페이디아스(Pheidias)가 만든 제우스 신상이다. 이 신상은 당시 올림픽 경기의 주최자들이 BC 5세기 후반에 새로 지은 제우스 신전에 기부되었다. 당시 경쟁 관계에 있었던 아테네를 능가하기 위해서, 제우스 신상의 의뢰자들은 아테나 파르테논 신전의 아테나 동상을 만든 페이디아스에게 이 신상의 제작을 요청했다.

이 제우스 신상은 목재 구조 위에 금과 상아를 덮어 만들어졌다. 이 신상은 신전 너비의 절반을 넘게 차지하고 높이가 13m나 되는 고대 세계 7대 불가사의 중 하나다. 스트라보는 "만약 그가 일어선다면, 지붕을 뚫어버릴 것이 틀림없다"(Strabo, Geography 8.3.30.)고 보았다. 이 신전은 AD 5세기에 파괴되었기 때문에 현재 실물은 볼 수 없다. 현재까지 보존된 신상의 금속 모형이 없기 때문에 우리는 고대 그리스 로마 시대의 동전이나, 보석에 새겨진 모습으로만 그 원형을 찾아볼 수 있다.

그리스의 대표적인 두 신전은 제우스 신전과 파르테논 신전이다. 전자는 웅장함에서 후자는 정교함에서 그리스 신전들을 대표하는 양대 신전이다. 제우스 신전과 파르테논 신전은 세계인들의 관심을 모으고 있다. 그리스를 여행하는 사람은 누구나 이 두 신전을 찾는다.

제우스 신전

제우스 신전은 그리스의 주신인 제우스를 위한 신전이다. 제우스는 그리스 신화에서 올림포스산에 살고 있다고 전해지는 12명의 신 가운데 주신(主神)이다. 올림포스산은 아테네 다음으로 큰 도시인 테살로니키에서 100km 정도의 거리에 있다. 그리스에서 가장 높은 산으로 주봉인 미티카스의 높이는 2,919m다. 이런 고봉의 영산에 신이 살고 있다는 생각은 고대인의 통념이다. 기독교에서는 모세도 시내산에서 유대교의 신인 야훼로부터 십계명을 받았고 불교와 힌두교도 설산에 신들이 살며 석가모니의 고향도 설산이라고 전해진다. 따라서 그리스인들도 올림포스산에 신들이 존재하고 있는 것으로 생각하는 것은 전혀 의외가 아니나.

제우스 신전의 이름은 '올림피아 제우스 신전(The Temple of Olympian Zeus)'이다. 이 신전은 줄여서 '아테네의 제우스 신전' 또는 '올림피에이온(Olympieion)'으로도 불리는데 통상 '제우스 신전'으로 부른다. 제우스 신전은 515년경 참주였던 페이시스트라토스(Peisistratos)가 건설을 시작했다. 신전 터는 아테네의 아크로폴리스의 동쪽으로 현재 신타그마 광장의 남쪽에서 약 700m 떨어진 곳이다. 페이시스트라토스는 델피의 파르나소스산에 얽힌 제우스의 전설을 토대로 신전의 터를 잡았다.

전설에는 원래 신전의 터에 데우칼리온(Deucalion)이 세운 사당이 있다. 데우칼리온은 프로메테우스(Prometheus)의 아들로, 헤시오도스의『신들의 계보』에 따르면 고대 그리스 신화에서 올림포스의 신들보다 한 세대 앞서는 티탄족에 속하는 신이다. '먼저 생각하는 사람, 선지자'라는 뜻이다. 프로메테우스는 인간을 사랑해서 인간에게 불을 선사하여 인류의 발전을 가능하게 한 신이다. 데우칼리온은 에피메테우스와 판도라의 딸인 피라와 결혼하여 그리스인의 조상 헬렌을 낳았다.

델피의 파르나소스산의 신화는(델피 신전에서 이야기하겠지만)제우스가 인간 세상의 타락을 더 이상 볼 수가 없어 홍수로 모든 것을 쓸어버리려고 했을 때, 프로메테우스 아들인 데우칼리온은 아버지의 예지력 덕분에 미리 배를 준비해서 아내와 함께 살아남을 수 있었다고 전한다. 페이시스트라토스는 홍수가 끝나갈 무렵에 발견되었다는 물 빠지는 통로로 알려진 고대 야외 성소에 BC 550년에 신전을 세우도록 명령한다. 명분은 제우스에 대한 감사였지만 정치적으로는 선전 선동에 능한 그가[1] 제우스 신전의 건립을 통해 제우스와 자신을 동일시하고 자신의 권위를 강화하려는 목적이 있었을 것이다. 강력한 권력을 쥐면 결국 권위주의에 취하고 자신을 우상화하려는 유혹에 빠지며 그 첫 단계는 신이나 위대한 인물의 상징물을 만드는 것이다.

아리스토텔레스는 참주들은 피치자들이 반란을 일으킬 여가나 힘 또는 수단을 남겨놓지 않도록 하기위해 신전 건립에 종사하도록 한다고 설명하면서 신전 건립을 통치 수단으로 파악한다 (정치학 5.11. 1313b6). 아리스토텔레스의 설명대로라면 페이시스트라토스는 신전의 공사를 통해서 일자리를 늘려 인민들에게 임금을 주고 또한 이를 통해서 자신에 대한 지지를 강화하려는 계책도 있었을 것이다. 권위주의자가 추구하는 상징물은 웅장해야 한다. 페이시스트라토스는 세계 최고 최대 신전을 꿈꿨다. 그러나 자금 부족으로 신전 공사는 진척이 느렸다.

페이시스트라토스가 죽고 그의 두 아들 중 장자인 히피아스(Hippias)가 참주를 승계하고 동생인 히파르코스(Hipparchus)가 형을 도와 형제가 통치했다. 두 아들은 부친이 세운 신전 건립계획을 파기하고 BC 520~515년 사이에 새로 설계사들을 투입하여 새로운 신전을 건축하기 시작한다. 그들은 고대 세계의 7대 불가사의에 해당하는 두 유명한 신전인 사모스의 헤라이온(Heraion) 신전과 에페소스의 아르테미스(Artemis) 신전을 능가하는 신전을 지으려고 했다. 제우스 신전은 건축가 안티스타테스(Antistates), 칼라이스크로스(Callaeschrus), 안티마키데스(Antimachides), 포르니오스(Pornius) 등이 설계했다. 그러나 신전의 건축은 BC 510년 히피아스의 참주정이 전복되고 히피아스가 축출되면서 플랫폼과 기둥의 일부 요소만 완성된 채 중단되고 336년 동안 방치되었다. 아테네인들 사이에서 그러한 신전 건립은 낭비라는 여론이 강했던 것도 후임자들이 신전의 건축을 방치하는 한 요인이었다.

제우스 신전은 알렉산더 대왕의 영토 일부를 차지하고 있던 셀레우코스의 왕 안티오쿠스 4세 에피파네스(Antiochus IV Epiphanes)가 자신을 제우스의 화신으로 생각하고 BC 174년에 설계변경을 통해 건축을 시도하나 BC 164년에 사망하면서 절반 정도의 진행상태에서 다시 중단된다. 이어 BC 146년에 로마의 그리스에 대한 지배가 시작되면서 신전 건축은 그리스에서 시작되어 마케도니아 지배를 거쳐 로마의 지배까지 이어진다. 로마의 지배하에서 로마의 장군이자 정치가인 술라(Sull)는 BC 86년에 로마의 쥬피터(Jupiter) 신전에 사용하기 위해 몇 개의 기둥을 사실상 훔쳐 갔다. 아우구스투스(Augustus BC 27-14) 황제가 1세기 초에 신전을 다시 건축하기 위해 약간 손을 대지만, 진전을 보지 못한다. 이로부터 어느덧 2세기가 흐르고 124년에서 125년 사이에 하드리아누스(Hadrianus) 황제가 아테네에 머물게 되면서 건축은 다시 시작된다. 친 그리스파인 하드리아누스는 131년에 마침내 제우스 신전을 완공해 제우스에게 헌납함으로 프로젝트가 시작된 뒤 약 638년 후에 완공되어 건축사에 가장 오래 걸리고 가장 큰 신전으로 모습을 드러냈다.

신전은 완성되었지만 그리스가 망하면서 그 신전을 보호할 주체는 이미 사라졌다. 흑해 북쪽의 동게르만 부족이었던 헤룰레스(Herules)가 267년에 아테네를 약탈하면서 신전은 큰 손상을 입는다. 기독교 황제였던 테오도시우스 2세가 425년 로마 제국의 이교도들을 박해하면서 옛 로마와 그리스 신들의 숭배를 금지함에 따라 신전은 방치되었을 뿐 아니라 파괴의 운명에 처한다. 신전의 자재들은 5~6세기에 인근에 지어진 성당의 건축재료로 사용된다. 다음 세기 동안, 신전은 중세 아테네의 집들과 교회들을 위한 건축 자재로 사용되기 위해 채석되면서 안타깝게도 채석장으로 변하고 비잔틴 시대가 끝날 무렵에는 거의 완전히 파괴되었다. 저명한 고고학자인 시리아코 드 피지콜리(Ciriaco de 'Pizzicolli)가 1436년에 아테네를 방문했을 때, 그는 원래의 104개의 기둥 중 단지 21개만 있는 것을 확인했다. 오늘날에 남서쪽 구석에 2개, 남동쪽 구석에 13개 등 15개만 서 있게 된 것은 천재(天災)가 아니라 인재(人災)였다. 다만 현재 땅에 누워 있는 한 개의 기둥은 1852년의 폭풍우에 무너진 것이다.[2]

아테네 제우스 신전과 자주 혼동되는 중요한 신전이 올림피아에 있

▶ 사진 4.2 올림피아 제우스 신전(Temple of Olympian Zeus, Athens)

올림피아의 제우스에게 바쳐진 그리스 수도 아테네의 중심에 있는 거대한 신전이다. 시 신전의 건축은 BC 550년에 시작되었으나 여러 우여곡절을 거치면서 638년만인 AD 132년에 완성되었다. 그러나 신전은 외세의 약탈과 로마 제국의 이교도 박해로 황폐화되어 104개의 거대한 기둥이 포함된 이 신전은 현재 16개의 기둥만 남아 있다.

는 '제우스 신전(The Temple of Zeus at Olympia)'이다. 다른 제우스 신전과 달리 두 신전이 자주 혼동되는 이유는 하나는 아테네에 있는 올림포스산의 제우스 신전으로 '올림피아 제우스 신전'이고 다른 하나는 '올림피아에 있는 제우스 신전'이기 때문이다.

파르테논 신전

아테네의 아크로폴리스에 있는 파르테논 신전은 아테네의 문화유산을 대표하는 유적이다. 이 신전은 아테네인들의 구심점이었고, 아테나(Athena) 여신에 대한 감사의 뜻이 담겨있다. 파르테논 신전의 주요 기능은 페이디아스가 금과 상아로 만든 기념비적인 아테나 동상을 보호하는 것이다. 현재의 파르테논 신전은 지금으로부터 2500여 년 전인 BC 447~BC 432년 사이에 아크로폴리스 중심부에 세워진 것이다.

이 파르테논 신전 안에는 '아테나 파르테노스(Athena Parthenos)' 신의 동상이 서 있다. '파르테노스(Parthenos)'는 그리스어로 '처녀'라는 의미로 아테나 파르테노스는 처녀의 신인 아테나 신을 의미한다. '파르테논(parthenon)'은 그리스어로 집안의 '미혼 여성의 방'이라는 의미다. 여기에서 파르테논 신전의 이름은 '처녀의 신전'을 의미하며 신전과 관련된 아테나 파르테노스 신 곧 아테나의 숭배를 가리킨다. 즉 처녀의 방에 처녀의 신이 모셔져 있는 것이다. 파르테논 신전은 그리스 여신 아테나에게 헌정되었기 때문에, 특히 19세기에는 아테나의 로마 이름인 미네르바(Minerva) 신전으로 불리기도 했다. 아테나는 그리스 신화에서 지혜·전쟁·직물·요리·도기·문명의 여신이다.

아테나 여신은 제우스와 메티스 사이에서 태어난 딸로, 올림포스의 12신의 두 번째 세대에 속한다. 투구, 갑옷, 창, 메두사의 머리가 달린 방패(아이기스), 올빼미, 뱀이 대표적 상징물이다. 언제나 투구와 갑옷을 입고, 손에는 창과 방패를 든 무장한 여전사의 모습을 하고 있다. 다른 전쟁의 신인 아레스의 거친 성품과는 달리 총명하고, 이성적이며, 순결하여 사람들에게 은혜를 많이 베풀고 영웅들을 수호한다. 아테네의 지배권을 놓고 포세이돈과 경쟁해서 승리하여 아테네의 수호 여신이 되었으며 '아테네'라는 명칭의 어원이다. 아테나는 17세기 프랑스의 대주교였던 프랑수아 드 페늘롱이 오디세우스의 아들 텔레마코스의 모험 여행을 소재로 한 소설에서 동반자로도 등장한다.[3]

아크로폴리스에는 BC 5세기 이전에 여러 잡다한 신전이나 성소들이 있었다. 역사가들은 이 신전들을 이전 파르테논(Pre-Parthenon) 신전이라고 부른다. 특히 아크로폴리스에는 두 개의 아테나 신전이 있었던 것으로 전해지는데, 파르테논 신전은 이 두 개의 과거 신전들을 대체하기 위해 지어진 것이다. 이들 중 하나는 파르테논 신전의 남쪽에 있었는데 오늘날에는 흔적이 거의 남아있지 않으며, BC 480년에 페르시아 약탈의 시대에 건축 중이었던 다른 하나는 파르테논과 같은 자리에 있었다.

현재의 파르테논 신전이 있는 곳에 아테나 파르테논 신전을 건설하기 위한 첫 번째 시도는 마라톤 전투(BC 490~BC 488) 직후이다. 페르시아 침공으로 아크로폴리스는 물론 아테네의 모든 유물이 약탈당하고 파괴되는 과정에서 이 과거의 두 신전도 BC 480년에 파괴된다. 이즈음에 아테네의 지도자가 된 페리클레스(Pericles)는 아크로폴리스 재건계획을 세우면서 파르테논을 비롯한 아크로폴리스 주변의 여러 신전들을 건축하기 시작한다. BC 5세기 중반, 아테네 아크로폴리스가 델로스 동맹의 본부가 되고 아테네가 당시의 가장 위대한 문화 중심지였을 때, 페리클레스는 델로스 동맹의 자금으로 페르시아가 파괴한 아크로폴리스와 유적들을 새로 건축하는 야심 찬 계획을 세운 것이다.

그는 이 계획에서 건축의 총감독을 친구인 피디아스(Phidias, BC 440~BC 430)에게 맡긴다. 물론 감독직을 개인적인 친분으로 맡긴 것은 아니다. 피디아스는 그가 알 수 있는 조각가들 가운데 최고의 기량을 가졌다고 판단했기 때문이다. 오늘날 아크로폴리스에서 볼 수 있는 가장 중요한 건물인 파르테논, 프로피라이아(Propylaia), 에레크테이온(Erechtheion), 아테나 니케(Athena Nike) 신전이 이 기간에 세워졌다. 파르테논 신전은 예술가 피디아스가 전반적으로 감독을 맡은 가운데 건축은 건축가 이크티노스(Ictinos)와 칼리크라테스(Callicrates)가 맡고 피디아스는 또한 조각 장식을 담당했다. 파르테논 신전의 건축은 BC 447년에 시작하여 BC 432년까지 계속되었다.[4]

파르테논 신전의 첫 작업은 견고한 바탕을 조성하는 일이었다. 아크로폴리스 정상의 남쪽 부분을 확장하고 평평하게 하는 일이 첫 작업이었다. 신전의 거대한 토대는 석회암으로 만들어졌고, 기둥은 처음으로 활용된 재료인 펜텔릭(Pentelic)대리석이 사용되었다. 페리클레스에 의해 추방된 보수파 지도자 키몬도 이 토대를 확장하는 데 참여할 기회를 얻어 정파를 떠난 범 아테네의 사업으로 추진되었다.

파르테논 신전은 신전의 기능과 함께 그 뛰어난 예술성의 명성을 간직하고 있다. 그리스 신전과 기타 공공건물에 사용되는 세 가지 유형의 기둥은 도리아식(Doric order), 이오니아식(Ionic order) 및 코린트식(Corinthian order)이다. 이 양식들의 가장 근본적인 차이점은 비율이며,[5] 양식들은 기둥머리(capitals, 기둥의 꼭대기)로 쉽게 구분할 수 있다. 파르테논 신전은 도리아식과 이오니아식의 요소를 결합하고 있다. 기본적으로 도리아식 기둥으로 둘러싸인 신전은 성소의 지붕을 지지하는 4개의 이오니아식 기둥들과 더불어 이오니아식의 특징을 살려 연속적으로 조각한 상으로 이어진 띠 장식(frieze)을 특징으로 한다. 신전 및 금과 상아로 만든 동상은 BC 438년에 봉헌되었지만, 건물 입구 위의 삼각형 부분 즉 페디멘트(pediment)의 조각은 6년이 지난 BC 432년에 완성된다.[6]

다른 고전적인 그리스 신전들과 마찬가지로 이 신전도 빗물을 흘리고 지진에 대비하여 건물을 보강하기 위한 약간의 포물선 상향 곡률을 가지고 있다. 그러므로 기둥들은 안쪽으로 약간 기울어져서 계속 뻗어간다면 파르테논 신전의 중심의 1마일 즉 1.61km 위에서 거의 정확히 만나게 된다. 넓이와 높이는 9:4의 확립된 비율에 합치되며, 현대의 미술에서도 황금비율로 평가된다. 파르테논 신전 건축에 사용된 돌의 수는 약 1만 3,400개로 추산된다. 신전 건축비는 469달란트가 들었다. 1달란트는 대략 삼단노선의 노잡이 한 명의 한 달 급료에 해당하는 액수다.[7] 이 돈은 델로스 동맹의 금고에서 지출되었다.

파르테논 신전이 건축되고 있던 BC 447년 즈음에 그리스의 도시국가들에서 아테네 제국의 위상은 정점에 달한다. 파르테논 신전은 이신전의 건설을 주장한 아테네 정치인 페리클레스의 권력과 영향력의상징이다. 아테네가 델로스에 있던 아테네 동맹의 금고를 BC 454년에 아크로폴리스로 옮김으로서, 대부분의 그리스 신전들과 마찬가지로, 파르테논 신전도 도시국가 동맹의 금고 보관소의 기능도 수행했다. 파르테논 신전이 델로스 동맹의 기금으로 지어졌다는 사실은 아테네 중심의 제국주의가 새롭게 노골적이 되었다는 것을 의미하고 이로인해 아테네인들은 페리클레스 정권에 대해 전폭적인 신뢰를 보내는바탕이 되었다. 물론 이 사업이 신에 대한 경건성을 담고 있다는 점을과소 평가해서는 안 된다. 파르테논 신전은 아테나 파르테노스 여신상을 모시기 위해 건축된 신전이다.

아테나 여신상은 피디아스가 직접 만든 작품이다. 피디아스는 전체프로젝트의 총감독이면서 파르테논 신전의 내부에 모실 아테나 여신상을 만드는 가장 중요한 부분을 맡았다. 여신상을 만드는 데 필요한황금 및 상아의 사용에는 제한이 없었다. 피디아스는 BC 448년에 작업을 시작하여 10년 만에 완성한다. 파르테논 신전의 완공보다 6년 빨랐다. 파르테노스 신상에 들어간 황금은 모두 40달란트, 대략 1톤쯤되는 것으로 알려졌다. 파르테논 신전의 건축비가 469달란트였다는점을 생각하면 엄청난 돈이다.

머리가 신전 천장까지 닿는 거대한 신상의 키는 2m나 된다. 얼굴과 두 팔은 상아를 잘라 붙였다. 옷과 투구와 방패는 황금을 녹여 발랐다.[8] 피디아스는 이 위대한 조각상을 완성한 뒤 펠로폰네소스 전쟁이 발발하기 직전에, 페리클레스와 함께 비난의 표적이 된다. 모든 건축 계획을 책임지고 있던 피디아스는 아테나 여신의 조각상을 만드는 데 금을 횡령한 혐의로 먼저 기소되고 다음에는 불경죄로 기소된다. 피디아스를 시기하는 사람들은 그 밑에서 일하던 사람을 매수하여 피디아스가 금을 횡령했다는 청원을 하도록 해서 그를 재판정에 세운다. 그리고 이를 입증하기 위해 아테나의 조각상에서 금을 떼어내 저울에 달았다. 투키디데스에 따르면, 페리클레스는 한때 아테나 여신상이 "순금 40달란트를 입고 있는데 모두 떼어낼 수 있다"는 것을 강조해왔다 (전쟁사 2.13.5). 이에 따라 피디아스가 금을 횡령했는지를 확인하기 위해 금을 떼어내 측량하는 전대미문의 일이 벌어지고, 측량 결과 금은 변동이 없어 횡령혐의는 무죄가 입증되었으나 불경죄는 남아 있었다.

그에 대한 시기와 질투는 계속되면서 이번에는 불경죄로 몰았다. 아테나가 들고 있는 방패의 조각은 그리스 신화에 등장하는 여성 전사자들의 부족인 아마존(Amazons)족과의 전쟁을 새긴 것이다. 여기서 두 손으로 돌을 쳐들고 있는 대머리 노인은 자기 자신의 모습을 암시하고, 또 아마존 적과 싸우고 있는 사람은 창을 든 손으로 얼굴을 가리고 있기는 했지만 누가 봐도 페리클레스의 얼굴이라는 것이다. 이것 때문에 피디아스는 불경죄로 감옥에 갇히게 되고 감옥에서 병으로 죽고 말았다 (Plutarch, *The Parallel Lives, The Life of Pericles* 31).[9] 이런 일이 일어난 후에 펠로폰네소스 전쟁이 터졌다. 플루타르코스를 비롯한 일부 학자[10]는 페리클레스가 자기와 동료들에게 쏟아지는 비난을 피하고 자신의 정치적 지위를 보호하기 위해 전쟁을 일으켰다고 기술한다. 전쟁은 모든 이슈의 블랙홀이기 때문이다. 페리클레스에 대한 이런 공격이 펠로폰네소스 전쟁을 불러온 배경이 되었을까? (이 문제는 다음에 집필할 그리스 민주정치와 전쟁과 관련된 글에서 기술될 것이다).

3세기 중엽 파르테논 신전의 지붕과 많은 성소의 내부를 파괴한 중대한 화재가 발생한다. 또한 헤룰레스 해적들은 276년에 아테네를 약탈하고 파르테논 신전을 포함한 공공건물 대부분을 파괴한다. 이들의 보수는 제4세기 율리아누스(Flavius Claudius Iulianus, 331~363) 황제의 통치 기간에 이루어졌다. 파르테논 신전은 테오도시우스 2세 (Theodosius II)가 로마 제국의 이교도들을 박해하는 1000년 동안 아테나에게 헌정된 신전으로 존속하다가 435년에 동로마 제국의 모든 이교도 신전과 함께 문을 닫는다.

파르테논 신전은 6세기의 마지막 10년 동안에 아테나 여신이 성모 마리아로 교체되어 헌정된 기독교 교회로 전환된다. 오스만 제국 군대는 1458년에 아크로폴리스를 점령하고 있던 피렌체 군대로부터 신전을 탈환하여 그리스 정교회 신자들을 위한 교회로 계속 사용하기 위해 간단히 복구한다. 15세기가 끝나기 얼마 전에, 파르테논 신전은 이슬람 사원이 되는 등 온갖 영욕을 맛보았다.

파르테논 신전은 오랜 역사에서 가장 큰 재앙으로 인해 1687년에 크게 파괴된다. 터키 전쟁(1683~1699년)의 일부로서 베네치아 공화국 (Venetians)은 모로시니(Francesco Morosini) 베니스 총독을 사령관으로 하여 아테네를 공격하고 아크로폴리스를 장악하기 위한 원정군을 보낸다. 베네치아 군은 1687년 9월 26일 필로파포(Philopappus) 언덕에서 파르테논 신전을 향해 박격포탄을 발사한다. 이 폭발로 인해 파르테논 신전과 신전 내의 탄약 창고 및 건물의 중앙 부분이 날아가고 신전의 프로필라이아(Propylaea) 즉 문과 조각품이 심하게 손상되며 약 300명이 사망한다. 당시에 작성된 설명은 이 파괴가 의도적인지 우발적인지에 대해 의견이 갈린다.

이 폭발로 신전이 사용되기에는 위험하다는 경고가 있음에도 불구하고, 터키 사람들은 아크로폴리스를 탈환한 후에 폭발로 인해 파괴된 잔해를 사용하여 파괴된 파르테논 신전에 작은 돔을 세운다. 다음 1세기 반 동안, 나머지 구조물의 일부는 건축 자재 등으로 약탈당했다. 1800년부터 1803년까지 영국의 귀족인 엘긴(Elgin)이 오스만 제국의 허가를 받아 일부의 조각을 떼어갔다. 이 조각들은 엘긴 대리석 또는 파르테논 대리석으로 알려졌는데 1816년에 영국의 대영박물관에 팔려 현재 전시되고 있다. 1983년 이후, 그리스 정부는 이 조각품들에 대해 반환 약속을 받은 바 있다.

파르테논 신전은 수난의 역사를 안은 채 많은 유럽인들을 아테네로 향하게 만들었다. 그리스가 독립하고 1832년에 아테네를 장악했을 때, 뾰족탑의 눈에 보이는 부분이 파괴되었다. 이어 아크로폴리스의 모든 중세 및 오스만 건축물이 제거되고 그리스 신전의 모습이 드러났다. 그리스 정부는 오랜 기간 파괴된 구조물의 안정성을 보장하기 위해 선택적 복원 및 재건 프로그램을 수행하고 있다.

파르테논 신전은 상처를 안고 있지만 아테네 아크로폴리스의 주인공이다. 세계 각지에서 아테네를 찾는 관광객 거의 모두가 아크로폴리스를 올라간다. 그 이유는 바로 파르테논 신전을 가까이에서 보려는 것이다. 끝없이 관광객을 끌어들이는 파르테논 신전은 그리스 문명의 자랑인 동시에 그리스 정부의 중요한 수입원이다.

▶ 사진 4.3 파르테논 신전

첫 번째 사진은 아크로폴리스 정상에 있는 파르테논 신전(The Parthenon)이다. 남쪽 측면부터 보수공사가 진행되고 있다.
두 번째 사진은 세계에서 모여든 관광객들이 파르테논 신전을 관람하기 위해 아크로폴리스언덕을 오르고 있는 모습이다.

사제

'사제'의 기원

고대사회나 현대사회에서 종교행사는 '사제(priest)'로 불리는 종교 전문가나 종교 지도자가 주관한다. 사제를 의미하는 영어의 'priest'는 고대 그리스어 'presbuteros'에서 비롯된 라틴어 'presbyter'를 어원으로 한다. 이 용어는 2세기 초기에 기독교에서 생물학적 연령을 강조하는 의미로 사용되어 주로 '장로(elder)'를 의미했다. 기독교 신약성서의 '장로(presbyter)'도 이 단어에서 나왔다. 그러나 기독교에서 사용한 일반적인 의미로서의 사제는 지역의 기독교 신도들의 지도자였다.

현대 가톨릭과 정교회에서 'presbyter'는 'priest'와는 동의어지만 '주교(bishop)'와는 구별된다. 헬레니즘 시대와 로마 제국 시대 이전에는 사제직의 정점에 있는 대제사장을 아르키에레오스(archiereus)로 불렀다 'Presbyter'는 감독관(overseer)과 거의 구별되지 않는 의미다. 개신교의 사제(priest)에 해당하는 용어는 목사(minister, pastor), 또는 장로다. 교회의 계층구조가 진화하면서 'presbuteros'는 교단의 계급 및 연공서열의 의미로 점차 변화되어, 교사, 주교, 교회의 존중 받는 구성원, 그리고 교회의 특별 회원을 나타내는 명예로운 용어로 사용되었다. 결국, 이 단어는 초기 기독교 교도들의 사제나 장로 혹은 장로교회의 장로를 의미했다. 사제 또는 성직자라는 명칭은 기독교의 전문가나 지도자의 명칭으로, 인류학에서 사용될 수 있을 정도로 아주 일반적인 용어가 되었다. 여기에 고대 히브리어 '코헨(kohen)'과 '케우나(kehunnah)'를 영어의 사제(priest)와 사제직(priesthood)으로 각각 사용하고 후자를 '제사장'으로 표현했다.

사제는 종교의 성스러운 의식을 수행할 수 있는 권한이 주어진 사람, 특히 인간과 신의 중재자이다. 또한, 종교의식을 관리할 권위나 권한을 가지고 있으며, 특히 신에게 희생제 의식과 속죄 의식을 담당한다. 많은 종교에서 사제나 제사장은 전임직으로 다른 직업을 갖지 않는다. 그리스도교의 많은 사제와 목회자는 교회에 헌신하고 교회로부터 지시를 받고 생활을 보장 받는다. 사제나 제사장이 되는 것은 인간의 선택에 의한 것이며 유대교의 제사장은 가족적인 방식으로 상속된다.

기독교와 유대교는 하나의 신을 섬기는 유일신교다. 하나의 신을 대상으로 통일적으로 신을 섬기다 보니 종교의식도 획일적이다. 따라서 종교 전문가나 지도자도 수평적으로 다양화될 필요가 없다 보니 수직적으로 발전했다. 대제사장 그리고 제사장이 중앙과 지역적으로 계층구조를 이루고 랍비로 불리는 율법사가 있다. 로마 시대의 기독교에서 의미했던 '사제'는 국가 또는 국내의 단체나 개인이 어떤 의식을 수행하거나 신들과 적절하고 유익한 관계를 유지하려는 목적을 수행하는 사람이다. 이런 일들은 부분적으로 예배업무나 행정업무로 묘사될 수 있다.

서양에서 기독교가 종교를 대표하면서 종교 전문가나 종교 지도자를 나타내는 용어도 기독교의 '사제' 또는 '제사장'으로 일반화되고, 그 이외의 종교의 지도자나 전문가도 이 명칭으로 조정되었다. 그러나 종교의 특성이 다른 타 종교의 전문가나 지도자를 기독교의 용어로 표현하다 보면 시제직의 역힐에 대한 유사성과 개념의 통일성에 대한 오해의 소지가 있다. 왜냐하면 '사제(priest)'라는 단일한 단어로는 고대로부터 알려진 여러 종교의 광범위한 숭배와 관련된 공적 혹은 사적 직책이나 종교적 직업 등에 대한 개념을 전달할 수 없기 때문이다.

고대로부터 역사적인 종교들은 지역과 시대에 따라 종교의 직책과 전문가들에 대한 여러 명칭과 역할 그리고 위상 등이 달랐다. 그리스 종교는 2세기경 그리스가 로마로 복속되고 4세기경 기독교가 국교로 지정되면서 기독교의 관점에서 재단되었다. 이 상황에서 그리스의 종교와 관련되는 전문가, 공무원 및 신의 대리인을 무차별적으로 '사제'로 지칭하는 경우가 허다했다.

그러나 그 이전의 그리스 종교는 종교로서 신(神)과 의식(儀式)과 경전이 존재했고 이 종교의 의식을 관리하고 집전하는 다양한 직책이 있었다. 또한, 그리스의 종교가 기독교와 특성이 달랐기 때문에 종교 업무를 담당하는 사람들의 직책 및 업무와 관련된 내용을 상징하는 명칭도 언어만 다른 것이 아니라 개념이 다를 수밖에 없다. 그럼에도 그리스 종교와 관련되는 모든 명칭은 기독교의 틀로 표현되고 이해되었던 것이다. 더구나 그리스 종교는 다수의 신에 대한 다양한 숭배와 의식 그리고 이에 대한 관리가 필요했다.

종교적 다양성은 다양한 종교적 용어를 가져온다. 신이 여럿이면 그에 상응하는 다양한 숭배의식 및 숭배관계자들이 필요하며 그 다양성은 종교적 어휘에도 다양하게 반영된다. 이런 점에서 유일신교인 기독교에서 사제를 영어의 'Priest'로 표현하는 것처럼 다신론인 그리스 종교에서 종교적 역할을 하는 사람들을 단 하나의 용어로 지칭하여 실체적 의미를 제대로 전달할 수 없다.

고대로 거슬러 올라갈수록 종교와 정치는 한 몸이었다. 종교의 정점에는 정치 권력이 자리하여 종교의 구조나 의식도 정치의 구조나 의식과 밀접한 관련이 있다. 그리스의 종교적 구조나 의식도 마찬가지였다. 도시국가들이 숭배의식의 적절한 운영에 대한 책임이 있었고 주요 희생제의 재정을 감독하거나 어떤 희생제를 수행하고 관리하는 관리들이 있었다. 이런 종교 관리들을 '히에로포이오이(hieropoioi)'로 불렀는데 이들의 역할은 사제들과 상호작용을 하는 것이다. 그리스 종교는 이런 행정직이 오히려 종교의 공적 수행에서 중심적인 역할을 수행했다. 행정조직의 공무원들은 희생제를 수행하고 축제를 조직하는 역할을 할 뿐만 아니라 재정과 수입 및 지출도 담당했다.

고대 페르시아에는 사제계급으로 마고이(magoi)가 있었다. 헤로도토스에 따르면 사제 가문이라기보다는 오히려 사제 부족이다. 이런 마고이는 아마 조로아스터교에 존재했을 것이다. 그러나 그리스에는 지위가 공고한 전문화된 남성 사제나 여성 사제는 없었다. 유대교나 기독교에 존재하는 '사제 집단'이나 '사제 계급'도 없다.

아테네의 경우 종교의 가장 큰 희생제나 축제를 위한 조직은 500명의 불레(의회)에서 매년 선출되는 10명의 시민으로 구성된 이사회에 위임되었다. 이들은 희생제를 위한 동물과 축제의 전반적인 관리와 조직을 담당했으며 희생제물의 분배와 같은 특권을 누렸다. 매년 선출되는 아크론들(Arkhons) 즉 왕 혹은 바실레우스(Basileus), 특임자(Eponymous), 군 통수권자(Polemarkh) 중에서 바실레우스가 고대 왕들의 종교적 기능을 물려받아 종교 문제에서 가장 높은 지위를 차지했다.[11] 바실레우스는 희생 제의나 밀교 축제, 사제들 간의 갈등 해소 등에 책임이 있다. 특임자는 디오니시아와 같은 축제를 담당했고 군 통수권자는 전쟁의 희생자를 기리거나 군사적 성격의 종교의식을 담당했다. 이들은 특히 축제를 재정적으로 지원해줄 후원자를 선택했다.

그리스의 사제직은 몇 가지의 유형이 있다. 일반적으로 기독교 교회(Christian churches, 가톨릭, 정교회 등)의 사제(priest)에 가장 가까운 그리스어는 '이에레오스(hiereus)'다. 이에레오스는 '사제', '선지자', '희생제의 주관자' 등의 의미다. 현재는 기독교의 'priest'와 'hiereus'를 동의어로 사용한다. 이에레오스 외에 피티아(pythia), 만티스(mantis), 크레스몰로고스(chresmologos)도 넓은 의미에서 사제의 범주에 포함된다. (여기에서는 그리스의 사제를 '이에레오스'로 표기하지만 때로는 '사제'로도 표기하며 별다른 기술이 없는 한 '사제'는 '이에레오스'를 나타낸다).

이에레오스

이에레오스(Hiereus 혹은 hiereia)는 남녀 모두에 해당하는 사제다. 특히 미노아 문명에서는 여성들이 사제로 활동했던 것으로 보인다 (사진 4.4 참조). 그러나 이에레오스가 모든 신에 대한 공통적인 사제는 아니었다. 이들의 사제 신분은 특별한 성소, 예를 들면 아테나 폴리아스(Athena Polias), 아테나 니케(Athena Nike), 아테나 파르테노스(Athena Parthenos) 등 특별한 성소에서 특별한 숭배의식에 항상 참

▶ 사진 4.4 레이디 인 블루(Ladies in Blue)
크레타 크노소스 궁의 동쪽에 있는 왕비의 건물(megaron)의 미노아(Minoa)의 프레스코(fresco)화

석하는 경우에 해당되었다.

그리스에서 사제라는 단어의 의미에는 성스러운 계급개념이 포함된 것은 아니었고 평신도와 뚜렷한 차이도 없었다. 사제는 특정 공동체를 대표하여 특정 신을 향한 정기적이고 영구적인 의무를 지니고 종교적 제의 행사인 희생제와 기도, 정화, 예언 등의 전통적인 방식을 철저히 알고 그러한 직무를 수행하는 사람을 나타냈다. 그러나 사제가 종교적인 모든 방식을 아는 것은 아니고 실제로는 전문적인 지식을 가진 그리스인 일반 시민과 비교했을 때, 그가 속한 신전의 의식과 관련해서만 전문가이고 절대적인 것은 아니지만 상당한 권한을 가질 수 있었다. 그는 신에 대해서 뿐만 아니라 신을 기쁘게 하기 위해 노력하고 그가 대표하는 공동체에 대해서 책임이 있었다. 사제는 또한 공적인 희생제는 물론 개인의 요청에 따라서 개인이 비용을 부담하는 사적인 의식도 관리 감독했다. 다만 각 사제가 자신의 성소에서만 자신의 의무를 배울 수 있었기 때문에 신학교처럼 사제들이 도덕적 또는 지적 교육을 받는 학교는 없었다.

사제들은 대부분 전업 전문가가 아니었기 때문에 성소에 항상 머무는 것은 아니었다. 많은 남성 사제들은 다른 중요한 일들 예를 들면 생업을 가졌고 여성 사제들은 결혼한 경우 가사 일을 했다. 이것은 대부분의 사제가 모든 시간을 성소에서 보내지만은 않았다는 것을 의미한다. 사제는 성소 및 성소의 재산을 보호하는 임무를 가졌지만 성소를 돌보는 상주 관리인인 네오코로스(neokoros)로부터 조력을 받았다. 네오코로스는 실질적인 성소의 관리뿐만 아니라 방문자들을 안내하고 경배자들과 사제 사이에서 중개자 역할을 담당했으며, 신의 치유를 바라는 사람들이 내는 비용을 확인하는 책임도 맡았다. 사제가 경험이 없는 신참인 경우는 네오코로스가 사제에게 역할을 조언해주기도 했지만, 희생제까지 책임지는 것은 아니었다.

그리스의 종교의식에서 가장 중요한 희생제는 사제가 주재했다. 사제가 없는 경우 또는 사제를 초빙할 형편이 안되는 경우 각 개인 또는 참가 집단들도 스스로 희생제를 올렸지만 희생제에서 사제의 역할은 결정적이었다. 사제는 희생제물이 살해되기 전에 적절한 기도를 하고 희생물이 죽기 전에 몇 개의 머리털을 자른다. 그러나 일반적으로 칼을 다루는 기술이 있더라도 희생 동물을 직접 살해할 필요는 없다. 동물은 사제의 지시로 소속된 관리나 고용된 도살자 즉 마게이로스(mageiros)에 의해 도살되고, 마게이로스가 도살된 희생물 중 신의 몫을 제단에 올려 놓는다. 마게이로스는 동물 희생제를 위해 동물을 도살하고 희생 동물을 굽는 사람이었다. 그의 업무는 고기와 시체의 내장을 다시 판매하는 일까지 확장되었기 때문에 그는 전문 정육점 주인이 되었다. 얼마 후, 이 단어에는 요리라는 의미가 다시 포함되어 희생제 동물 도살자, 정육점 주인, 요리사라는 복합적 기능을 수행했다.[12]

그리스에서 이에레오스의 역할에 대해서는 양면성이 있다. 하나는 신에 대한 숭배의 핵심인 동물 희생제의 대부분을 이에레오스가 수행했기 때문에 그 역할이 중요하다는 측면과 모든 시민도 개별적으로 희생제를 지낼 수 있기 때문에 이에레오스의 역할은 별개의 문제라는 것이다. 따라서 개별 시민이 희생제를 지낸다 해도 이들이 이에레오스인 것은 아니다. 결국 희생제는 누구든지 거행할 수 있지만 누구나 사제가 될 수 있는 것은 아니었다. 아리스토텔레스도 신전에서 사제가 없는 희생제는 지역 공동체의 수장 즉 왕이 희생제를 수행할 것을 제시한다 (정치학 1285.b11). 사제가 반드시 희생제를 수행할 필요는 없었으나 사제가 희생제를 주재하는 것이 더 관행이었다.

사제의 성별은 각 숭배의식에서 신의 성별에 따라 고정되었다. 대부분 남성 신들은 남성 사제들, 여성 신은 여성 사제들이 봉헌했다. 그러나 예외가 있었다. 다소간 양성 혹은 중성의 특징을 가진 신인 디오니소스(Dionysos)는 종종 여사제들이 봉헌한다. 반면에 아르테미스와 아테나는 남성 사제들이 봉헌한 것으로 알려졌다. 기존 사제직은 대대로 이어졌으며, 특별한 가문에 한정되거나 할당되어 엄격하게 아버지로부터 아들에 지정되고 승계되는 세습적인 지위였다. 이런 사제의 가문은 공직의 대단한 지위를 얻기도 했으며 존경의 대상으로 희생제물에서 상당히 가치가 있는 희생물의 가죽이나 다리를 받았다. 사제직은 외모나 성별, 연령, 지위 및 신체적으로 흠이 없는 한 누구에게나 열려있었는데,[13] 특히 민주적 아테네의 사제직들은 다수의 모집단에서 추첨을 통해 임명되었다. 사제직을 취득하는 또 다른 방법은 구매하는 방법이다. BC 4세기 초부터 소아시아 도시에서 주로 발견된 관행이었다.

사제가 되려면 그가 담당했던 신전이 속한 국가의 완전한 시민이어야 하고, 세대의 대물림의 경우 그 세대나 가족의 완전한 구성원이어야 한다. 여성도 사제직에서 배제되지 않았으며 그리스의 모든 지역에서 남녀 사제직이 있었다. 그리스 종교에서는 전통적인 방식으로 여성 사제로 묘사된 용어들(예를 들면, 이에레아이[hiereai])은 어디에나 있었다. 그리스에서 사제직의 나이는 숭배의식을 담당하는 중요한 요소는 아니었다. 어린이와 청소년도 특정 신권을 포함하여 종교 직무를 수행 할 수 있었다. 이러한 배경에서 기독교의 사제직과 그리스의 사제직 사이의 중요한 공통적인 근거를 찾기가 어렵다.

사제들의 충원과정과 방법은 동일하지는 않았지만, 주로 세 가지 방법으로 구별할 수 있는데, 이를 대략적 연대순으로 다음과 같이 정리할 수 있다.

1. 세습 즉 세대나 가족의 대물림이다. 많은 사제직이 가족이나 세대에 세습되었지만 그 과정이나 방법에 대한 정보는 없다.

2. 선거를 통한 공개 선출 즉 공개 투표 또는 추첨을 통한 선발이다. 그러나 투표에 의한 선출과정에 대한 정보는 거의 없다. 사례는 호메로스 시대로 거슬러 올라가는 것 같다 (일리아스 6.300). 그리스의 다른 지역과 마찬가지로 아테네에서도 가장 일반적인 관행은 추첨이었던 것으로 보인다.

3. 사제직을 구매하기도 했다. 이런 관행은 주로 소아시아나 해안지역에서 이루어졌다.

BC 5세기 중반부터 새롭게 확립된 시민숭배의식에 따르면, 사제들은 아테네 시민들이 선거나 추첨으로 1년 임기로 매년 선출되었다. 사제의 선출에 대해 최초로 알려진 예로는 아테네 니케의 사례로 모든 아테네 여성들이 선거로 선출했다. 다만 예비후보를 어떻게 선정했는지 그리고 한번 선출되면 임기가 1년이었는지 또는 평생이었는지에 대한 정보는 없다. 이런 과정을 거쳐 선발되는 사제들이 특별한 지식을 갖거나 특별한 종교적 훈련을 받은 것은 아니었다. 이들은 사제직을 하면서 전문성을 늘려갔다. 평생 사제직을 가진 개인은 평생동안 많은 의식 및 기술적 지식을 쌓게 된다. 유명한 사례로는 BC 5세기의 아테네 폴리아스의 사제였던 리시마케(Lysimache)로 64년 동안 사제직의 자리를 지켰다.

피티아

피티아(Pythia)는 신탁을 내리는 신전의 여사제다. 신탁은 인간의 물음을 신이 사람을 통해 대답하는 것인데 이때 신의 대답을 대행하는 사람이 바로 피티아다. 신탁은 형식과 과정은 달라도 동서고금 사회의 공통된 현상이다. 인간의 물음은 대부분 미래에 관한 예언이다. 인간의 경험으로 해답을 얻을 수 없는 문제도 신의 답변에 의지한다. 피티아는 평범한 개인이 아니라 신을 대신하는 신의 대변자이고 인간의 질문에 답하고 조언을 해줄 뿐만 아니라 놀라울 정도로 미래를 정확하게 예측하는 예언자로서 신비한 여인이다. 사람들은 이 여사제를 신과 같은 능력을 소유한 존재로 여겼다 (피티아에 관해서는 뒤의 신탁에 관한 기술에서 자세히 언급하기로 한다).

만티스

만티스(Mantis)은 일반적으로 선지자, 초능력자, 예언자 등으로 불렸지만 우리식으로 말하면 '점쟁이'다. 또한, 의식이 바뀐 상태에서 예지력을 발휘하는 사람이다. '만티스'는 어원적으로 인도-유럽어에 뿌리를 두고 있는데 '특별한 정신 상태에 있는 자', '변성 즉 본성이 달라진 상태에서 말하는 사람'의 의미이다. 플라톤은 만티스를 '광기(mania, madness)'와 연결시킨다.

> "용어를 발명한 노인들이 광기(madness)가 수치스럽거나 불명예스럽지 않다고 생각했다는 사실도 덧붙일 가치가 있다. 그렇지 않았다면 그들은 광기(mania)라는 단어를 광기의 예술이라고 부르면서 미래를 예고하는 고귀한 예술과 연결하지 않았을 것이다. 아니, 그들은 신의 선물로 올 때 광기가 고귀한 것으로 생각하면서 이 이름을 붙였지만, 요즘 사람들은 예언을 만틱 예술(mantic art)이라고 부르며 … 이성적인 사람이 새의 관찰과 다른 표식을 통해 행하는 미래에 대한 탐구를 어떤 용어로 나타낼 때 사람들이 마음으로 이를 받

아들이기 때문에 만티스가 존재한다." (Phaedrus 244.b-c)[14]

그리스 문학에서 처음으로 알려진 만티스는 『일리아스』의 첫 장면
에 등장하는 칼카스(Calchas)다. 그의 예언력은 아폴론이 그에게 부
여한 과거, 현재 및 미래의 앎에 대한 것이다 (일리아스 1.68-72). 그
는 군대의 공식 만티스였다. 고대 중국이 전쟁에서 운세와 전략을 짜
내는 '군사(軍師)'에 해당한다. 그리스의 만티스는 공식적인 만티스와
일종의 프리랜서인 독립적인 만티스로 구분되었다.

고대 그리스인들은 이에레오스를 만티스와 구별했다. 이 둘의 차이
점은 일반적으로 의식 전문성, 전문적인 지위 및 이동성 측면에서 설
명된다. 이에레오스의 중요성은 그가 수행한 신성과 숭배의 지위(명
성)에 의해 좌우된 반면에 만티스의 권위는 전적으로 그의 '예언의 신
뢰성'에 달려있다. 사제로서 이에레오스는 특정한 성소에 머물러 있었
던 반면에 만티스들은 특정 성소에 한정되거나 개별 신과 특별한 관계
를 맺을 필요도 없으며 예언이 필요한 곳이면 공사를 불문하고 도시나
지방(demes) 또는 선박이나 전쟁터를 누비면서 장군들이나 정치가들
에게 수시로 자문한다.

만티스와 이에레오스는 의식이 거행되는 장소와 관계없이 모두 동
물 희생제를 수행하지만, 특히 만티스는 희생제에 사용되는 동물의 외
모와 내부 장기의 행태로부터 신의 의지를 해석할 수 있는 노하우를
가지고 있었다. 동물의 희생제에서 만티스는 사실상 이에레오스와 역
할을 구별할 수는 없지만 대부분의 이에레오스는 만티스의 일을 하기
가 힘들었다. 그러나 한 사람이 하나의 의식 또는 다른 의식에서 두 직
책의 일을 동시에 수행했을 가능성도 배제할 수 없다.

호메로스의 시대에, 신은 아주 가까운 미래에 대해 신호(sign)를 보

낸다. 예를 들면 새의 행태를 통해 인간과 소통한다. 새(bird)에 대한 단어 가운데 하나는 '오이오노스(oionos)'인데 이것은 '징조(omen)'를 의미한다. 따라서 '징조의 새(a bird of omen)', '기도의 새(a bird of prey)'를 의미한다. 이러한 신호들의 해석은 주로 일반적인 지식의 문제지만, 전문적인 예언자인 만티스가 담당한다. 그렇다고 만티스가 '미래를 말하는 사람'을 전제하는 것은 아니다. 그리고 신의 영감이나 섭리와 독립된 불가사의한 힘을 갖는 것도 아니다. 이런 종류의 예언가는 선지자(seer)이며 전문적인 예언자 그리고 점술의 전문가였다.

그리스인들은 점술은 신이 보내는 상징적 사고를 해석하는 기술로 인식했다. 크세노폰(Xenophon, BC 428~BC 354)은 여러 종류의 상이한 점술을 요목으로 정리하고 인간들이 점술로부터 믿을 만한 자문을 원한다면 나쁠 때는 물론 좋은 때에도 스스로 신들을 끊임없이 배려해야 한다고 조언한다. 그는 신은 모든 것을 안다고 믿었을 뿐만 아니라 그리스인들과 야만인(barbarian)들은 신들이 현재와 미래의 모든 것을 안다고 믿었던 것이 분명하다고 전한다. 그는 좌우간 모든 시민과 이방인들은 그들이 무엇을 하고 무엇을 하지 말아야 할지를 신에게 묻기 위해 점술을 사용했다는 것이다 (Xenophon, *Symposium*, 4.47-49).

크세노폰에 따르면 신은 희생제, 새, 음성, 꿈을 통해 원하는 사람 누구에게나 신호를 보낸다. 또한, 인간이 문제에 직면할 때뿐만 아니라 번성할 때에도 무엇을 해야 하는지를 묻는 사람들에게 자문하기를 더 좋아한다 (Xenophon, *The Cavalry Commander* 9.9). 점술을 믿는 사람들은 새, 신탁, 부호, 희생제에 의존한다. 그들은 또한 그들이 상대한 새나 인간들은 점을 보는 사람들에게 신이 징표를 보낸다고 생각한다 (Xenophon, *Memorabilia* 1.1.3). 이런 징표들은 전문가 또는 예견자, 선지자 등에 의해 풀이된다. 개인 또는 공동체는 환자가 의사와 상담하는 것처럼 어떤 상황이나 문제에 관해 이들과 상담할 것이다. 예견자는 고객이 가진 관심과 문제에 대한 사회적 맥락을 판단한 후에만 반응하게 된다. 예견자는 고객과 공동체 모두에게 책임을 지며, 그 자문이 잘 맞고 고객에게 이익이 되느냐에 따라서 그 자신의 평판 문제가 좌우된다.[15]

크레스몰로고스

크레스몰로고스(chresmologos)는 신탁의 전달자다. 'chresmologos'의 접미어 'logos'는 "말하다", "정보를 모으다"는 의미다. 여기에서 'chresmologos'는 신탁을 모으고 신탁을 말하는 사람의 의미로 발전했다. 크레스몰로고스와 만티스는 신탁을 말하는 사람이라는 의미로, 여러 곳을 다니며 신의 메시지를 수집하여 전달하였다. 반면 역시 신탁을 말하는 일을 했던 피티아는 신전에서 신의 의사만을 전달한다는 점에서 서로 다르다.[16] 한편 만티스와 크레스몰로고스는 한 사람이 두 가지 기능을 행사하지는 않는 것이 관행이다. 만티스는 점과 전조에 대한 일을 하고 크레스몰로스는 써진 신탁을 해석한다는 점에서 아주 다르다. 사실상 그리스 문헌들은 이 두 개가 다르게 기술되어있다. 헤로도토스는 두 가지 모두를 언급한다. 만티스는 예견적인 희생제를 담당하고 크레스몰로고스는 단지 신탁에 대한 해석과 설명에 관련된 일을 한다. 어떤 크레스몰로고스는 자신의 이름으로 시와 찬가를 쓰기도 했다. 특히 크레스몰로고스는 자유롭게 신탁을 수집하면서 필요에 따라서 자신이 신탁내용을 지어내어 이른바 '신탁장사'를 하는 경우도 나타났다. 가장 유명하고 가장 영향력 있는 크레스몰로고스는 아테네인 오노마크리토스(Onomacritus)였다. 헤로도토스는 크레스몰로고스인 오노마크리토스가 권력자에게 유리한 내용만을 말하며 악용하는 사례를 전한다.

"그들은 신탁 수집가이며 무사이오스(Musaeus)[17]의 신탁들을 편찬한 오노마크리토스라는 아테네인도 함께 데려왔는데 그에 앞서 그들은 서로의 원한을 해소했다. 오노마크리토스는 렘노스 앞바다에 섬들이 바닷속으로 사라질 것이라고 예언한 신탁을 무사이오스 신탁 집에 억지로 끼워 넣다가 현장에서 헤르미오네(Hermione)의 라소스(Lasus)에게 발각되어, 페이시스트라토스(Peisistratos)의 아들 히파르코스(Hipparchus)에 의해 아테네에서 추방된 적이 있었던 것이다. 히파르코스는 이전에 그와 대단히 막역한 사이였음에도 그 때문에 그를 추방했다. 그러나 오노마크리토스는 그때 그들과 함께 수사(Susa)로 올라갔는데, 그가 왕의 면전에 나갈 때마다 페이시스트라토스 일가 사람들이 그에 대해 찬사를 늘어놓았고 그는 자신의 신탁 일부를 읊곤 했다. 그는 신탁 가운데 페르시아인들의 재앙을 예고한 것이 있으면 그것들은 전혀 말하지 않고 그들에게 가장 유리한 것들만 골라 말했는데, 헬레스폰토스(Hellespont)에 어떤 페르시아인이 다리를 놓게 되어있고 크세르크세스가 그의 군대를 그리스로 진군시킬 수 있다고 원정 경로를 설명해주었다. 이렇듯 그는 신탁을 말해 주고, 또 페이시스트라토스 가문과 알레우아다이(Aleuadae)가문 사람들은 자신들의 의견을 피력함으로써 크세르크세스에게 로비를 전개했던 것이다." (역사 7.6)

♫ 주

1) 페이시스트라토스가 선전 선동에 능하다는 것은 망명 후에 두 번째 권력을 장악할 때 피아(Phya)라는 여성을 내세워 여신의 행장을 꾸며 시민들의 환영을 받았다는 점을 토대로 한다.

2) 자료에 따르면 올림피아 제우스 신전은 대지의 규모가 250×130m이다. 이 땅 위의 신전 바닥 규모는 110.35×43.68m였다. 코린트식 기둥의 높이는 17.25m, 직경이 1.7m이고 기둥에는 20개의 홈이 파여져 있다. 신전의 두 긴 면에는 각각 20개의 기둥이 이중 열로 이어져 한쪽에 40개씩 모두 80개의 기둥이 서 있었다. 짧은 면의 한쪽은 8개의 기둥이 3열로 쌍 복도를 이루어 24개가 세워져 모두 104개 기둥으로 구성되어 장엄한 위용을 나타냈다.

3) 프랑수아 드 페늘롱 지음, 김중현·최병곤 옮김, 『텔레마코스의 모험』(서울: 책세상, 2017).

4) 당시에 아테네에는 파르테논 신전의 아테나 파르테노스(Athena Parthenos) 동상과 올림피아(Olympia)에서 제우스(Zeus)의 동상을 만든 피디아스와 같은 훌륭한 조각가 외에, '원반던지는 사람(Discobolus)'이라는 작품으로 잘 알려진 공예가 미론(Myron, BC 480~BC 440)도 이 시대에 이름을 날리고 있었다. 조각가 피디아스는 호메로스의 옆자리가 아깝지 않은 명장으로 이름을 날렸다.

5) 예를 들면, 도리아식 기둥은 더 두껍고 더 짧고, 이오니아식 기둥은 키가 크고 가늘다.

6) 파르테논 신전은 평면으로 30.86m×69.5m 넓이다. 양쪽에 각각 8개의 기둥이 있고, 측면에 17개의 기둥이 있으며 양쪽 끝에는 두 열로 된 기둥들이 있다. 파르테논 신전의 외부 도리아식 기둥은 직경이 1.9m이며 높이가 10.4m이다. 모서리 기둥은 직경이 약간 크다. 파르테논 신전에는 전체적으로 46개의 바깥쪽 기둥과 23개의 안쪽 기둥이 있었으며, 각 기둥에는 20개의 풀루테(flute)가 있었다. 풀루테는 기둥 형태로 조각된 오목한 작은 기둥이다. 지붕은 서로 겹쳐 이어지는 기와(imbrices and tegulae)로 알려진 큰 대리석 타일로 덮여 있었다. 현관의 앞뒤는 6개의 도리아식 기둥이 지탱했으며, 작은 도리아식 콜로네이드 기둥(보통 지붕을 떠받치도록 일렬로 세운 돌기둥)이 두 개 층으로 배열되어있다. 뒤쪽 방은 아테나의 보물을 보호하고 이오니아식 4개의 기둥은 지붕을 지탱한다.

7) D. Kagan, *The Peloponnesian War* (London: Penguin Books, 2004), p. 61.

8) 현재의 이 여신상은 여러 관련 문헌을 토대로 복원한 것이다.

9) Plutarch, *The Parallel Lives*, Vol. III. Loeb Classical Library edition, 1916, https://penelope.uchicago.edu/Thayer/E/Roman/Texts/Plutarch/Lives/Pericles*.html

10) 예를 들면, 독일의 벨로흐(K. J. Beloch)와 같은 학자이다. https://en.wikipedia.org/wiki/Pericles

11) Louise Bruit Zaidman and Pauline Schmitt Pantel, *Religion in the Ancient Greek City* (New York: Cambridge University Press, 1993), p. 47.

12) 요리사로서 마게이로스는 시민 축일과 개인 만찬을 위해 고용되었다. 또한, 마게이로스(mageiros)는 어원적으로 칼의 의미인 machaira와 관련되어 있고, 고대 그리스에서 여성은 칼을 들고 희생제물을 처리할 수 없었기 때문에 마게이로스는 당연히 남성이어야 했다

13) Oswyn Murray and Simon Price (eds.), *The Greek City From Homer to Alexander* (Oxford: Oxford University Press, 1991).

14) Platon. *Phaedrus in Twelve Volumes*, Vol. 9 trans. Harold N. Fowler (Cambridge, MA: Harvard University Press, 1925).

15) Emily Kearns, *Ancient Greek Religion* (London: Wiley-Blackwell, 2010)은 사제와 관련하여 유용한 참조문헌이었다.

16) 신관과 유사한 역할을 하지만 신관은 피티아 옆에서 피티아의 신탁을 받아 6보격 문장으로 전하는 데 비해 크레스몰로고스는 스스로 여러 곳에서 신탁이라는 이름의 메시지를 수집해 전달하고 해석한다.

17) 아테네의 전설적인 시인이자 예언가로 당시에 이의 이름으로 전해지는 예언과 신탁이 많았던 것 같다.

5장

그리스의 신과 경전

그리스 종교의 신(神)

신은 인간이 쌓은 종교라는 성(城)에 사는 무형의 관념적 존재다. 신은 본질적으로 심정이나 상상의 존재, 인간 마음으로 형성된 신앙 즉 종교 속에서만 상정될 수 있다. 신은 또한 인간의 관념에 존재하는 영혼과도 연계된다. 사자(死者)의 영혼이 신으로 간주되기도 한다.[1] 인간은 신이라는 상상의 존재를 설정하고 그 신에 인간이 갖지 못했으나 갖기를 희망하는 초월적 힘을 부여해놓고 심정적으로 그 힘에 의지하며 이를 이용하고 길흉화복(吉凶禍福)을 신의 작용으로 생각한다.

신의 역사는 인간의 역사와 궤를 같이하지만, 신이 인간의 탐구대상으로 된 것은 오래되지 않았다. 무조건 신성시하던 종교를 하나의 분석대상으로 삼은 것은 계몽주의 이후의 일이다. 인간은 누구도 '신'

이라는 사실적 존재에 접해보지 못했지만, 인식의 대상인 신들을 여러 가지 물리적인 형태 즉 문학이나 조각, 그림 등 예술품으로 의인화했다. 경배자들은 이런 의인화를 통해 신을 인식할 수 있었고 꿈이나 깨어 있는 시간에도 환상으로 신을 접하게 된다. 신들이 의인화된 형태의 이미지로 나타나고 숭배자들이 신들에게 가지고 있는 상상과 이 이미지가 결합되면서 이 양자는 서로 신의 의인화를 강화한다는 경험적 증거도 있다.[2] 신의 의인화는 신과 인간과의 상호작용을 크게 촉진한다. 더 나아가 신을 인격화하면 인간과 신이 상호작용하면서 인간의 육체와 생각이 신과 비슷하다는 인식을 갖게된다. 또한, 신도 인간 사회의 상호작용과 유사한 방식으로 기능할 수 있다는 믿음으로 발전한다. 개인적이고 전후 사정의 맥락에 따라서, 신의 출현 그 자체를 구성하는 신성의 이미지와 대면하게 되는 것이다.

그리스인들은 세계가 신으로 가득 차 있다고 가정한 다신론자들이었다. 고대 지중해와 근동의 거의 모든 사람도 그렇게 생각했다. 그럼에도 불구하고 일반적으로 '신(theos)'으로 번역하는 가장 보편적인 그리스어는 어원이 불확실하다. 이 용어는 특별한 이름이 붙여진 신(제우스, 아테나 등)이나 혹은 더 모호하게는 호메로스에서 '어떤 신'으로 불리거나, 신에 대해 말하는 자가 어떤 행사가 신의 강림을 제시했다고 느낄 때 사용되었다. 산문 작가들은 종종 '그 신(the god)'이라는 말을 사용한다. 시적(詩的)인 글에서 신은 종종 '불멸(不滅)', 인간은 '필멸(必滅)'로 표기되는 것이 신에 관한 가장 대표적인 특성일 것이다.

그리스 종교가 다신의 종교라고 하지만 종교 자체가 고대사회의 산물이고 이 종교들을 다신론과 일신론으로 구별하는 것은 별 의미가 없다. 왜냐하면, 유일신은 하나의 신만 존재한다는 것이라기보다는 하나의 신을 제외한 모든 다른 신을 배제한다는 의미이기 때문이다. 힌두교의 가장 오래된 정식 문서의 하나인 리그 베다(Rig Veda)도 우주의 창시자였을 독창적인 '하나의 신'을 기술한다. 후기의 베다 문헌은 절대자(브라만, Brahman)의 개념을 최고의 실재로 정교하게 만들었다. 유대교의 경전에는 이 점이 더 극명하게 나타난다. 십계명 중에 제1계명에 "너는 나 외에는 다른 신들을 네게 두지 말라"(출애굽기 20:3)고 명령한다. 이 표현도 다신을 전제로 하는 것이다. 다만 다른 신은 배제하고 야훼 신 하나만을 섬기라는 것이다. 결국, 신은 하나가 아니다.

헤로도토스는 아테네인 현자 솔론과 리디아의 왕 크로이소스와 사이에서 신이 여럿이라는 의미로 대화한 내용을 전해준다. "크로이소스여, 당신은 나에게 인간의 일들에 대하여 묻는데, 신(divine, to theion)은 궁극적으로 악의가 있고 골칫거리라는 것을 나는 알고 있습니다"(역사 1.32.1). 아르타바노스도 페르시아 왕 크세르크세스에게 비슷하게 말한다. "죽음은 인간에게 불행한 삶에서 벗어날 가장 적절한 도피처가 되는 것입니다. 신(the god, ho theos)은 우리에게 달콤한 인생을 맛보게 하시니, 이는 신이 시기한다는 것을 보여주는 것입니다"(역사 7.46.4).

이 사례들에서 화자는 오직 하나의 신만이 존재한다고 주장하는 것이 아니라, 신을 하나의 통일체로써 일시적으로 개념화하는 것이다. 헤로도토스의 이런 사용법은 그리스인들에게 공통적이다. 이런 경우 '다신론'과 명백한 논리적 모순이 학자들을 당혹스럽게 만들었지만, 그러한 논리적 불일치는 다신론의 전형이며, 이것은 일반적인 종교사상에서 언급되어야 한다.

유대교나 기독교에는 유일신이 존재하고 마귀라는 나쁜 신들이 존재한다. 그 외에 위치가 모호한 천사라는 존재가 있다. 천사는 유일신의 지시에 따라 움직이는 신들의 전령 정도로 여겨진다. 불교는 원칙적으로 초월적 존재로서의 신이 존재하지 않지만, 대승불교에서는 부처를 신으로 만들어 숭배한다. 그리고 여러 보살이 존재한다. 엄밀히 말하면 보살들은 신이 아니지만, 신도들은 신으로 인식한다. 불교의 보살들은 각각 역할이 나뉘어 있다. 힌두교도 이와 비슷하다. 그리스 신들은 천사나 보살같이 위계의 차이가 있는 것은 아니다. 1세대 티탄족은 소멸되고 2세대 신이 등장하면서 올림포스 12신과 그 밖의 여러 신 그리고 지하 신들로 나뉘고 신이 된 영웅도 있다.

그리스인들은 신을 남신과 여신으로 구분했는데 남신과 여신이 대등한 입장이다. 신은 인간보다는 우월한 힘을 가지고 있고 죽지는 않지만 때로는 인간과 함께 활동한다.[3] 주요 신은 제우스(신들의 왕이며 천둥과 하늘의 신), 포세이돈(바다와 지진의 신), 하데스(죽음과 지하 세계의 신), 아폴론(델피 신전의 관장과 예언), 아르테미스(생식과 풍요), 아프로디테(사랑의 신), 헬리오스(태양의 신), 아레스(전쟁), 디오니소스(포도의 신), 헤파이스토스(금속 기술자), 아테나(지혜와 전쟁), 헤르메스(전령), 데메테르(농사), 헤스티아(불과 가정), 헤라(제우스의 정부인) 등이다. 신들의 왕인 제우스는 하늘의 신으로 천둥과 번개를 관장한다. 포세이돈은 바다를 지배하고, 하데스는 죽음과 관련되는 역할을, 제우스의 아들인 아폴론은 델피 신전을 관장하면서 제우스의 역할을 내신한나. 아프로니네는 미의 여신으로 사랑을 관리한다. 신늘은 변화무쌍해서 인간이나 동물 등으로 변신하며 인간으로 나타나기도 한다. 신들은 인간이나 님프 등과의 결합을 통해서 인간을 출산한다. 신들의 아들이나 딸들은 신에 버금가는 능력을 갖기도 한다. 특히 신들은 인간으로 활동하거나 신들끼리 대결하기도 한다. 초월적인 유일신 종교들과 달리 다신교의 신들은 각기 활동 영역과 역할이 있다.

그리스인에게 신은 영원히 사는 불멸의 존재이며 모두 운명에 복종해야 하는 존재다. 에우리피데스도 그의 비극 『알케스티스』에서 어느 누구도 운명을 이길 수는 없다고 언급한다. 다만 제우스는 운명에 종속되어 있으면서 스스로 운명이다. 이 양면적 신은 행동도 양면적이다. 운명에 종속된 신들은 인간처럼 행동하고, 인간과 같은 특성을 가지며, 인간과 교류한다. 인간과 육체적 결합을 통해서 자식을 낳는 경우도 많다. 신들은 서로 대항하는 경우도 있다. 그리스 신들의 이러한 특성은 호메로스와 헤시오도스의 서사시들이 교과서이다 (이에 대해서는 뒤의 '경전'에서 자세히 기술하고자 한다). 그리스에는 올림포스 신들뿐만 아니라 많은 지역 신들도 존재한다. 호메로스는 신들의 지역별, 처소별 존재 형태를 이렇게 전한다.

"제우스는 테메스에게 명하여 구름 많은 올림포스의 정상에서 신들을 회의장에 부르도록 했다. 그래서 그녀는 사방으로 돌아다니며 신들에게 제우스의 궁전으로 오라고 일렀다. 그리하여 오카아노스 외의 하신(河神)들이 빠짐없이 다 모였고, 아름다운 숲들과 강물의 원천들과 풀이 무성한 초원들에 사는 요정들도 한 명도 빠짐없이 다모였다. (일리아스 20.4-9)

호메로스는 이 신들을 트로이 전쟁 이야기인 『일리아스』와 트로이 전쟁 영웅 오디세우스의 10년간에 걸친 모험담인 『오디세이아』에 일부 등장시킨다. 헤시오도스는 『신들의 계보』와 『일들과 나날』에 정리한다. 헤로도토스는 호메로스와 헤시오도스가 나열한 신들의 기원에 대해 의문을 가졌다. 그리고 다음과 같이 기술한다.

"내가 도도나(Dodona)에서 들어 알기에는, 원래는 펠라스기아인들

(Pelasgians)은 신들에게 온갖 제사를 지내며 기도를 올렸지만 어떤 신에 대해서도 그 별명이나 이름을 붙이지 않았다고 한다. 그들은 아직 그러한 것을 들어보지 못했기 때문이다. 펠라스기아인들은 신들을 데오이(theoi)라고 불렀는데, 그 이유는 그들이 모든 사물을 질서 있게 배치하고 만물을 적재적소에 두었기 때문이다. 그로부터 오랜 시간이 흐른 후 펠라스기아인들은 이집트에서 전래한 다른 신들의 이름을 들어 알게 되었고, 그 한참 뒤에 디오니소스의 이름을 알게 되었다." (역사 2.52)

"거의 모든 신들의 이름은 이집트로부터 그리스로 들어왔다. 나는 탐문을 통해 신들의 이름이 이방인들에게서 유래했다는 것을 알았다. 나는 무엇보다도 그것들이 모두 이집트로부터 들어왔다고 생각한다. 내가 앞서 언급한 포세이돈과 디오스코우로이(Dioskouroi) 그리고 헤라, 헤스티아(Hestia), 테미스(Themis), 그라세스(Graces)와 네레이드스(Nereids)를 제외하고는 모든 다른 신들의 이름은 이집트인들의 땅에 항상 존재했다. 내가 지금 말하는 것은 이집트인 자신이 이야기한 내용이다. 내 생각에는 그들이 이름을 모른다고 말한 신들은 포세이돈을 제외하고는 모두 펠라스기아인들이 지었다. 그리스인들은 이 포세이돈 신에 대해 리비아인에게서 배웠다. 모든 사람중에서 리비아인들만이 처음부터 포세이돈의 이름을 알았고 늘 그 신을 숭배해 왔다. 한편 이집트인들은 영웅들에 대해서는 숭배하지 않는다". (역사 2.50)

"나는 헤시오도스와 호메로스가 나이로 보아 나보다 400년 전에 살았고 그보다 더 오래되지는 않았다고 생각하기 때문이다. 바로 이들이 그리스인들을 위해 신의 계보를 만들고 신들에게 호칭을 부여했고 또 각각의 신들에게 영예와 기술을 부여하고 그들의 형상을 표현했던 자들이다. 헤시오도스와 호메로스 이전에 살았다는 시인들은, 내 생각에는 그들보다 후대에 태어난 자들이다. 위 이야기 가운데 처음 부분은 도도나 여사제들이 말해준 것이고 헤시오도스와 호메

로스의 나중 부분은 내가 말한 것이다. (역사 2.53)

헤로도토스의 이상의 기술은 대단한 의미를 가진다. 신들의 이름이 이집트에서 왔다는 것은 그리스인들이 단순히 신의 이름을 차용했다는 의미뿐만 아니라 그리스 문명이 이집트로부터 유입되었다는 것을 의미하기 때문이다. 다만 헤로도토스는 호메로스와 헤시오도스의 작품들에 등장하는 신들의 호칭에 "신들에게 호칭을 부여했고"라는 기술을 토대로 하면 호메로스와 헤시오도스가 "이집트로부터 그리스에 들어온 신들의 이집트 이름을 그리스의 이름으로 교체했거나 헤로도토스가 잘못된 정보를 가졌을 가능성도 있다. 이와 관련하여 해크(Roy Kenneth Hack)는 고대인들은 호메로스가 위대한 종교적 교사로 생각했다"[4]고 판단하면서도 "이것은 헤시오도스에게는 거의 사실이지만 호메로스에게는 거짓"이라고 주장한다.[5]

헤로도토스는 역사의 아버지라는 평가와 거짓말의 아버지라는 양면성을 가진 역사가이다. 그러나 역사적 기술이 없던 그 당시 그의 기술은 금과옥조로 받아들일 수밖에 없다. 거짓말이나 과장이라고 판단되는 내용의 판단은 고고학적 분석과 독자 각자의 몫이다. 그런데 호메로스와 헤시오도스의 작품에 등장하는 신들의 상당수 이름이 동일하다. 연대순으로 보면 호메로스가 약간 빠르다는 전제에서 만일 헤시오도스가 작품을 완성하기 전에 호메로스의 작품이 완성되었다면 헤시오도스가 호메로스의 작품을 참고했을 가능성을 추정해 볼 수 있다. 그러나 호메로스의 작품과 헤시오도스의 작품에 등장하는 신들의 관계나 구성 및 내용이 상당히 다르다는 점에서 보면 이미 이런 신들은 그 이전부터 그리스 사회에 구전으로 광범위하게 전파되어 있었을 가능성에 무게를 두어야 할 것이다. 이 신들은 헤로도토스가 기술한 것처럼 이집트 또는 다른 근동에서 유입되어 전승되고 있었을 가능성도 충분하다.

실제로 고대 그리스인들의 인식도 이와 유사하다. 이미 헤로도토스가 기술한 것처럼 이집트인과 페니키아인이 그리스를 식민지화하면서 각각의 문명을 전달했다는 것이다. 이것을 '고대모델'이라고 부른다.[6] 고대 모델은 이집트인이 그리스를 식민지화했을 뿐만 아니라 식민지 이후에도 그리스 학자들이 이집트에서 학문을 전수해왔다는 것이다. 또한, 고고학적 분석은 이집트와 페니키아는 아프리카인과 셈족에 의해 문명화되었다고 분석한다. 결국, 그리스 문명은 아프리카-수메르-이집트를 거쳐 들어왔다는 주장이다. 이런 논지는 유대계 영국인 교수인 버넬(Martin Bernal)이 방대한 두 권의 저서인 『블랙 아테나』에서 상세히 기술하고 있다. 특히 그의 논지는 바로 헤로도토스의 전언과 맥을 같이 한다. 마틴 버넬은 헤시오도스의 신들의 계보가 BC 3000~BC 2000년 사이의 중동 전역에서 찾아볼 수 있는 일반적인 유형에 속하며, 그와 유사한 형식이 미케네 시기에 그리스에 존재했다는 점도 의심의 여지가 없다고 주장한다.[7]

고대 모델의 주장자들은 그리스 신들의 이름도 이집트의 신으로부터 이름의 기원과 특성을 가져다가 그리스어로 전환했다는 것이다. 예를 들면, 제우스는 이집트의 신 암몬에서, 아프로디테는 이집트의 와지트 여신, 그리고 크레타의 미노스는 이집트의 첫 번째 파라호인 메네스, 아폴론은 이집트의 태양신과 관련되는 케페레르(Kheperer) 등에서 비롯된 것으로 판단한다. 외부에서 들어온 신들은 명칭과 특성이 그리스적 신으로 변모되어 토속신들과 한 집단을 이루어 갔다는 것이다.

반면에 19세기 후반과 20세기 초엽에 유럽인들은 그리스의 언어가 인도-유럽인 즉 아리아인의 언어와 관련이 있다는 이른바 '아리안 모델'을 내세웠다. 아리안 모델의 패러다임은 유럽에서 이동한 아리안족이 기존의 그리스 문명을 파괴하고 새로운 그리스 문명을 건설했다는 주장이다. 그리고 이 아리안족을 유럽인들의 선조로 연결 지었다. 아리안 모델은 역사적 사실과 관계없이 유럽을 통해서 그리스 문명의 위대함을 높이고 그리스 철학의 가치를 강화하게 된다. 이것은 곧 역사가 거의 없는 유럽 문명의 뿌리를 강화하는 유럽인들의 작업이었다. 물론 그리스 신과 신화의 기원 및 배경에 대해서는 신화의 다양성만큼이나 여러 의견이 있다. 고고학과 신화학은 그리스의 신화가 소아시아와 근동 문명 특히 크레타, 미케네, 필로스, 테바이와 같은 지역의 문명, 특히 미케네 문명 및 선사시대의 문명과 크레타와 관련된 수많은 고대의 신화 구성에 관심을 갖는다.

그리스 신화가 형성된 것은 대략 기원전 2000년경부터 구전되기 시작한 것으로 추정된다. 광범위한 문자 해득력이 없는 상황에서 신화는 (이 책 3장의 내용에서 본 것처럼) 아마도 BC 18세기부터 미노아와 미케네의 음유시인에 의해 구두로 쭉 이어졌을 것이다. 특정 신화를 다시 말할 때마다 관객의 관심을 높이거나 지역의 사건을 짜 넣고 편견이 끼어들어 꾸며지고 내용이 향상될 수도 있다. 수 세기에 걸쳐 도시국가 간의 접촉이 증가함에 따라 현지 이야기가 여러 다양한 기원을 가진 신화를 만들기 위해 다른 이야기와 섞이지 않았다고 상상하기는 어렵다.

이런 과정을 거쳐 그리스에는 신들로 가득 찬다. 시간이 지나면서 위상과 역할도 달라진다. 도대체 그 신은 얼마나 되나. 고전 작품에 나타나는 올림피아 신들의 구성원들은 300~400명으로 보인다. 사실상 어느 누구도 이름으로 모든 신을 찾고 인식하려고 시도하지는 않았다. 그러나 대단히 많은 숫자다.[8]

그렇다고 이 많은 신을 모두 숭배하는 것도 쉽지 않은 일이다. 따라서 이토록 많은 신들을 제한하기 위한 전략이 필요했을 것이다. 예를 들면, 기도할 때 "아테나와 다른 신들과 여신들에게"와 같은 포괄적인 표현을 사용한다. 이 표현은 "아테나 여신을 필두로 하여 모든 여신에게"라는 내용이라서 다른 신들로부터 공격을 피하기 위한 공통적인 수단이다. 지역별로는 그 지역과 연고가 있거나 지역에서 숭배하는 신들을 위한 성소나 제단이 있다. 따라서 일반적으로 개인들은 자신의 집, 이웃 및 국가의 제단에 세워진 신들과 영웅들을 숭배하는 것을 신앙으로 여겼다. 또한, 모든 사람이 모든 신의 제의에 다 참석하는 것은 아니었다. 예를 들면, 어떤 신은 선별적으로 또는 숭배자의 성별에 따라서 숭배된다.

개인들은 각자의 중요하고 의미있는 신들을 선별한다. BC 6세기 초에 공동체는 때때로 돌 위에 희생제 달력을 새겨 공중의 신앙에 희생제를 받은 신들의 명단을 나열했다. 가장 완전한 이 달력의 하나는 아티카의 고대도시 에르키아(Erchia)에서 나왔다.[9] 여기에는 주요 11신들에 대한 희생제들이 포함되어 있다. 아마 12신인데 한 신이 누락되었을 것이다. 이 신들 중 대부분은 이 도시에 성지들을 가지고 있었다. 이 신들은 제우스, 헤라, 포세이돈, 데메테르, 레토, 아폴론, 아르테미스, 아테네, 헤르메스, 디오니소스, 게(Ge)였다. 이 외에도 카렌다는 최소한 작은 14신들이나 집단적인 신들노 보여준나. 그렇나고 이 신들이 주요 12신보다 가치가 낮은 것은 아니다. 호메로스가 언급하는 여러 신 가운데 제우스와 아테나 뒤를 이어 가장 빈번하게 등장하는 이름은 순서상으로 아폴론, 아레스, 헤라, 포세이돈, 헤파이스토스 등 7신이다. 이 중에서 헤파이스토스, 아레스 그리고 하데스는 경배대상으로서 비중이 낮지만 서사시에서는 중요한 신들이다. 반면에 보편적으로 경배된 디오니소스와 데메테르는 등장하지만, 화로와 가정의 여신인 헤스티아는 완전히 무시된다.[10]

호메로스는 모든 신에 대해 '불멸의 신들', '영원한 신들'과 같은 집합적 표현을 많이 사용했다. BC 6세기 동안, 그리스의 공동체는 각각 그들의 지역 신에 대해 중요한 신을 중심으로 압축했다.[11] 이 과정에서 기준이 12로 되면서 12신을 선호하기 시작한다. 12신들은 가변적 구성의 한 집단이다. 그리고 이 가변적 잠재성은 12신이 전후 사정에 따라서 지방 혹은 범 그리스적 정체성을 표현하게 된다. 그러므로 12신들은 신화 책에 나오는 친숙한 올림포스 12신들과 구별된다. 12 티탄신, 그리스 12신, 올림포스 12신 등 그리스의 주요 신은 '12'라는 숫자에 묶여 있다. '12'라는 숫자는 비단 그리스의 신들에게만 적용된 것은 아니다. 베다의 주요 신도 12신, 예수의 제자도 12인, 동양의 천간지도 12이다. 메소포타미아, 이집트, 그리고 소아시아의 고대민족인 히타이트(Hittite)도 12신들의 집단과 유사한 점이 제시된다. 그뿐 아니다. 1년은 12달, 오전과 오후는 12시를 기준으로 한다. 이런 점들에서 그리스 12신은 신의 존재가 먼저라기보다는 12라는 숫자가 먼저였다고 볼 수 있다. 즉 12라는 숫자에 맞추기 위해 12신을 골랐을 것이다.

플라톤은 12라는 숫자에 대해 아주 민감했다. 그는 나라의 건설을 위해 신민들도 12집단으로 분류하되, 재산 분배도 12부분이 최대한 균등하게 되도록 배치하고, 12신들에게 12부분을 할당하여 12집단으로 할당된 대상의 이름에 신의 이름을 붙여 '부족'으로 부르고 도시도 12로 나누어야 한다고 제시했다 (법률 745 de).

그리스의 올림포스 12신은 기원전 6세기경부터 그리스 신화에 정착된다. 기록에 따라 미묘한 차이가 있지만 12신에 들어가는 신의 수는 모두 15신이며, 15신 중 제우스부터 헤스티아까지, 혹은 헤스티아를 제외한 디오니소스까지를 주로 12신이라고 한다. 고대 그리스어에서는 '12신들'이라고 불렸다. 그리스인들은 이 12신을 그리스 전 지역의 신전에서 봉헌했으며, 이 신들은 하나 이상의 복수의 신들과 함께 숭배되기도 했다.[12] 이 12신은 시대별로 달라진 것이 아니라 그리스의 문화적 맥락에서 계속 순환되었다.[13]

그러면 왜 12신인가? 여러 추론들이 등장한다. 고대 바빌론에서 통용되던 12천문성좌도와 관계되었을 것이라는 추정이다. 12신이 그리스 신화에 정착된 시기가 BC 6세기라면 바빌론 문화의 영향일 가능성이 농후하다. 다른 주장들도 있다. '12'라는 숫자가 지중해권에서 신성시되었기 때문에 사용된 것이라는 추론이다. 투키디데스는 아테네 참주였던 페이시스트라토스가 처음으로 아고라에 이 12신을 위한 제단을 세우고 봉정한 데서 12신에 대한 숭배가 시작되었다고 전한다. 플라톤은 올림포스 12신을 일 년의 12달과 연관 지으며, 마지막 달에는 하데스와 죽음의 영혼의 영광을 기리는 의식을 치러야 한다고 제안한다.

12신들에 대한 종교의식이 처음으로 언급된 고대 문헌은 『호메로스 찬가』다. 『호메로스 찬가』는 작자 미상인 총 33편의 고대 그리스의 각 신을 찬양하는 찬가집이다. 각 지역의 신들은 다양하지만, 가장 분명한 것은 그 지역의 영웅들, 강의 신들, 그리고 기타 장소의 명칭과 일치하는 신이나 인물들 중심이며 신전도 이들과 관련된다. 중요한 의미에서 아테네에서 아테나 파르테논 신전, 스파르타에서 아르테미스 오르티아, 키레네에서 제우스 암몬은 아주 독특했다.

아테네 시민들이 아테나가 아테네의 아크로폴리스에 산다고 생각하고, 아르테미스 오르티아 신이 스파르타에 산다고 생각하거나 혹은 하늘의 올림포스에 산다고 생각하는 것은 상황적인 문제다. 직관적으로 말하면, 아테나가 살고 있는 아테네 도시는 스파르타에 있는 청동 신전인 아테나 칼키오이코스(Athena Chalkioikos)와 특별한 정체성을 가진다. 어떤 신들은 이름과 일반적인 모습, 심지어는 그들의 기능, 명칭, 제의, 지역별 중요성 등에 의해 잘 알려져 있다. 그렇다고 이 신들이 모든 사람에 의해 항상 숭배되는 것은 아니다.

그리스의 신들은 제우스를 중심으로 그의 형제자매들과 직계 자손들로 정렬된 위계에 따라 각자에게 부여된 역할을 중심으로 활동하고 그리스인들은 이 신들을 중심으로 숭배했다. 그리스인들은 신들과의 상호작용을 통해서 신들의 마음을 알아내고 신들이 스스로 마음을 바꿀 수 있다는 생각도 했다.

"아킬레우스여! 그대의 위대한 마음은 억제하시오. 그대는 결코 무자비한 마음을 먹어서는 아니 되오. 덕과 명예와 힘에서 더 위대한 신들의 마음도 돌릴 수 있는 법이오. 그래서 어떤 사람이 죄를 짓거나 잘못을 저질렀을 때는 분향과 경건한 서약과 제주와 제물 바치는 구수한 냄새 덕분에 기도로써 그분들의 마음을 돌릴 수 있는 것이오." (일리아스 9.496-501)

인간이 신의 마음을 돌릴 수 있다는 사고는 인간과 신성 간의 일반적 종교 관계에서 매우 중요하다. 그리고 그리스인들은 이를 확실히 믿고 있었다. 그러나 플라톤은 이런 사고가 『일리아스』의 위의 내용 때문이라면서 "신들조차도 실은 많은 선량한 사람에게는 불운과 불행한 삶을 배정하면서 이들과 반대되는 사람들에겐 그 반대의 운명을 내린다"(국가 2.364b)고 말한다. 『일리아스』에서는 신들 특히 제우스가 어떻게 인간의 삶에 대해 어떤 일을 하는가를 기술한다.

"제우스의 궁전 마룻바닥에는 두 개의 항아리가 놓여 있는데, 하나는 나쁜 선물이며, 다른 하나는 좋은 선물이 가득 들었지요. 천둥을 좋아하시는 제우스께서 이 두 가지를 섞어서 주시는 사람은 때로는 궂은 일을, 때로는 좋은 일을 만나지요. 그러나 그분께서 나쁜 것만 주시는 자는 … 신들에게서도 인간들에게서도 존경받지 못하고 심한 굶주림에 쫓겨 신성한 대지 위를 정처 없이 떠돌아다니지요." (일리아스 24.537-533)

제우스의 응징은 단호하다. 현대식 표현으로는 '권선징악'이다. 신의 응징은 그 대상자에 한정되는 것이 아니라 가문의 대를 이어 나타난다 (이 책 3장의 저주에 관한 이야기 참조). 후대의 그리스 작가와 로마 작가들은 경전의 틈새와 행간에서 새로운 이야기들을 끌어내어 경전으로 그리고 로마에서 신화로 발전했는데 현대의 독자들에게도 신화로 익숙한 내용들이 있다. 이런 신화들에는 특히 의인화된 인격신들이 많다. 인격신들은 인간들과 유기적 관계를 형성했다.

그리스 종교의 경전

호메로스와 『일리아스』

그리스인들은 BC 8세기 이전에는 구전으로 신들을 알고 신들을 숭배하는 의식을 가졌다. 그리스의 여러 지역에 산발적으로 전승되던 여러 신을 문서로 정리해 놓은 사람이 바로 헤로도토스의 말대로 호메로스와 헤시오도스다. 그리스의 종교적인 측면에서 말하면 이 두 사람은 그리스 경전의 저자들이다. 다만 거의 비슷한 시대의 두 저자의 작품들이 지역적으로 다른데도 작품 내용이 유사한 것은 이 두 작품이 각자의 창작이 아니라 구전을 문자로 정리하면서 각자가 작품성을 살려 냈다는 것을 방증한다. 그중에서 호메로스는 트로이 전쟁을 중심으로 하는 이야기를 기술했다. 무대는 미케네가 아니고 트로이다. 지역적으로 아주 제한되어 있는데도 많은 신이 등장하는 것을 보면 호메로스 시대에 이미 신들이 어느 지역을 벗어나 널리 전파되었다는 것을 의미한다.

이 서사시들은 또한 유대교나 기독교에서 말하는 것처럼 신의 계시에 따라 인간이 피조물이고 피동적으로 움직이는 것이 아니라 신과 인간이 성관계를 맺고 자식을 낳거나 인간이 신이 되거나 하는 등 인간과 신이 상호작용한다. 이런 점에서 그리스 종교의 경전에서 신들은 초능력을 가졌지만 거룩하기보다는 인격신으로 인간들과 함께 살아갔다.

그리스인들은 19세기에 트로이 전쟁터와 미케네 그리고 크레타의 유적들이 발굴되기 전까지는 호메로스의 서사시를 역사적 사건이 아니라 순전히 신의 이야기로 인식했다. 이런 인식은 오히려 신과 경전에 대한 신비성을 제고시켜 종교적 인식을 강화했을 것이다. 그 이야기들이 현실이고 그 이야기에 신들을 등장시켰다는 사실이 입증되면 사람들이 현실적 사안에 직접 접촉하게 되어 인격신으로서 신들과 교감은 증대되지만 신비감은 상대적으로 감소될 수도 있다. 그리고 그리스의 고대사회의 경전들은 종교가 폐교되면서 이제는 신화로 분류되었다. 그렇다면 현재의 종교들이 경전으로 삼고 있는 성서들의 미래 운명도 내다 보인다.

그리스의 경전은 호메로스와 헤시오도스의 문헌들을 토대로 하여 이후에 작가들에 의해 여러 신에 대한 성격과 행동들이 다양하게 기술된다. 물론 이 작품들이 문자로 정리되기 이전에 이미 그리스에는 이런 내용들이 구전되면서 종교의 지침이 되어 왔다. 그리스 종교의 경전뿐만 아니라 모든 종교의 경전도 마찬가지로 이런 단계를 거쳤다.

호메로스는 두 권의 서사시 즉 『일리아스(Iliad)』와 『오디세이아(Odyssey)』를 남긴 것으로 알려지고 있다. 이 두 권의 서사시 중에서 특히 『일리아스』는 아리스토텔레스가 그의 제자인 알렉산더 대왕에게 정리해 주고, 알렉산더 대왕은 전장에서도 침대 머리에 두고 수시로 읽었던, 그리스인뿐만 아니라 중세 이후에는 유럽인 그리고 세계인에게 보배로운 문헌이다.[14] 호메로스에 대해서는 여러 논쟁이 있다. 그에 대한 역사적 증거는 아직 드러나지 않았다. 호메로스가 실제 인물인가? 혹은 여러 서사시인을 총칭하는 이름인가? 실존 인물이라면 언제 인물인가? 『일리아스』와 『오디세이아』는 동일인의 작품인가? 이런 논쟁은 진행 중이지만 우리에게는 너무 전문적이고 복잡한 대상이다. 헤로도토스는 호메로스가 BC 850년경에 살았다고 주장했지만(역사 2.53), 현대 학자들은 호메로스를 BC 8세기 후반의 인물로 보고 있다.[15]

호메로스의 탄생에 가장 그럴듯한 두 곳은 아나톨리아(Anatolia)의 에게 해안의 전략적 요충지인 그리스의 도시국가 스미르나(Smyrna)와 에게해 북쪽에 있는 그리스 5대 섬의 하나인 키오스(Chios)다. 이런 추정은 8세기 초에 그리스 알파벳이 소개되었고 그가 이오니아 그리스어의 혼합 방언을 사용하여 이 시들을 썼기 때문에 모두 에게해 동부에서 작성되었음을 나타내고 있다는 것을 근거로 한다.

'일리아스'(엉어로는 일리아드[Iliad] 그리스어로는 일리아스[Ιλιάς] 이다)는 고대 그리스 당시의 에피로스(Epirus) 도시국가의 하나였던 트로이를 뜻하는 단어다. 호메로스는 이 서사시를 여러 구술에 의존해서 구성했을 것이다. 그러나 그 구성과 표현은 호메로스의 천재성의 발현이 분명하다. 다른 고대 서사시와 마찬가지로 『일리아스』는 처음부터 주제를 명확하게 제시한다. 그것은 '분노'다. 서사시의 제목이

『일리아스』로 불린 것은 헤로도토스(역사 2.116)에서 비롯된 것으로 보인다. 그러나 이 제목은 "펠레우스의 아들 아킬레우스의 분노"라는 첫 줄에 가장 잘 요약된 내용을 토대로 하면 적절한 표현은 아니다.

이 서사시는 미케네의 왕 아가멤논이 통일된 아카이아(Achaea)[16] 전사들을 이끌고 에게해를 가로질러 트로이를 공격하면서 시작되어 10년간 이어진 전쟁의 마지막 해의 마지막 50여 일간의 전투 이야기다.[17] 전쟁의 배경은 트로이 왕자 파리스(Paris)가 아가멤논의 동생인 메넬라오스의 아내 헬레네(Helene)[18]를 유혹 혹은 납치해 트로이로 데려간 것을 구출하기 위한 것이지만 이야기의 핵심은 전투와 함께 아킬레우스의 분노다.

고대 그리스인들은 트로이의 왕자 파리스(알렉산더라고도 불림)가 그리스 도시국가 스파르타의 왕인 메넬라오스의 부인 헬레네를 유혹해 트로이로 데리고 갔기 때문에 그리스인이 트로이를 상대로 전쟁을 벌였다고 믿었다. 그러나 이 내용은 『일리아스』에 거의 나타나지 않는다. 파리스의 이야기는 이른바 '파리스의 판정'으로 불리는 신화로 아폴로도로스의 『그리스 신화』에 담겨 있다.

"신들의 여왕 헤라, 지혜의 여신 아테나, 사랑과 미의 여신 아프로디테는 천상의 아름다운 3대 여신이다. 테티스와 펠레우스의 결혼을 축하하는 결혼 잔치에는 모든 신이 초대되었는데, 불화의 여신 에리스(Eris)만 빠졌다. 에리스는 화가 나서 연회에 참석하여 '가장 아름다운 여신에게'라고 쓰인 황금 사과를 던졌다. 이 사과를 놓고 헤라, 아테나, 아프로디테가 서로 차지하려고 다투었다. 제우스는 중재에 나섰다. 트로이의 왕 프리아모스(Priamos)의 아들로 당시 카즈산에서 양치기를 하고 있던 파리스에게 판정하게 하였다.

여신들은 사과를 차지하기 위해 파리스를 매수하려고 했다. 헤라는 '아시아의 군주' 자리를, 아테나는 '전투의 승리'를 아프로디테는 '가장 아름다운 여자를 주겠다'고 제의했다. 파리스는 여자를 택했고 아프로디테는 사과를 차지했다. 그러나 '가장 아름다운 여자'는 이미 스파르타의 왕 메넬라오스의 아내가 된 헬레네였다. 파리스는 그녀를 유혹해 트로이로 왔고, 이것이 트로이 전쟁의 원인이 된다." 트로이 전쟁이 발발하자 파리스에게 앙심을 품은 헤라와 아테나는 그리스 편을 들었다. 반면에 아프로디테는 파리스가 헬레네를 데려와 전쟁이 일어나게 만든 원인 제공자이며 자신에게 사과를 준 은인이다." (그리스 신화 요약 31–35)

호메로스는 전쟁의 초기 단계를 회상하면서 이야기를 시작하지만, 여기에는 전쟁의 원인이나 시작에 관한 이야기가 없다. 호메로스는 왜 한 젊은 영웅이 권력과 여인 사이에서 여인을 선택한 흥미진진한 이야기를 넣지 않았을까. 다만 호메로스는 트로이 전쟁이 거의 끝나가고 헥토르(Hector)가 죽은 뒤에 헥토르의 아버지이며 파리스 아버지인 트로이 왕 프리아모스가 그 원인이 파리스의 죄 때문이라며 파리스 왕자를 나무라면서 "나라에서 장수들의 며느리인 미인을 데려와 네 아버지와 나라와 모든 백성에게 큰 고통을, 적에게는 기쁨을, 그리고 너 자신에게는 굴욕을 안겼단 말이냐"(일리아스 46–53)라는 질책을 통해 짐작할 수 있을 뿐이다. 헤로도토스는 호메로스가 파리스의 판정에 대한 이야기를 알고 있으면서도 『일리아스』에 이 이야기를 넣지 않은 것이 분명하다면서 그 이유를 이렇게 기술한다.

"호메로스는 실제로 이용한 다른 이야기만큼 서사시에 적합한 것이 아니어서 일부러 택하지 않았다. 그러면서도 그는 자신이 이 이야기를 알고 있음을 분명히 드러냈다. 이는 호메로스가 『일리아스』에서 알렉산드로스의 유랑을 서술하면서 알렉산드로스가 헬레네를 데려다가 표류하여 여러 곳을 유랑하고 특히 포이니케의 시돈에도 갔다고 말하는 데에서 명백히 나타난다." (역사 2.116)

『일리아스』의 도입부에서 펼쳐지는 아킬레우스가 분노를 불러일으키는 사건은 아킬레우스와 아가멤논의 다툼에서 비롯된다. 전투 중에 아카이아인들은 한 쌍의 아름다운 처녀, 크리세이스(Chryseis)와 브리세이스(Briseis)를 나포한다. 아카이아의 총사령관 아가멤논(Agamemnon)은 크리세이스를, 아카이아의 가장 위대한 전사인 아킬레우스(Achilles)는 브리세이스를 각각 전리품으로 취한다. 트로이에 있는 아폴론 신의 사제인 크리세이스의 아버지 크리세스(Chryses)는 딸 크리세이스를 구하기 위해 헤아릴 수 없이 많은 몸값을 가지고 진영을 방문한다. 아가멤논은 크리세스를 모욕하고 쫓아낸다. 크리세스는 아폴론 신에게 복수해 달라고 기원한다. 아폴론은 그리스 진영을 향해 분노의 화살을 날린다. 화살은 역병이 되어 그리스 진영에 널리 퍼지고, 수많은 그리스의 병사들이 죽는다. 많은 아카이아인들이 죽은 후 아가멤논은 전염병의 원인을 알아내기 위해 만티스인 칼카스(Calchas)와 상담한다. 크리세이스가 원인이라는 사실을 알게 된 그는 마지 못해 그녀를 포기하는 대신에 그 보상으로 아킬레스에게 브리세이스를 요구한다.

"내가 몸소 그대의 막사로 가서 그대의 명예의 선물인 볼이 예쁜 브리세이스를 데려갈 것이오. 그러면 내가 그대보다 얼마나 더 위대한지 잘 알게 될 것이며, 다른 사람들도 앞으로는 가이 내게 대등한 연사를 쓰거나 맞설 마음이 생기지 않을 것이오." (일리아스 1.184-187)

아가멤논의 이런 처사는 아킬레우스에게 모욕이었고 아킬레우스의 분노는 이 모욕에서 치솟는다. 아킬레우스는 군대 캠프의 텐트로 돌아와 전쟁에서 더이상 싸우기를 거부한다. 두 장수의 충돌은 고대 그리스 가치 체계의 가장 지배적인 측면 중의 하나인 개인적 명예의 중요성에 대한 강조다. 동물의 세계에서 일어나는 서열투쟁을 연상시킨다. 그는 아가멤논에 대한 복수심으로 아카이아 군대가 패배하는 것을 보려고 그의 어머니인 바다 님프 테티스(Thetis)에게 제우스의 지원을 부탁하도록 요청한다. 제우스가 트로이와 아킬레우스를 지원하면서 아카이아인들은 큰 손실을 입게된다. 파리스와 메넬라오스, 트로이의 왕자 헥토르와 아약스 사이의 결투를 포함하여 며칠 동안 치열한 전투가 이어진다. 아카이아 군대는 진퇴양난에 처한다. 위대한 아카이아 전사 디오메데스(Diomedes)도 힘을 못 쓰고 결국 성벽 뒤로 후퇴하여 결국 패배가 임박해 보였다.

신들은 회의를 열고 제우스로 하여금 아테나에게 트로이 사람들이 먼저 아카이아를 공격하라는 명령을 내리도록 한다. 본격적인 전투가 시작되고, 아가멤논 등의 활약으로 트로이 진영이 무너졌다. 제우스는 모든 신을 모아놓고 더 이상 트로이 전쟁에 개입하지 말도록 명령한다. 신들이 빠진 채 양측은 다시 전투를 개시했다. 여전히 분을 삭이지 못하고 있는 아킬레우스는 그의 사랑하는 친구 파트로클로스(Patroclus)가 자신의 갑옷을 입고 전투에 나가 헥토르에게 죽자 아카이아군의 장수로 선투를 시삭한나.

아카이아, 트로이 양측이 들판에서 대치했다. 제우스는 아킬레우스가 당장 트로이 성을 함락하지 못하도록 여러 신이 전쟁에 관여하는 것을 허락했다. 신들은 각자 자신들이 응원하는 측으로 갈라섰다. 헤라, 아테나, 포세이돈, 헤르메스, 헤파이스토스는 아카이아 진영으로, 아폴론, 아르테미스, 아레스, 아프로디테, 크산토스, 레토는 트로이 진영으로 갈린다. 마침내 전투가 시작되었다. 하늘에서는 제우스가 천둥을 쳤다. 땅에서는 포세이돈이 땅을 흔들었다. 그 여파로 지하세계의 왕 하데스가 놀라 고함을 쳤다.

제우스가 올림포스에서 헥토르와 아킬레우스 두 사람의 추격전을 지켜보았다. 두 사람의 추격전이 네 바퀴째에 이르자 제우스는 황금저울 양쪽에 아킬레우스와 헥토르의 운명을 올려놓았다. 헥토르의 운명이 기울어져 하데스의 집으로 떨어졌다. 아킬레우스와 헥토르의 대결에서 아킬레우스가 창으로 헥토르의 목을 찌르고 헥토르가 죽었다. 아킬레우스는 헥토르의 시신에서 무구들을 벗겨냈다. 이 마지막 결투는 영웅들의 결투일 뿐만 아니라 영웅적 가치관의 결투다. 호메로스는 여기에서 아무리 위대한 영웅이라도 헥토르 즉 필멸의 인간은 자신을 넘어서 생각할 수 없다는 것을 보여준다.

아킬레우스는 헥토르의 시신을 전차에 매달고 함선 쪽으로 달려간다. 헥토르의 머리는 온통 먼지투성이가 된다. 헥토르의 부모는 물론 모든 트로이 백성들이 헥토르의 불행한 최후에 눈물을 흘리며 울부짖었다. 안드로마케(Andromache)는 남편 헥토르의 시신이 전차에 끌려가는 것을 보고 정신을 잃는다.

아킬레우스는 막사로 돌아와 파트로클로스의 시신을 세바퀴 돌면서 눈물을 흘렸다. 파트로클로스의 혼령이 밤에 아킬레우스에게 나타나 자신의 장례를 치러 달라고 요청한다. 아침이 되자 아카이아 군은 나무를 해와 파트로클로스를 화장한다. 장례행렬이 장작더미에 도착하자 아킬레우스가 장례관습에 따라 머리털을 잘라 파트로클로스의 손에 놓았다. 아킬레우스는 많은 포상을 걸고 파트로클로스의 장례경기를 연다.

경기가 끝나자 병사들은 자신들의 함선으로 돌아갔다. 아킬레우스는 파트로클로스를 잃은 슬픔에서 매일 새벽 헥토르의 시신을 전차 뒤에 매달고 파트로클로스의 무덤을 세 바퀴씩 돌았다. 아폴론이 헥토르의 시신이 상하거나 부패하지 않도록 지켜주었다. 헥토르의 시신을 트로이에 돌려보내는 문제를 놓고 신들 간에 의견은 갈렸다. 헥토르가 죽은 지 12일째가 되는 날 아폴론이 헥토르의 시신을 돌려주자고 제안한다. 제우스도 같은 생각이었다. 제우스의 뜻이 전해지자 아킬레우스가 응하기로 한다. 프리아모스는 제우스가 보내준 메시지를 믿고 헤르메스의 안내를 받으면서 무사히 아킬레우스의 막사에 도착한다. 프리아모스가 몰래 들어가 두 손으로 아킬레우스의 무릎을 잡고 두 손에 입을 맞추었다. 아킬레우스는 깜짝 놀랐다. 프리아모스는 헥토르를 위해 울었고, 아킬레우스도 고향의 늙은 아버지와 전사한 파트로클로스를 생각하며 울었다. 울음을 그친 아킬레우스가 프리아모스의 손을 잡고 일으켜 세웠다. 아킬레우스가 손수 시신을 들어 침상에 뉘고 부관들은 시신을 짐수레에 옮겨 실었다. 아킬레우스는 프리아모스에게 아들 헥토르의 시체를 인도하고 헥토르의 장례기간 동안에는 휴전하겠다고 약속한다.

헤르메스가 손수 말들과 노새에 멍에를 얹고 수레를 몰아 아카이아 진영을 빠져나갔다. 트로이 성 위에서 아버지가 큰 오빠의 시신을 싣고 오는 것을 발견한 카산드라가 소리쳤다. 모든 트로이 백성들이 그 소식을 듣고 성문으로 달려 나왔다. 이윽고 백성들 사이에서 '프리아모스 노인'이 말한다.

"트로이인들이여! 자, 이제 도성 안으로 장작을 해 오시오.
아카이아 족의 음흉한 매복을 마음속으로 두려워 마시오
아킬레우스가 검은 함선들에서 나를 돌려보낼 때 열두 번째

새벽이 오기 전에는 우리를 해하지 않겠다고 약속했으니까"(일리아스 24.776)

"백성들은 9일 동안 수많은 장작을 날라왔다. 트로이 백성들은 열흘째가 되는 날 헥토르의 시신을 장작더미 위에서 화장했다. 새벽에 사람들은 포도주를 부어 장작불을 껐다. 흰 뼈를 주워 모아 황금 항아리에 담고 자줏빛 옷으로 쌌다. 항아리를 구덩이에 넣고 그 위에 큰 돌들을 촘촘히 쌓아 올렸다. 그리고 봉분을 만들었다. 장례식을 모두 마친 사람들은 모두 모여 제우스의 양자인 프리아모스 왕의 집에서 성찬을 대접받았다." (일리아스 24.788)

『일리아스』는 이렇게 막을 내린다.

장례를 위해 싸움을 멈추는 것은 고대 그리스의 가치 체계의 또 다른 측면이다. 그리스인들에게는 죽은 자, 특히 영광스럽게 죽은 자들에게 적절한 매장 즉 시체를 적절히 처리해준 영혼만이 지하세계에 들어갈 수 있다. 시체를 묻지 않은 채로 두거나, 야생 동물에 대한 썩은 고기로 남겨 두는 것은 죽은 개인에 대한 무례일 뿐만 아니라 더 심각한 경우에는 확립된 종교적 전통에 대한 무시를 나타내는 불경스러운 일이다. 다만 여기에서 화장으로 묘사한 것은 미케네 시대가 아닌 호메로스 시대의 풍습을 따른 것으로 보아야 한다.

특히 아킬레우스의 마음의 변화가 『일리아스』의 결론에 이르러 나타난다는 것은 아킬레우스의 분노가 이 작품의 중심이라는 점을 강조하는 것이다. 호메로스는 끝날 때도 아킬레우스의 분노의 구성 외에 전쟁의 기원도 전쟁의 끝도 설명하지 않는다. 대신 이 분노의 기원과 끝을 면밀히 조사하여 전쟁하는 사람들 사이의 더 작은 갈등으로 이야기의 범위를 좁힌다. 호메로스는 그의 시를 아킬레우스의 죽음이나 트로이의 몰락이 아니라 아킬레우스의 강력한 분노가 삭여지는 것으로

마무리하는 것으로 자신의 작가적 역량을 최대로 발휘한다.[19]

호메로스는 신들의 위계와 전문적 역할을 구별한다. 이와 관련하여 헤로도토스는 "신들에게 영예와 기술을 부여하고 그들의 형상을 표현했던 자들"(역사 2.53)이라고 평가한다. 또한, 신들의 노여움을 사게 되면 어떤 응징이 따른다는 내용과 함께 인간이 살면서 생각해야 할 규범들도 간간이 끼워 넣는다. 특히 주목되는 내용은 신들을 숭배하는 행위의 핵심인 희생제의 전 과정을 상세하게 기술하여 후에 희생제 의식의 전범을 제시하고 있다 (희생제에 관한 내용은 뒤에서 기술한다). 그러나 호메로스는 이런 내용들을 의도적으로 기술하기보다는 아주 평범하게 이야기하면서 신의 기능을 극대화하여 인간의 세상을 신의 세상으로 만들고 있다. 이것은 경전으로서 신화와 그리스 종교의 관계를 더욱 끈끈하게 만드는 요인으로 작용했을 것이다.

『일리아스』는 인간들의 이야기라기보다는 신들의 이야기다. 신들의 이야기는 태양과 예언 및 광명· 의술· 궁술· 음악. 시를 주관하는 신 아폴론의 이름부터 등장하면서 시작된다. 반면에 인간의 이름은 아주 제한된 수의 장수들만 등장하고 주로 신들이 전장을 종횡무진으로 누빈다. 호메로스는 신들을 인격화하고 인간들을 영웅으로 만든다. 인격화는 인격적 본성을 추상에 귀속시키는 것이다.[20] 신이 인간이 되어 활동하는 것이다. 그리스인들은 강한 힘을 가진 인간을 영웅으로 불렀고 영웅은 부분적으로 신이라는 믿음을 가지고 있었다. 초인적인 힘의 소유를 인간적인 특성과 결합시키고 영웅들에 대한 믿음을 진지하게 받아들이게 되면 바로 호메로스에 의해 의인화된 신들이다.[21]

『일리아스』는 따라서 사람들의 전쟁이라기보다는 신들의 전쟁이다. 호메로스는 전투의 전략과 전술 그리고 개별 장수들의 활동도 신들의 작용으로 기술한다. 즉 인간의 생각과 행동은 신의 생각이고 신의 조종에 따른 행동이다. 인간은 신으로부터 신체는 독립되어 있지만, 신체를 움직이는 정신세계는 신의 예속물이며 자율성과 독립성이 없다. 이를 어기면 신의 진노로 응징을 당한다. 여기에서 그리스의 신에 대한 관념 즉 종교는 신인일체(神人一體)의 강력한 연대의식을 가지고 있을 뿐만 아니라 호메로스의 서사시가 종교의 경전으로서 강력한 역향력을 가지고 있었음을 알 수 있다.

호메로스는 인간과 신의 관계를 서로 소통하고 인간이 신에게 기원하면 신이 들어주는 관계로 설정한다. 인간의 생각과 행동은 거의 모두 신의 작용으로 묘사한다. 인간은 신이 조종하는 로봇이다. 현대 문명에서 탄생한 AI 즉 인공 인간이 당시의 인간이고 현재의 인간은 당시 인간을 조종하던 신에 해당한다. 호메로스가 묘사한 신은 이제 사라졌다. 신을 만든 인간은 신의 자리에 자신이 앉고 자신의 자리에 인공 인간을 앉혀놓고 스스로 신으로부터 조종당하던 것처럼 인공 인간을 조종한다.

『일리아스』를 다 읽지 않고 단편적인 신화나 전언만을 읽었다면, 그리스군이 트로이 전쟁에서 목마로 트로이를 멸망시켰다는 이야기가 여기에 등장한다고 생각하겠지만 그렇지 않다. 트로이 목마의 내용은 오히려『오디세이아』(8.500-517)에서 영웅 데모도코스의 회상의 노래를 통해 트로이가 목마로 멸망했다고 전하고 있다. 『오디세이아』의 이 내용은 600여 년 후의 BC 2세기 인물인 아폴로도로스가『그리스 신화』(요약 5.14-23)에 등장시키는 내용의 골격이다.

역사로 드러난 트로이 신화

그리스인들은 그리스 종교가 종언을 고하고 경전이 신화로 전락하기 얼마 전까지도 호메로스의 서사시 내용이 역사로서 인간들의 체험이라는 사실은 상상도 하지 못했다. 1000년 이상을 신의 세계에서 일어난 일들로 생각했을 것이다. 그리스의 위대한 역사학자인 헤로도토스나 투키디데스, 크세노폰 그리고 학자인 소크라테스나 플라톤, 아리스토텔레스도 예외가 아니었다. 알렉산더도 전쟁터에서까지『일리아스』를 머리맡에 놓고 자면서도 트로이 전쟁이 역사와 연결되어 있을 것이라는 의심조차 하지 않았다. 그 이후 수백 년이 흘러도 그리스인들은 모든 문헌들을 신화나 창작품으로 여겼다.

그리스인 누구도 신화에 역사가 있고 신화에서 역사를 발굴해 내야 한다는 착상과 집념을 갖고 도전한 사람이 없었다. 여기에 뛰어든 인물은 독일인 하인리히 슐리만이다. 슐리만은 어린 시절『일리아스』를 읽고 트로이전쟁이 역사일 것이라는 판단으로 이를 찾아보고자 하는 꿈을 갖고 이를 철저하게 준비한 뒤에 1868년 46살의 나이에 호메로스의『일리아스』와 관련된 서적들을 독파하고 유적들을 탐사했다. 그는 배우자마저 그리스인으로 삼으려고 노력한 결과 47세에 골동품 가게 주인의 딸인 17살의 소피아(Sophia)라는 여인과 결혼했다. 둘의 나이 차이는 30살이다. 그는『일리아스』에 등장하는 전투 장면을 떠올리면서 트로이를 찾아 바닷가를 누비다 마침내『일리아스』의 트로이 전쟁터를 확인해서 발굴하게 된다.

그는 1868년부터 일꾼 100여 명과 더불어 3년여 동안 소아시아 서북부의 트로이로 지목되는 곳을 비롯해 9개의 도시와 성채를 찾아냈다. 이 과정에서 그는 37m 높이의 언덕에서 1t 트럭 25만 대분이나 되는 흙을 파낸다. 그리고 1870년부터 마침내 트로이 전쟁의 무대를 찾아 발굴작업을 하여 신화를 역사로 전환하는 개가를 올린다. 슐리만은 여기에 만족하지 않았다. 1876년에 미케네의 유적을 찾아내는 데도 성공한다. 그는 또한 아르고스 평원의 티린스도 발굴한다. 그는 이어 크레타의 미노스 왕의 궁전에 눈을 돌렸으나 이곳은 한발 늦었다. 슐리만은 발굴작업에서 찾아낸 유물들을 밀반출하여 1881년 베를린 박물관으로 옮겼다. 물론 그는 개인이 소장한 것이 아니라 모국에 헌정한 것이다. 그러나 유물은 그 자리에 보존되어야 한다. 이런 점에서 그에게는 트로이 유적을 발굴해 냈지만, 보물에 눈이 먼 도굴꾼일 뿐이라는 혹평도 따른다. 베를린 박물관의 소장품들은 2차 세계 대전 때 베를린을 점령한 소련군이 탈취하여 독일의 손을 떠나게 된다.

슐리만은 1890년 나폴리에서 68세를 일기로 세상을 떠났다. 슐리만에 대한 평가는 엇갈린다. 트로이 발굴 시작부터 사후에까지 학자들로부터는 비웃음의 대상이 되었다. 처음에는 전설만 믿고 땅을 파헤친다는 조롱을 받는다. '돈키호테'라는 딱지가 붙기도 한다. 비과학적이고 비도덕적으로 트로이 유적을 망가뜨렸다는 험담도 듣는다. 또한, 유적 발굴자이면서 동시에 유적의 훼손자라는 오명도 남아 있다.

그에 대한 이런 비판과 조롱은 그가 고고학계 학자가 아니기 때문에 받은 배타적 비판의 성격이 강하다. 학자들의 고질적 병폐다. 그러나 그는 오히려 자신을 비판하는 학자들을 비판한다. 트로이 왕궁 건축지에 관해 수백 명의 학자가 수백 권의 책을 써왔지만, 누구도 그걸 실제로 확인하거나 발굴하려 들지 않았다는 사실을 뼈아프게 꼬집는다. 그에 대한 여러 비난에도 불구하고 그가 유적의 여섯 번째 층에 묻힌 트로이를 찾아낸 사실을 깎아내릴 수는 없다. 특히 그가 한 권의 책을 통해서 평생의 꿈을 가졌다는 사실은 모든 이의 삶의 귀감이다. 같은 책을 읽어도 그 책을 통해서 어떤 느낌이나 영감을 받느냐가 전혀 다른 역사를 만들어 낸다는 좋은 사례를 보여준다. 그는 또한 역경을 딛고 그 꿈을 이루었다. 그의 입지전적인 노력과 집념은 젊은이들뿐만 아니라 모든 사람의 본보기가 된다. 그는 트로이 발굴을 통해 신화를 역사로 바꾼 위대한 업적 외에, 꿈과 희망과 집념과 노력으로 자신의 꿈을 이룬 인물로 평가받을 만하다.

헤시오도스의 『신들의 계보』와 『일들과 나날』

헤시오도스의 『신들의 계보』는 우주와 신들의 탄생에 관한 한 가장 권위 있는 문헌이다. 저자인 헤시오도스(Hesíodos)의 존재에 대한 정확한 시기를 특정하기는 어렵지만 BC 8세기에서 BC 7세기 후반의 인물이며 그리스의 보이오티아의 농민 시인이었다는 인식은 공통적이다. 이 시기는 그리스에서 알파벳 문자의 사용이 시작된 것과 거의 동시대였다. 헤시오도스는 자신의 작품 속에 자신의 가족사를 단편적으로 기술하고 있다. 이것은 동서고금에서 유례없는 형식이지만 호메로스와는 달리 헤시오도스에 대한 역사성을 짐작하고 그의 작품을 이해하는 데 유용한 자료이다.

헤시오도스에 따르면 그의 아버지는 레스보스(Lesbos)의 남쪽인 소아시아 해안의 키메(Cyme)의 도시인 아이올리아(Aeolia) 출신으로 해상 상인이다. 그는 이 과정에서 다른 여러 나라의 문물을 많이 접했을 것이다. 그는 다시 보이오티아(Boeotia)의 헬리콘(Helicon)산 동쪽 마을의 아스크라(Ascra)로 이주히여 땅을 마련하고 정착한다 (일들과 나날 633-640.) 여기서 헤시오도스와 형제 페르세(Perse)가 태어나고 자란다.[22] 그는 산비탈에서 그의 양 또는 아버지의 양을 돌보면서 시(詩)와 접한다. 아마 어린 시절부터 부친으로부터 많은 시의 암송을 들었을 것이며 이것은 그에게 중요한 교육이 되었을 것이다.

그는 전승되는 신들의 이야기들을 수집하여 신들의 계보에 따라 정리하고 『신들의 계보(*Theogony*)』를 저술한다. 『신들의 계보』는 6보격 서사시로 그리스 세계의 모든 신의 기원에 대한 그리스의 유일하지는 않지만 가장 초기에 존재하는 설명이다. 『신들의 계보』는 주로 신과 우주의 탄생에 관한 이야기로, 뮤즈들에 대한 찬가로부터 시작된다 (신들의 계보 1-104). 서사시의 낭송자가 그의 주요 주제로 넘어가기 전에 신에 대한 찬가로 시작하는 것이 일반적인 관습이었다. 이 찬가가 끝날 무렵 헤시오도스는 왕을 찬양하고, 사람들에게 최근에 사별한 슬픔을 잊게 만드는 시인의 힘에 관해 이야기한다. 이것은 관련된 특별한 경우를 위해 작성되었을 가능성을 말해준다. 『일들과 나날』(650-60)에서 시인은 한때 왕의 아들들이 조직한 암피다마스(Amphidamas) 왕을 기리기 위한 장례경기를 위해 에우보이아(Euboea)에 있는 칼라키스(Chalcis)로 여행하고 그곳에서 시를 공연하며 훌륭한 상을 받았다고 회상한다. 그 시가 『신들의 계보』나 그에 관한 작품일 수 있다.

헤시오도스는 그의 시에서 이마 그가 들은 이전의 것들을 모두 취하고 추가했을 것이다. 예를 들면, 그가 부여한 9명의 뮤즈들(신들의 계보 77-79)의 명단은 그가 지어낸 것처럼 보인다. 또한 네레이드(nereid)와 오케아니드 님프들의 긴 명단들(신들의 계보 243-262, 349-361)도 마찬가지다. 그의 신의 목록에는 모두 약 300여 신의 이름들이 포함되어 있다.[23] 이 신들은 다양한 범주에 속한다. 일부는 실제로 숭배되거나 제단과 사제의 인도를 받았거나 적어도 적절한 시기에 기도나 의식을 받은 신들이다. 그러나 숭배대상이 아닌 신들도 많이 있다. 그 외의 다른 신들은 단순한 이름뿐이다.[24]

헤시오도스는 태초부터 우주의 전체적인 진화를 보여주고자 다양한 신들과 그 자손들의 긴 목록을 제시한다. 그는 철저한 신심에서 시를 쓰고 있는데, 『신들의 계보』의 본론은 우주가 어떻게 존재하게 되었는지에 대한 기술이며, 그가 설명하는 진화의 과정은 신들의 탄생을 통해 일어난다. 첫째, 창조가 일어나는 공간(혼돈)이 있고 둘째, 이 '혼돈'에서 '질서'의 발전으로 셋째, 우주의 탄생을 가져온다. 이런 내용은 헤시오도스의 믿음이었을 것이며 그 시대에는 현실과 신화 사이에 인식에 서의 차이가 없었던 것 같다.[25]

헤시오도스는 신들을 5세대로 구분한다. 첫 번째 세대로, 천지에 최초로 우주의 시조로 나타난 현상은 '카오스(khaos, Chaos)'다. 그리스어 'kháos'는 '공허함, 광대한 공허, 틈, 심연'을 의미한다. 카오스는 지금도 물리학 등의 분야에서 살아있는 개념으로 적용되고 있다.[26]

두 번째 세대로 카오스 다음에 생겨난 것이 '가이아(Gaia, 대지)', '타르타로스(Tartarus, 지하)', '에로스(Eros, 생식, 사랑)', '에레보스(Erebos, 암흑)'다. 이 4가지는 우주를 생성하고 지탱하는 힘이다. 가이아는 "영원토록 안전한 거처인 넓은 가슴" 즉 대지의 신이다. 타르타로스는 지하세계이다. 플라톤은 타르타로스를 "지구의 벌어진 틈 중에서 유난히 크며 지구 전체를 직통으로 관통하는 곳으로 호메로스의 일리아스를 인용하여 "아주 멀리, 땅 밑 가장 깊은 심연이 있는 곳"(일리아스 8.13-14)으로 기술한다 (파이돈 112e). 헤시오도스는 이곳이 대지가 하늘에서 떨어진 만큼 하데스에서도 더 내려가는 곳으로 묘사한다. 헤시오도스의 이런 기술은 천동설(天動說)을 바탕으로 한 사고이다. 그로부터 1천 년이 흐른 뒤에 코페르니쿠스가 지동설을 주장했을 때도 지동설이 생경하게 들렸다는 점을 상기하면 헤시오도스의 이런 기술은 당시로서는 당연하다.

에로스는 생식과 욕망의 힘으로 가이아 및 타르타로스와 함께 생겨난다. 그리스인들에게 우주는 공간뿐만 아니라, 생각과 보이지 않는 힘으로 가득 차 있다. 헤시오도스의 기록도 이것들과 관련이 있다. 이런 목록들은 비슷한 범주의 다른 시를 들었을 것이다. 플라톤은 『향연』에서 이 구절을 들어 에로스를 가장 위대하며 오래된 신으로 규정한다. 그리고 그 증거로 "에로스는 부모가 없으며 산문 작가이든 시인이든 그 누구도 그 부모에 대해 말하고 있지 않다"(향연 178ab)라는 것을 증거로 삼는다. 헤시오도스에 따르면 가이아와 에로스는 카오스에서 나온 것이 아니라 카오스와 별개로 최초부터 존재한 여신이다.

반면에 히브리 성경인 구약성서는 창조주가 남성인 아담과 여성인 하와를 만들었으나 "두 사람이 벌거벗었으나 부끄러워 아니하였다"(창세기 2:25)라고 기술하는데 이를 통해서 보면 에로스와 같은 이성과 감정은 창조 과정에서 후순위다. 헤시오도스는 또한 밤과 낮 그리고 인간의 감정 등도 신으로 기술하면서 계보로 정리한다. 예를 들면, 밤은 가증스러운 운명과 검은 죽음의 여신과 죽음 그리고 꿈의 부족을 낳았으며, 파멸을 가져다주고, 인간들에게는 고통이 되는 응보(應報)를 낳고 기만과 정(情), 저주스러운 노년(老年), 마음이 모진 불화(不和)를 낳았다는 식이다.

세 번째 세대로 가이아는 맨 먼저 '별 많은 우라노스(Uranos)' 즉 하늘의 신과 결합하여 대지와 강, 산 등 자연을 혼자 만들어 대지의 여신으로 불리게 된다. 그리고 다시 우라노스와 결합하여 첫째 아들 오케아노스(Okeanós)를 시작으로 여섯 아들과 여섯 딸 등 12남매를 낳는데 막내는 크로노스(Kronos)다. 우라노스는 자신의 12남매에게 '티탄 신족'이라는 이름을 부여한다. 또한, 우라노스의 잘린 성기에서 흐르는 피로부터 또 새로운 신들이 태어나고 키프로스바다에 떨어진 성기에서 미와 사랑의 여신 '아프로디테'가 태어난다. 헤시오도스는 아프로디테의 탄생 배경과 외모 등을 에로스 및 히메로스(Himeros, 애욕) 신과 관련시키고 밀어, 미소, 속삭임, 달콤한 쾌락, 애정, 상냥함 등의 언어로 묘사한다. 또한, 신들은 의인화된 관념들 즉 죽음, 수면, 속임수, 투쟁, 승리 등이 포함된다. 이런 표현들은 당시 그리스인들의 감정이 얼마나 복잡하고 풍부했는가를 잘 나타내 주고 있다. 또한, 그리스 시인들이 의인화된 용어들로 추상적인 관념들에 관해 말하고 때로는 인간의 형태로 행동하는 장면을 창안하는 것은 매우 자연스러운 일이었다.

네 번째 세대가 티탄족에서 벗어난 제1세대의 신들이다. 가이아의 자손들은 태양이나 바다나 강이나 산 그리고 레토, 헤카테, 헤스티아, 데메테르, 헤라, 하데스, 포세이돈, 제우스, 아틀라스, 프로메테우스 등 천체의 보이는 사물 또는 관념적인 역할의 신들이 서로 결합하여 또 다른 자손들을 이어간다.

다섯 번째 세대는 페르세포네, 뮤즈들, 아폴론, 아르테미스, 아레스, 아테나, 헤파이스토스, 헤르메스, 그리고 디오니소스가 있다.

헤시오도스의 천지 창조와 신들의 탄생은, 구약성서 창세기의 천지 창조가 연상되지만, 천지와 만물의 탄생은 구약성서와 근본적으로 다르다. 유대인들은 구약성서에서 "태초에 야훼(하느님)라는 신이 천지를 창조했다"라고 기술하여 창조주를 설정하고 우주 만물을 피조물로 만들었다. 그리고 야훼는 누가 창조했는가라는 순환적 질문을 제기하도록 만든 데 비해 헤시오노스는 "생겼나"로 표현하어 창조주를 배제했다.

헤시오도스의 신들의 계보의 중심인물은 제우스다. 이 시는 전체적으로 제우스의 위대함을 정교하게 기술하고 있다. 여기에서 제우스는 신들의 지배자로서의 정당성을 확보한다. 초기 신들은 궁극적으로 그의 통치에 순응한다. 옛 질서에서 제우스의 통치로 전환되는 것은 왕권이 우라노스에서 크로노스로, 그리고 마지막으로 제우스로 넘어가는 이야기에서 전해진다. 신들의 계보는 신들의 세계 지배자들의 계승이야기로 천국이 티탄 지도자인 크로노스에 의해 어떻게 정복되었는지, 그리고 티탄이 제우스가 이끄는 젊은 신들에 의해 어떻게 무너졌는가에 관해 기술한다. 이것은 서로 거세하고 삼키고 일반적으로 처벌을 가하는 신들의 조잡하고 기괴한 폭력 행위에 대한 이야기로, 플라톤 시대의 지적인 독자들이 이상하게 생각하고 수용하기 어려운 방식이다.

가이아의 남편 우라노스는 색광(色狂)이고 색마(色魔)이며 폭력적인 존재였다. 그 자녀들도 모두 무서운 아이들이었기 때문에 우라노스는 자식들을 가이아의 몸 속에서 나오지 못하게 했다. 결국, 가이아의 '사악한 음모'로 막내 크로노스가 어머니 위에서 교접을 시도하는 아버지의 남근을 낫으로 자른다. 이것은 세계의 창조와 권력투쟁 그리고 신들의 계승에 대한 표준적인 견해가 된다. 아들 크로노스가 아버지 우라노스(하늘)를 거세하고 왕좌를 전복시키는 이야기는 특히 끔찍하고 폭력적이다. 이런 유형의 지구와 하늘의 분리에 대한 이야기, 신의 지배자들의 계승에 관한 이야기는 헤시오도스의 야만적인 공상의 산물이라기보다는 이 계승 신화의 기본 구조가 근동의 오래된 신화들과 유사하다는 점에서 동양 신화나 특히 바빌로니아 등의 이야기가 크레타를 통해서 헤시오도스에게 이어졌을 가능성이 있다. 그러나 그리스인들이 이 이야기들을 특히 BC 2000년의 마지막 세기 동안 문명이 번성했던 아나톨리아(오늘날 터키 중부) 사람들로부터 직접 들여온 것인지 또는 두 전통이 다른 사람들의 신화에서 공통 조상을 가지고 있는지 여부는 알 수 없다.

『신들의 계보』 이전에 이런 영향이 그리스 신화의 사상에 어느 정도 통합되었는지를 판단하기는 어렵지만, 그의 작품의 특성에 근동의 신화에서 파생되거나 이와 유사성이 있다는 것은 의심의 여지가 없다. 그렇다면 헤시오도스의 시 외에도 유사한 작품들이 등장했어야 하는데, 헤시오도스의 시가 당시에 존재한 유일한 그리스 문학이라는 점에서는 그리스 시들이 이런 외부의 영향을 받았다고 단정하기도 어렵다. 그러나 이런 과제에 대한 토론은 이 글의 범위를 넘어선다.

『신들의 계보』 전체는 우주, 신, 인간의 기원과 창조적인 역할을 보여주지만, 신에 대한 광범위한 언급과 신의 체계적인 족보는 그리스 사회가 본질적으로 종교적이며 가부장적이라는 것을 보여준다.[27] 『신들의 계보』는 헤시오도스가 최초로 창작한 것이라기보다는 수십 년간 구전으로 전승되는 내용들의 일부일 것이며. 전승에는 더 오래되고 정교한 창조 신화를 가진 근동 문명의 영향도 배제할 수 없을 것이다. 그의 시는 『일들과 나날』로 이어진다.

『일들과 나날』은 다소 다양한 내용의 시다. 이 시의 주제는 당시의 다양한 시민들에 대한 도덕적 훈계다. 헤시오도스는 이 시에서 불의(不義)를 배격하려는 의도가 강하지만 여기에서 그치지 않고 전쟁과 평화, 종교, 사회와 가족 등 그 당시의 모든 중요한 문제에 대해 두루 언급한다. 헤시오도스는 형제인 페르세가 상속 문제로 자신을 속인 것, 그리고 영주들이 페르세에게 뇌물을 받고 그의 호의를 잘못 판단했다는 불의에 강한 불만을 나타낸다. 특히 그가 영주에 내해 갖는 불만은 영주에 대한 공개적인 비판으로 당시에 그가 속한 공동체가 권력에 대한 비판이 용인되고 있었다는 중요한 사실을 나타내 준다.

헤시오도스가 강조하는 것은 개인적으로는 정직과 근면 그리고 사회적으로는 정의다. 그는 세상의 불화(不和) 원인을 사악한 전쟁과 경쟁심에서 찾고 이 '경쟁심'을 자본주의의 관념과 연결한다. "게으름뱅

이는 자신의 부자 이웃이 부지런히 땅을 파고 씨앗을 뿌리고 자신의 가사에 힘쓰는 것을 보면 자기도 부자가 되려고 이웃끼리 경쟁하는 것이고 이런 불화는 인간들에게 유익하다" (일들과 나날 18-24).

헤시오도스는 『신들의 계보』에서 신들의 출현과 변화에 대해 기술한 데 이어 『일들과 나날』에서는 인류의 출현과 변천에 관해 기술하고 있다. 그에 따르면 하늘의 신 우라노스 이후 천상에서 크로노스가 최고의 신으로 군림하는 동안 신과 인간은 본래 한 뿌리였다. 인간은 올림포스의 12신을 중심으로 하는 신들이 만들었다. 제일 먼저 만든 인간은 '황금 종족'이다. '황금 종족'으로 표현한 것은 최초 인간의 삶의 상태를 최고의 경지로 묘사한 것이다. 황금시대가 열리면서 인간들은 신처럼 산다. 황금시대는 인간들이 정의롭고 관리도, 법도 칼도 무기도, 전쟁도 없고 정부도 필요 없는, 현대적 개념으로 아나키즘(Anarchism)을 연상시킨다. 인간들은 고통이나 궁핍함, 비참함을 느끼지 않고 신들과 같은 삶을 살았다고 기술하여 다른 한편으로는 유토피아(Utopia)나 공상적 사회주의(Utopian socialism)를 떠오르게 한다.

『신들의 계보』에서는 신들의 세계에서 연속되는 세대 간 쿠데타가 이어지면서 최후의 승자가 된 제우스가 신세계를 자신을 중심으로 하는 단일체계로 확립한다. 그는 권력을 장악하자 우주를 세 공간으로 나누어 자신이 제일 꼭대기에 앉아 천상의 신이 되고, 중간에 땅을 감고 있는 바다는 포세이돈에게 맡기며, 맨 아래에 있는 지하의 세계는 하데스에 주었다. 제우스는 티탄 신족과 싸움에서 권력을 확고히 장악하고 지혜의 여신 및 여러 인간 여인과 결합하여 자손을 두는 사이에도 황금시대는 이어졌다. 그러나 프로메테우스가 제우스를 속이고 불을 훔치는가 하면 신들을 공경하지 않으면서 인류는 타락의 길로 들어서게 된다. 그러나 이런 구성은 구약성서에서 아담과 하와의 에덴동산이 막을 내리는 것과는 다르다. 에덴동산은 이성과 감성이 없고 상대의 모습을 간파하지 못하는 눈먼 세계다.

황금시대는 프로메테우스(Prometheus)의 이야기로 또 다른 서술의 막간이 제공된다 (일들과 나날 521-616). 세계 속의 악에 대한 해학적 설명을 제공하고자 할 때 판도라(Pandora)의 이야기를 하는 것처럼 헤시오도스에게 걱정거리는 여성이며, 여자가 존재한 이유는 프로메테우스에게 속은 것에 대한 제우스의 노여움이라는 것이다. 그렇다면 여성은 불화의 조성자로 혐오의 대상이다. 남녀 간의 극심한 차별사회에서 가능한 이야기다.

프로메테우스는 에피메테우스(Epimetheus)와 형제로 가이아와 우라노스 사이에서 태어난 이아페토스(Iapetos)가 클리메네(Clymene)[28]와 결혼하여 출산한 4명의 아들 중 2명이다. 프로메테우스는 희생제의 고기를 나누면서 제우스의 몫을 눈가림으로 속여 제우스의 분노를 산다. 제우스는 프로메테우스의 속임수를 생각하면서 인간이 요리할 때 쓸 불을 주지 못하도록 한다. 그러나 프로메테우스는 제우스 몰래 불을 훔쳐서 숨겨 온다. 인간의 불의 기원으로 전해지는 이야기의 핵심이다. 이에 대해 제우스는 두 가지 응징을 한다. 하나는 프로메테우스를 바위에 쇠사슬로 묶고 독수리가 그의 불멸의 간을 파먹도록 한다. 그러나 그 간은 강한 날개를 지닌 독수리가 낮에 파먹은 만큼 밤이면 다시 완전히 자라난다. 프로메테우스는 내일 낮에는 독수리가 간을 파먹을 때 느끼는 고통을 감내해야만 한다. 그런데 알크메네(Alcmene)의 아들 헤라클레스(Heracles)가 독수리를 죽여서 이 고통을 막아주고 불행에서 구해준다. 둘째는 헤파이스토스(Hephaistus)에게 흙으로 처녀의 상을 하나 빚어내도록 하여 아름답고 사랑스러운 모습의 처녀가 태어나게 한다 (일들과 나날 61-63). 그녀의 이름을 판

도라 즉 '모든 것을 선물 받은 자'로 이름 짓는다. 그 여인이 항아리에
덮여 있는 단단한 뚜껑을 손으로 열면서 그 안에 있던 고통과 병마가
나와 온 세상이 고통으로 휩싸이고, 사람을 가리지 않고 병마가 밤낮
으로 인간들을 괴롭혔다. 다행히 유일하게 '희망'만은 항아리의 가장
자리 아래에 붙은 채 그 누구도 깨뜨려 열 수 없는 뚜껑 안에 남아 다
행히 밖으로 튀어나오지 않았다.[29] 헤시오도스는 여기에서 지상에서
겪는 인간의 불행을 여성의 경박함으로 돌린다. 여성들이 남자의 집에
살기는 하지만, 남자가 찢어지게 가난할 때가 아니라 아주 풍족할 때
만 그의 동반자로서 지낼 뿐이라는 식으로 여성을 폄하하면서 그의 여
성혐오주의를 거침없이 토해내고 있다. 헤시오도스는 제우스라는 이
름의 인격적인 존재의 신적인 힘에 의지하여 우주 만물의 질서를 설명
한다. 그리고 대부분의 그리스인들은 자연스럽게 이 이야기 및 이와
유사한 이야기들에 대해 계속해서 만족해했고, 그 의미를 생각해 보지
않은 채 이를 수용했다.[30]

올림포스 신들은 황금의 종족보다 훨씬 열등한 '은의 종족'을 탄생
시킨다. 그러나 이들은 어리석음으로 인해 고통받고 범죄행위에 대한
상호 억제력이 없으며 신들을 공경하지도 않아서 사라지게 된다. 여기
에서 헤시오도스는 인간 공동체의 유지에 필요한 요건을 간명하게 제
시해주면서 기독교의 성경처럼 무엇보다도 신에 대한 공경이 필수라
는 것을 강조한다. 제우스는 세 번째 종족인 '청동 종족'을 창조한다.
이들은 억세고 사나우며 전쟁과 악행을 저지르고 농작물을 전혀 먹지
도 않으며 쇠처럼 단단하고 거친 성격의 소유자다. 이들은 결국 하데
스의 곰팡내 나는 집으로 내려가 흔적도 없이 사라진다.

제우스는 네 번째로 반신(半神)이라고 부르는 훌륭한 '영웅 종족'을
탄생시킨다. 반신은 부모 한쪽은 신이라는 의미다. 즉 신과 인간이 교

합해서 태어나는 인간이다. 영웅 종족은 대지에서 현재의 인간 바로 앞 세대이다. 특히 영웅들은 미케네 왕조와 아테네, 테바이, 코린토스 등 도시국가의 건국 시조로서 역할을 한다. 제우스는 다른 영웅들은 살려 두어 인간으로부터 멀리 떨어진 대지의 끝인 오케아노스 옆 축복받은 자들의 섬에 근심없이 축복받은 영웅으로 살도록 했다. 로마 시대 작가인 오비디우스(Ovidius)의 시대구분에는 이 영웅시대가 없다.

다섯 번째 종족이 현재의 종족인 '철의 종족'이다. 이 시대의 인간들은 밤낮으로 고통과 곤궁 속에서 산다. 여기에서 헤시오도스는 신을 배경으로 하여 당시의 세태를 신랄하게 비판하고 강력한 힘에 의해 지배되는 사회에 대해 경고하면서 "법률과 품위가 주먹에 달려있을 것"이라고 미래 세대에 대해 예언한다 (일들과 날들 191). 이것은 자신이 속한 시대의 냉정한 비판이다. 헤시오도스는 이런 상황과 관련하여 자신의 종족인 철의 종족의 쇠퇴를 예견한다 (일들과 날들 185, 334). 아울러 사악한 폭행과 무자비한 행동에 대해서는 제우스가 벌을 내리며(일들과 날들 239), 특히 왕이나 관리가 뇌물을 받고 공정한 판단을 내리지 않을 경우 시민의 저항을 경고한다 (일들과 날들 221, 248-251). 헤시오도스는 때때로 불의가 정의를 무너뜨리고 있다고 느끼지만, 지략이 뛰어난 제우스가 이것을 그대로 내버려 두지 않을 것이라는 믿음을 가지고 있다 (일들과 날들 273). 사악한 자들은 집이 점차 쇠퇴할 것이며(일들과 날들 282-284) 전제 지역사회에 재앙을 가져올 수 있다고 경고한다 (일들과 날들 238-247).

이런 구절에서 헤시오도스는 시민들에게 도덕을 가르치려는 의도를 분명히 드러내며 히브리 선지자들을 상기시켜준다. 헤시오도스의 작품이 그의 생애 동안 얼마나 널리 알려졌는지는 알 수 없지만, 그가 죽은 이후의 두 세대 동안 확실히 유명해진 것 같다. 이것의 한가지 결

과는 이와 유사한 익명의 작품들이 많이 등장했다는 점이 말해준다.[31]

불의에 대한 배척과 함께 헤시오도스에게 매우 중요한 문제는 종교다. 그는 제우스를 세계의 정의의 감독자로 인식하고 신에 대한 애착을 갖는다. '신'이라는 단어는 자신의 시의 첫 단어인 '뮤즈들(Muses)'부터 마지막 문장인 '신들과 행복'(일들과 날들 826)에 이르기까지 시의 모든 곳에 나타난다. 헤시오도스는 『신들의 계보』에서 제우스가 순수한 물리적 힘으로 그의 연장자들과 경쟁자들을 이긴 것은 훌륭하고 옳은 일이었으며 또한 제우스가 그의 우주를 정당하고 현명하게 조직했다는 확고한 마음을 가지고 있었다. 그는 제우스에 대해 이런 전제로 『일들과 나날』을 시작한다.

"제우스는 인간이 명망을 얻게도, 잃게도 하며, 쉽게 강한 자를 약하게, 약한 자를 강하게 만들기도 하며, 비범한 자를 범상하게, 비천한 자를 고상하게 부정직한 자를 정직하게 만드신다."(일들과 날들 3-7)

헤시오도스는 뮤즈가 그에게 제한 없이 노래를 만들도록 가르쳐주었기 때문에 지침을 줄 수 있다(일들과 날들 662)고 주장하지만, 그가 제시하는 훈시적 내용들은 간단한 몇 가지 좌우명들을 제외하고는 일반적인 내용이다. 그럼에도 헤시오도스는 법, 정의와 불의, 종교, 평화와 전쟁, 가족과 공동체 문제, 이전 세대에 고통을 주었고 오늘날 우리에게도 여전히 고통을 주는 문제와 같은 거의 모든 도덕적 문제에 관심을 드러내고 있다. 호메로스와 함께 헤시오도스는 두 편의 서사시를 쓰면서 비유의 방법을 최대로 활용한다. 비유는 하나의 사물이나 내용을 그와 유사한 또 다른 사물이나 내용으로 기술하는 것이다. 이러한 비유는 아주 효과적으로 이해를 도울 수 있다.

호메로스와 헤시오도스의 서사시는 그리스 최초의 경전으로 그리스인들에게 신들에 대한 명칭이나 계보, 위계 및 역할 그리고 신들에 대한 숭배 등에 대한 공통적 인식을 심어주었다. 후대의 작가들이 이 텍스트를 기본으로 하면서 전승하는 신들의 이야기가 추가되고 새로운 줄거리가 창조되었다. 아폴로도로스(Apollodoros)의 『도서관(Bibliotheke)』은 호메로스, 헤시오도스, 그리고 비극 작가들의 작품을 원전으로 하여 내용을 자세히 기술하고 있다. 이 외에도 아폴로니오스(Apollonios)의 『아르고나우티카(Argonautika)』는 영웅 이아손과 아르고호 원정대의 모험 신화로 헬레니즘 초기인 BC 250년경에 써진 것으로 알려져 있다. 아이스킬로스(Aischylos)의 대표적인 비극작품으로 『결박당한 프로메테우스』, 『테바이를 공격하는 일곱 사람』이 있으며, 그의 가장 위대한 작품이며 현존하는 유일한 비극 3부작인 『오레스테이아(Oresteia)』가 유명하다. 『아가멤논』, 『제주(祭酒)를 바치는 여인들』, 『자비로운 여신들』로 이루어진 이 3부작은 트로이전쟁에서 승전한 그리스 총사령관 아가멤논의 피살과 그 가족들의 비극을 담고 있다. 소포클레스(Sophokles)의 비극 『오이디푸스 왕』, 『안티고네』, 에우리피데스(Euripides)의 비극 『메데이아』, 『트로이아의 여인들』 등 다수도 신들을 다루고 있다. 물론 이 작품들은 이미 등장한 신들의 성격과 역할을 적절하게 구성하고 기술한 것들이다. 그러나 독자나 관객들에게는 신이라는 존재와 역할을 강화하는 기폭제였다.

이런 문헌들은 유대교에서 모세 5경(창세기, 출애굽기, 레위기, 민수기, 신명기) 외에 12편의 역사서, 5권의 시가서, 17권의 예언서 등이 있는 것과 비교된다. 이 중에 핵심은 모세 5경이다. 기독교도 공관복음서(마가, 마태, 누가, 요한복음)와 역사서(사도행전), 바울서신(13권)과 공동서신(8권), 예언서(1권) 등으로 구성되어 있다. 이 경전들은 하나의 주제를 가지고 여러 이야기를 전개하고 있다. 이 외에 여러 복음서가 또 존재하지만, 외경이라고 분류하여 경전에서 배제하고 있다.

불경도 석가모니의 법문을 모아 놓은 경장(經藏)과 수행승과 신자들의 행위규범과 규칙을 담아 놓은 율장(律藏)이 핵심이다. 그리고 이를 토대로 교리에 관한 해석을 모은 논장(論藏) 등이 있다. 이 각각의 범주 속에 많은 경전이 있다. 또한, 대승불교로 이어지면서 신화적인 여러 경전들이 줄을 잇고 있다.

그리스 경전은 로마 시대로 넘어오면, 오비디우스(Ovidius)와 베르길리우스(Vergilius)에 의해 로마 신화로 성격이 달라진다. 그리스의 이 경전들은 '그리스 로마 신화'라는 주제로 여러 다양한 내용으로 각색되어 전파된다. 이런 '신화'들을 개별적으로 접하는 것은 뿌리나 줄기가 없는 하나의 잎을 보고 재미를 느끼는 것에 불과하다.

♫ 주

1) 인도나 네팔, 티베트 등지에는 특히 이러한 혼령에 대한 믿음이 강하다. 지금부터 1200여 년 전에 인도의 승려인 파드마삼바바가 티베트에서 지은 것으로 알려진 『티베트 사자(死者)의 서(書)』(한국어로 1995년에 정신세계사에서 번역 출간)는 죽음에 이르는 과정과 사후세계의 혼령들에 대한 책이다.
2) J. L. Barrett & B. Van Orman, "The effects of image-use in worship on God concepts," *Journal of Psychology and Christianity*, 15-1 (1996), pp. 38-45.
3) 이런 관념은 브라만교를 극복한 초기 불교의 사상과 유사하다. 석가모니는 신들이 인간들보다 우월하다는 것을 인정하지 않았다. 부처에게 신은 인간들의 주변에서 사는 그들과 비슷한 존재였고, 결코 우월한 존재는 아니었다. 아마 이 신은 동서고금에서 가장 힘없는 신이었을 것이다. 대신 불교는 신이 아니라 자신 스스로 깨달음을 통해서 각자의 행복을 추구하는 종교다. 그러나 인도인

들은 자신들을 인도하고 자신들을 지켜주며 자신들에게 복을 줄 신이 필요했다. 여기에서 과거의 브라만교가 힌두교로 부활한다. 결국, 초기 불교는 인도인들에게 외면당하자 이른바 대승불교로 전환되면서 힌두교의 교리를 수용해 신의 능력을 초월적으로 강화했다.

4) Roy Kenneth Hack, *God in Greek Philosophy to the Time of Socrates* (New Jersey: The Princeton University Press, 1931), p. 6.

5) Hack (1931), p. 5.

6) 고대모델에 관해서는 마틴 버낼 지음, 오흥식 옮김, 『블랙 아테나』 (서울: 소나무, 2006)를 참조.

7) 마틴 버낼 (2006), pp. 1-139.

8) 인도의 힌두 신의 숫자도 실제는 33이지만 3억 3,000으로 오해되거나 부풀려지기도 한다. 실제 몇천 단위가 넘으면 센다는 것도 쉽지 않다.

9) Robert Parker, *Polytheism and Society at Athens* (Oxford and New York: Oxford University Press, 2005), pp. 65-71.

10) James H. Dee, *The Epithetic Phrases for the Homeric: A Repertory of the Descriptive Expressions for the Divinities of the Iliad and the Odyssey* (New York And London: Garland, 1994).

11) Jennifer Larson, *Understanding Greek Religion* (London and New York: Routledge, 2016), pp. 23-25.

12) Charlotte R. Long, *The Twelve Gods of Greece and Rome* (Leiden and New York: Brill. 1987), pp. 87-90.

13) Long (1987), pp. 139-152.

14) 우리나라에도 다행히 원전이 우리말로 번역되어 이 책의 가치에 대해 널리 인식되고 있다고 판단된다.

15) M. C. Howatson (ed.), *The Oxford Companion to Classical Literature*, 3rd ed. (Oxford: Oxford University Press, 2011).

16) Achaean은 그리스의 아카이아 주민이다. 그러나 호메로스의 서사시에 나오는 아카이아인은 미케네시대의 그리스인이며, 헤시오도스의 시에서는 그리스의 주요한 부족을 나타낸다.

17) 『일리아스』는 (천병희 옮김, 서울: 도서출판 숲) 본문만 714페이지, 『오디세이아』가 570여 페이지로 『일리아스』가 약간 길다. 다만 '서사시' 형태라서 여백이 있기 때문에 전체적인 분량은 약 15% 줄어든다고 추산할 수 있다. 줄(행)로 따지면 약 15,000여 줄로 매우 두꺼운 책이다.

18) 대부분의 문헌은 영어식으로 Helen으로 표기되어 있다.

19) https://www.ancient-literature.com/greece_homer_iliad.html#

20) Hack (1931), p. 13.

21) Hack (1931), p. 18.

22) 페르세가 형인지 동생인지는 알 수 없다. 전체적인 맥락에서 재산 상속과 관련하여 헤시오도스가 문제를 제기하지만, 고대 그리스의 재산 상속은 남성 장자

우선의 원칙이었지만 유언에 의해서도 이루어졌기 때문이다.

23) 여기에서 신의 수를 300여 신으로 한 것은 필자가 『신들의 계보』에 나타난 신의 이름을 토대로 신의 수를 추산한 것이다. 반면에 카트리지(Paul Cartledge)는 고전기 전후에 400여 신이 숭배되었다고 기술한다. Paul Cartledge, "The Greek religious festivals," in P. E. Easterling, J. V. Muir and Sir Moses Finley (eds.), *Greek Religion and Society* (New York: Cambridge University Press, 1985), pp. 98-127.

24) Hesiod, *Theogony, and Works and Days*, trans. M. L. West (Oxford, New York: Oxford University Press, 1988), Introduction.

25) Michael McClure & A. Scott, Leonard, *Myth and knowing: an introduction to world mythology* (New York: McGraw-Hill, 2004). p. 63.

26) 후에 로마 작가 오비디우스는 '카오스'를 "하늘과 땅과 바다가 생겨나기 전의 어디에서나 똑같은 모습의 자연으로, 정돈되지 않은 무더기, 생명 없는 무게이자 서로 어울리지 않는 사물의 수많은 씨앗이 서로 다투며 한곳에 쌓여 있는 것"으로 기술한다. 오비디우스 지음, 이윤기 옮김, 『변신이야기 1』(서울: 민음사, 1998), pp. 5-9. 이 카오스에서 자연이라는 최초의 신이 존재했다.

27) Michael McClure & A. Scott, Leonard (2004), p. 65.

28) 클리메네는 티탄족인 오케아노스(Oceanus)와 테티스(Tethys)의 딸이다. '바다의 신' 오케아노스와 테티스는 각각 바다의 남신과 여신으로 이 둘 사이에서는 3,000명의 딸들이 태어났는데 이들을 오케아니스(Ōkeanís)로 부르며, 일반적으로는 바다, 강, 연못, 호수 등의 요정을 가리킨다. 클리메네는 이 3,000명의 딸들 중의 일원이다. 그러나 아폴로도로스와 다른 신화들에서 이 여성을 아시아(Asia)로 불렀다. 이것은 오비디우스(Ovidius)의 『변신이야기(*Metamorphosis*』 Books I-II)에 등장하는 파이톤(Phaethon)의 어머니 오케아니드 클리메네(Oceanid Clymene)와 혼동을 피하려는 의도 같다.

29) 이른바 '판도라의 상자'다. 그리스어 원문은 '항아리(pithos)'이다. 그런데 후세 작가들이 항아리를 상자로 오해하여 상자로 통용되고 있는 것이다.

30) Hack (1931), p. 28.

31) Hesiod (1988), Introduction.

6장

그리스의 종교의식과 희생제

의식의 본질

의식(儀式)은 격리된 장소에서 정해진 순서에 따라 수행되는 제스처, 말, 행동 또는 물건과 관련된 일련의 반복적인 활동이다.[1] '의식(ritual)'이라는 용어는 라틴어 'ritualis'에서 나왔다. 'ritualis'는 "'ritus'에 존재하는 것"이라는 의미이다. 'ritus'는 로마의 법률과 종교에서 '어떤 것을 하는 입증된 방법' 또는 '올바른 실행, 관습'이라는 의미였다. ritus의 원래 개념은 고대 인도의 브라만교에서 산스크리트어 'rta'(눈으로 볼 수 있는 질서)에서, "합법적이고 규칙적이며 정상적인 질서로, 우주의 완전하고 자연스럽고 참된 구조이며, 세속적으로는 인간과 의식의 행적"을 나타내는 의미로 '올바른 수행 관습'과 관련이 있다. '의식(ritual)'이라는 용어는 1570년에 최초로 영어로 등장했으며 1600년대에 '종교적 업무를 수행하는 규정된 절차' 또는 특히 이와 관련된 '규정집'이라는 의미로 사용되었다.[2]

　종교와 관련된 용어들은 로마를 중심으로 하는 유럽의 '기독교'라는 종교를 중심으로 하였기 때문에 대부분 라틴어를 기원으로 하여 중세 전후에 영어로 표현되었다. 물론 기독교는 유대교나 그 이전 수메르의 종교 그리고 이집트나 그리스의 종교의 영향을 받았기 때문에 개념에는 혼합된 의미를 담고 있다. 그렇더라도 종교와 관련된 인식에 '기독교'가 중심이었다는 점을 염두에 두어야 한다. 이러한 배경 때문에 다른 종교들에 대한 이해도 기독교로부터 출발하는 인식의 혼돈을 겪을 우려가 있다. 여기에서 우리가 필요한 것은 고대 그리스인들이 인식하는 의식의 용어와 의미 및 내용을 중심으로 그리스의 종교의식을 기술하는 것이다. 이런 작업은 그리스 종교의식의 개념뿐만 아니라 기독교 이전의 고대 종교의식 그리고 기독교 의식의 개념의 뿌리도 관찰하는 의미있는 일이다.

　그리스는 일찍부터 직접민주정치를 지향하여 시민들이 정치에 참여하는 과정에서 정치 및 종교적인 여러 의식이 수행되었다. 한 연구에 따르면 고전기 전후에는 400여 신을 숭배하는 300개 이상의 종교의식이 이루어졌다.[3] 의식은 알려진 모든 인간사회의 특징[4]으로 인간은 사회생활을 하면서 '의식'이라는 이름의 여러 활동을 한다. 이런 활동들은 인간의 사회생활 전반에 담겨있기 때문에 아주 긴 줄로 연결된다. 즉 종교적 집단은 물론이고 세속적 집단에서도 각각 의식을 수행한다.

　의식의 핵심 요소는 반복이다. 사람들이 땅에 포도주를 흘리는 것은 의식이 아니지만, 같은 날 거의 같은 위치에 여러 사람이 고의로 땅에 포도주를 쏟으면 의식에 가깝다. 세속적으로는 충성 맹세, 대관식이나 대통령 취임식, 결혼 및 장례식, 학교의 입학과 졸업식, 각종 공사모임의 시작과 끝의 행사, 국가와 사회에서 거행하는 각종 기념식, 스포츠 이벤트, 기념일이나 명절의 잔치, 참전 용사 퍼레이드, 재판, 학술회의, 축제, 심지어는 몇 명의 친구들이 모여 술잔을 부닥치거나 악수와 같은 행동도 일종의 의식으로, 이런 행태들에는 전통이나 규정에 따른 상징적인 행동들이 포함되어 있다.

의식은 구성원들의 공통적인 목표에 대한 기원과 다짐 및 단결을 목표로 한다. 구성원들은 소속 집단에 따라 지위와 역할이 달라진다. 국민이라면 목표가 국가이다. 이런 세속적 의식 특히 정치적 의식은 국민을 동원하고 단결하여 역사적 사실에 대한 고양과 기존 권력의 정통성을 강화하고 지속하는 데 사용된다. 이런 경우 의식은 선전이다. 선전은 구성원들의 태도를 선전가가 의도된 방향으로 정향(定向)하려고 정교하게 고안된 메시지 즉 여러 부호나 행위 등을 통해 조종하는 것이다. 이러한 선전적 의식은 의식의 잠재적 기능이라는 점에서 국민을 무의식적으로 조종할 수 있다.

의식은 각 분야별로 규정된 일련의 절차에 따라 각각 수행된다. 절차는 의식의 중추로서 전통과 관습에 바탕을 두고, 마련된 규범을 따라야 한다. 종교적 의식은 정치의식에서 국가나 권력 또는 지도자를 신으로 대체하는 셈이다. 세속적인 의식은 대개 포괄적이고 광의의 의미의 정치적이며, 종교의식은 숭배하는 신에 대한 소통을 통해 신의 힘으로 원하는 것을 이루려는 의도이다. 신의 힘을 얻어 내려면 신을 기쁘게 만들어야 하고 그에 필요한 여러 제물과 의식이 수반되어야 한다. 인간들은 이런 의식을 통해서 신과 소통하고 일체가 되는 것으로 인식한다.

의식에 관한 연구 분야에서는 용어에 대해 상충되는 정의가 많이 있다. 키리아키디스(Kyriakidis)는 언어학적 연구에서 사용되는 'etic'

과 'emic'이라는 용어를 차용하여 인간의 의식(儀式)행동을 설명한다.[5] 'emic-etic'은 서로 다른 문화의 현상을 연구하는 데 사용되는 두 가지 전통적인 연구 전략이다. 특히 'etic'은 교차문화(cross-cultural)의 차이를 연구하는 것이며 'emic'은 교차문화 중에서 제2의 문화가 아니라 한 문화를 완전히 연구하는 것을 말한다. 따라서 etic 연구는 문화 전반에 걸친 모든 문화의 보편적이고 공통적인 현상을 정의하는 데 사용될 수 있는 반면에 emic은 문화적 현상을 그 문화 자체적 맥락에서 연구하는 전략이다. 예를 들면 한국인의 종교 행태를 연구하는 경우 etic 연구는 한국과 미국인의 종교 행태의 비교를 통해서 한국인의 행태를 발견하는 것이고 emic 연구는 한국의 문화나 의식 등에 관한 집중적인 연구를 통해서 한국인의 행태를 찾아내는 것이다. 물론 두 용어는 상호 배타적이 아니라 보완적이며 연속적인 관점이다.[6]

키리아키디스에 따르면 외부인에게는 어떤 의식이 'etic' 즉 비이성적이고 비연속적이거나 비논리적으로 보이는 비기능적인 일련의 행동이나 활동에 해당된다. 그러나 'emic' 즉 내부 행위자들의 입장에서도 이 의식에 대한 특별한 경험이 없는 구경꾼들에게는 'etic'적으로 보일 수 있다는 것을 인정하는 의미로도 사용될 수 있다.[7] 키리아키디스의 의식에 대한 정의는 의식의 소통적 기능이 집단의 구성원들에 한정된다는 점을 나타낸다. 같은 사회 안이나 밖에서 다른 문화를 가지고 있는 구성원들은 비언어적인 상징적 의식 행동을 매우 다르게 해석할 수 있다. 이런 점에서 의식은 그 집단 구성원들 외의 사람들과 의사소통을 하는 데는 효율적인 방법일 수는 없다.

의식은 문화와 기능을 토대로 하는 'etic'과 'emic'이 상호 중첩되는 부분이 있을 수밖에 없다는 점에서 보면 의식을 문화라는 범주에서 이해할 수도 있다. 문화의 특성상 의식은 문화의 한 독특한 형태이지만

의식이 새로운 문화를 구축해 나갈 수도 있다. 이런 점에서 의식은 종교 공동체를 포함한 공동체의 전통에 의해 규정될 수 있다. 한 사회가 공통적인 의식구조를 갖는 것은 바로 그 사회의 문화라는 공통적 신념과 태도 및 가치를 기반으로 하기 때문이다. 전통과 규범은 문화를 형성하고 그 문화 속의 의식은 여러 하부 의식으로 구성되는 조합적 성격을 갖는다. 예를 들면 어떤 행사에서 애국가나 묵념, 특별한 옷과 장식품을 입는 것, 향을 피우는 것, 꽃과 가지를 바치는 것 등이나 제물이나 음식을 준비하는 방식 그리고 현대의 예배에서 기도, 찬송, 메시지의 전달, 헌금, 식사 등도 하부 의식이 수행되는 것이다. 이런 의식은 구성원들을 하나로 통합하는 기능을 갖는다. 특정한 복장이나 특별한 시설 등도 권력이나 신에게 권력을 부여하여 구성원들을 지배하는 잠재적 기능을 목표로 한다. 이런 의식들이 원시시대로부터 점차 발전되어 왔다고 전제하면 인간은 본성상 선전적 기질을 타고나는 것으로 볼 수 있다. 의식은 또한 심리학적인 측면에서 불안을 무력화하거나 예방하기 위한 반복적이고 체계적인 행동일 수도 있다. 의식은 또한 의식에 직접 참가한 사람들뿐만 아니라 참가하지 않은 구성원들에게도 소통과 단합의 매개가 되는 상징적 기능을 수행한다. 이런 점에서 의식은 상징이며 소통의 매개체다.

캐서린 벨(Catherine Bell)은 의식의 특성을 5가지로 요약한다. 첫째, 비공식적이거나 편의주의적인 활동과 명백하세 대조되는 형식주의, 둘째, 정통성의 강력한 도구로서 오래된 문화적 선례와 동일하거나 완전히 일치하는 일련의 활동을 지속하는 전통주의, 셋째, 정확한 반복과 물리적 통제로 표시되는 훈련된 일련의 행동으로서 불변성, 넷째, 정해진 규칙을 엄격히 따르며 지키는 규칙 엄수성, 다섯째, 연극을 비롯한 공개적이며 상징적 이벤트의 공연성 등이다.[8]

종교는 신에 대한 믿음 즉 신앙이라고 하지만 신앙은 마음에 담겨 있는 태도이기 때문에 개인의 의식(意識)의 문제다. 따라서 신앙은 행동이나 행태로 표현되어야 종교적 신앙이 된다. 이 '태도의 표현된 행동이나 행태' 즉 신앙은 바로 의식(儀式)을 통해서 드러난다. 따라서 종교는 '의식(儀式)'과 동전의 양면이라고 할 수 있다. 실제로 인간은 이 의식과정에서 자신의 신앙을 확인하고 강화하게 된다. 이 과정에서 의식은 개인의 행동을 조절하는 데 도움이 된다.

다음은 현대 케냐의 터카나(Turkana)에서 행해진 여러 날의 제의의 한 부분에 대한 간략한 기술이다. 이런 희생제의의 배경은 사회학과 심리학 등 여러 분야에서 연구되고 있다.[9]

"질병과 전쟁의 두려움에 대응하여 모인 공동체가 항아리 주변에서 춤을 춘 다음 세 번 돌고 멈춘다. 황소가 이 집단 주변을 시계 반대 방향으로 세 번 돈다. 황소를 공급한 사람들이 황소 가까이서 황소를 문지른다. 황소의 배 위를 가르고, 위장을 제거한 뒤 도끼로 두 번 때려 황소를 죽인 다음 둘로 나눈다. 나이, 성별, 결혼, 신분별로 결정된 순서에 따라 참가자들은 황소의 두 부분 사이를 동쪽에서 서쪽으로 걷고, 도끼가 놓였던 황소의 위로부터 즙(汁)의 웅덩이에 반듯하게 섰다가, 춤추는 공간으로 되돌아와서 항아리에 있는 물을 뿌린 후, 선견자가 이제 한동안 금지될 행동 목록을 지시한다. 모든 사람이 미친 듯이 동쪽으로 달려가 두 팔을 들고 '하늘이여 우리를 도우소서'라고 외쳐 댄다. 마지막으로 두 번째 황소가 죽고 그 고기가 연 장자 남성들 간에 분배된다."

이상의 의식은 고대 그리스에서 행해진 활동들과 비슷한 결과를 상상해내는 데 도움이 될 수 있다. 이런 제의의 의미는 여러 측면에서 해석이 가능하다. 질병과 전쟁에 대한 걱정을 덜기 위해서나, 구성원들이 모두 참여하여 정해진 의식절차를 따름으로써 구성원 간의 연대를 촉진하고, 기존의 사회적 범주(연령, 성별, 결혼 여부 등)를 구별하고 지위를 강화하는 것이다 (연장자 남성만이 고기를 받고 그 고기를 받아 젊은 남성들에게 나누어 준다). 또한, 이 의식은 자신이 사는 환경(하늘과 땅, 동물, 인간 및 동물 간의 관계)을 개념적으로 구성할 수 있다고 보기도 한다. 참가자들은 황소를 문지르고 황소의 즙 앞에서 춤을 추는 것 등을 통해 신에 대한 숭배나 연대 등을 말로 설명하는 것보다 더 뚜렷하고 직접적인 방식으로 물리적 경험을 통해 내면화된다고 본다. 결국, 종교의식에 대한 이론적 접근 방식은 다양하지만, 이러한 방식은 사람들이 주로 의식적 행동을 수행하고 전달하는 이유가 행동을 통해 심리적, 사회적 이점을 부여하거나 서로 무언가를 '소통'하기 위한 것이라는 해석이다. 이러한 소통은 또한 집단 구성원들에게는 우월감을 심어주어 단결과 집단에 대한 충성도를 높일 수 있을 것이다. 다만 이런 현상의 극단적 형태는 현대에도 각 처에서 사회문제로 대두되고 있다. 의식은 문화적 가치를 전달하고, 사회적 위계를 공고히 하며 집단 유대를 강화할 수 있지만, 이러한 과정은 의식과 무관하게 다른 길을 통해서도 가능하다.

종교의식이 특정 종교의 구성원들을 중심으로 집단적으로 이루어지는 것만은 아니다. 개인이 언제 어디서나 매우 개인적인 방식으로 실천되기도 한다. 그리스는 특히 의식에서 전통주의를 가징 중요하게 인식한다. 전통과 관습이 훼손되면 의식 자체의 의미가 상실되는 것으로 인식했다. 따라서 의식을 보존하고 한 세대에서 다음 세대로 전달하는 것이 중요한 사회적 기능이 되었다. 앞에서 본 신전의 사제들은 바로 이런 역할의 중추였다.

그리스 종교의식의 유형

그리스인들은 신전은 물론이고 개인 집안의 난로(hearth) 등 신성한 것으로 여겨지는 것을 대상으로 의식을 수행했다. 개인은 성소에 입장하거나 성소를 지나면서 길거리에서 기도하는 것이 관례였다. 사람들이 향, 꽃, 음식과 같은 제물의 봉헌을 통해 소원이나 과거의 일에 대한 감사의 마음을 남기는 등의 행동도 일종의 의식이다. 그러나 그리스의 종교의식 중에서 가장 중요한 것은 희생제(thysia)와 함께 축제(heortai)다. 의식과 희생제에 대한 최초의 설명 중 일부는 호메로스나 헤시오도스의 서사시나 헤로도토스의 역사적 저술, 희곡 작가들의 희곡에서 발견된다. 의식은 전통을 바탕으로 한 규범에 따랐으며 법(nomoi)은 그 다음이었다.[10]

그리스에는 공공 및 개인적인 종교의식 외에 색다른 종교의식이 있었다. 입문자들만 참여하는 이른바 신비스러운 종교의식 또는 밀교의식들이다. 대표적으로는 엘레우시스, 디오니소스, 오르페우스 축제들이다. 또한, 델피의 아폴론 신전과 도도나(Dodona)의 제우스 신전은 신의 징표(signs) 즉 신탁을 받기에 아주 좋은 곳으로 생각되었다. 여기에는 개인과 도시국가들 모두가 협의한 사제의 신탁과 함께 모호한 선언이 미래의 행동을 안내하는 매우 중요한 장소가 되었다. 이 의식들에 관해서는 뒤에서 각각 기술하기로 한다.

그리스에는 지역별로 각기 다른 신을 숭배하는 종교의식이 아주 많았다. 그렇다고 이 의식들을 어떤 새로운 종교의식으로 부르지 않고, 희생제나 축제로 부른다. 희생제와 축제는 상호결합되어 거행되었다. 대부분의 축제에 대한 연구(heortological)는 다양한 종교 활동들을 '축제들(festivals)'로 취급하며 심지어 때로는 국가적으로 숭배하는 신들에 대한 단순한 희생제도 축제에 포함한다. 이런 현상은 희생제 의식에도 축제의 요소가 포함되고 축제에도 희생제 의식이 포함되기 때문이다. 이런 점에서 희생제의와 축제를 구별하는 것은 아주 복잡하고 힘든 일이다. 그러나 그리스인들은 희생제의와 축제를 구별했다. 이에 대한 비문이나 후대의 문헌들도 존재한다. 우리의 입장에서는 의식의 중심성을 기준으로 하면 구별하기가 쉽다.

그리스의 대표적인 축제들은 신비 종교(mystery) 또는 밀교의식 등으로 부른다. 그러나 엄밀히 말하면 종교라기보다는 특수한 종교의식이다. 다만 이 종교의식들이 누구에게나 개방되는 것이 아니라 입문자들을 대상으로 신비스러운 체험을 하는 것이 특징이다. 이런 일련의 의식들은 축제로 진행되었다. 여기에는 그리스 종교의 축제 및 희생제의 특성과 함께 비밀스럽게 신비로운 체험을 한다는 특성이 있다. 이런 종교의 경험들은 비단 그리스에만 존재한 것이 아니라 세계 여러 지역의 원시인들이 각자의 부족 중심으로 존재했었다. 부족 공동체들에서는 거의 모든 씨족 또는 마을 주민들이 집단으로 참여했지만 그리스에서는 개인이 참여 여부를 선택할 수 있었다. 신비스러운 축제는 3세기 초에 절정을 이루었으나 그 기원은 그리스의 초기 세기로 거슬러 올라간다.

이 글에서는 다른 종교의 의식들도 유사한 형식이지만, 그리스 종교의식의 유형을 1) 기도, 2) 찬가, 3) 봉헌, 4) 희생제, 5) 축제, 6) 가정의 종교의식으로 구분하여 기술하기로 한다.

기도

기도는 종교에서 근본적 요소이며 가장 보편적인 종교의식이다. 기도가 없이 수행되는 종교활동은 거의 없다. 기도를 나타내는 영어의 'prayer'는 중세의 라틴어 'proseucha'에서 온 것인데 이 어원은 그리스어인 'proseuche'에서 비롯되었다. 'proseuche'은 pros(toward or immediately before) + euchi(wish or vow)로 구성되어 신 앞에서 바램이나 맹세를 나타내는 것이다. 여기에서 기도는 숭배, 헌신, 예배의 사고(ideas)를 전달하게 된다. 기본적인 아이디어는 무언가를 가져오는 것이며, 기도에서 이것은 요청을 불러일으키는 것과 관련이 있다.

기도는 '신에게 보낸 단어들'로 정교한 커뮤니케이션을 통해 경배의 대상 즉 신과 친밀한 관계를 가동시키며, 탄원이나 간청, 찬양, 감사 그리고 다짐을 하는 행동이다. 기도자는 기도의 순간 자신과 신이 동질성을 갖고 자신에게 임재하기를 바란다. 이런 기도는 기도자의 마음을 경건하게 만들 뿐만 아니라 마음과 행동 방향을 정리하는 기능도 수행하기 때문에 일종의 명상과 유사하다. 어떤 기도자는 신이 실제 임재하였다는 착각에 빠진다. 그러나 착각이나 망상을 현실로 착각하면 정신과 의사가 필요한 행위에 빠질 염려도 있다.

고대 그리스에서 기도의 행위는 성소 안팎에서 공통적 현상이었다. 초기 그리스 문화에서는 봉헌이 받아들여지도록 하는 기도가 후에 신의 현시(顯示)를 간구하는 행위로 발전했다. 호메로스의 『일리아스』는 사실상 기도로부터 시작된다. 아폴론의 사제(司祭) 크리세스가 아가멤논을 찾아와 포로로 잡힌 딸을 돌려 달라고 간청하자 아가멤논은 난폭하게 내쫓으며 으름장을 놓자 크리세스 노인은 겁이 나 돌아서서 아폴론에게 기도했다.

"노인은 … 레토가 낳은 아폴론 왕에게 기도했다. 크리세와 신성한 킬라(두 곳은 도시명)를 지어주시고 테네도스(섬 지역)를 강력히 다스리시는 은궁(銀弓)의 신이여! 내 기도를 들어주소서. 오오. 스민테우스(아폴론 별명)여! 내 일찍이 그대를 위하여 마음에 드는 신전을 지어드렸거니 황소와 염소의 기름진 넓적다리뼈들을 태워 올린 적이 있다면 내 소원을 이루어 주시어, 그대의 화살로 다나오스 백성들이 내 눈물 값을 치르게 하소서." (일리아스 1.33-42) ( )안은 필자 주석

신에 대한 기도는 의식에서 사제가 공식적으로 하는 기도이든 혹은 성소 안이나 성소 이외의 장소에서 하는 기도이든, 또는 다른 형태의 어느 기도이든 어떤 종류의 탄원을 포함한다. 그리스인들은 기도에 대해 신이 응답하고 소원을 들어주는 것으로 생각했다. 헤로도토스(역사 6.61-62)는 스파르타의 아게토스(Agetos)의 부인에 관한 이야기를 전해준다. 이 이야기의 시대 상황은 BC 6세기 후반으로, 헤로도토스가 이 이야기의 전체 내용을 보증하는 것은 아니다. 그는 이 이야기의 후반부에서는 간접적으로 들은 내용을 전하는 것이지만, 그렇다고 이런 일이 일어났다고 믿기 어려운 내용도 아니다.

스파르타의 아리스톤 왕의 가장 친한 친구인 아케토스의 아내는 스파르타 여자 중에서 단연 최고의 미인이었다. 그녀는 부잣집 딸로 추한 용모였지만, 그녀의 유모가 헬렌의 성소로 데려가 기도한 덕분에 스파르타의 모든 여자 가운데 최고의 미인이 된 것이다. 그녀는 자라서 아케토스와 혼인했다. 아리스톤 왕은 이 여자에 대한 연모에 안달이 나서 아케토스에게 자신의 모든 재산 중에서 그가 택한 것을 무엇이든 하나 선물로 주겠으니 친구도 상응하는 선물을 자신에게 달라고 요구하면서 서약했다. 아케스토는 아리스톤이 아내가 있기 때문에 자신의 부인을 요구할 것으로는 전혀 생각하지 못했다. 그러나 예상과 달리 아리스톤은 친구의 아내를 요구하여 자신의 아내로 삼았다.

헤로도토스의 이 이야기는 그리스인들이 기도에 대해 거는 기대와 효험에 대한 믿음을 보여준다. 그리스인들에게 기도는 신을 찬양함으로써 선의가 창출되고 상호관계가 수립되는 것으로 인식되었다. 크세노폰(Xenophon)은 신에게 기도하면 신은 기도하는 사람이 어느 것을 특정하지 않아도 기도자에게 가장 좋은 것이 무엇인지를 알고 응답한다고 말한다.

"기도할 때, 그는 단순히 좋은 선물을 달라고 간청했다. 신들이 좋은 것이 무엇인지 가장 잘 알고 있기 때문이다. 금이나 은이나 절대권력이나 어느 다른 것들을 위해 기도하는 것은 그 결과가 아주 불확실한 도박이나 전쟁이나 어느 다른 일을 위해 기도하는 것과 같다." (Xenophon, *Memorabilia* 1.3.2)

만일 신이 숭배자의 요청을 인정한다면 신은 인간에게 그 요청을 들어주기로 약속할 수 있을 것이다. 숭배자는 과거에 신으로부터 받았다고 믿는 어떤 이익을 다시 회상하게 된다. 또한, 신이 보기에 숭배자가 과거에 신을 숭배하여 기도했거나 헌신적으로 어떤 사람들을 도왔다고 생각한다면 특정한 경우에 신이 그 기도자를 돕는 것이 신들의 특성이라고 말 할 수 있다. 또한, 숭배자는 보상으로 어떤 것을 요구하는 기도를 하고 의식에 따라 봉헌할 것이다.

그리스인들은 도시의 안전과 안녕의 보장을 바라는 정규적이고 반복적인 기도를 했다. 전통적인 그리스인의 기도들은 탄원하며 신을 불러내어 신들의 분노를 완화하거나 호의를 얻도록 요청하는 것이다. 또한, 찬송, 서약 그리고 증인으로 신을 부르는 맹세뿐만 아니라 간구, 헌신, 감사의 기도도 있다. 만일 신들이 기도하는 사람들을 도와주지 않거나, 그로 인해 숭배자가 자신을 보호할 수 없다면 신에 대한 존경심은 낮아질 것이다. 이것은 신들의 명성이 훼손되는 결과를 초래할 수 있다.

신들은 인간에게 우월한 파트너였다. 그렇지만 인간관계에서 열등한 사람이 우월한 사람에게 유익한 상품이나 서비스를 제공할 수 있는 것처럼 신은 인간과 즐길 수 있고 신에 비해 열등한 인간이 우월한 자신에게 제공한 것으로부터 이익을 얻을 수 있다고 가정하고, 신은 운명을 통제할 수 있는 것으로 종종 생각되었다. 그러나 그리스인들은 인간이 신에 대해 완전히 의존하면서 복종한다는 현대 종교의 사고를 가진 것은 아니었다.

찬가

찬가는 일반적으로 종교적인 노래의 한 유형이다. 찬가는 기도의 전형적인 요소를 담고 있는데 신에 대한 숭배나 기도의 목적으로 신에게 표현하는 노래다. 찬가는 종교마다 약간 명칭이 다른데 기독교와 가톨릭은 공통적인 '찬송가'가 있지만, 별도로 가톨릭은 '찬(미)가', 기독교에서는 '찬송가'라고 부르고, 불교에서도 석가모니를 찬양하는 시문의 '찬가'가 있다. 가톨릭도 '노래'를 의미하는 라틴어 'canticum'을 찬가로 번역한다. 가톨릭의 찬가는 성서의 일부 구절(누가복음 1:68-79)의 내용을 암송하는 것이다. 기독교는 신에 내한 '친양의 노래'를 의미하는 그리스어 'Humnos'에 뿌리를 둔 라틴어 '힘노스(hymnos)'에서 비롯된 영어의 '힘(hymn)'을 찬송가로 번역해서 사용한다.

그리스 종교에서 찬가에는 두 가지 의미가 있다. 하나는 경배의 대상에 대해 표현하는 모든 노래라는 일반적 의미다. 다른 하나는 제한적인 의미로 의식에 참석한 사람들이 제단에 서서 부른 노래다. 이런 찬가는 프로소디온(prosodion)이라고 부르는데, 주로 아폴론 또는 아르테미스에 대한 찬가를 의미했다. 그리스에서 신을 찬양하는 대표적인 찬가는 '호메로스 찬가'다. 이런 이름이 붙은 것은 이 찬가가 호메로스의 서사시인 『일리아스』와 『오디세이아』와 같은 문체로 호메로스와 비슷한 시기에 등장한 것으로 추정되기 때문이다. 신들의 탄생을 내용으로 모두 34편으로 구성되어 있다. 이 외에도 아폴론 찬가, 헤르메스 찬가, 아프로디테 찬가 등 특정 신들을 찬양하는 찬가도 있다. 찬가는 핀다르(Pindar)와 소포클레스(Sophocles) 같은 유명한 작가를 비롯하여 잘 알려진 서사시 작가들이 쓴 예술적 창작물인 경우가 많다. 그러나 때때로 신들의 숭배자들은 모든 사람이 좋아하는 더 오래되고 잘 알려진 전통적이고 조잡하게 보이는 예술작품을 더 선호한다.

봉헌

봉헌은 신에게 예물(물건)을 바치는 것이다. 기도나 찬양이 마음과 몸으로 신을 찬양하고 간구하는 것이라면 봉헌은 물질로 기도나 찬양을 하는 것이다. 모든 종교는 각각의 형태로 봉헌을 중시한다. 특히 현대 종교들은 신을 앞세워 여러 봉헌 프로그램을 통해 종교인들의 세속적 재원을 마련한다.

그리스 종교에서 가장 대표적인 봉헌은 희생제에서 희생물을 바치는 것과 성소에 여러 값진 물건을 봉납하는 것이다. 그리스의 신들은 희생제와 헌주, 찬가와 춤, 구경거리 행사, 다양한 종류의 예물과 물질뿐만 아니라 봉헌자의 이름이 새겨진 물품을 받았다. 성소들은 크고 작은 봉헌물들로 가득 찼고, 이 중에는 고가의 물품이나 정교한 예술작품도 포함되었다.

왜 봉헌을 하나. 이유는 기도나 찬양의 목적과 다를 바 없다. 봉헌자는 신이 자신의 기도와 봉헌을 인정한다면 신은 자신에게 어떤 보상을 할 것이라고 믿는다. 그리고 신으로부터 기대하는 보상에 따라 봉헌하게 된다. 예를 들면 그리스 도시국가들이 정규적으로 도시의 안전과 안녕을 기원하면서 봉헌한 경우가 대표적인 예다. 바라는 것은 대개 개인적인 이익이지만, 때로는 적의 멸망을 바라는 기도나 봉헌을 할 수도 있다. 이런 목적의 달성을 위해 마법과 저주를 동원하기도 한다. 남성이 자신과 가정을 보호할 수 없다면 존경을 덜 받는 것처럼, 신들도 자기들에게 기도하고 봉헌하는 사람들의 소망을 들어주지 않으면, 봉헌에서도 당연히 명성이 훼손될 것이라는 암시가 존재할 수도 있다.

기도와 봉헌 의식들의 토대는 세 가지 절대적 원리와 이에 작용하는 계약적 관계의 실용적 개념이다. 첫째는 필요할 때 호의가 되돌아올 것이라는 희망에서 신에게 봉헌하고 둘째, 봉헌물을 받아들이는 대가로 제물을 약속하며 셋째, 이전의 제물에 대한 대가로 호의를 요구하는 것이다. 봉헌하는 구체적인 이유는 표면적으로 나타났다. 이면에 숨겨진 어떤 다른 이유가 있었던 것은 아니다. 예를 들면 계절적으로 지상의 과일에 대해 신에게 감사로 최초로 수확한 첫 과일의 봉헌이 이루어졌다. 첫 과일은 농산물의 첫 번째 수확을 공물로 봉헌하는 종교적 의식이다.

이것을 '아파르케(aparche)'로 불렀는데, 여기에서 열매는 특징 농산물의 실제 열매라기보다는 첫 수확물의 비유적 표현일 것이다. 아마 그리스는 각 지역이 올리브나무로 뒤덮여 있기 때문에 '열매'를 대상으로 했을 것이다. 농산물 외에 공물은 어느 다른 것들이라도 취득해서 최우선으로 신에게 제공하는 것이다. 여기에는 사업에 의한 수익금을 제공할 수도 있을 것이다. 로마나 히브리 종교에서, 첫 열매는 신에 대한 공물로서 사제에게 봉헌되었다. 신에게 바치는 과일들 대부분은 신전에서 팔았으며 그 수익금은 신전 단지의 일일 유지비를 지불하는 데 사용되었다.

기독교에서 십일조는 종교지도자나 종교시설물을 유지하기 위한 주된 수입원으로서 기부 또는 헌금으로 제공된다. 그러나 기독교의 십일조와 그리스의 아파르케는 근본적으로 다르다. 다만 전쟁을 위한 공물은 실질적으로 십일조와 아주 유사한 형태로 제공되었다. 전쟁 기간의 공물은 전쟁물자로 차출되었다. 전쟁 기간 이외의 공물은 고대 그리스의 엘레우시스(Eleusis)의 범 그리스인 성소에서 매년 데메테르와 제우스의 딸 페르세포네(일명 코레)의 경배를 위해 필요한 주요 자금원이 되었다.

전쟁 후에 적으로부터 취한 전리품과 군수품을 신에게 봉헌하는 것은 관습이었다. 승전은 전체 폴리스, 폴리스의 지배자들, 혹은 행정관들이 신에게 풍성한 물품을 제공할 수 있는 가장 좋은 기회들이었다. 전쟁에서 승리한 뒤에는 시와 사문 경연을 개최했다. 이 경연의 승리자는 상금을 받았는데 이 상금을 또한, 경연이 개최된 성소에 봉헌했다. 물론 이런 봉헌은 자기 자신의 위상을 공고히 하려는 측면이 강했다.[11]

희생제의 본질

오늘날 사용되는 '희생제(sacrifice)'라는 용어는 라틴어 'sacrificium'에 기원을 두고 있다. 'sacrificium'은 'sacra'(신성한 물건이나 일)와 'facere'(행하거나 수행하는 것)의 개념을 결합한 라틴어 'sacrificus'(사제의 기능 또는 희생제의 수행)에서 파생되었다. 이 용어는 13세기부터 사용되기 시작했는데 라틴어에서 앵글로 프랑스어(Anglo-French)를 거쳐 중세에 영어로 정착되었다. 라틴어 'sacrificium'과 영어의 'sacrifice'는 히브리 성경(구약성경)과 헬라어의 신약성경을 배경으로 한 것이다. 처음에는 히브리어로 된 구약성경을 그리스어로 옮기거나(70인역), 또는 처음부터 그리스어로 쓰인 신약성서의 경우에는 그리스 종교에서 사용하는 희생제 관련 용어들을 동원했다.

이와 관련된 내용을 기술하기 전에 우선 '희생'과 '희생제(犧牲祭)' 및 '희생제의(犧牲祭儀)'를 구별해야 한다. '희생'은 더 가치 있는 것을 얻기 위해 어떤 가치 있는 것을 포기하는 것을 의미하는 세속적인 용어로 사용되었다. 예를 들어 부모는 자녀를 위해 희생하고 국민은 국가를 위해 자신의 몸을 희생한다는 식으로 사용된다. 그러나 이 용어가 종교적인 용어로 사용되면 독특한 의미로 전환된다. 여기에서 '희생제'는 '희생제의'의 가장 중요한 의식단계로 희생제물을 신전 혹은 신전 안의 제단에서 처리하여 신에게 바치고 이어 희생물을 처리하는 과정을 의미한다. 반면에 '희생제의'는 희생제물을 중심으로 제사의 의식을 치르는 의식을 말한다.

'희생제 의식'은 모든 종교에서 가장 초기부터 시작된 종교의식으로 초월적인 힘을 가진 신과 인간의 올바른 관계를 복원하거나 확립 또는 유지하기 위해 신에게 희생물을 바치는 제의 외에 찬가나 봉헌 등 다른 예배의식을 포괄하는 개념을 갖는 용어이다. 모든 희생제는 '희생제 의식' 속의 한 하위 의식이지만 이 의식의 중심이기 때문에 반드시 포함된다. 따라서 '희생제 의식'과 '희생제' 그리고 '희생'의 개념적 차이를 인식하면서 특별히 구별해야 할 경우를 제외하고는 '희생제 의식'과 '희생제'를 혼용해도 의미전달에는 큰 무리가 없다. '희생제 의식'에는 '희생제'가 포함되고, '희생제'에도 그에 따른 부수적 의식 예를 들면 기도나 찬가, 봉헌 등의 의식이 따르기 때문이다. 이런 점에서 여기에서도 일반적으로 '희생제 의식'과 '희생제'를 교환적으로 사용하지만 주로 '희생제'라는 용어를 사용하기로 한다.

19세기에 들면서 학자들은 희생제에 대한 탐구에 관심을 가졌다. 그러나 희생제의 본질을 파악하기는 쉽지 않다. 인간사회에서 친구나 상사에게 좋은 선물을 주면 친구나 상사와 좋은 관계가 유지될 수 있다고 생각될 수 있는 것처럼, 희생제는 신과 좋은 관계를 유지하는 수단이었다는 것은 분명히 희생제의 본질에 속한다. 여기에서 희생제가 신들의 호의를 얻거나 적대감을 최소화하기 위한 것이라는 이른바 '선물론'이 제기된다. 그리스인들은 희생제가 신들에게 선물을 바치는 것이며 더 나아가 이것은 신들과 인간들 사이 일종의 거래기술이라고 생각했다.[12] '선물론'은 숭배를 통해 신과의 친교를 위한 것이라는 점에서 아주 작은 일부의 요소를 담고 있다고 할 수 있지만[13] 집단 구성원들 사이의 친교를 위한 노력으로 숭배자들이 희생제물을 모두 또는 부분적으로 먹는 배경을 설명하는 데는 벽에 부닥쳤다.[14] 그러다 보니 희생제가 신의 활력을 되찾는 수단으로 마술적 관행에서 비롯된 것이라는 주장까지 제기되었다.[15]

희생제는 역사를 아주 먼 곳으로 거슬러 올라가면 사람도 희생제물의 대상이었으나 고전 시대 이후에는 동물을 제물로 하였다. 플라톤도 당시에 "사람들이 서로를 희생제물로 바치는 풍습이 지금도 여전히 여러 종족 사이에 남아 있다"라고 전제하고 동물 희생제를 "황소를 먹지도 못하던 시대의 풍습"으로 규정하면서, "그때는 신들을 위한 제물은 동물이 아니었고, 과자와 꿀과 과일 등과 같은 종류의 정결한 것들이 제물이었으며", "고기를 먹거나 신들의 제단을 피로 더럽히는 것은 경건하지 못하다고 해서 고기를 멀리했다"고 기술한다 (법률 782c).

구약성경에도 아브라함이 자신의 자식 이삭을 희생제물로 바친다 (창세기 22장). 여호와(하느님)가 아브라함의 순종을 시험하려고 외아들 이삭을 번제로 드리라고 명한다. 이에 아브라함이 아들을 나무 제단에 놓고 칼로 살해하려는 순간 여호와의 사자가 중지시키면서 대신 숫양을 보냈다. 에우리피데스(Euripidēs)의 유작인 『아울리스의 이피게네이아』[16]는 아가멤논이 사냥 중에 우연히 아르테미스에게 바쳐진 사슴을 죽이자, 분노한 아르테미스가 거친 풍랑을 불게 하여 출범을 막아버린다. 아가멤논은 신탁에 따라 트로이로 진격을 앞둔 상황에서 아르테미스가 몰고 오는 거친 파도를 잠재우기 위해 그의 딸 이피게네이아(Iphigeneia)를 희생제물로 바친다. 그러나 이를 가엽게 여긴 아르테미스가 이피게네이아가 칼에 찔리는 마지막 순간에 그녀 대신에 암사슴을 제물로 바치게 함으로써 그녀를 구원한다. 이집트 출신 아테네 왕 케크롭스(Kékrōps)가 BC 16세기경에 인간 희생제물을 없앴지만,[17] 이런 관습은 BC 12세기경에도 남아 있었던 것으로 전해진다.

희생제의 규정에 따라 숭배하는 신들의 동물도 종류가 다양하고 도살하는 방식이나 과정도 달랐다. 그러나 신은 받은 고기를 먹을 수 없다. 따라서 인간이 신에게 동물을 봉헌할 때는 피를 뿌리거나 주로 동물을 태워 연기를 제공한다 (일리아스 9.219). 이것은 아주 대단한 상상력의 발로이다. 사실은 인간이 먹기 위한 인간 중심의 의식이다. 희생제는 일정한 의식설차와 특히 희생세물을 마련하는 데 돈이 필요하기 때문에 개인은 경제적인 능력에 따라 개인 희생제를 지낼 수도 있었지만, 대개는 공적이고 집단적 의식이었다.

기독교적 희생제의 개념은 그리스의 용어를 차용했으나 본질은 다르다. 유대교 희생제 명칭은 '제바흐(zebach)'이다. 그런데 구약성경인 '70인역'에는 희생제를 '두시아(Thusia)'로 번역하고 일부는 '스파기온(sphagion)'으로 번역하여 유대인의 희생제를 설명하는 데 사용했다. 또한, 신약성경에서는 '두시아'가 40여 차례 등장한다. 이 두 용어는 그리스의 희생제를 나타내는 몇몇 용어들 가운데 가장 대표적인 용어지만 기독교의 성경에서는 의미가 다르게 적용되었다. 기독교는 예수가 유일하게 완전한 희생을 했다는 점을 강조한다. 또한 예수의 죽음을 예수 자신을 하나님께 드리는 제물이라고 비유적으로 언급했고(에베소서 5:2), 하나님에 대한 신자의 헌신(로마서 12:1), 하나님에 대한 찬양과 선행(히브리서 13:16), 영적 희생을 바치는 것(베드로전서 2:5) 등으로 사용했다. 특히 기독교는 동물 희생제는 부정한 자의 육체를 정결하게 하지만 그리스도의 피는 양심을 깨끗하게 하고 하나님을 섬기는 것 (히브리서 9:13-14)이라고 기술한다. 기독교는 그리스도가 희생되었으므로 다른 모든 종교적 희생은 구식이며, 유일하게 받아들일 수 있는 희생은 헌신적인 신자들이 주님께 드리는 예배와 봉사의 희생이라고 말한다.

그리스의 희생제와 유대교 및 기독교의 희생제는 대상과 과정 및 방식도 근본적으로 다르다. 유대교와 기독교는 천상의 유일신인 야훼(하느님)만 인정한다. 유일신 종교는 하나의 신에 대한 희생제라서 단순하고 하나의 용어로 나타낼 수 있다. 그러나 다신교 사회는 각각의 신들에 대한 희생제의 내용이 다를 수 있기 때문에 용어도 다를 수 있다. 그리스 종교는 다신(多神)인 동시에 지하의 신도 숭배의 대상이다. 숭배하는 신에 따라 희생제의 과정과 희생제물의 처리 등이 각각 달랐고 그에 따라 용어도 달랐다. 이런 점에서 그리스의 희생제는 기도나 찬양, 헌주 등은 대동소이하지만 희생물을 바치는 대상과 제의 형식에 따라 명칭과 내용이 다르기 때문에 합당한 용어를 선택해야 한다.

희생제는 종교에 따라 다른 특성을 가지고 있지만 포괄적으로는 첫째, 신을 기쁘게 하여 신과 소통하고 이를 토대로 신과 좋은 관계를 유지하며 인간 세계에 신성한 질서를 확립하는 것이다. 둘째, 필멸자(必滅者)인 인간이 신에 대한 신성(神性)과 불멸성(不滅性)을 인정하면서 신과의 유대를 통해서 사후에 다시 신성한 근원으로 돌아와 그 근원의 힘이나 생명을 재생한다는 환생에 대한 기대를 상징하는 행위다. 셋째, 희생제에 직접 참여했건 아니건 숭배자들 간의 소통과 연대감 및 정체성을 강화하는 상징적 행위다. 이런 상징은 신을 중심으로 집단 구성원들이 소속 집단에 대해 강한 충성심을 갖도록 하는 고도의 프로파간다의 기능을 수행한다. 넷째, 신은 선하고 정의롭다는 인식을 강화하여 시민들의 삶을 올바르게 교정하는 기능을 기대하는 것이다.

그리스의 희생제

그리스 사회의 종교의식 구조(Ritual Structure), 즉 희생제는 그리스 세계에서 신과 인간 사이의 구분을 표시한다는 구조주의의 분석에서부터 인간 공동체의 강조, 초기 인류의 역사에서 폭력의 억제에 관한 이론까지 희생제의 합리성과 의미에 대한 다양한 토론이 이어져 왔다.[18] 그리스 종교에서 희생제는 가장 중요한 의식이었으며, 그리스 종교의 오랜 해석의 역사를 만들어냈다. 그리스인들이 성소를 방문하는 동안 많은 형식을 취할 수 있지만, 가장 두드러진 활동은 일반적으로 동물 희생제에 참석하는 것이다. 제단은 이를 위해 설계된 숭배장소의 핵심이었다.

인간은 가능하다면 언제나 신에게 희생제를 올려야 했다. 인간의 재산에 비례하여 달콤한 고기와 향과 같은 희생물을 선정하고 헌주와 제물을 마련하여 정해진 시간, 특히 저녁과 일출에 올렸다. 그러나 아침저녁으로 희생제를 올리라는 헤시오도스의 충고를 얼마나 많은 사람이 따랐는지는 알 수 없다. 플라톤도 그리스인과 야만인 모두가 아침이나 저녁 그리고 형편이 좋을 때나 어려울 때나 할 것 없이 엎드려 경배하는 의식에 관하여 언급한다 (법률 887e). 아리스토텔레스의 제자였던 테오프라스토스(Theophrastus)는 신에게 희생제를 지내는 이유를 3가지로 든다. 즉 신에게 영광을 돌리고, 감사를 표하며 우리에게서 악을 물리치고 선을 가져오도록 하는 것이다.[19]

그리스인들은 도시국가 차원이나 지역별로 시민을 중심으로 부족들 혹은 지역주민들(deme)이 함께 모여 희생제를 거행했다. 희생제 후에 수반되는 식사를 포함하여 전체적인 희생제의 기회는 꽉 짜인 일상생활에서 잠시 벗어나 즐거움을 누리는 순간으로 생각되었고 구성원들은 강한 유대감을 공유했다. 그리스인들은 신도 인간과 마찬가지로 똑같은 즐거움을 향유한다고 생각했다. 호메로스의 서사시에 등장하는 신들은 영웅이 제공하는 풍성한 희생제를 좋아한다. 신들은 도시의 정규적인 공적 희생제가 열리는 곳이든 또는 어떤 특정 기회에 개인이 사적인 희생물을 선물하는 곳이든 어디든지 그리스인들의 실제의 삶의 중심 자리에 있었다.

희생제는 구전에 의한 이야기를 토대로 여러 의식이 거행되었을 것이다. 이런 의식은 호메로스의 『일리아스』와 『오디세이아』, 그리고 헤시오도스의 『신들의 계보』에 잘 채집되어 정리되었다. 이 서사시들이 그리스 종교의 경전들이다. 그리스의 작가 특히 비극과 희극 작가들은 이 문헌들을 토대로 여러 작품을 썼다. 이 작품들은 위의 두 사람의 작품에 대한 풍부한 해설인 셈이다.

특히 동물의 희생제는 그리스 도상학(iconography)에서 반복되는 주제인데, 호메로스의 서사에 잘 기술되고 있다. 호메로스의 『오디세이아』 (3.429-464, 470-472)에는 희생제에 대한 자세한 설명의 대표적 예에 해당한다. 그런데 호메로스의 서사시에서는 남성 연장자가 사제의 역할을 했지만, 실제의 희생제는 사제가 희생제를 주관했다. 이런 희생제는 그리스 전역의 공공 축제에서 행해졌고 결혼식과 같은 가족 행사에서도 이루어졌다.

희생제의 제물이 동물로 정착되면서 희생 동물은 종류나 색깔 그리고 나이 등을 기준으로 선택되었다. 모든 경우에 동물은 그 종류에서 좋은 동물이어야 했다. 동물을 고르는 개인은 정교한 절차를 거쳐 올바른 선택이 이루어지도록 고심했다. 양과 염소가 더 일반적인 희생제물이었지만 가장 좋고 비싼 희생제물은 가축이었다. 돼지도 마찬가지였는데 특히 데메테르 신에게는 돼지가 일반적이었다. 또한, 수탉, 개, 새, 물고기 등도 사용되었다.

희생제의 제물들은 순수성이 보장될 수 있도록 면밀하게 검사하여 흠결 여부를 확인하고 제물들의 행태가 어떠했는지를 시험한다. 델피 신전의 사제였던 플루타르코스는 희생 동물에게 액체를 붓는 이유는 동물의 활력을 시험하고 신에 대한 희생제에 적합하다는 것을 증명하기 위한 것과 연관시킨다.

올바른 희생제는 동물에 대한 추가 비용이 많이 필요하다. 동물은 소의 뿔을 금도금하는 것처럼 아름답게 꾸며져야 힌디. 호메로스에 따르면 "암송아지의 뿔을 황금으로 싸야 한다"(오디세이아 3.426). 그러면 확실히 화관을 쓴 것 같을 것이다. 도살 전에 동물에게 보리 알이 뿌려져야 했다. 고대 그리스에서 가장 소중한 곡식은 밀이고, 그 다음이 보리였다. 밀 빵은 부유층, 보리 빵은 가난한 사람들이 먹었다. 보리를 던지는 의식은 비록 밀 다음이기는 하지만, 소중한 곡식을 바치는 것이다.

보리 알을 던진 뒤, 동물의 머리에 물을 몇 방울 뿌린다. 이때 동물은 물을 털어내려 고개를 흔들거나 끄덕이는데, 이를 죽음에 대한 동의로 간주한다. 이어 동물의 털을 잘라 제단의 불 속에 넣고 냄새를 피워 냄새가 멀리 신들의 세계까지 퍼지도록 한다. 고기를 요리하거나 동물 전체를 태우기 위한 장작도 필요했다. 향, 포도주나 때로는 물 또는 오일이나 밀크, 꿀로 된 헌주, 그리고 종종 케이크와 사탕, 과자도 제단에 봉헌물로 올렸다. 과자와 빵은 제단에서 태워진 것이 아니라 분리된 제물 식탁에 놓여서 신에게 봉헌될 수도 있다.

그리스인들은 인간들이 신들에게 제물을 봉헌하는 것은 신들이 만족하도록 하기 위한 것이며 신들은 경건함(hosion)에 만족하며 신들은 만족함으로 인간들을 사랑한다는 생각이 보편적이었다 (Platon, *Euthyphro* 15 ab). 그렇다면 신들에게 주는 선물 즉 희생물이 더 많을수록, 더 좋을수록 신들로부터 더 호의를 얻을까? 희생제가 신들을 기쁘게 하는 것이라면 신들은 제물의 크기에 따라서 더 기뻐할 것으로 생각할 수 있다. 호메로스의 『일리아스』에서 제우스는 이렇게 말한다.

"그는 귀중한 선물들을 빠트린 적이 없었으니까요. 일찍이 내 제단에는 진수성찬과 제주와 제물 태우는 구수한 냄새가 빠진 적이 없었는데, 이런 것들이야말로 우리 신들에게 주어진 명예의 선물이 아니겠소." (일리아스 24.68-70)

이 말은 문자대로 해석하면 좋은 제물을 더 기뻐하는 것으로 이해될 수 있지만 '명예의 선물'이라는 대목은 호화롭고 비싼 희생제보다는 신들이 명예롭게 받을 수 있는 희생제를 지내는 인간의 속내가 얼마나 경건한 마음으로 신을 숭배하는가에 더 중요성이 있다는 것으로 해석할 수 있다. 이것은 바로 신약성서(마가복음 12:41-44)의 가난한 과부의 정성 어린 헌금과 같은 내용이다.

　소크라테스도 작은 자원으로 작은 희생제를 올리는 것이 많은 자원을 들인 호화로운 희생제보다 못하지 않다고 생각했다. 그는 신들은 작은 희생제보다 큰 희생제를 더 기뻐하지는 않을 것이라고 말했다. 왜냐하면, 큰 희생제를 더 좋아하게 되면 신들이 착한 사람들의 작은 희생제보다 악한 사람들의 큰 희생제를 더 선호하게 되며 나쁜 사람이 착한 사람보다 신을 더 기쁘게 하는 결과가 되기 때문이다. 결국 신들은 가장 경건한 숭배를 가장 좋아하며 능력에 따라 신들에게 희생제를 올리는 것이 합당하다 (Xenophon, *Memorabilia* 1.3.3). 플라톤도 이런 견해를 유지했다 (국가 2 264b-c, 364e-365a; 법률 10. 885d). 헤시오도스도 이미 이런 제안을 하고 있다.

> "거룩함과 순결함으로, 당신의 능력에 따라 불멸의 신들에게 희생제를 올리고 빛나는 대퇴골을 태우라. 그리고 다른 때에, 그리고 당신이 잠자리에 들 때와 거룩한 빛이 나타날 때, 그래서 그것들이 당신에게 유리한 심장과 마음을 갖도록 그리고 당신이 또 다른 당신의 것이 아니고 다른 사람의 땅을 얻을 수 있도록 헌주와 제물로 그들을 달래라." (일들과 나날 336-341)

　인간 세계에서도 좋은 선물을 주는 것이 좋은 관계를 유지하는 것으로 생각될 수 있는 것처럼, 희생제도 신과 좋은 관계를 유지하는 수단이었다. 희생제의 중요한 기능은 신성을 감지하는 것이다. 희생제에서 신들이 제물을 받았다면 신은 종교 전문가들 즉 사제들이 제단의 불꽃이나 동물의 내적 기관을 통해서 읽을 수 있는 정보나 지침을 보내는 것으로 화답했다. 한편 플라톤은 희생제 가운데 국가가 승인하지 않은 종교적 형태들을 비판하며, 일부 사제들이나 예언자들이 의식을 수행해서 신의 정의를 살 수 있다는 주장을 반박한다.

"구걸하는 사제들과 예언자들은 … 자신들이 희생제와 주문을 통해 신들로부터 신통력을 얻어서, 혹시 자신이나 조상들이 저지른 잘못이 있더라도 향연으로서 그걸 보상하도록 할 수 있으며, 또한, 혹시 어떤 적에게 해를 끼치고 싶어 할 때나 상대가 아무 잘못이 없더라도 적은 비용으로도 해칠 수 있다며, 자기들은 주술과 마법으로 신들이 자기들을 돕도록 설득을 통해서 이런 일들을 한다는 것이다. … 이들은 바로 이것을 '의식(rites)'이라 일컫는데 이 의식이 우리가 저승의 벌에서 벗어날 수 있게 해주지만, 제물을 바치는 의식을 치르지 않은 자들에겐 무서운 일들이 기다리고 있다는 것이다." (플라톤, 국가 2 364b-c, 364e-365a)

신들은 정의(正義)를 바탕으로 절제있게 선택적으로 희생제를 받아들이기 때문에 경건성이 중요하다. 영혼과 육체의 순결은 신이 받아들일 수 있는 희생제를 위한 선결 조건이었다. 따라서 사제는 적어도 손과 발을 씻고 깨끗한 (대부분 흰색) 예복을 입고 나타났다. 피를 부른 죄를 지은 사람은 희생제에 전혀 참가할 수 없었다. 부정한 것, 특히 시체를 만져서 자신을 더럽힌 사람은 향불을 피워 놓고 특별한 정화가 필요했다. 많은 희생제에서 여성은 제외되었다.

그리스 희생제의 유형

디시아

그리스의 희생제는 숭배하는 신과 희생제를 지내는 상황 등에 따라서 몇 가지 유형으로 구분된다. 그리스에서 대표적으로 사용되는 희생제의 유형은 디시아(Thysia)와 스파기아(Sphagia)다. 디시아는 올림포스 신과 영웅들을 위한 희생제이고 스파기아는 지하신(chthonian)을 위한 희생제다. 다만 동물을 제물로 하는 공통성을 바탕으로 각기 다른 의식으로 진행된다. 이 두 의식 사이에는 연속적으로 약간씩 다른 여러 유형의 희생제 의식들이 놓여있었을 것이며 지역별로도 다양한 형태가 존재했을 것이다. 특히 그리스 종교나 희생제는 문서로 된 규정보다는 관례적인 성격이라서 필요와 판단에 따라서 이 두 유형은 서로 중첩될 수밖에 없었을 것이다. 스파기아는 희생제의 대상과 희생물의 처리 등이 약간 다르다. 먼저 디시아 희생제를 기술한 다음에 스파기아 그리고 다른 유형의 희생제는 뒤에서 알아보기로 한다.[20]

디시아는 제사를 의미하는 명사로서 제물, 희생물, 희생의 방식, '제물을 드리는 축제' 의식과 함께 양, 염소, 돼지, 소, 물고기와 새 등의 희생물을 의미했다. 디시아는 내용과 기능에서 신에 대한 숭배에 속하는 일종의 의식이지만 영웅 숭배에도 적용되었다. 디에인(thyoin)은 원래는 희생시킨다는 의미의 동사였지만 명사로 디시아와 함께 사용되었다. 특히 디시아나 디에인은 불이나 연기의 의례로서 희생물을 불로 태운 번제를 의미하고, 희생제와 함께 '잔치'라는 용어로도 사용되었다.

디시아가 희생제의 대표적 용어의 위치를 차지하는 것은 그리스의 주신들인 올림포스 신에 대한 숭배의식이라서 희생제의 일반적인 규범으로 적용되었기 때문이다. 여기에서 디시아는 현대어의 희생제를 대표하는 명칭이 된 것이다. 디시아와 함께 디에인도 특별한 의미의 구별 없이 함께 사용된다.

디시아는 올림포스 신들을 섬기고 이 신들과 소통하기 위해 주로 낮에 신에게 들이는 희생제로, 희생물 일부를 불태운 다음 즐거운 식사에 참여하는 의식이다. 디시아 의식의 형태들 즉 봉헌, 곡식과 칼의 취급, 손 씻기, 신의 몫에 대한 번제, 내장을 굽는 것, 헌주, 희생물에 대한 처리 즉 마지막에 고기를 나누고 식사하는 것 등은 다른 희생제 즉 스파기아와 공통적이다.

희생제에 참가한 사람들은 화환을 썼다. 그들은 제단에서 나온 불꽃을 물에 담그고 이 물을 자신과 제단에 뿌렸다. 다음은 구운 보리 알갱이를 희생 동물의 머리에 뿌리고 머리에서 자른 머리카락을 희생제물에 다시 던졌다. 부주의한 말이 자칫 사악한 징조가 되는 경우를 대비해 희생제 중에는 경건한 침묵을 지켜야 했으며 외부 환경의 소란을 제지하기 위해 악사가 플루트를 연주했다. 거문고와 피리와 찬가를 부르는 소리와 함께 신들이 제물을 받아들이도록 초대했다. 사제는 기도를 반복했고, 경배자들은 고개를 동쪽으로 돌렸다. 기도가 끝났을 때 그의 입술에 손을 얹고 왼쪽에서 오른쪽으로 (어떤 희생제에서는 오른쪽에서 왼쪽으로) 다시 제단 주위를 걷다가 앉았다.

희생 동물의 실제 살해는 정육점 주인(butcher)이나 요리사(megeiras)가 했다. 희생제의 제물로 바쳐지는 희생 동물은 일정한 기준과 조건을 토대로 선별되었다. 희생 동물의 기준은 그리스의 모든 곳에서 동일하지는 않았지만, 일반적으로 흠이 없고 아직 노역에 동원되지 않은 동물만 사용해야 한다는 규칙이 있었다. 희생물의 성별과 색은 수컷은 남신에게, 암컷은 여신에게, 어두운 색조의 동물은 지옥의 신에게 바치는 규칙을 따랐다. 희생 동물의 나이에 관한 규칙도 있었지만 역시 모든 곳에서 동일하지는 않았다. 아테네에서는 어린 양은 처음 털깎기 전에는 전혀 제공할 수 없으며, 새끼를 낳았을 때만 희생물로 제공했다. 어린 동물의 도살에도 특정한 제한이 있었다. 어린 돼지는 5일, 어린 양은 7일, 송아지는 30일이 되어야 한다. 축제에서는 대량의 동물이 희생제물로 사용되었는데, 마라톤 우승을 기념하여 아테네 축제에서 500마리의 염소가 도살되기도 했다.

지상의 신들에게 희생제를 바칠 때, 희생물을 잘라낸 허벅지 뼈나 척추뼈, 내장의 일부 또는 지방층이 있는 살 조각과 같은 특정 부분만 신을 위해 불태웠다. 사실상 인간이 먹을 수 있는 부분을 빼놓고 먹을 수 없는 부분을 신의 몫으로 선택한 것이다. 결국 희생물에서 신의 몫을 제거한 후, 희생제에 참여한 사제들과 희생 연회를 위해 한꺼번에 구워서 소비하거나 집으로 가져갔다. 축제의 희생제는 공적 비용으로 집행되었으며 종종 공적인 식사와 함께 아침에는 지상의 신들에게, 저녁에는 지하세계의 신들에게 희생제를 바쳤다.[21]

헤시오도스의 『신들의 계보』에는 희생제 고기의 불공정하고 속임수에 의한 분배에 대한 제우스의 분노를 기술한다.

"그 당시 프로메테우스는 신들과 유한은 인간들이 바로 메코네(Mecone)에서 협정을 맺을 때 교활한 의도를 품고 커다란 소를 잡아 둘로 나누어 내어놓고 제우스를 속이려고 했었다. 프로메테우스는 하나는 살코기와 기름기가 있는 내장을 소가죽으로 말아서 소 위장으로 쌌다. 또 다른 하나는 소의 하얀 뼈를 윤기가 흐르는 기름종이로 덮어 예쁘게 쌌다. 그러자 신과 인간의 아버지가 그에게 말했다 '이아페토스(Iapetos) 아들이여, 모든 신중에서 가장 영리한 자

여, 나의 오랜 친구여! 너는 고기를 너무 불공평하게 나누었구나!'
지혜롭기 그지없는 제우스는 프로메테우스를 이렇게 꾸짖었다. 그
러나 사악한 프로메테우스는 부드럽게 미소 짓고는 자신의 교활한
술책과 속임수를 자랑스러워하는 듯 이렇게 말했다. '제우스 신이시
여, 모든 영원한 힘들 중 가장 명예롭고 가장 고귀한 신이시여! 이
둘 중 당신의 마음에 드는 것을 고르소서!' 그는 이렇게 교활하게 말
했다. 그러자 지혜롭기 그지없는 제우스는 그의 속내를 꿰뚫어 보며
속임수를 알아채고 동시에 유한한 인간들에게 내릴 수 있을 재앙들
을 마음속으로 상상해 보았다. 두 손으로 하얀 기름 덩어리를 들어
올리면서 제우스는 속으로 화가 치밀어 올랐다. 그리고 소의 하얀
뼈가 아주 교활하고 정교하게 쌓여있는 것을 보자 마음에 분노가 사
무쳤다. 이 일이 있은 후에 지상의 인간들은 향료로 뒤덮인 제단 위
에서 하얀 뼈를 태워 신들에게 제사를 지낸다." (신들의 계보 535-
537)

신은 제단 불에서 연기를 즐겼다. 신들의 몫은 연기로만 이루어졌
는데, 이것은 신들의 몫이 공기 같은 천상의 것이었고 파괴되거나 썩
지 않기 때문에 그들의 불멸을 나타내는 것이다. 남은 고기는 사람들
이 요리해서 먹거나 나중에 먹기 위해 가져갔고 먹을 수 없는 고기는
완전히 태워버렸다. 고기를 먹지 않아 부패하는 것은 인간의 필멸성을
보여주는 것으로 여겼다.[22] 희생제에 참가하고 고기를 받고 먹기 위해
서는 시민이어야 했으며 참여는 시민권의 표시였다. 대부분의 희생제
는 외국인과 노예가 접근할 수 없었기 때문에 동시에 희생제에 참여하
는 것은 시민의 의무이며 권리였다.

영웅숭배 디시아

디시아는 올림포스 신들뿐만 아니라 영웅들에 대한 희생제에도 사용되었다. 그 영웅은 지하세계의 신이었지만 부모 중 어느 한 편이 신(神)인 경우에 해당된다. 영웅은 필사자인 인간과 비교하면 그리스 종교체계에서 신들과 비슷한 위치를 차지하기 때문에 올림포스 신의 영역으로 간주되고 하늘의 신을 위해 예약된 의식인 동물 희생제물의 고기를 먹는 디시아 희생제를 받을 수도 있었다. 이런 형식의 디시아 희생제는 예외적으로 늦게 도입된 의식으로 보이는데, 희생물이 신과 숭배자 사이에서 나뉘고 의식이 뒤따르는 형식이었다. 희생제에서는 부수적으로 행렬, 춤, 음악, 노래, 기도, 운동 경기, 경마, 축제 및 봉헌물의 공탁 등 다른 많은 활동도 수행되었다. 이러한 희생제에서 영웅은 제단에서 불태운 동물 희생물의 몫을 받고 나머지는 숭배자들이 축제와 잔치에서 먹었다. 그런데 식사를 포함한 디시아 제물은 영웅이 신으로 간주될 때만 가능했다. 영웅숭배에서는 세 종류의 의식이 사용되었던 것으로 보인다.

첫째, 피를 쏟는 동물 희생제다. 피를 바치기 위해 소, 염소, 양, 돼지가 선호에 따라 사용되었고, 다른 동물들은 특별한 종교적 숭배에만 사용되었다. 동물 희생제로 구성되었지만 고기가 아니라 피는 희생제에서 신의 일부를 구성한다는 인식에서 중요하게 여겼다. 피의 처리는 동물의 크기에 달려있었다. 작은 동물은 제단 위로 들어 올리고 목을 가늘게 갈라서 피가 제단 위로 쏟아지도록 했다. 크고 무거운 동물은 머리를 땅으로 구부려 목을 긋고 피는 제단을 얼룩지게 하거나 영웅의 무덤으로 가져가거나 지하의 오수 구덩이에 부었다. 이런 방식은 신을 경배하는 의식에서도 아주 실용적인 절차와 방식을 선택한 것이 드러난다.

둘째는 번제의 경우로, 고기를 먹는 것이 금지되고 희생제물을 도살하여 통째로 불에 태웠다. 이러한 형태의 희생제를 홀로카우스트 (holocaust) 즉, 번제(燔祭)라고 부른다. 홀로카우스트는 그리스어 홀로카우스톤(holókauston)에서 유래하는데, 이는 고대 그리스에서 신에게 동물을(holos) 태워서(kaustos) 제물로 바치는 것을 의미한다.[23] 홀로카우스트는 죽은 자의 영(靈)인 그리스 영웅을 포함하여 지하세계의 영을 달래기 위한 액땜 의식이다. 이런 점에서 홀로카우스트는 디시아와 정반대되는 의식으로 오히려 스파기아 유형과 유사하게 보이지만 성격이 다르다. 전자는 기쁜 희생제인 반면에 후자는 화해의 희생제다. 특히 이 영웅숭배 희생제는 저녁이나 밤에 포도주 없이 행해지고 어두운 색의 희생물이 사용되는데, 이 동물을 도살할 때 피를 특별히 강조하면서 피가 위로 솟기보다는 땅으로 직접 흐르도록 한다. 신을 위해 고기를 완전히 통째로 태우기 때문에 신과 인간 몫으로 분할할 수도 없다. 이것은 희생제가 저승과 관련된 신에게 바쳐질 때 그리고 때때로 숭배에서 인간이 강조되는 영웅의 경우에 실행되었을 가능성이 크다. 홀로카우스트의 반대는 두에스타이(thúesthai)로 신과 동료 숭배자들과 함께 식사를 나누는 것이다. 여기에서는 희생된 동물의 먹을 수 있는 부분을 구워서 축하 행사를 위해 배포하는 반면, 먹을 수 없는 부분은 제단에서 태워서 신의 몫으로 돌린다. 그리스인들은 가축을 신이나 영웅에게 희생제를 지낸 다음 그 살을 식량으로 사용하는 경향이 있었다.

셋째, 영웅들이나 조상의 죽은 자에 대한 희생제로 에나기스마 (enagisma) 혹은 에나기스모스(enagismos)로 불리는 형태가 있다. 이 희생제는 그리스인들에게 영웅은 신과 인간의 중간계급이라는 인식에서 출발한다. 이 희생제는 밤에 거행되며 야간의 모든 의식의 복합물은 주로 조상(망자)의 영혼에 대한 제물로 사용되고 신에 대한 제사로는 사용되지 않는다. 희생물도 완전히 태워져서 파괴되기 때문에 의식에서 잔치는 포함되지 않는다. 모두 불에 태우기 때문에 파괴 희생제(Destruction sacrifices)로도 불린다. 파괴 희생제나 피의 의식은 숭배자들에게 고기를 거의 또는 전혀 제공하지 않는다.

디시아는 사회의 구조와 밀접한 관련이 있는 의식으로, 사회와 종교체계 내에서 사회통합적 기능을 수행한다. 이러한 의식에서 고기를 공동으로 나누는 것은 고대 그리스 사회의 중심적인 특징이었던 것 같다.[24] 특히 고기의 균등과 추첨을 통한 배분은 집단성을 강화하고 서로에 대한 시민의 동등한 지위를 유지했다.[25]

스파기아

스파기아는 고대 그리스 종교에서 천상의 신들에 대한 기쁜 희생제와는 달리 지하세계(chthonic) 신들과 죽은 자의 영혼에 대한 화해 희생제다. 스파기아는 주로 전투하기 전과 장례식에서 수행된다. 전쟁에서 행해진 대부분의 희생제는 식사가 뒤따르는 정기적인 디시아인 것처럼 보이지만, 전쟁 전의 희생제나 혹은 강이나 다른 경계를 건너기 전에, 혹은 경계를 가로지르거나 맹세를 하거나 정화를 하기 전에 수행된 희생제의 희생물은 먹지 않는다.

이런 종류의 희생제는 사제가 아닌 만티스(mantis)가 집행하며, 제단을 사용하거나 불을 피우지 않고 내장을 검사하기 위해 동물의 내부를 열어보는 과정도 생략된 채 도살된다. 아마 적군을 앞에 둔 전장이라는 점에서 이런 관습이 생겨났을 것이다. 그리고 도살된 동물의 피가 땅에서 흘러간 방향과 시체가 쓰러진 방식에서 징후를 읽는다. 전쟁 스파기아에서는 피의 의식을 요구하면서 희생제를 받는 특정 숭배 대상에 대해서는 거의 언급되지 않았다. 피의 의식을 실제로 받은 신들 중에는 강과 바다의 신이 있다. 강과 바다에 대한 다른 제물의 피가 강조된 전쟁은 군대가 물을 건널 때나 위험을 수반하는 다른 경우에 행하여진다. 이런 제사에서는 동물의 피가 물에 흘러 들어가도록 했는데, 희생제물들은 나중에 버려진 것 같다.

강과 바다에 대한 피의 의식은 바람을 진정시키거나 바람이 유리하게 불도록 하는 것과 연결된다. 이런 희생제는 위협이나 위험의 상황에서 거행되며 종종 죽음과 밀접한 관련이 있다. 피의 의식의 목적은 이러한 위험을 제거하거나 원치 않는 일이 발생하지 않도록 방지하는 것이다. 피의 의식은 또한 죽은 자를 숭배하는 데 사용된다. 이 상황에서 죽은 동물은 장례식과 관련하여 또는 나중에 무덤과 죽은 자를 계속 돌보는 과정의 일부로 희생된 것이다. 스파기아에서 숭배자들은 희생제물을 나누지 않고, 잘라서 불에 타우거나 땅에 묻거나 강에 던져진다. 희생물을 불태우는 것은 사회심리학적으로 볼 때 신의 유익이 아니라 희생제를 지내는 사람들의 유익을 위한 것이라고 할 수 있다.[26]

축제의 본질

일반적으로 '축제'라는 단어인 'festival'은 원래 14세기 이전의 프랑스어를 거친 라틴어에서 파생된 단어다. 중세 영어에서는 종교적인 휴일의 의미였다. 축제는 세속적으로 '잔치(feast)'라는 의미에서 여러 명의 대규모 식사라는 의미를 가졌다. 축제의 의미로 사용되는 경우는

대부분 영화나 예술 축제보다는 종교 축제를 의미한다.[27]

그리스에서는 축제를 나타내는 몇 가지의 단어들(synodoi, panegyris)이 있는데, 가장 대표적인 것이 헤오르테(heortē, 복수는 heortai)다. 각각 '함께 가는 것', '모두 모이는 것', '즐거워하는 것' 등을 의미한다. 말하자면 축제는 '함께 모여서 즐거워하는 것'이라 할 수 있겠다. 헤오르테는 축제의 식사라는 의미로 신약성서 중에서 대부분 요한복음에 17번 나타난다. 또한, 사도행전(18:21)에서는 잔치(feast)라는 의미로 표현되었다. 호메로스는 축제를 '만인을 위한 잔칫날'로 표현하고 있다 (오디세이아 20.156, 21.258). 물론 여기에 제사는 당연히 포함된다. 잔치는 일반적으로 특정 종류의 의식과 관련하여 먹거나 마시는 것 또는 둘 다 포함한다. 잔치의 반대인 금식은 종종 정화 의식이나 잔치에 관련된 의식을 거행하기 위한 준비의 관행이었다.

그리스에서 축제는 희생제와 동반되는 종교의식의 하나다. 축제는 무언가를 축하하기 위해 사람들이 모여서 음악, 춤, 시, 연극 등과 같은 다양한 문화 또는 운동경기 등의 행사를 펼치는 것이다. 이런 행사는 따로 정해 놓은 날 또는 기간에 이루어진다. 축제는 세속적 행사인 동시에 특히 종교적으로 숭배하는 신과 관련하여 중요하고 의미 있는 행사다. 축제의 이러한 다양성은 축제의 정의도 다양할 수밖에 없도록 만든다. 음악 축제와 연극 축제의 정의는 다를 수밖에 없기 때문이다. 따라서 우리는 그리스 고대사회의 축제가 함의하는 것을 정의하는 것이 중요하다.

그리스의 각각의 축제에는 어떤 형태의 희생제(주로 디시아, Thysia)가 동시에 거행된다. 이런 축제의 희생제는 축제 의식의 한 절차일 뿐이다. 따라서 각각의 희생제가 축제를 수반한다고 해서 명칭이 '축제'가 아닌 것처럼 '축제' 중에 희생제가 수반된다고 해서 명칭이 '희생제'

는 아니다. 미칼손(Jon D. Mikalson)은 그리스인들이 사용한 용어들의 개념 특히 아테네인들이 축제로 부르는 종교 활동들의 특성과 형식을 그리스인의 감각에서 이해해야 한다는 전제에서 축제와 희생제를 구분해야 한다고 강조한다. 그는 아르레포리아(Arrephoria), 판아테나이아(Panathenaia)와 같은 아주 다양한 종교 활동을 '축제'로 취급하면서, 때로는 국가가 숭배하는 신들에 대한 작은 희생제들까지도 '축제'로 취급된다고 지적하고, 그런 '축제'들은 의식, 분위기, 목적, 참가자들의 수와 역할에서 서로 현저히 다르다고 구별한다. 그는 축제는 희생제와는 아주 다른 특성을 가진다고 전제하면서, 이러한 종교 활동들에 대한 그리스의 용어에 주의를 기울이고 '축제'가 이 모든 활동에 대해 적절한 명칭인지를 고려해야 한다고 강조하면서 아테네의 저작들과 고전 시대의 자료들에 따르면 축제로 명명된 종교활동의 희생제는 분류되어 있다고 주장했다.[28]

그러나 고대 그리스의 축제는 신들에 대한 제의로부터 시작하여 신들과 함께 인간들이 즐거워하는 것으로 끝나기 때문에 양자는 동시에 진행된다. 다만 중심 의식이 무엇이냐의 문제다. 축제에는 잔치뿐만 아니라 노래, 극적인 춤과 행진, 운동경기 그리고 특별한 경우 음란한 행위가 따르는 향연 등이 포함된다. 헤로도토스에 따르면 이집트와 바빌로니아인들의 축제와 행진도 이런 모습이었다 (역사 2.60, 3.27). 이런 행사들은 당연히 신을 즐겁게 하면서 신에게 탄원하는 것이다. 플라톤도 춤과 행진은 신에게 탄원하는 것이며 특히 운동경기 등은 이 목적 외에는 개최되어서는 안 된다고 강조한다 (법률 796cd, 799a). 플라톤에게 희생제와 함께 축제는 '신에게 합당한 영예를 바치는 기회'(법률 809d)로, 신을 공경하고 기쁘게 하는 이유는 다른 의식 및 희생제의 목적과 같다. 아울러 축제를 개최하는 인간도 함께 잔치와 즐거움을 누리는 것은 물론이다. 플라톤은 여기에 '휴식과 훈육'이라는 의미를 달았다.

> "신들은 본래 고달픈 인간을 불쌍히 여겨 노동으로부터 휴식을 취하도록 자신들을 받드는 축제를 번갈아 개최할 것을 명하고, 사람들을 다시 바로잡기 위해 뮤즈들과 이 신들의 선도자인 아폴론 그리고 디오니소스를 축제의 동반자로 주었다. 그리하여 축제에서 신들의 도움으로 훈육이 이루어지도록 했다." (법률 653D)

반면에 아리스토텔레스는 플라톤보다 축제를 더 적극적으로 즐거운 행사로 보고 있다. 그는 축제가 풍성한 음식, 좋은 친구, 좋은 오락으로 기쁘고 즐거운 종교적 체험이라는 전통을 나타내며 사람들이 부드러운 상태, 즉 놀이에 흥이 나고 웃으며 순풍에 돛을 달 때, 성공한 때, 만족스러운 때의 맥락에서 축제를 표현한다 (Aristoteles, *The Rhetoric* 1380 b3).

축제는 결국 희생제 의식과 동전의 양면이며 한 선상에 올라있다. 두 의식 모두 성격은 신에 대한 봉헌이다. 다만 다른 점은 신에 대한 제물의 차이다. 희생제는 주로 동물을 희생제물로 사용하는 반면에 축제는 인간의 재능을 행동으로 표현하는 것이다. 기능도 유사하다. 다만 축제는 가무 경연과 운동 시합을 포함한다. 이런 행사는 현대사회에서도 경배와 위문의 행사와 상통한다.

축제는 희생제보다 경연과 시합이라는 과정을 통해서 단합이 더 강화될 수 있다. 또한, 참가자들의 관심과 즐거움을 더 높일 수도 있다. 참가 대상이 가장 넓었던 올림픽은 그리스 전체에 대한 소통과 경쟁 단위인 도시국가별 단합을 더 강하게 구축할 수 있었다. 이것은 동서 고금의 모든 경연과 시합의 공통적인 특성이다.[29]

그리스 축제는 규모와 참가 범위에 따라 지방의 기초 행정기관(demes)이나 부족들 그리고 국가가 예산을 부담하고 주관했다. 이와 관련하여 투키디데스(Thucydides)는 아티카(Attica)의 정치적 통일을 기념하는 아테네에서 개최된 고대 그리스 축제인 시노이키아(Synoikia) 축제를 언급하면서 이 축제가 국가의 비용으로 개최되었다고 기술한다 (펠로폰네소스 전쟁사 2.15.2). 이 축제는 테세우스를 아테네의 창시자로, 아테나 여신을 도시의 수호 여신으로 기념하는 축제다.

플라톤에 따르면 축제는 부족의 이름을 딴 12신들을 위해 12개의 축제가 설립되고 이 신들 각각에게 매달 제의를 거행하되 가무와 시가(詩歌) 경연 및 체육 경기는 신들 자신과 각 계절에 적합하게 할당하며 여자들만의 축제와 그렇지 않은 축제로 나누어 제의를 거행해야 한다는 것이다. 또한, 천상의 신들과 지하의 신들에 대한 축제는 구분해야 한다 (법률 828cd). 또한, 축제 일정과 횟수는 델피에서 신탁을 받아 법으로 정하고 횟수는 365회에서 조금이라도 모자라서는 안 된다고 강조한다 (법률 828a).

그리스의 각 도시국가 특히 아테네는 특정 지역 집단의 주요 축제 행사를 보여주는 날짜가 적힌 축제나 희생제 달력을 만드는 것이 관행이었다. 아테네 달력은 하나 이상의 달력이 있고 달력을 사용하는 방법은 여러 가지가 있기 때문에 복잡한 문제이다. 아테네인의 축제는 5개의 각각 다른 달력(올림피아드, 계절, 시민, 공회, 천문)으로 운영되었다.[30]

그리스의 축제는 매 2년 또는 4년의 달력에서 정해진 날짜에 열렸다. 그리스인들은 일상생활에 앞서 축제일을 우선으로 꼽았다. 달력은 도시국가마다 다르지만 12개월 주기를 기반으로 했다. 많은 도시가 가을에 연초를 시작했지만, 도시마다 달랐다. 이런 체계는 자칫 일자에 혼선을 빚을 수도 있었다. 특히 그리스의 축제는 음력 기준의 달력을 사용했는데 양력 기준의 달력으로 전환하면서 혼선이 왔다. 특히 이런 달력에는 여러 축제의 이름이 있지만 '축제 달력'이라기보다는 '희생제' 달력이라고 부르는 것이 더 합당하다. 달력의 주된 목표는 매달 제공되는 희생제의 제물을 나열하는 것이며, 그 이상의 세부적인 것은 없기 때문이다. 아리스토파네스는 달력의 혼란스러운 상황을 풍자적으로 표현한다.

> "여러분은 날짜를 제대로 계산하지 않고 뒤죽박죽으로 만든 것이었소. 그래서 신들은 옛 계산법에 맞추어 왔다가 축제를 놓치게 되어 제물도 받지 못한 채 집으로 돌아가 달님을 야단친다는 것이었소. 제물을 바쳐야 할 날에 여러분은 고문하고 재판을 하니까요. 그런가 하면 우리 신들이 단식할 때면, 이를테면 멤논과 사르페돈의 운명을 슬퍼할 때면, 여러분은 종종 술을 마시며 희희낙락하지요." (구름 615-623)

축제에는 음악, 춤, 시, 비극과 희극의 공연 그리고 여러 종목의 체육대회가 포함되지만 다른 이름으로는 축제 대신에 주로 '운동경기(agonistic)'로 불렸다. 이런 축제를 조직하고 개최하려면 상당한 비용과 준비가 필요하다. 축제는 범 그리스적인 축제와 특정 도시국가 또는 지방 그리고 특정 신에 한정되는 축제 등 대상과 범위 및 형식이 다양하다.

축제 장소는 일반적으로 특정 신전 또는 성소나 종교적 의미가 있는 장소로 제한된다. 축제는 도시 지역이나 시골 지역에서 매번 같은 장소에서 열리지만 한 곳에서 다른 곳으로 이동하는 것도 축제 일부가 될 수 있다.[31] 축제의 중심은 희생제가 올려지는 제단이다. 그리스 전

역에서 열리고 어디에서나 참가할 수 있는 여성 축제인 테스모포리아
(Thesmophoria)와 같은 축제는 장소가 그렇게 엄격하게 제한되지 않
는다.

축제에 참여하도록 허용된 참가자들은 폴리스의 남성 거주자들이
우선이다. 참가자들의 입장 순서는 여러 등급이 있고 앞서 언급한 테
스모포리아와 같은 다른 축제는 성인 여성들만 참석할 수 있다. 외국
인(이주자)이나 성별(남녀), 신분(노예)에 제한을 받지 않은 축제도 있
다. 시민에 대한 기준은 아리스토텔레스가 그의 정치학에서 엄격하게
규정해 놓고 있다.

그리스 축제의 유형

올림피아 제전

축제는 경기 명칭과 숭배대상 개최장소 개최시기 등에 따라 몇 가지로
유형으로 구별된다.[32] 이들 중에서 고대 그리스에서 시작된 시기가 불
명확하지만 오래된 엘리스의 올림피아(Olympia) 제전, BC 582년에
출발한 피티아(Pythian) 제전과 이스트미아(Isthmia) 제전, 그리고
BC 573년에 시작된 네메아(Nemea) 제전 등을 중심으로 하면, 이 대
회들은 4년 주기로 각각 열렸다. 올림피아 제전 다음 2년째는 네메아
경기와 이스트미아 경기가 같은 해에 달만 다르게 열렸다. 그리고 3년
째 해에는 피티아 경기가 열렸다. 따라서 모든 경기가 각기 다른 시기
에 열렸기 때문에 모든 참가자는 모든 대회에 참가할 수 있었다. 이 대
회들을 비롯한 주요 축제에 관해서 기술하기로 한다.

올림피아 제전은 그리스의 모든 도시국가의 대표선수들이 참가해 여러 종목의 시합을 벌이는 가장 큰 규모의 체육 축제였다. 축제가 언제 처음으로 시작되었는가는 확실하지 않지만, BC 13~BC 12세기까지 거슬러 올라간다. 그러나 BC 8세기부터 그리스 본토, 소아시아, 흑해지역, 이태리, 시칠리, 이집트와 키레네 등 그리스 전역에서 특정 신을 숭배하는 희생물을 바치고 경기에 참가하거나 관중으로 희생제의 정해진 시간에 모여들었다. 운동경기는 그리스어로 투쟁이나 경쟁을 의미하는 아곤(agon)으로부터 나온 용어로 '아고니스틱(agonistic)'으로 불린다. 시상 종목은 경주, 복싱, 레슬링, 기타 신체적 경쟁뿐만 아니라 음악, 시, 드라마, 음악과 춤도 포함되었다. 4가지 축제 가운데 가장 대표적인 것 중의 하나가 지역별로 매년 열리거나 또는 그리스의 모든 도시국가를 대상으로 4년마다 열리어 현대 올림픽의 기원이 된 올림피아 제전이다.

8세기에 들어서서 그리스 도시국가 중의 하나인 엘리스(Elis 혹은 Eleia)가 '올림피아 제전'을 주최했다. '올림피아 제전'이라는 명칭은 엘리스의 '올림피아'라는 지역에서 개최되었기 때문이다. 행사명을 지명을 따라 지은 것이다. 구체적인 시기는 BC 776년부터로 나타난다. 이 연대는 그리스 올림피아에서 발견된 비문에 근거를 둔 것이다. 이 비문의 내용은 기원전 776년부터 4년 이후 올림피아 경기마다 달리기 경주 승자 목록의 기록이 남겨져 있다. 이것은 올림픠아 제전이 매 4년마다 열렸음을 나타낸다. 현대 올림픽은 나라별로 4년마다 돌아가면서 개최되지만 고대 올림픽은 4년에 한 번, 이곳에서만 개최되었다.

이 4년의 기간을 '올림피아드(Olympiad)'라고 부른다. 올림피아드는 그리스인들의 시간 단위다. 근대 올림픽에서 올림피아드는 올림픽 대회 자체를 의미했다. 그러나 이제는 올림픽 사이의 기간 4년을 가리킨다. 예를 들면, 1896년 아테네에서 열린 제1회 올림픽 대회에서 다음 대회까지의 4년간을 제2회 올림피아드라고 한다. 제31회 올림피아드는 2016년 1월 1일에서 2019년 12월 31일까지이다.

올림피아 제전을 위해서 올림피아에서는 올림픽 경기장을 건설했다. 올림피아 제전이 제우스 신을 기리기 위한 것이라서 경기장도 당연히 제우스 신을 위한 시설이다. 경기장은 '스타디움(stadium)'으로 불린다. 스타디움은 주로 옥외의 스포츠나 콘서트 등을 위한 장소를 가리킨다. 경기하는 필드나 스테이지와 그것을 둘러싸는 객석으로 구성되어 있다. 객석은 사방을 둘러싸기도 하고, 일부만을 둘러싸기도 한다.

전설에는 경기장이 완성되자 헤라클레스가 일직선으로 200걸음을 걸었는데, 이 거리를 '스타디움'으로 불러, 길이 단위인 '스타디움(stadium)'이 되었다. 스타디움은 원래 180~240m에 해당하는 길이의 단위이다. 당시에는 사람들의 발 길이를 중심으로 구분했기 때문에 사람들의 발 길이에 15% 정도는 달라질 수 있다. 스타디움은 올림픽의 발상지 올림피아 스타디움의 길이가 가장 길었다. 현재의 기준으로 192.27m였다.

경기는 올림피아 주(主)경기장 즉 스타디움과 근처의 히포드로메(Hippodrome)에서 개최되었다. 히포드로메는 경마장이다. 그리스어 '히포(hippos)'는 '말(horse)'을 의미하고 '드로메(dromos)'는 '코스(course)'의 뜻이다. 따라서 경마와 마차경주를 위한 고대 그리스의 경기장이다. 이 용어는 근대 프랑스어에서 '경마장'으로 사용된다. 현대의 경마 트랙에 히포드로메가 사용되는 배경이다. 그리스 경마장은 일반적으로 언덕의 경사면에 설치되어 있었다. 경마장의 한쪽 끝은 반원형이고, 다른 쪽 끝은 넓은 현관이다. 그 앞에는 말과 전차가 머무는 곳이다. 고대 그리스의 히포드로메는 200m 거리의 직선 경기가 열릴 수 있는 구조인데, 400m의 경우 왕복으로 달린다.

히포드로메에서는 마차경주 등이 열렸고 주경기장은 권투·장대 뛰기·원반 던지기·5종 경기·격투기가 열렸다. 오늘날 볼 수 있는 둥근 원형의 말 경주장은 로마 시대에 만들어진 것이다. 관람석은 경기장 밖에 일직선으로 늘어서 있고, 관람은 전부 무료다. 특별히 VIP용 좌석은 없고, 먼저 온 사람이 먼저 자리를 잡는다.

올림피아 경기는 처음에는 단거리경주(1스타디온) 1종목이었다. BC 724년부터 중거리경주, 장거리경주, 5종경기(멀리뛰기, 원반던지기, 단거리경주, 창던지기, 레슬링), 복싱의 차례로 점차 늘어났다. 전차경주나 경마는 BC 7세기가 되어서야 시작되었다. 그 뒤 격투기인 판크라티온(Pankration), 무장경주, 나팔수 경기, 전령경기를 겨루는데, 전차경주에는 2두(頭)·4두, 준마·노새 등의 종별이 있다. 판크라티온은 고대 그리스의 기원전부터 존재해온 유서 깊은 격투기이다. 전 대회를 통하여 벌어진 경기는 약 19종목이다. 그 밖에 만 18세 이하 소년의 경기가 BC 7세기부터 시작되어 단거리경주, 레슬링, 5종경기, 복싱, 판크라티온의 5종목을 겨루었다. 한 대회에서 모든 경기가 있었던 것은 아니어서 전성기에도 대개 10여 경기를 한다.

올림픽은 7~9월 사이에 개최된다. 경기는 전부 벌거벗은 상태에서 치러진다. 체력 단련을 위해 겨울에도 맨몸으로 지내는 깃이 그리스의 전통이다. 체육관을 의미하는 영어의 '김나지움(Gymnasium)'은 그리스어 '김노스(Gymnos)'에서 왔다. '김노스'는 '벌거 벗은'이란 의미다. 이 광경을 여성들이 볼 수 없었기 때문에 여성들의 참관은 제한되었다. 다만 남성 경기가 없는 날에는 헤라 여신을 위한 스파르타 여성들의 특별 경기가 열리기도 했다. 대신 여성 경기는 옷을 입고 진행된다. 투키디데스는 당시 선수들이 어떤 모습으로 경기에 임했는지를 잘 묘사해준다.

"스파르타인들은 최초로 공개석상에서 옷을 벗고 나체로 경기를 하고 연습이 끝난 뒤 몸에 올리브유를 바르는 습관을 가졌다. 올림피아에서도 원래는 선수들이 사타구니에 요포를 차고 경기를 했으며, 그것이 폐지된 것도 몇 년 안 된다. 그리고 오늘날에도 비그리스인들 특히 소아시아에서는 권투 경기와 레슬링 경기를 할 때 요포를 차고 한다. 그 밖에도 옛날에 그리스인들과 오늘날에 비 그리스인들의 생활 습관이 같았다는 증거는 많이 제시할 수 있다." (펠로폰네소스 전쟁사 1.6)

올림피아 제전의 참가 자격은 그리스 출신의 남자 시민에 한정된다. 알렉산드로스 대왕도 자신이 그리스인 혈통이라는 것을 심판들에게 인정받은 후에야 경기에 참가할 수 있었다. 고대 올림픽에서는 승패보다는 정정당당한 경기가 중요했다. 이 모습이 제우스 신을 기쁘게 하는 것이라고 생각한 것이다. 올림피아 제전 자체가 제우스 신을 위한 것이다. 올림피아 제전이 개최되는 기간에는 '올림피아 제전'과 동시에 '올림피아 휴전'이 이루어졌다. 이 기간 중에 어느 도시국가라도 다른 나라를 침범하면 그에 대한 응징을 받을 수 있었다.

올림피아 참가는 영광이나 신에 대한 경배심만으로 채워진 것은 아니다. 우승자에게는 나름의 부와 명성이 보장된다. 고대 올림픽 우승자는 돈이나 권력이 아닌, 월계관만을 받는다. 헤로도토스는 페르시아 군대의 트리탄타이크메스(tritantaechmes) 왕이 BC 480년 테르모필라이 전투에서 스파르타를 어떻게 물리쳤는지를 전하면서 그리스 사람들은 올림픽 경기를 기리면서 상은 돈이 아니라 단지 올리브 화환이었다는 것을 몇 명의 탈영병으로부터 알고 놀랐다는 것을 전한다.

"아르카디아(Arkadia)에서 몇몇 탈주자들이 생계가 궁핍하여 일거리를 얻으려고 페르시아인들에게 찾아왔다. 페르시아인들은 그들을 왕의 면전으로 데려가 그들에게 그리스인들이 무엇을 하는지 물었다. 아르카디아인들은 그리스인들이 올림피아 제전을 거행하며 체육경기와 경마를 구경하고 있다고 대답했다. 그러자 그 페르시아인은 그들이 경기를 하여 무슨 상을 받는지 물었다. 아르카디아인들은 올리브나무 관이 상으로 수여된다고 말했다. 그때 트리탄타이크메스는 재물이 아니라 올리브나무 관이 상으로 주어진다는 말을 듣자, '마르도니우스여! 그대는 우리를 어떤 사람들과 싸우라고 데려온 것이오. 그들은 재물이 아니라 미덕을 위에 경기를 하는데'라고 말했다." (역사 8.26)

헤로도토스의 이 기술은 당시 마라톤 제전의 우승자에게 재물이 아니라 명예로 올리브 나뭇가지를 둥글게 말아서 만든 환을 주는 것으로 갈음했다는 것을 전한다. 당시 그리스인들이 재물이 아니라 명예와 미덕을 얼마나 존중했는지를 잘 나타내 주고 있다. 올림피아 제전기간에는 그리스 전역에서 수송된 포도주와 음식이 넘쳤다. 포도주의 신 디오니소스를 찬미하는 노래와 음악, 연극이 진행됐다. 이 기간은 또한 시인들의 축제 기간이다.

올림피아 제선에서 운동경기는 주목적이 아니고 수단이다. 주목적은 그리스 신들을 기리고 섬기는 의식이다. 최고의 신 제우스를 중심으로 부인인 헤라, 그리고 올림픽 개최에 직접적 동기가 된 전설적 인물 펠롭스, 헤라클레스 등을 섬겼다. 이곳에는 제우스 신상과 그의 부인 헤라의 신상이 건립되었다. 제우스 신상은 상아와 황금을 재료로 14m 높이의 거대한 동상이었다. 현재는 자취도 없다. 고고학적 존재일 뿐이다.

경기는 5일간 이어진다. 전야제는 펠롭스 무덤에 양을 희생제물로 바치는 의식부터 시작된다. 다음날에는 조각가 페이디아스가 만든 제우스 신상에 봉헌이 이루어진다. 둘째 날에는 5종경기와 시 낭송회 등 각종 행사 그리고 하이라이트로 전차경주가 열린다. 그리스의 전차경주는 아주 오랜 역사가 있다. 호메로스의 『일리아스』에는 파트로클로스(Patroclus)의 추모 경기에서 그리스 영웅들의 전차경주가 나온다. 전차경주의 기원에 대한 이야기가 호메로스의 『일리아스』 이야기로 전개된 것을 토대로 하면 전차경주는 그리스가 로마제국보다 훨씬 이전에 시작한 것이다. 특이한 것은 『일리아스』에서는 말을 타고 전쟁하는 장면은 없다. 올림피아 제전의 제3일째는 제우스 신을 기리는 제사와 달리기 경주가 실시된다. 제4일째는 갑옷 달리기, 권투, 레슬링, 판크라티온이 실시된다. 마지막 날인 제 5일에는 시상식과 제우스신에 대한 감사제로 막을 내린다.

올림피아 제전은 BC 431년 펠로폰네소스 전쟁에서 주최국인 엘리스가 정치적 중립을 지키지 않으면서 흔들리기 시작한다. 이어 서기 392년에 로마 제국의 테오도시우스(Theodosius) 1세가 기독교를 로마 제국의 국교로 정하면서, 서기 393년 제293회 대회를 마지막으로 고대 올림픽은 1171년의 삶을 일생으로 종막을 고했다. '이교도의 제전'이라는 이유다. 중간에 부활의 움직임이 있었지만, 성공하지는 못했다. 그 후, 근대 올림픽의 창시자인 프랑스 역사학자 쿠베르탱이 깃발을 들면서 1896년에 그리스 아테네에서 제1회 올림픽이 열린 이래 계속 이어지고 있다.

피티아 제전

피티아 제전은 델피의 아폴론 성역에서 BC 586년부터 4년마다 열린 고대 올림픽의 한 형태이다. 아폴론 신을 기리기 위한 경기로 처음에는 각 도시국가의 대표들이 모여 음악과 시를 놓고 경합을 벌인다. 세월이 흐르면서 레슬링, 복싱, 달리기, 경마 등의 운동 경기도 추가되었다. 경기의 승자는, 피톤의 살해를 재현했던 소년이 델피 계곡의 올리브 나뭇가지를 잘라와 그 잎으로 만든 관을 쓰고 사람들의 환호를 받는다. 성역 내에 자신의 상을 세울 권리도 확보한다. 경기장 옆의 극장은 연극의 공연뿐만 아니라 여사제인 피티아에 대한 제례가 열린다. 또한, 아폴론 신전에서는 신탁이 이루어진다. 피티아 제전은 성스러운 성소에서 개최된다는 점에서 그 의미가 각별하다.

델피의 아폴론 성역과 아테나 여신의 성역인 마르마리아 사이에는 '김나지움'이 위치해 있다. 김나지움은 BC 4세기에 건립되었는데, 상층부와 하층부로 나뉘어 상층부는 달리기 훈련을 위한 곳이다. 하층에는 체육관, 수영장, 목욕탕 등이다. 특히 피티아 경기에 참가하는 선수들의 훈련장소로 이용되었다. 김나지움은 신체의 단련뿐 아니라 지적 능력을 개발하기 위한 공간이기도 했다. 비문에 따르면 철학자, 시인, 천문학자와 같은 지식인들도 이곳에 와서 젊은이들을 가르쳤다.

이스트미아 제전

이스트미아 제전은 고대 그리스의 범 헬라의 경기중의 하나로 BC 582년부터 시작되었다. '이스트미아'라는 이름은 고린토스 지역의 이름을 따서 지어졌다. 이스트미아 제전은 도시국가의 하나인 코린토스의 전설적인 설립자요 왕인 멜리케르테스(Melecertes)의 장례식에서부터 시작되었다. 당시의 장례식은 사망한 사람을 추모하여 운동경기 형식으로 치루어졌다. 이런 장례 의식은 고대 문명의 공통적인 특징이었다. 장례식은 사망자의 영혼을 기쁘게 해주기 위한 것이다.

코린토스는 경기가 시작되기 전에 선수들에게 그리스를 안전하게 통과할 수 있도록 휴전을 선언했다. BC 410년에는 아테네와 코린토스가 전쟁 중이었다. 그러나 아테네인들은 보통 때와 다름없이 경기에 초대받았다.

네메아 제전

네메아 제전은 네메아에서 늦어도 BC 573년에 개최되기 시작한 제전이다. 네메아는 그리스의 펠로폰네소스반도 북동부의 아르고스 소속이며 현재는 코린토스의 일부이다. 남서쪽으로 헤라클리온이라는 작은 마을이 있고, 서쪽으로 뉴네메아라는 마을이 있다.

그리스 신화에서 네메아는 헤라클레스에게 퇴치된 네메아의 사자가 살았던 곳이다. 아폴로도로스의 신화에는 아르고스의 공주 힙시필레(Hypsipyle)가 아르고스에서 테바이로 가는 길에 테바이를 공격한 일곱 장수를 위해 네메아에서 물을 가지러 간다. 그 사이, 흑사병 감염을 막은 파슬리(parsley)로 만들어진 침대에 자고 있던 네메아 왕 리쿠르고스(Lycurgus)와 왕비 에우리디케(Eurydice)의 아들 오펠테스(Opheltes)가 뱀에게 물려 죽는다. 일곱 장군은 죽은 아이를 기리기 위해 '네메아 제전'을 개최했다. 이것이 네메아 제전의 기원으로 전해진다. 네메안 게임은 올림피아드(Olympiads) 2년과 4년째에 개최된다.

▶ 주요 경기의 숭배대상 및 개최시기

경기명칭	숭배대상(신)	개최장소	개최시기
올림픽(Olympic)	제우스	올림피아(Elis)	매4년
피티아(Pythian)	아폴론	델피	매4년 (올림픽 2년후)
네메안(Nemean)	제우스/ 헤라클레스	네메아. 코린티아	매2년 (올림픽 전후)
이스트미안 (Isthmian)	포세이돈	이스트미아. 시키온	매2년 (올림픽 전후)

이 밖에 안테스테리아(Anthesteria) 축제는 여러 축제들 중에서 가장 최초의 축제 중의 하나로 입증된 축제다. 이 축제의 명칭은 그리스어 꽃을 의미하는 'anthos'로부터 나왔는데, 실제 이 축제는 꽃과 직접적인 관련이 있는 것은 아니다. 다만 포도주의 신인 디오니소스를 기리기 위해 초봄에 그리스 전역의 공동체에서 개최된다. 안테스테리아 축제는 3일 동안 개최되는데, 첫날은 신성과 계절의 축하와 관련되어 있다. 새 와인이 개봉되고 개인들에게 판매한다. 둘째 날은 디오니소스의 성소가 개방되고, 음주 경연대회가 열리는데 시상식의 상으로 와인이 수여된다. 셋째 날은 죽은 자를 기념하기 위한 희생제를 올린다. 이 축제에 관해서는 디오니소스 밀교에서 보다 상세하게 토론한다.

테스모포리아(Thesmophoria) 축제는 농업과 가족의 여신 데메테르(Demeter)를 위한 축제다. 그리스의 다른 축제들과는 달리 여자만이 참가한다. 축제는 겨울 작물의 파종기 전인 가을에 그리스 전역의 공동체에서 개최된다. 축제의 이름은 파종을 함의하는 "땅에 내려놓다" 또는 규칙이나 법의 의미인 'thesmos'과 관련이 있다. 아테네에서 테스모포리아 축제는 아테네력으로 피아네프시온(pyanepsion) 즉

9~10월에 3일간의 일정으로 개최된다. 아리스토파네스는 BC 411년
에 『테스모포리아 축제의 여인들』이라는 제목의 희곡을 공연했다. 아
리스토파네스의 희극은 이 축제의 의미를 잘 전해준다.

> "의례의 침묵을 해 주세요. 의식의 침묵입니다. 두 테스모포리아 여
> 신들, 부의 신과, 칼리게네이아, 젊은 치료의 신, 헤르메스, 그라케
> 스에게 이 회의와 오늘의 모임이 가장 훌륭하고 가장 원만하게 진행
> 되고 아테네인들의 도시에 최대의 이익이 되고, 아울러 여러분 자신
> 에게도 행운이 되게 해달라고 기도합시다." (테스모포리아 축제의
> 여인들 295-300)

아리스토파네스는 의식에 관해서는 거의 언급이 없다. 희극의 전체
를 통해서 보면 희극의 청중들은 단지 의식들이 비밀이라는 것과 여성
으로 한정된다는 것, 밤에 개최된다는 것, 노예들은 의식이 시작될 때
는 일단 입장이 안된다는 것을 알 수 있다.

판아테나이아(Panathenaea) 축제는 아테네의 수호신인 아테나 여
신의 탄생을 기리기 위해 매년 8월경에 개최된다. 이 축제는 아마 BC
7세기에 시작된 것으로 보인다. 이 축제는 올림피아 축제에 버금가는
4년마다 열리는 대축제와 연례행사로 개최되는 소축제로 구분되는데
종교의식 외에도 각종 문화 및 체육행사로 이어졌다.

가정의 종교의식

헤스티아

그리스인들에게 자연 즉 야외는 사랑스럽고 호의적이지만 끔찍하고 무서운 대상이다. 그리스인들은 자연이 미지의 위험한 힘에 처해 있다고 느끼면서 야외보다 집안을 선호했다. 그들에게 사람의 집은 그의 보호의 성(城)이었다. 개인의 집은 기본적으로 독립되고 고립된 건물로 다른 집과 연결되지 않은, 도시국가 생활에 적합한 구조다. 그리스 사회의 이런 집들은 일반적으로 전면에 열린 홀을 가진 궁정인 '메가론(megaron)'이라고 부르는 건물을 중심으로 들어섰다.

그리스는 이미 선사 시대에 복잡한 건물과 좁은 거리가 있는 도시로 출발했다. 미케네 시대의 궁궐은 복잡한 건축계획에 메가론이 도입되었다. 사람들이 마을에 모여 정착하면서 공간 부족으로 집들이 이어져 건축되고 울타리가 사라졌으며, 안뜰도 줄었다. 집과 울타리는 사람을 다른 적들과 다른 위험으로부터 보호했지만, 그 자체로 신의 보호가 필요했다. 이런 관념은 그리스 사회의 가정을 비롯한 모든 사회 수준에 종교가 철저하게 내포되는 배경이 되었다.

가정과 사회 속에 담긴 대표적 숭배의 대상이 헤스티아(Hestia) 여신이나. 헤스티아는 '난로(hearth)'와 관련되어 '노변 제단', '가정', '집' 또는 '가족'을 나타내는 '오이코스(oikos)'와 같은 의미를 갖게 되면서 '가정'이라는 의미의 단어로 일반화되었다. 그리스 신화에서 헤스티아는 티탄족의 크로노스와 레아의 장녀이고 첫 출생이었다. 제우스는 헤스티아에게 신들에 대한 동물 희생제의 기름지고 타기 쉬운 부분을 태워 올림피아 난로의 불을 활성화하고 유지하는 의무를 부여한다. 그리스 문화에서 헤스티아는 관습적으로 가정의 모든 희생제에서 첫 번째 제물과 동시에 마지막 제물을 받는다. 그 여신에게 제공되는 전통적인 음식에는 물, 와인, 과일 및 기름, 아마도 올리브 오일이 포함되었을 것이다. 헤스티아에게 드리는 희생 동물은 돼지다.

헤스티아는 신들에게 바쳐지는 모든 희생제와 신성한 불꽃을 통해 모든 신으로 향하는 관문이기 때문에 모든 희생제에는 그녀가 포함된다. 그녀는 신들을 위해 행해진 모든 희생제를 감리하고 가족 식사 준비를 담당하며, 모든 신전에서 음식을 조리하거나 제물을 태우는 곳마다 숭배의 대상으로 영광을 누린다. 제단의 신성한 불은 그녀 자체이며 고대에는 그녀에 대한 신전은 거의 없지만 각 가정의 어디나 존재했을 것이다.

그리스 신전의 초기 형태도 난로가 설치된 형태다. 크레타에 있는 드레로스(Dreros)와 프리니아스(Prinias) 신전은 항상 내부에 델피의 아폴로 신전의 난로 유형의 헤스티아를 가지고 있었다. 일반적으로 고대 그리스에서 각 국가, 도시 또는 마을은 자체적으로 '프리타네움(Prytaneum)', 또는 '프리타네이온(prytaneion)'이라는 청사(廳舍)가 있는데, 도시 생활의 상징으로 화로의 여신 헤스티아의 성스러운 불이 들어있다. 이 난롯불은 왕이나 각 도시의 관리자 및 그의 가족 구성원이 꺼지지 않도록 계속 관리한다.

도시국가가 새로운 식민지를 설립했을 때는 도시에 있는 헤스티아의 공공 난로에서 나오는 화염을 새로운 정착지로 옮기는 것이 관례다. 도시국가 차원에서 그리스 식민지의 난로와 그들의 모태 도시는 헤스티아의 숭배를 통해 연합되고 신성화되었다. 이 전통에서 1936년 제11회 올림픽부터 그리스의 헤라 신전에서 성화가 채화되어 올림픽 개최지로 봉송된다. 이 성화는 바로 헤스티아 여신의 난로에서 채화되는 것이다.

가정에서 헤스티아의 숭배에 대한 책임은 때로는 남성에게도 있지만 주로 여성에게 맡겨졌다. 가정의 난롯불이 우발적 또는 과실로 꺼지는 것은 국가나 종교가 가정을 보호하지 못하는 것을 의미했다. 성소나 신전에서 헤스티아의 공적인 불을 유지하지 못하는 것은 광범위한 지역사회에 대한 의무 위반이다. 난로의 불은 필요와 의도에 따라 의식을 통해서 끌 수도 있는데, 이 경우 공공건물의 의식은 대개 공무원이 담당한다. 헤스티아의 점화나 재점화는 장엄한 새로운 시작을 의미한다.

가정의 궁극적 보호자는 제우스다. 울타리에 대한 그리스어는 헤르코스(herkos)이며 헤르케이오스(herkeios)는 제우스의 별칭이다. 호메로스에 따르면, 시민들은 일반적으로 집 앞마당에 '제우스 헤르케이오스' 제단을 세우고 희생제 의식을 드린다. 모든 집에는 이런 신성한 보호자가 존재한다. 제우스의 또 다른 집의 신 형태로, 하늘 신이 뱀의 모습으로 나타나는 '제우스 크테시오스(Jeus Ktesios)'가 있다. '제우스 크테시오스'의 제단은 테라(Thera)섬의 집에서 발견되었는데 타소스(Thasos)섬에서는 '제우스 파트루스 크테시오스(Zeus Patroos Ktesios)'로 불린다. 집안에서 모시는 다른 신으로는 땅의 경계를 수호하는 신으로 제우스의 별칭인 '제우스 헤르케이오스(Zeus Herkeios)'가 있다. 아테네에서 '제우스 크테시오스(Zeus Ktesios)'는 부와 소유물을 통괄한다. '헤르케이오스'와 '크테시오스'는 제우스의 또 다른 별칭이다. 집의 입구에는 아폴론 아기에우스(Apollon Agyieus)가 악을 방어하는 자, 거리의 보호자로 있었으며 이런 신들은 고대 그리스인들이 제우스와 아폴론 등에게 부여했던 별칭이다. 아테네인들은 이 신들이 펠로폰네소스 전쟁 때에 만연했던 전염병을 막

아주었다고 믿고 경배했으며 이 믿음은 또한 헤라클라스에게도 적용되었다.

BC 4세기 그리스 철학자 테오프라스토스(Theophrastos)가 쓴 『특성(Characters)』은 30가지의 도덕적 유형에 대한 간명한 내용을 담고 있는데 16번째 항목에서 '미신적인 사람(Superstitious Man)'을 "초자연적인 것에 대해 단순히 겁쟁이인 것 같다"고 기술한다.[33] 따라서 여기에 '겁'을 다독여줄 신이 필요하다. 예를 들면 교차로는 여신 헤카테(Hekate)의 영역이다. 헤카테는 마술, 요술, 밤, 달, 유령, 그리고 마법의 여신이다. 그녀는 하늘, 땅, 바다에 대한 권력을 가진 티탄의 페르세스와 아스테리아의 유일한 자녀다. 헤카테는 데메테르가 그녀의 딸 페르세포네를 찾을 때 밤새도록 횃불로 안내해주었 신으로 데메테르와 페르세포네가 재결합한 후에 페르세포네의 하인이 되었다.

이런 숭배대상들에 대한 제의는 여러 집단이 연계성을 가졌다. 이런 점에서 그리스 종교는 모든 종류의 신들을 각각 숭배하는 집단들의 연대적 결사이다. 이것이 그리스 종교의 매우 특징적인 현상이다. 예를 들면 포도주의 신인 디오니소스신을 섬기는 집단은 형제애를 가진 남성 및 여성 집단, 그리고 여러 혼합된 공동체들이다. 디오니소스의 축제는 이들에게 일상에서 벗어나 자유를 만끽하기 위한 기회를 마련해준 것이다.

헤르메스

아테네 아고라에 있는 도로에는 헤르메스의 동상이 있다. 헤스티아가 가정에 존재한다면 헤르메스는 거리에 존재한다. 헤르메스도 개인들이 숭배하는 중요한 신이다. 헤르메스는 미케네 문명의 선형문자 B

서판에 언급된 매우 오랜 역사를 가진 신이다. 이러한 명판은 필로스(Pylos), 테바이(Thebai) 및 크노소스(Knossos)에서도 발견된다. 그리스인들은 헤르메스가 아르카디아에 있는 킬레네(Cyllene)에서 제우스와 티탄 아틀라스의 딸인 요정 마이아(Maia) 사이에 태어난 제우스의 아들이라고 믿었다.

헤르메스는 올림포스 신들 중 가장 영리하고 가장 장난스러운 신들 가운데 하나로 신과 인간의 두 영역 사이뿐만 아니라 인간 사이의 계급 간을 넘나드는 안내자이며 경계들을 상징하는 올림포스 신의 전령이자 메신저다. 헤르메스가 아마도 가장 잘 알려진 것은 제우스의 명령으로 이오(Io)를 해방시키려고 100개의 눈을 가진 괴물 아르고스(Argos)를 살해한 것이다. 헤르메스는 외교 기술로 유명한 언어와 수사학의 후원자이며 수호자로도 여겨진다. 연설가들은 통역사들 (또 다른 경계 교차 그룹)과 마찬가지로, 발신자에서 수신자에게 단어를 전달한 신을 자신의 후원자로 간주했으며 오늘날까지도 텍스트의 연구와 해석 즉 해석학(hermeneutics)은 그의 이름에서 비롯된 것이다. 헤르메스는 또한 호메로스가 『일리아스』에서도 거론한 인물이다. 그는 트로이 왕 프리아모스가 죽은 그의 아들 헥토르의 사체를 되찾으려는 시도에서 상담역으로 활동하고 그를 안내하지만, 실제로 헤르메스는 트로이 전쟁에서 아카이아인들을 지원한다. 헤르메스는 일반적으로 가이드 헤르메스, 아르고스의 살해자, 친절한 헤르메스 등으로 자주 묘사된다. 호메로스의 『오디세이아』에서는 헤르메스가 오디세우스에게 이타가(Ithaca)로 가는 긴 귀향 항해에서 특별한 도움을 준다. 예를 들면, 키르케(Circe)의 주문에 대해 해독제를 제공한다. 페르세우스도 그의 도움을 받은 영웅이다. 헤르메스는 그에게 깨지지 않는 칼이나 단단한 낫을 주고 메두사(Medusa)의 위치를 밝힐 3명의 그라이

아이(Graeae)에게 그를 안내했다.

여행자는 그를 자신의 후원자로 간주하고, 길가를 따라 세워져 있는 남근상 상징을 가진 정사각형의 돌기둥 위에 얹힌 헤르메스의 돌머리 조각상 즉 헤르마이(Hermae)는 지나가는 사람을 안내하고 행운을 주는 신상이다. 헤르마이는 특히 다음 생애로 가는 죽음에 대한 안내자의 기능은 물론 신과 인간 사이의 메신저의 역할을 상기시키는 것으로 경계에 세워졌다. 헤르메스는 그리스 세계의 거의 모든 곳뿐만 아니라 펠로폰네소스, 특히 킬레네 및 코린토스와 아르고스와 같은 거대 도시국가에서 영광을 누렸다.

아테네는 헤르메스의 흉상으로 가득했으며 도시의 모든 교차로에는 어김없이 서 있었다. 많은 집이 정문 밖에 이 흉상을 설치했다. 아테네에서 이 흉상들은 짧은 기둥 꼭대기에, 머리 높이까지 세워졌다. 기둥의 아래에는 아마도 행운의 또 다른 상징인 똑바로 선 남근상이 조각되어 있다. 여행자들의 보호자로서 여행자가 지나갈 수 있는 곳이면 어디나 그의 흉상을 놓음으로써 미신적인 그리스인들은 거리의 누군가를 보호하기 위해 최선을 다하고 있었다.

헤르메스는 아테네가 시칠리아 원정에서 패배하고 결국 펠로폰네소스전쟁에서 굴욕적인 패배를 초래한 아테네 재앙의 신이기도 하다. 도대체 어떻게 된 일인가. 헤르메스의 흉상은, 공통적으로 4각의 평면 기둥의 꼭대기에 머리와 몸통이 놓인 조각이다. 얼굴에는 수염을 한 경우도 있다. 기둥의 적절한 높이에 남성의 성기가 조각된다.

"남근이 발기하는 헤르메스상을 만드는 일은 … 그리스인 가운데 최초로 아테네인들이 펠라스기아인들로부터 받아들였고, 이어서 다른 그리스인들이 아테네인들에게서 받아들인 것이다. … 그래서

아테네인들은 그리스인 최초로 남근이 발기한 헤르메스상을 만들었고 …" (역사 2.51)

최초에 그리스 신들은 돌 더미 또는 모양 없이 엉성한 돌 또는 나무 기둥 형태로 숭배되었다. 이어 동상이 등장하는데, 고대 그리스에서 동상은 해악을 막아내는 것으로 여겨졌으며, 교차로, 국경이나 지역경계, 도로 옆, 신전 앞, 무덤 근처, 집 밖, 체육관, 무도학교, 도서관, 공공장소, 거리의 모퉁이, 게시물의 높은 도로 등에 보호자로 배치되었다. 통행인들은 도로의 교차점에 있는 돌더미에 돌을 던지거나 기름을 발라서 신에게 존경을 표하는 관습이 있었다.

신의 동상은 신이 거주할 수 있는 장소다. 그런데 BC 415년 어느 날 아테네 시내에 있던 거의 모든 헤르메스 석주상의 얼굴이 하룻밤 사이에 훼손되는 사건이 일어났다. 누군가 밤새 도시를 돌아다니면서 수백 개에 달하는 신의 행운의 상징을 모두 파괴했다. 계산된 행위가 분명하다. 단순한 신성모독이 아니다. 헤르메스 흉상의 훼손은 역사적 사건이다. 역사적이라는 의미는 이 사건은 신성모독의 중대 사건인 동시에 아테네가 발칵 뒤집혔고 더 나아가 이 사건의 여파는 아테네 역사의 방향을 돌려놓았기 때문이다. 이 사건은 아테네의 모든 역량을 총동원한 시칠리아 원정을 눈앞에 두고 일어나 그 파장은 더할 나위 없이 컸다. 개요는 투키디데스가 잘 전해준다.

"이런 준비들(아테네의 시칠리아에 대한 원정)이 한창 진행되고 있을 때 아테네 시내에 있던 거의 모든 헤르메스 석주상들 … 의 얼굴이 하룻밤 사이에 훼손되는 사건이 일어났다. 누가 그런 짓을 했는지 아는 사람은 아무도 없었다. 그러나 국가에서는 범인들을 찾기 위해 거액의 현상금을 거는가 하면, 그 밖의 다른 신성모독 사건을 신고하는 자는 시민이든 이방이든 노예든 소추를 면제 해주겠다는 결의안을 통과시켰다. 아테네인들이 이 사건을 매우 심각하게 받아들인 이유는 이 사건을 원정의 전조로 그리고 변혁을 통해 민주정부를 전복하려는 음모의 서곡으로 보았기 때문이다." (펠로폰네소스 전쟁사 6.27)

아테네는 두려움으로 마비된다. 아테네인들은 어느 순간이든 직접적이고 무서운 신의 보복이 있을 것으로 예상했다. 신성한 물건들과 장소들에 대해 모욕적인 행태는 BC 5세기 말과 4세기 초에 체포의 대상이다. 누가 그런 짓을 했는지 아는 사람은 아무도 없었지만, 의심의 화살이 알키비아데스(Alcibiades)를 향하기 시작했다.

알키비아데스는 페리클레스의 먼 사촌이다. 실제로 페리클레스는 이 당시에는 죽었지만, 알키비아데스의 어린 시절에 법적 보호자다. 알키비아데스는 재기 있고, 대담하고, 부유하고, 잘 생기고, 영리한 인물로 뭇 사람 특히 여성의 선망 대상이었다. 그러나 다른 한편으로는 기회주의적이며, 이기적이고, 방종하고 자기 잇속만 차리는 이중적 인물이었다. 헤르마이 절단 사건은 알키비아데스가 장난으로 할 수 있는 미친 일의 한 가지일 수 있지만, 아마도 여러 정황으로 보아 그가 저지른 일은 아니었을 것이다. 그는 당시에 시칠리아 원정을 주장했고 그가 원하는 대로 시칠리아 원정이 결정되었으며 그가 사령관이었다. 이미 출정 준비까지 마쳤다. 그런 상황에서 이 사건이 일어난 것이다. 그는 결백을 주장하면서 자신의 혐의에 대해 속히 조사와 재판을 받고자 했지만 아테네의 정객들은 군권을 배경으로 하고 있는 그를 바다로 내몰았다. 그리고 그가 시칠리아의 원정을 위해 떠나자 그만을 다시 소환한다. 알키비아데스를 군대와 분리시킨 뒤 체포해서 모든 책임을 씌우기 위한 음모였다.

알키비아데스는 바보가 아니다. 그는 뱃머리를 돌려 아테네와 전쟁을 벌였던 스파르타로 곧장 달려간다. 알키비아데스는 아테네에 대한 복수로서, 스파르타인에게 아테네를 물리칠 수 있는 최선의 방법을 조언했으며 그의 조언은 훌륭했다. 아테네는 시칠리아 원정에서 헤르메스 신의 응징이라고 믿어야 만큼 참혹한 패배를 겪는다. 알키비아데스는 나중에 다시 편을 바꾸고, 결국 아테네는 그를 다시 받아들인다. 누가 범인이던 아테네는 몰락의 위기에 몰리지만, 헤르마이 절단의 동기나 진정한 범인은 고대 세계에서 가장 큰 미해결 미스터리로 남게 된다.

그리스인들은 성소나 신들의 동상이 위치한 경건한 장소 중에 어떤 곳은 특별한 집단이나 그 신들에 대한 숭배를 위해 특정 집단들과 연결시킨다. 그리스 종교의 특징은 폴리스 자체를 포함하여 모든 집단 및 종파와 결합되어 있다는 점이다. 그중에서도 헤르마이가 위치한 곳은 모든 그리스인의 여러 종파가 공통적으로 숭배하는 대상이다.

헤르마이 훼손 사건은 신상의 파괴가 아니라 신에 모독일 뿐만 아니라 정치적 음모가 개제되면서 파장이 커졌다. 신성모독은 불순종이나 무신론과도 다르다. 불순종은 신성한 것으로 여겨지는 것에 대한 적절한 존중의 부족이다. 불순종은 종종 신성모독과 관련되지만, 불순종이 반드시 육체적인 행동은 아니다. 또한, 불순종은 이교도의 숭배와 관련될 수는 없으나 무신론은 함께 산나.

신을 숭배하는 것은 '에우세베이아(eusebeia)'를 갖는 것이다. 에우세베이아는 긍정적인 함의를 갖는 단어다. 즉 신들에게 적절한 행동을 수행하는 것으로 일반적으로 신을 숭상하는 경건(piety)을 의미한다. 경건은 바람직하고 기대되는 행동과 마음의 형태이다. 이 용어는 신약성경에도 사용된다. 접두어 eu는 좋음(well)을 의미한다. 어간의 seb

는 경건한 두려움과 존중의 의미다. 원래 seb는 신들에 대한 두려움으로 존경하는 것을 묘사했다. 이 단어는 고대 그리스 철학은 물론 후에 신약성서에도 신에 대해 적절한 행동을 수행하는 의미로 사용된다. 플라톤주의에서 이 단어는 '신에 관해 올바른 행동' 그리고 스토아 철학에서는 '신에 대한 경배의 지식'으로 사용되었다. 고전 시대의 그리스에서는 인간의 사회적 관계와 신에 대해 전통이 규정하는 대로 행동하는 것을 의미한다. 한편으로는 신에 대해 관습적인 존중의 행위(축제, 기도, 희생제, 공공 헌주)를 수행함으로써 신들에게 에우세베이아를 보여주는 것이다. 확장된 의미로는 연장자, 주인, 통치자 및 신들의 보호 아래에 있는 모든 것에 대해 적절한 존중을 보여줌으로써 신을 공경하는 것이다.

불교나 힌두교에서는 다르마(dharma), 즉 법(法)이라는 의미로 그리고 신약성서에서는 '경건(eusebeia, godliness)'이라는 모호한 의미로 번역되었다. 예를 들면, 베드로 후서에는 "그의 신기한 능력으로 생명과 경건에 속한 모든 것을 우리에게 주셨으니 이는 자기의 영광과 덕으로써 우리를 부르신 자를 앎으로 말미암음이라"(1:3)로 표현되어 있다. 에우세베이아의 반대는 '아세베이아(Asebeia)'다. 아세베이아는 불신으로 신에 대한 불손과 불경을 의미한다. 아세베이아는 고대 그리스에서 신성한 대상들에 대한 신성모독과 조롱 그리고 국가 신들에 대한 불경, 부모와 죽은 조상에 대한 무례의 범죄다.

그리스인들은 신에 대한 정당한 존중의 위반은 처벌했다. 아세베이아에는 다양한 행태들이 있을 수 있다. 신전에서 절도는 특별한 제재 대상이고, 신성한 사물의 모독과 조롱은 함께 아세베이아로 취급된다. 아테네에서는 정치적 조치로서 국가 신들에 대한 불경에 대한 아세베이아의 고발은 특히 자연 철학자와 소피스트들을 겨눈 것이다. 세상을 설명하고 모든 전통적인 관습에 의문을 제기하는 그들의 사상 표현은 국가의 질서를 위협하는 것처럼 보였다. 즉 기존 신을 모욕하거나 신에 대한 경배를 거절하고, 또한 허용되지 않은 방식으로 의도적으로 희생제를 제공하여 신이 기뻐하지 않은 일을 하는 것이다. 아테네에서 아세베이아는 사형이나 추방에 해당하는 범죄였다. 소크라테스도 아테네 지식인들의 음모와 시기 질투로 인해 표면적으로는 바로 아세베이아로 사약을 받았던 것이다.

헤르마이 절단 사건은 바로 아세베이아에 해당한다. 더구나 당시 아테네는 정국의 주도권과 펠로폰네소스 전쟁 특히 시칠리아 원정을 놓고 정파 간에 첨예하게 대립하고 있었다. 밀리는 쪽은 법정의 재판을 통해 추방이나 사형의 위험에 노출되어 있었다. 따라서 헤르마이 절단 사건은 신을 배경으로 하는 권력투쟁의 빌미가 되었던 것이다. 이 상황에서 헤르메스 신은 아세베이아의 장벽에 막혀 인간을 보호하는 대신에 인간을 향해 겨눈 칼을 막지 못했다.

 주

1) www.merriam-webster.com
2) Barbara Boudewijnse, "British Roots of the Concept of Ritual," in Arie L. Molendijk and Peter Pels (eds.), *Religion the Making: The Emergence of the Sciences of Religion* (Lieden: Brill, 1998), p. 278.
3) Paul Cartledge, "The Greek religious festivals," in P. E. Easterling, J. V. Muir and Sir Moses Finley (eds.), *Greek Religion and Society* (New York: Cambridge University Press, 1985), pp. 98-127; 장영란, 『호모 페스티부스』 (서울: 서광사, 2018), pp. 21-22.

4) Donald Brown, *Human Universals* (New York: McGraw Hill, 1991), p. 139.

5) E. Kyriakidis (ed.), "The Archaeology of Ritual," in Evangenos Kyriakidis (ed.), *The Archaeology of Ritual* (LA: Cotsen Institute of Archaeology, UCLA publications, 2007), pp. 289-308.

6) Velichko H. Fetvadjiev, Fons J.R. van de Vijver, "Measures of Personality across Cultures" in *Measures of Personality and Social Psychological Constructs*, Gregory J. Boyle, Donald H. Saklofsky, Gerald Matthews (eds.), Cambridge, Massachusetts: Elsevier/Academic Press, 2015

7) E. Kyriakidis (2007), pp. 289-308.

8) Catherine Bell, *Ritual: Perspectives and Dimensions* (New York: Oxford University Press, 1997), pp. 138-169.

9) Jennifer Larson, *Understanding Greek Religion* (London and New York: Routledge, 2016), pp. 187-188.

10) Angelos Chaniotis, "The Dynamics of Ritual Norms in Greek Cult," pp. 91-105. https://books.openedition.org/pulg/

11) 제물의 유명한 사례는 『역사』, 1.50-52, 1.46-50, 1.53-56, 1.71, 87.1-2, 90.4-91; 아리스토파네스, 『평화』, pp. 431-437; 『일리아스』, 6.264-278; 헤시오도스, 『일들과 날들』, 336-341, 724-726; 투키디데스 6.32 등을 참조할 것.

12) Platon, *Euthyphron*, 14 ce, https://www.gutenberg.org/files/1642/1642-h/1642-h.htm

13) William Robertson Smith, *Lectures on the Religion of the Semites* (London: Adam and Charles Black, 2005).

14) Sir Edward Burnett Tylor, *Anthropology: An Introduction to the Study of Man and Civilization* (Poland: Palala Press, 2015).

15) James George Frazer, *The Golden Bough: A Study in Comparative Religion* (New York: Touchstone, 1996).

16) 에우리피데스, 천병희 옮김, 『아울리스의 이피게네이아』 (서울: 숲, 2009), p. 429; 에우리피데스, 천병희 옮김, 『에우리피데스 비극전집 2』 (서울: 숲, 2009).

17) 장 필리프 오모툰드, 김경랑 외 옮김, 『유럽문명의 아프리카 기원』 (서울: 지식을 만드는 지식, 2015), p. 175.

18) 의식구조는 http://home.pon.net/rhinoceroslodge/ritual.htm. Ritual Structure를 주로 참고.

19) Emily Kearns, *Ancient Greek Religion* (London: Wiley-Blackwell, 2010), p. 214.

20) 디시아와 스파기아에 관한 내용은 Gunnel Ekroth, *The Sacrificial Rituals of Greek Hero-Cults in the Archaic to the Early Hellenistic Period* (Liège:

Presses Universitaires de Liège, 2002)을 주로 참고하였다.

21) The Sacrificial Rituals of Greek Hero-Cults in the Archaic to ⋯ books. openedition.org > pulg

22) J. P. Vernant(trans. Paula Wissing), "At man's table: Hesiod's foundation myth of sacrifice," in Marcel Detienne & J. P. Vernant, *The Cuisine of sacrifice among the Greeks* (Chicago: University of Chicago Press, 1989), pp. 36-38.

23) 홀로카우스트라는 말은 '홀로코스트'라는 이름으로 제2차 세계대전 중 아돌프 히틀러의 나치 독일과 독일군 점령지 전반에 걸쳐 계획적으로 유대인과 슬라 브족, 집시, 동성애자, 장애인, 정치범 등 약 1,100만 명의 민간인과 전쟁포로 를 학살한 사건을 의미하는 용어로도 차용되었다.

24) Vernant (1989), pp. 21-86.

25) J. L. Durand, "Greek animals: toward a topology of edible bodies," in Marcel Detienne & J. P. Vernant, *The Cuisine of sacrifice among the Greeks* (Chicago: University of Chicago Press, 1989), p. 103.

26) Thysia - Hellenica Worldwww.hellenicaworld.com > Greece > Thysia

27) https://en.wikipedia.org/wiki/Festival

28) Jon D. Mikalson, "The Heorte of Heortology," in *Roman and Byzantine Studies* Vol. 23, Iss. 3 (Fall 1982), pp. 213-221.

29) 플라톤은 가무 경연대회의 필요한 종류는 신들과 영웅들에게 해당하는 일자를 정한 것이라고 전해준다 (법률 384.2).

30) Christopher Planeaux, "The Athenian Calendar," Ancient History Encyclopedia, Last modified November, 2015. https://www.ancient.eu/article/833/. 이 달력들은 각각 관련되는 일에 사용되었는데 축제는 주로 시민달력을 사용 했다. 달력은 음력 12개월 또는 13개월로 구성된 '음력' 유형이다.

31) Jon W. Iddeng, "What is a Graeco-Roman Festival? A Polythetic Approach," in J. Rasmus Brandt & Jon W. Iddeng(eds.), *Greek and Roman Festivals: Content, Meaning, and Practice* (Oxford:Oxford University Press, 2012), p. 17.

32) 밀교의식도 축제로 부른다. 즉 엘리우시스 밀교의식, 디오시소스 밀교의식 그 리고 오르페우스 밀교의식도 축제로 부르기도 한다. 그러나 여기에서는 '밀교 의식'으로 구별하여 기술하기로 한다.

33) The Character of Theophrastus (trans. R. C. Jebb,1 870). https://www.eudaemonist.com/biblion/

7장

엘레우시스 밀교의식

밀교의 본질

고대 그리스 종교는 삶의 모든 측면에 퍼져 있었다. 숭배하는 신에 대한 성스러운 의식과 세속적인 의식 그리고 축제 사이의 분리 개념은 거의 없었다. 그리스 종교의식은 일종의 축제였고 축제는 또한 종교행사였다. 여기에 또 하나의 종교의식으로 특정 신들을 숭배하는 미스테리아(mysteria) 즉 밀교들이 있었다. 'mysteria'는 '미스테리온(mysterion)의 복수형인데 '신비', '비밀의식'의 의미다. 대개는 단수형 대신에 복수형이 사용된다. 동사로 '닫다', '차단하다'의 의미인 '미에인(myein)' 은 닫힌 곳에 들어간 사람이란 뜻의 '입문자'를 의미하는 'mystes'라는 단어와 연결되었다. 여기에서 'mysteria'는 라틴어 '미스테리움(mysterium)'으로 이어져 '비밀 종교의식'이라는 의미를 갖고 다시 영어의 '미스테리(mystery)'로 귀착되었다.

이런 형태의 종교적 행사나 행위를 하는 집단을 일반적으로 '신비종교' 또는 '밀교'로 부르는데, 일반적으로 말하는 '밀교(Esotericism, Esoterism)'는 그리스어 '에소테리코스(esoterikós)'에 기원을 두고 내부(internal, inside, inner)라는 의미에서 '더 내적인 것'과 '신비적인 것'을 의미한다. 에소테리시즘과 미스테리 사이에는 일부 중복된 요소가 존재할 수 있지만 많은 미스테리(mysteries)의 전통은 추가적인 영적 지식을 도입하려고 시도하지 않고 오히려 입문자의 관심이나 기도를 헌신의 대상에 더 강하게 집중시키려고 하는 것이다. 따라서 신비주의자가 반드시 밀교주의자는 아니다.

이 글의 대상은 에소테리시즘이 아니라 미스테리다. 그리고 여기에서는 미스테리를 '밀교'라는 용어로 사용한다. 이 집단들의 의식을 '밀교축제', '밀교의식' 또는 '신비 종교의식' 등으로 부르기로 한다. 이런 종교의식은 일반적으로 세속적인 주술(呪術)이나 비의(秘儀)를 포함하여 부정적인 의미로 사용되기도 한다. 하지만 밀교의 본래의 뜻은 여러 종교의 분파들이 신비스러운 교의와 신비스러운 의식을 갖거나 그 의식의 주체를 의미한다. 이런 점에서 밀교는 흔히 신비 종교로 부를 수도 있다. 이런 밀교 제의는 공적 종교에 의해 제공되는 것이 아니라 개인적인 밀의(密儀)의 경험들에 의존한다. 이런 경험들은 세계 여러 지역의 원시인들이 행한 부족 의식에서 시작되었다. 이런 유형의 밀교를 에소테리시즘으로 분류한다면 그리스의 미스테리 즉 밀교는 성격이 다르다. 밀교들은 종파나 독립적인 종교로 분류되기도 한다. 인도처럼 다신교의 경우 하나의 종파가 지역에 따라서는 종교로 인식된다. 밀교가 종파로 자리 잡게 되면 결국 하나의 종교로 성립되는 경우가 많다. 대표적인 종교인 불교나 기독교의 경우 교의의 논쟁이 예배 의식의 분리로 이어져 결국 독립적 종교들로 난립되었다.

그리스는 다신 종교지만 주신(主神)인 제우스를 정점으로 하여 지역과 분야별로 여러 신 중에서 해당 연고에 따라 특정 신들을 숭배하며 서로 연대적이다. 개별 신을 숭배하는 각각의 밀교와 주신을 중심으로 하는 공적 종교의 숭배는 배타적이 아니라 상호 보완적이다. 이런 점에서 그리스 종교에 어떤 종교의 명칭이나 종파라는 말을 붙이기가 애매하다. 따라서 여기에서 밀교는 그리스인들이 특정 신을 대상으로 신비한 비밀의식을 거행하는 집단을 가리키며, 독자적인 종교나 종파의 의식이 아니라 특정 신에 대한 특별한 숭배의식을 의미한다.

그리스인들은 누구나 국가가 숭배하는 종교의 희생제나 다른 의식에 참석하고 아울러 종교의 다른 의식들에서도 비전(秘傳)을 받을 수 있었다. 이것이 바로 그리스 종교의 매우 주목할 만한 특징이다. 그리스 종교는 모든 종류의 신들을 각각 숭배하는 국가를 포함하는 집단 및 집단 연대의 결사이다. 사회구성원 모두가 참가하는 종교를 시민종교 또는 공공의 종교라고 부른다면 밀교는 그 신들에 대한 다른 형태의 의식을 나타낸다. 희생제가 신들에 대한 영감을 준다면 밀교의식은 입문자들이 직접 체험한다는 점에서 전통적인 종교 관습과 다르다.

시민들이 시민의 공적 종교와 함께 특정 밀교에서 비전(秘傳)을 받는 것은 각 개인의 선택에 달린 것이다. 따라서 밀교는 신도들에게 종종 친숙한 신들이나 의식에 대한 새로운 이해 및 신과 더 밀접한 관계를 구축하는 것을 허용한다. 공공의 종교에서 수행되는 희생 의식, 식사 의식, 정화 의식 등의 종교적인 실천들 중 많은 것들이 밀교에서도 반복되었다. 밀교는 다만 단순한 반복에 그치지 않고 해당 밀교에서 비밀히 전수되는 실천들이 더해지는 형태로 전개되었다. 따라서 밀교는 시민 종교와 경쟁이 아니라 보완하는 역할을 하였다.

그리스에서 소위 '밀교의식'들의 관행적 방식에 대한 역사적 설명은 없으나, 그런 공동체가 존재했으며 그들의 관습과 신앙이 철저히 비밀로 유지되고 보호된 것은 분명하다. 이런 전통이 계속 유지된 것은 그들이 신비에 가려져 있고 그런 것들을 언급하는 자체가 불경으로 생각되었기 때문이다. 밀교는 일정한 장소에서 가족, 특별히 그런 의식을 위해 구성된 집단 혹은 친족집단 등 특수 집단과 연계성을 가졌는데, 시간이 지나면서 국가의 공식적 종교 행사 속으로 완전히 통합되었다.

한편 밀교를 '신비'라는 측면을 과장하면 자칫 종말론적인 의식으로도 보일 수 있다. 물론 종말론은 각각의 종교나 사상과 관련하여 여러 개념을 가진다. 분명한 것은 지구의 종말론적 사고와는 다르다. 오히려 내세에 대한 희망과 부활에 대한 관념은 밀교의 한 축을 이루고 있었음이 분명해 보인다. 따라서 밀교는 내세에 대한 축복과 함께 현세의 부에 대한 소망의 발현이다. 밀교 제의는 그리스에서 천 년 이상 이어져 오면서 신앙뿐만 아니라 문화로서 탄탄히 뿌리를 내렸다. 특히 이 신비스러운 제전은 그리스 철학자들뿐만 아니라 이어지는 기독교의 교리에도 상당한 영향을 미쳤다.

밀교의 영향과 기독교

밀교의식의 중심 주제인 신비스러운 체험은 죽음이 공포와 슬픔이 아니라 희망과 기쁨으로 승화될 수 있는 원동력이라는 것을 터득하게 하는 것이다. 모든 그리스인은 이런 사고를 공유했고 정치인들은 물론 철학자들도 마찬가지였다. 그리스의 소크라테스와 그의 제자 플라톤 그리고 아리스토텔레스를 비롯한 대부분의 철학자도 예외가 아니었다. 특히 소크라테스와 플라톤의 사상은 기독교의 이원론에 중요한 영향을 미쳤다는 점에서도 매우 의미가 크다.

소크라테스가 사형판결을 받고 기꺼이 죽음을 맞은 것은 악법도 법이기 때문이 아니라 영혼이 죽지 않는다고 믿었기 때문이다. 소크라테스는 죽음을 앞두고 제자들에게 저승에 관한 설명을 한다. 이승에서 어떻게 살았느냐에 따라서 저승에서 영혼이 지내는 상황이 달라진다고 믿었다. 그는 지혜를 사랑한 자들은 몸이 없어도 살게 되며 한결 더 아름다운 거처에 이르게 된다고 믿으면서, 이런 사람들은 자신의 혼에 대해 확신을 가져야 한다고 당부한다 (파이돈 113c-114e). 플라톤은 영혼의 불멸에 관한 그의 유명한 대화인 『파이돈』에서 구체적으로 신비를 언급한다.

"우리에게 입문의식을 확립해준 이들 또한 평범한 사람들이 아닌 것 같기도 하지만, 실은 그들이 오래도록 이런 말을 수수께끼처럼 해왔던 것 같네. 입문도 못 하고 입문의식을 치르지도 못한 채로 지하세계에 이르는 이는 수렁에 놓이게 되지만, 입문의식을 치르고 정화된 뒤 그곳에 이르는 이는 신들과 함께 살게 될 것이네." (파이돈 69c)

여기에서 플라톤의 입문 의식은 실제는 엘레우시스 밀교가 아니라 구체적으로는 오르페우스의 전통과 관련된다. 플라톤은 그의 『공화국』의 마지막 장(10.614c 이하)에서 에르(Er)의 신화에 관해 이야기한다. 에르가 전투에서 죽었으나 10일 후에 살아나서 저승에서 경험한 일에 관한 이야기다. 에르는 죽음이 인생의 끝이 아니라 여행의 다른 부분의 시작일 뿐임을 분명히 한다. 흥미롭게도 플라톤은 이 이야기를 '신화'나 허구로 소개하지 않고 사실적인 설명으로 취급한다. 에르의 보고는 아마도 밀교에서 받은 환영을 반영한 것 같다. 한편 플루타르코스는 딸의 죽음에 대해 아내에게 편지를 쓴다.

"신성하고 신실한 약속이 신비 속에 들어 있기 때문에 … 우리는 우리의 영혼이 썩지 않고 불멸이라는 의심의 여지가 없는 진리를 굳게 유지합니다. 우리 스스로 행동합시다. … 사람이 죽으면 그는 신비속으로 시작된 자들과 같습니다. 우리의 모든 삶은 출구가 없는 구불구불한 길로 가는 여정입니다. 끝내는 순간 공포, 떨리는 두려움, 놀라움이 옵니다. 당신을 만나기 위해 움직이는 순수한 초원, 노래와 춤, 거룩한 유령, 이 설명은 에르가 자신의 설명에서 제공한 보고서와 매우 유사합니다."[1]

밀교의식은 특히 기독교의 형성에 상당한 영향을 미친 것으로 나타난다. 이런 영향은 킹(Martin Luther King) 목사도 인정한다.[2] 초대 교회가 발전한 그레코-로마 세계는 그리스의 밀교들을 신비 종교(Mystery-Religions)로 보았다. 그 시대의 조건으로 인해 이 종교들은 고대 세계를 해일처럼 휩쓸 수 있었다. 그 당시의 사람들은 종교적 경험에 대한 열망을 갖고 신비 종교들을 열심히 추구했다. 이 많은 종교 – 예를 들면 아도니스(Adonis), 오시리스와 이시스(Osiris and Isis)는 각기 다양성 속에 나름의 특성이 있었지만,[3] 다음과 같은 근본적인 유사성을 가지고 있었다. (1) 모든 입문자가 상징적 방식으로 신의 경험을 공유하도록 하고 (2) 입문자들을 위한 비밀의식을 가졌으며 (3) 죄에 대해 신비로운 정화를 제공하고 (4) 신자들에게 행복한 미래의 삶을 약속했다.[4]

예수의 추종자들이 예수를 십자가에 못 박히고 부활한 것으로 전도할 때 아이러니하게도 그들은 사실상 다른 밀교의 전령들이었다. 그들의 관념 속에는 밀교의식에 대한 인식이 자리하고 있었다. 그들에게는 예수가 죽음과 부활을 통해 인간을 구원한다는 교리의 설명을 위해서 밀교의 사례가 필요했다.[5] 따라서 교회의 발전에는 밀교들이 중요한 모델이었을 것이다. 결국, 교회와 이 밀교들 사이에 현저한 유사점이 있다는 것은 부인할 수 없다. 그리고 기독교는 밀교의 더 나은 요소로 발전한 것이다. 이런 점에서 기독교의 이해는 밀교에 대한 지식이 필요하다. 기독교는 갑작스럽고 기적적인 변화가 아니라 느리고 힘든 성장의 합성물인 것이다. 앵거스는 "밀교의 많은 부분이 다양한 현대적 사고와 실천 단계에서 지속되었다"고 설명한다.[6]

초기 기독교인들이 이러한 주변 종교와 접촉하고 표현한 특정 교리를 들은 후에 이 교리들이 그들의 잠재의식 일부가 되는 것은 자연스러운 일이다. 그들이 예수에 관한 글을 쓰기 위해 자리에 앉았을 때 그들은 잠재의식 속에 있는 밀교와 관련된 의식(意識)을 표현하고 있었을 것이고 이런 의식은 신약성경 곳곳에 담겨 있다. 사상과 의식의 차입은 자연스러울 뿐만 아니라 불가피하다.[7]

기독교는 다른 종파와 마찬가지로 환경의 영향을 받았으며 때로는 동일한 반응을 일으켰다. 사람들은 오래된 종교와 접촉한 경험과 그 시대의 배경과 일반적인 경향에 의해 영향을 받았다. 그리고 예수의 추종자들은 기독교를 다른 어떤 밀교적 숭배보다 더 매력적인 종교로 만들었다.[8] 결국, 밀교가 그 시대의 세계에 기독교를 표현하는 길을 열었던 것이다. 기독교가 개인의 구원과 불멸에 대한 약속을 향해 나간 것은 밀교들로부터 수혈된 것이다. 밀교에서 기독교로 넘어가는 동안 많은 기독교인은 밀교의 견해로부터 심오하고 영적인 의미를 부여받았다. 기독교는 결국 유대교 외에 그리스의 밀교의 변증법적 진보의 결과임을 배제할 수 없다. 그렇다면 인간의 종교적 진보의 다음 단계는 무엇일까? 여기에는 과학이 방해자로 앞을 가로막고 있는 전혀 다른 상황이 전개되고 있음을 유념해야 한다.

앞으로 보겠지만 엘레우시스 밀교의식은 그리스인의 사고와 생활 태도에 깊은 영향을 미친다. 그리스인들은 이 의식을 통해서 인간과 자연의 유기적 관계를 바탕으로 자연에 대한 존엄과 인간의 영혼 그리고 부활에 대한 희망을 갖게 되었다. 그들은 이 의식을 통해서 '말한 것, 행한 것, 보인 것'들이 있다는 것을 알 뿐만 아니라 체험한다고 인식했다. 데메테르와 페르세포네 그리고 하데스는 인간의 삶과 죽음의 신비를 생생하게 보여준다. 이러한 근본적인 인간 경험과 자연의 삶은 엘레우시스 밀교의 주요 본질이다. 기독교는 이런 내용을 인간은 하느님과 재회에 대한 희망을 결코 또는 거의 잃지 않는 것으로 해석한다. 구원을 찾는 사람들에게 엘레우시스 밀교는 행복한 미래에 대한 약속 뿐만 아니라 확실한 보증이었다.[9]

현대 그리스의 정교회 부활절 축제는 오래된 엘레우시스의 숭배 형태는 아니더라도 그 의식이 담겨 전승되는 것은 확실해 보인다. 봄에, 그녀의 딸을 잃은 데메테르의 슬픔을 공유했던 사람들은 다시 돌아오는 초목의 삶에 불을 붙일 수 있는 모든 기쁨으로 페르세포네의 귀환을 환영했다. 오늘날 그리스 기독교인들도 비슷한 경험을 하고 있다. 죽은 그리스도를 애도한 후, 부활절 일요일 자정에 신부가 그리스도가 부활한다는 발표를 한다. 이 순간 제사장의 촛불에서 나오는 빛이 그의 동료들의 촛불을 밝히기 위해 전달된다.[10] 엘레우시스 밀교의식을 통해서 입문자들이 체험했던 것처럼 현대 그리스 기독교인도 여기에서 최고의 기쁨의 순간을 발견한다. 이것은 엘레우시스의 밀교가 기독교에 의해 지워지지 않았다는 것을 의미한다.

오르페우스 밀교의식은 엘레우시스 및 디오니소스 밀교의식으로부터 영향을 받았다. 오르페우스 밀교의식에 등장하는 중심 신은 디오니소스-바쿠스(Dionysus-Bacchus)다. 이 신은 인간의 영혼처럼 죽고 부활하는 신이다. 최근에는 오르페우스의 문헌들을 사용하면서 교리를 지킨 수행자들이 존재했을 가능성에 무게를 두고 디오니소스 밀교와 연관 짓고 있다. 오르페우스 밀교는 여러 신의 결합을 통해 인류의 '구세주'로 숭배되는 디오니소스 숭배와 입문 및 의식과 밀접한 관련이 있다. 또한, 오르페우스 밀교는 오르페우스를 디오니소스의 성육신과 비슷한 인물 또는 심지어 화신으로 간주한 것으로 보인다. 둘 다 하데스로 비슷한 여행을 하고, 자그레우스도 같은 죽음을 당한다. 오르페우스 밀교의식의 이런 관행은 수백 년 후 이스라엘의 예수에게 나타난다. 기독교는 그리스의 오르페우스에 관심을 보였던 플라톤과 이를 이은 신플라톤주의자들의 사상을 교리에 받아들여 새로운 오르페우스식 성경을 탄생시킨다. 부활과 구원에 대한 개념은 디오니소스 숭배를 둘러싼 주요 주제였으며, 그 주제는 훨씬 나중에 예수의 생애와 가르침에서 유사한 교리로 나타난다.[11]

AD 170년에 데메테르 신전은 고대 이란인 사르마티아인(Sarmatians)에 의해 약탈당하고 파괴된 후에 로마 황제 마르쿠스 아우렐리우스(Marcus Aurelius, 재위 161~180)가 재건하였다. 이 때문에 당시에 마르쿠스 아우렐리우스는 엘레우시스 밀교의 입문자는 아니었지만아나크토론(Anaktoron, 궁전)으로 들어가는 것이 허락된 최초의 로마 황제다. 4세기와 5세기에 기독교가 대중성을 얻어감에 따라 엘레우시스 밀교의식의 명성과 권위는 약해지기 시작한다. 로마의 마지막 비기독교 황제였던 율리아누스(재위 361~363)는 또한 엘레우시스 밀교에 입문한 마지막 로마 황제이기도 하다. AD 392년에 로마 황제 테오도시우스 1세(재위 378~395)는 칙령을 발표하여 엘레우시스 밀교의 신전들과 성소들을 폐쇄한다. 엘레우시스 밀교의 마지막 남은 성소들은 고트족의 왕인 알라리크 1세의 로마 침략 때인 AD 396년에 완전히 파괴되어 없어졌다. 당시 고트족은 '고트족의 어두운색의 옷을 입은' 기독교인들과 함께 로마를 침략하는데, 이들은 아리우스파 기독교를 전파하였으며 엘레우시스 밀교의 옛 성소들을 파괴했다.

그리스에서 전래되어 로마에서 행해지던 밀교의식은 392년에 기독교 황제 테오도시우스(Theodosius)가 고대 의식이 기독교와 그리스도의 '진리'에 대한 저항을 고무시키는 것으로 보면서 종료된다. 기독교가 더 많은 지지자와 권력을 얻음에 따라 핵심적 의미, 도상학 및 상징주의가 새로운 신앙에 의해 채택되고 메시아로서의 예수 그리스도에 대한 믿음을 지원하도록 변형되면서 이교도 의식은 체계적으로 제거되었다. 위대한 이교도 의식과 학습 장소는 기원후 4세기와 5세기에 걸쳐 버려지거나 파괴되거나 교회로 바뀐다. 그러나 밀교의식은 기독교의 자양분으로 살아오고 있을 뿐만 아니라 독일의 니체에 의해 디오니소스 밀교의식은 문화 현상으로 부활했다. 니체와 디오니소스에 관한 내용은 디오니소스 밀교의식에서 기술하기로 한다.

엘레우시스 밀교의식

데메테르 여신과 페르세포네

엘레우시스 미스테리아는 데메테르(Demeter)와 그의 딸 페르세포네(Persephone)를 숭배하는 밀교의식이다. 데메테르는 곡식, 과일, 꽃과 지구의 다산을 관장하는 추수와 농업의 여신이다. 데메테르의 다른 신들과 관계에 관한 최초의 이야기 일부는 헤시오도스의 『신들의 계보』에 등장한다. 또한, 이 모녀들에 관한 더 풍부한 이야기는 BC 7세기의 『호메로스 찬가(Homeric Hymns)』 중의 『데메테르 찬가(Hymn to Demeter)』를 토대로 발전되었다.[12]

『호메로스 찬가』와 헤시오도스의 서사시는 페르세포네를 제우스와 그의 누나 데메테르의 딸로 묘사한다.[13] 헤시오도스에게 데메테르는 곡물을 제공하는 곡식의 여신이고, 페르세포네는 데메테르와 제우스와 사이에 난 딸이다 (신들의 계보 912–914). 호메로스도 명시적으로 이를 언급하지 않지만, 제우스의 딸이라는 점은 드러낸다 (오디세이아 11.217).

데메테르의 핵심적이고 대표적인 상징은 농업의 여신이다. 데메테르에 대한 숭배는 로마 지배하에서 392년 로마의 국교인 기독교의 탄압으로 중지되기까지 거의 2000여 년간 그리스의 전역에서 이어졌지만 진정한 엘레우시스 의식은 데메테르와 딸 페르세포네의 성소가 있는 아테네와 메가라 사이의 아티카(Attica)의 도시인 '엘레우시스 지역'에서만 개최되었다. 이 성소는 단순히 데메테르와 페르세포네 모녀의 성소일 뿐만 아니라 범 그리스 성소였다. 곡식의 파종, 발아 및 수확을 축하하는 종교적인 농업축제가 이 도시에서 재현되었다. 곡물의 주기는 코레(Kore, Persephone)의 신화에 나타나는데 사람의 주기와 평행을 이루는 것으로 생각되었다. 아티카의 엘레우시스 사원에서 발견된 유물들은 그들의 기초가 오래된 농업 숭배였다는 것을 암시한다.[14]

처음에 지역별 부족 단위로 시작된 데메테르 숭배는 밀교에 입문하면서 남성은 도시국가의 완전한 시민이 되는 정치적 배경도 있었으나, 엘레우시스가 BC 600년경 아테네 지역에 합병되면서 입문이 시민의 지위를 부여하는 수단으로써 중요성은 상실했고, 순전히 종교의식으로 한정되었다.

데메테르와 그의 딸인 페르세포네의 숭배의식인 엘레우시스 밀교 제의도 『호메로스 찬가』의 『데메테르 찬가』에 기원을 두고 있다. 『데메테르 찬가』는 하데스가 데메테르의 딸 페르세포네를 납치한 사건을 중심으로 전개된다. 어느 날 페르세포네가 초원에서 꽃을 따고 있을 때 하데스는 아름다운 페르세포네를 보고 반해서 강제로 지하세계로 납치한다. 헤시오도스도 지하세계의 지배자 하데스가 그의 조카인 페르세포네를 납치해간 것을 언급하지만(신들의 계보 913-4), 페르세포네의 송환에 대해서는 침묵한다. 하데스가 납치하기 전에 페르세포네는 처녀로 코레(Core)라는 이름으로 불렸는데, 페르세포네의 숭배 이름으로 보인다 (데메테르 찬가 439). 지하세계의 페르세포네 여왕과 데메테르의 딸 코레는 원래 별도의 여신으로 여겨졌다는 전언도 있으나,[15] 그들은 기원전 7세기에 헤시오도스 시대에 서로 얽히게 되었을 것이다.

데메테르는 딸의 실종에 정신이 팔려 슬픔에 사로잡힌 채 9일 동안 딸을 찾아 헤매면서 여러 우여곡절을 겪다가 10일째 되는 날 마침내 유일한 현장 목격자인 태양의 신 헬리오스와 달의 신 헤카테(Hecate)로부터 딸의 소식에 대한 전말을 듣는다. 하데스가 페르세포네를 납치하고 제우스도 이에 동의했다는 것이다. 데메테르는 제우스에 대해 분노하고 하데스가 페르세포네를 납치한 것은 데메테르의 권한을 침해한 것이기 때문에 신들의 공동체인 판테온(Pantheon)[16]에서 탈퇴한다.

페르세포네의 피랍으로 인해 농업의 여신인 데메테르의 슬픔과 분노가 폭발하는 바람에 지구의 농작물이 영향을 받아, 대지의 생물은 성장을 멈추고 죽기 시작했으며, 씨앗이 싹트지 않았으니 수확할 곡식이 없게 되었다. 온 인류가 기근으로 아사 직전에 몰렸으며 인간들은 식량부족으로 희생제도 치르지 못하게 되었다.

제우스는 인간들뿐만 아니라 희생제를 못받게 된 신들로부터도 원성을 사게 되자 데메테르에게 이런 보복을 중단하라는 압력을 넣었지만 허사였다. 누구도 그녀의 마음을 돌릴 수 없었다. 오히려 데메테르는 "향기로운 올림포스에 올라서지 않고 자신의 얼굴이 밝은 아이를 볼 때까지 땅에서 씨앗을 놓아주지 않을 것이라고 말한다"(데메테르 찬가 321-330). 데메테르는 자신의 요구가 충족될 때까지 올림포스에 다시 합류하지 않는다. 제우스는 자신의 뜻에 따라 데메테르가 행동하도록 강요할 수도 없다. 제우스가 할 수 있는 일은 헤르메스를 지하세계로 보내 "부드러운 말로 하데스를 구슬려 페르세포네를 안개 낀 어둠에서 빛으로 되돌려 놓도록 하는 것이었다"(데메테르 찬가 336-338).

제우스는 메신저 헤르메스를 지하세계로 보내 페르세포네를 다시 데려오도록 하고, 하데스는 결국 항복한다 (데메테르 찬가 357-360). 그러나 지하세계에서 음식을 먹거나 음료를 마신 사람은 그곳에서 영원을 보내야 하는 것이 운명의 규칙이었다. 헤르메스가 페르세포네를 지상으로 데려오기 위해 파견된 상황에서 하데스는 페르세포네를 속여 석류 씨를 먹도록 한다. 그로 인해 그녀는 매년 반년가량을 하데스와 함께 있다가 나머지 기간만 어머니와 함께 지상에서 살았다. 페르세포네가 지상으로 돌아왔을 때 데메테르는 기뻐하며 다시 지구를 돌보았다. 지구는 이전의 신록과 번영인 첫 봄으로 다시 돌아온다. 『데메테르 찬가』(415)에 따르면 페르세포네는 겨울 동안 하데스에 머물렀다가 그해 봄에 귀환한다.

『데메테르 찬가』에서 페르세포네의 귀환은 제우스가 유순하고 타협적인 신이라는 것을 보여준다. 신화에서 제우스는 처음에는 권위 있는 인물로 설정되고 신의 세계 내에서 자부심을 가졌으나 『데메테르 찬가』에서는 다른 신들에게 자신의 의지를 일방적으로 강요하는 강력한 제왕적 권위자가 아니다. 오히려 그의 관심은 신들의 공동체의 범위를 확장하는 데 있는 것 같다. 그는 하데스의 페르세포네 납치에 대해 묵인하여 사실상 동조하지만, 데메테르의 강경한 항의와 시위에 무력이나 다른 형태의 강압을 사용하기보다는 데메테르의 요구에 굴복하여 제왕도 때로는 자신의 의사를 굽혀야 함을 보여준다.

하데스의 납치사건 이전에, 지하세계는 "상층 세계와 하데스의 지하 영역 사이에 의사소통이 존재하지 않았다."[17] 따라서 스트라우스는 제우스의 딸을 지하세계의 지배자와 결혼시키려는 계획은 "지금까지 접근할 수 없었던 상층과 하층 세계 사이에 다리와 동맹을 만들기 위해"[18] 수행되었다고 주장한다. 이러한 관점에서 보면 제우스가 신들의 공동체를 강화하는 것을 통해 폴리스의 공동체도 강하는 기능을 수행한 셈이다.

오비디우스(Publius Ovidius Naso, BC 43~AD 17/18)는 『변신이야기』에서 페르세포네에 대해 새로운 내용을 알려준다. 아프로디테는 미르아(Myrrha)가 그녀의 아버지 키푸로의 키니라스(Cinyras) 왕에게 강한 성욕을 느끼도록 저주한다. 이로 인해 미르아는 9일 동안 어둠 속에서 그녀의 아버지와 성관계를 갖는다. 그러나 키니라스는 미르아의 정체를 알고 칼로 그녀를 내쫓는다. 신들은 그녀를 몰약 나무로 변형시키면서, 나무의 형태로 출생한 아기가 아도니스(Adonis)다. 아프로디테는 아기를 발견하고 그를 지하세계의 여왕인 페르세포네에게 키우도록 한다. 아도니스는 잘생긴 젊은이로 성장하여 아프로디테와 페르세포네가 그를 놓고 불꽃 튀는 질투로 불화를 빚는다. 제우스는 결국 페르세포네스가 지하세계에 있는 1년의 1/3은 아도니스가 지하에서 페르세포네스와 보내고 3분의 1은 아프로디테, 그리고 마지막 3분의 1은 그가 선택한 누구든 함께 보내도록 선언한다. 남자에게 권

력, 돈, 여자, 그중에 제일은 여자인가. 아도니스는 그의 마지막 1/3
도 아프로디테와 함께하기로 결정한다.

어느 날, 아도니스는 사냥 여행 중에 멧돼지에 받히고 울면서 아프
로디테의 팔에서 죽는다. 그의 피는 아프로디테의 눈물과 섞여 아네모
네 꽃이 된다. 아프로디테는 그의 비극적인 죽음을 기념하는 아도니아
축제를 선포한다. 이 축제는 매년 한여름에 여성들에 의해 거행되었
다. 이 축제 기간 그리스 여성들은 빠르게 자라는 식물을 포함하는 작
은 화분이나 깨진 도자기 조각 혹은 바구니에 '아도니스의 정원'을 심
고 이 바구니를 뜨거운 한여름 햇볕 아래의 자기 집 지붕 위에 놓았다.
식물은 싹이 났지만, 곧 시들어 죽었다. 그런 다음 여성들은 아도니스
의 죽음을 애도하고 공개적으로 비통함을 표현하면서 옷을 찢고 가슴
을 때렸다. 그리스인들은 아도니스의 숭배가 동양에 기원을 두고 있다
고 생각했다. 아도니스의 이름은 '주님(lord)'을 의미하는 가나안 단어
에서 나왔으며 대부분의 현대 학자들은 아프로디테와 아도니스의 이
야기가 초기 메소포타미아의 신 이시타르(Ishtar, 수메르에서는 이난
나[Inanna])와 그녀의 남편인 탐무즈(Tammuz)의 신화에서 유래한
것으로 간주한다.[19)]

이시타르는 BC 4천 년에 우룩(Uruk)에 기원을 둔 사랑 및 전쟁과
관련되는 메소포타미아의 여신이다. 메소포타미아는 아카디아와 바빌
로니아, 아시리아를 포함하는 세계 최초의 대 제국이었다. 이시타르는
고대 근동에는 티그리스와 유프라테스강 사이 즉 현재의 이라크, 쿠
에이트, 시리아, 터키 등지에서 섬겨졌던 것 신으로 보인다. 이시타르
는 후기의 유명한 그리스의 사랑의 여신 아프로디테, 그리고 그 외의
아르테미스, 아테나의 이미지와 기능으로 이어지면서 많은 여신의 이
미지와 숭배에 주요한 영향을 미쳤다. 고대 문학적 근원들 가운데 이

여신은 메소포타미아에서 가장 유명한 두 가지 신화, 『길가메시 서사시(Epic of Gilgamesh)』와 『이시타르의 지하세계로의 하강(Ishtar's Descent to the Netherworld)』에 잘 나타나 있다.

하데스로부터 "페르세포네의 귀환"은 바로 풍요로운 봄의 시작이다. 이것은 지중해의 계절 변화에 잘 들어맞는다. 모든 지중해 농부가 알고 있듯이 11월부터 2월까지의 자연은 기본적으로 휴면 상태다. 페르세포네의 재탄생은 모든 식물 및 생명의 재탄생과 생명의 영원함을 상징한다. 데메테르와 페르세포네의 이야기는 계절의 변화와 삶에서 죽음으로 변화, 또는 여름에서 겨울로의 변화, 농업에서 보여지는 것처럼 봄에서 삶의 전환을 보여주는 것이다. 이 주기는 신성한 엘레우시스 밀교의 신비 의식 중 하나가 되었다.

엘레우시스 밀교의식의 본질

엘레우시스 밀교의식은 고대에 존재하였던 모든 밀교 제의들 중 가장 중요한 의식의 하나이며, 그리스에서 가장 오래된 신비 의식으로, 신석기 시대와 농업 혁명에 뿌리를 두고 있다. 또한 아테네가 올림포스 신에 대한 공식 숭배를 시작하기 훨씬 전부터 이어져 온 오래된 농경 숭배 의식이다. 이런 전통은 미케네 시대(기원전 1600~1100)의 종교적 관습에서 유래된 것으로 보인다.[20] 이 밀교의식은 이집트, 크레타, 아나톨리아, 트라키아에서 공통적이었는데, 연대의 추정은 고고학적 연구를 통해서 '데메테르'가 선형문자 A와 B에 나타난다는 것을 근거로 한다. 선형문자 A는 BC 1800년에서 BC 1450년대까지 크레타 미노아 문명에서 주로 궁전과 종교적 기술에서 발견된 언어체계이고, 선형문자 B는 BC 1450년경의 미케네에서 사용된 음절문자다. 문명사적으로 보면 미케네 세력이 크레타를 정복하지만 연대기적으로나 문명 사적으로 미노아 문명은 미케네 문명을 앞선다. 이런 점에서 미케네의 선형문자 B는 미노아의 선형문자 A가 발전한 문자로 여겨졌으나, 고고학적 연구 결과 두 문자는 아주 별개의 문자로 판명되었다.

또한 데메테르(Demeter)의 'De'가 여러 곡물의 밀을 가리키는 크레타 언어 'Dea' 또는 이오니아의 'Zeia'로부터 나왔을 가능성이 있고 이것은 데메테르의 별명인 'Deo'와 관련되며, 여기에서 데메테르는 어머니이고 식량의 제공자 이미지를 갖게 되었다는 것이다. 이런 점에서 데메테르는 '대지의 어머니(Earth-Mother)'가 아니라 '곡물의 어머니(Grain-Mother)'라는 주장도 있다.[21]

엘레우시스 밀교의식은 다른 전통적인 종교의식과는 달리 희생제 외에도 신비스러운 교리와 종교적 체험 그리고 입회자에 한정되는 비밀의식을 포함했다. 이 신비한 의식이 정확히 무엇인지 아무도 모른다. 이 신성한 드라마 같은 제전은 두 여신 데메테르와 페르세포네의 숭배를 위해 매년 그리스의 달력으로 보이드로미온(Boedromion, 우리 9월과 거의 비슷함) 중반 즉 가을의 추분 무렵에 아테네와 엘레우시스에서 개최되었다.

이 밀교의식은 지하세계의 왕 하데스가 데메테르의 딸 페르세포네를 납치했다는 신화의 내용을 상징하여 하강(실종), 수색, 상승(재회)의 3단계 국면으로 구성되는데 핵심 주제는 상승 즉 지하의 페르세포네와 지상의 어머니 데메테르와의 재회다. 이것은 페르세포네의 재탄생이며 순환으로 대대로 흘러가는 생명의 영원함을 상징한다. 초기의 의식은 죽음과 농업의 순환 그리고 인간의 삶의 과정에서 나타나는 일들의 순환으로 발전되었다.

엘레우시스 밀교에 대한 확실한 정보는 글로 남겨진 자료가 없다.

입문자가 의식의 세부 사항에 대해 비밀을 유지하기로 맹세했기 때문에 이러한 의식이 어떤 형태를 취했는지 밖으로 알려질 수 없었다. 이 밀교의 입문자는 아테네 법률에 의해 밀교에 관한 비밀을 밝히는 것이 금지되고, 위반할 경우 사형이었다. 따라서 밀교의 의례, 의식 및 신념은 비밀로 유지되었으며 이런 비밀유지는 고대로부터 일관되게 이어졌다.[22] 이런 환경은 밀교의식에 대해 부분적인 설명이나 대체적인 요약 정도 이상을 알려질 수 없도록 만들었다. 예를 들어, 신성한 상자 키스테(kiste)와 뚜껑이 달린 바구니 칼라토스(kalathos)에 무엇이 담겨 있는지는 오직 엘레우시스 밀교의 비전가(祕傳家)들만이 안다. 입문자들은 스스로 참여를 결정한 후 인내하며 전수(傳受)받은 환상들에 대한 보상을 사후세계에서 받게 될 것이라고 믿었다.

의식에 참여한 사람들은 긍정적인 삶 쪽으로 변했으며 더 이상 죽음을 두려워하지 않은 것으로 전해진다. 의식의 체험을 통해 입문자들은 내세에 대한 강한 비전을 전수받고 세상을 보는 방식과 그 안에서 그들의 위치가 바뀐다. 참가자들은 필사자(必死者)의 육체에서 일시적으로 불멸의 영혼이라는 인식을 통해 죽음에 대한 두려움에서 해방된다. 페르세포네가 죽은 자의 땅으로 내려가 매년 살아있는 자의 땅으로 돌아온 것과 같은 방식으로 모든 인간은 다른 존재의 측면이나 다른 몸에서 다시 살기 위해 죽을 뿐이라는 것이다.

고대 아테네의 잠수 페이시스트라토스(재위 BC 546~BC 527/8)의 통치 기간에 이 밀교의식은 범 그리스적으로 확대되고 순례자들이 그리스 전역과 외부로부터 이 신비 제전에 참여하기 위해 엘레우시스로 왔다. BC 300년경부터는 고대 아테네 도시국가가 엘레우시스 밀교의식을 관장했는데, 구체적으로는 아테네의 사제 가문이었던 에우몰피다이(Eumolpidae)와 케리케스(Kerykes)가 관장했다. 이렇게 국가가

이 밀교 제의를 관장하면서 입문자 수도 크게 늘었다.

입회

엘레우시스 밀교가 확산되면서 모든 아테네인은 엘레우시스 밀교의 입문자로 인정되고, 곧 이 밀교가 모든 그리스인에게 개방되어 의식은 '국제적' 성격을 띄게 되었다. 그러나 입문을 원하는 사람은 누구나 아테네에서 하루의 여정으로는 그리스 다른 도시들보다 더 먼 거리인 엘레우시스로 가야 한다. 입회 여부는 각자가 스스로 결정했지만, 밀교의식은 부족 의식에서 범 그리스인의 의식으로 발전했다. 이러한 발전은 아테네가 종교를 포함하여 삶의 방식에 대한 개인적인 선택권을 충분히 부여하는 차별화된 문화를 가진 대도시가 되었기 때문에 가능했다.

참석자들은 의식의 피상적인 수준만 인식하고 좋은 시간, 좋은 직업, 좋은 음식, 술, 때로는 (디오니소스의 숭배에서) 성적인 즐거움을 누릴 수 있는 기회로 여겼다. 그러나 이 의식들은 어떤 신학이나 신조에 의해서 명확히 드러난 것이 아니라 종교적 행동 자체에 의해 더 깊이 이해될 수 있게 되었다. 그리고 의식의 행동 자체가 밀교의 의미를 포함하고 말이 아닌 이심전심으로 참가자들에게 전달되므로 특별한 경험이 없는 사람들에게 밀교의식을 말로써 공개하는 것은 불가능했다.

입문 이후의 밀교 사회는 종교적인 관계에서 단순히 사교클럽의 형태로 변화되어 의식이 진행될 수도 있었으며, 비밀, 공동 식사 및 공동 음주가 암시되었기 때문에 그리스인들은 그러한 클럽들을 신비 사회로 간주했다. 이것은 후에 로마 사회에서도 마찬가지였다. 그들은 종교 단체와 개인 클럽을 구분하지 않았다. 아테네 정치에서 귀족 클럽의 역할은 매우 중요했다. BC 415년에는 유명한 밀교 사건이 발생했다. 바로 아테네 장군인 알키비아데스를 관련자로 몰고 간 헤르메스 동상 훼손 사건이다.

밀교의 내부가 사회의 사교클럽으로 변화해갔다는 것은 밀교의 경계가 허물어져서 누구나 참가가 가능해졌다는 의미다. "매년 아테네인들은 … 아테네 전역이나 다른 곳에서 원하는 사람은 누구나 밀교에 입문될 수 있었다"(역사 8.65). 이것은 밀교의식이 자유인 남녀노소와 노예도 참여 가능했다는 것을 나타낸다. 아리스토텔레스도 엘레우시스에 살았던 그리스의 비극작가 아이스킬로스(Aeschylus, BC 525~BC 456)에 대해 "그는 그것이 밀교라는 것을 몰랐다"고 썼다. 이것은 밀교의 경계가 이미 허물어졌음을 나타낸다.[23]

밀교 입문의 유일한 자격 제한은 살인의 전과가 없고 '야만인'(Barbarian: 그리스어를 말할 수 없는 사람)이 아니어야 하는 것이었다.[24] 다만 일련의 요식행위는 거쳐야 했다. 입문자들은 아마 금식과 『데메테르 찬가』에서 데메테르가 마신 키케온(kykeon)을 마셔야 했을 것이다. 그리고 입문 과정의 의식들은 암시적인 표현으로 모호하게 남겨졌다. 그러나 실제로 수천 명이 입회를 하려고 몰려들면 이런 의식들을 수행하거나 의미 있는 방식으로 금식을 할 시간이 없기 때문에 이런 입문 의식을 실제로 시행하기는 어려웠을 것이다.

입문을 원하는 사람들은 적어도 반년 이상 기다리거나 7달 전에 봄이 오는 것을 축하하면서 개최되는 소밀교의식(Lesser Mysteries)에서 이런 절차를 밟거나 어느 다른 때에 입문 절차를 밟았을 가능성이 크다. 이런 가정은 BC 407년의 소밀교의식의 입회 접수자들이 대밀교의식 때보다 훨씬 낮았기 때문이다.[25] 예비 입문자들은 소위 전수자들이나 이미 입문한 친구 및 지인으로부터 밀교의식에 대한 비밀 교육을 받도록 안내받았을 것이다.[26]

밀교의식의 입문은 단순한 행동이 아니라 개인적으로 일정한 조건이 필요했다. 잠재적인 입문자들은 시간이 있어야 하고 공무원들에게 수수료를 지불해야 하기 때문에 아주 가난한 계층은 참가가 어려웠다.[27] 따라서 모든 아테네인이 참가한 것은 아니다. 더 먼 지역의 입문자는 나중에 희생제를 위해 자신의 새끼 돼지를 가져왔으며, 돼지를 잡는 비명소리가 주변을 시끄럽게 했다.

엘레우시스 밀교의식에 참가하려면 반드시 비밀엄수 서약을 해야 한다. 처음으로 참가하는 입문자들은 미스타이(mystae)로 불렸는데 밀교의식이 1년 후에 개최되면 이들은 에포프테이아(epopteia) 단계 즉 마지막 입문 의식에 이르며 그해의 미스타이와 함께 의식에 참가하게 된다.

히에로판테스(hierophantes)는 '신성한 것을 보여주는 사람'의 의미로, 신성한 비밀 전수 내용과 원리를 해석하는 대제사장급이다. 이런 사제는 남녀 사제가 같은 급이며 세습직이다. 남녀 사제직은 성소에서 엘레우시스 밀교 제의의 업무를 수행하는 직책으로, 제사장 역할과 횃불로 잃어버린 딸 페르세포네를 찾는 것을 상징하는 횃불 운반자, 데메테르와 페르세포네의 시중을 드는 여사제 그리고 남자와 떨어져 살았던 여사제 등의 범주로 구분되어 제의 동안 데메테르와 페르세포네의 역할을 맡아 수행한다.[28]

엘레우시스 밀교는 그리스 전역의 데메테르 숭배자들을 밀교의식에 초대했다. 각 도시나 마을에서 메신저들은 전쟁의 중지를 선포하고 두 달간의 신성한 휴전의 시작을 알리는 신호를 보냈으며 평화의 자유를 표출했다. 밀교의식에 오가는 순례자들에게 안전한 통행을 제공하기 위해 그리스의 도시국가들은 한 달 동안의 신성한 휴전에 동의했다.

소밀교의식과 대밀교의식

소밀교의식

엘레우시스 밀교의식은 소밀교의식과 대밀교의식으로 구성되었다. 소밀교의식은 작은 규모로 매년 열리는 일종의 수시 의식이고 대밀교의식은 5년마다 열리는 대제전이다. 이러한 의식의 주기는 약 2천 년간 계속되었다.

소밀교의식은 고대 아테네의 아크론이나 행정관의 책임하에 아티카 달력으로 3번째 달인 안테스테리온(Anthesterion, 2~3월 중 한겨울) 달에 열린다. 다만 대밀교의식과는 달리 정확한 시기가 고정된 것은 아니고 수시로 변화되었다. 입문 자격을 얻기 위해, 참가자들은 데메테르와 페르세포네에게 새끼 돼지를 희생 제물로 바친 다음 일리소스(Ilissos)강에서 자신들을 정화하는 의식을 거행한다.

소밀교의식이 어떤 의식으로 이루어졌는지는 잘 드러나지 않는다. 페르세포네를 위한 의식이었는지 또는 디오니소스를 위한 의식이었는지도 확실하지 않다. 그러나 대밀교의식에 참가하기 위한 예비 단계였다는 것은 분명하다. 소밀교의식을 마친 다음에 그 참가자들은 입문자(initiate)라는 의미의 '미스타이(mystae)'라 불렸으며 대밀교의식에 참가할 사격이 주어졌다.

테일러(Thomas Taylor, 1758~1835)에 따르면 "소밀교의식은 육체에 종속되어 있는 동안 정신의 비참함을 표현한다. 대밀교의식은 이 세상과 저세상 모두에서, 물질적 욕망의 번뇌로부터 정화되고 지속적으로 지적(영적)환상의 실재들로 향상되었을 때, 모호하지만 정신의 더할 나위 없는 행복감을 신비스럽고 화려한 환상들로 암시했다."[29]

테일러는 또한 플라톤의 말을 인용한다. "밀교 제의의 의도는 우리가 내려온 원리로 되돌아가도록 우리를 이끄는 것이며, 그것은 지적(영적)선을 완전히 향유하는 것이다."[30]

대밀교의식

대밀교의식은 아티카 달력의 첫 번째 달로 그리스의 늦은 여름에 해당하는 보이드로미온(Boedromion, 그레고리력의 9~10월) 14일에 시작된다. 기간은 데미테르가 딸을 찾아 헤매어 다닌 9일간을 기리며 10일째 딸의 소식을 들어 결국 10일간 계속된다.

첫날은 '모임'이라는 의미의 '아기르모스(Agyrmos)'라고 불렸는데,[31] 의식을 준비하는 날로 엘레우시스의 신전으로부터 아크로폴리스의 기슭에 있는 데메테르와 페르세포네에게 헌정된 신전인 엘레우시니온(Eleusinion)으로 행렬을 지어 성물들을 가져오는 의식으로 이루어진다. 여사제가 엘레우시스에 있는 여신의 신전에서 여신의 신성한 물건 바구니를 아테네의 엘레우시니온으로 가져온다. 그들은 이것을 머리에 이고 외곽의 데메테르의 신성한 무화과 나무 근처에 있는 데메테르와 페르세포네 신전 옆에서 쉬었다. 마을 사람들의 의장대와 함께 19km의 성스러운 길을 따라 행진하는 행렬은 하루가 끝날 무렵 아테네에 도착했을 것이며, 이미 도시에 있는 사제들의 환영을 받았을 것이다. 데메테르의 사제는 아크로폴리스에 올라와 데메테르의 신성한 물건과 그녀의 수행원이 아테나의 사제에게 도착했음을 알린다.[32]

이어 대사제들인 히에로판테스(hierophantes)가 의식의 시작을 선언하고 희생물들로 희생제를 지낸다. 그리스 전역과 그 외의 지역에서 온 수천 명의 참가자가 아테네 아고라 또는 시장 앞으로 모여들고 간단한 복장의 입문자들도 함께한다. 데메테르와 페르세포네는 물론 제우스와 아테나에 대한 기도로 제의의 시작을 알렸을 것이다. 입문자들은 의식을 공개하지 않겠다는 침묵의 서약을 해야 하며, 잃어버린 딸을 찾는 동안 먹지도 마시지도 않는 데메테르의 예에 따라 새벽부터 일몰까지 매일 금식하도록 지시받는다 (데메테르 찬가 200-201). 저녁이 되면 입문자들은 전통적으로 금지된 음식 즉 새, 숭어, 적포도주, 사과, 석류와 콩을 제외하고는 먹고 마실 수 있다. 의식의 첫날 저녁을 마무리하기 위해, 남녀 사제와 입문자 및 기타 행사자들의 행렬은 아고라를 통해 아고라와 아크로폴리스의 북쪽 경사면 사이에 있는 엘레우시니온까지 행진한다.

둘째 날은 아테네가 최초의 바다 해전에서 승리한 날을 기념하여 입문자들이 바다로 행하는 날이다.[33] 입문자들은 교사, 가족, 친구들과 함께 아테네 남쪽 해변인 팔레론(Phaleron)만까지 행진한다. 이날을 '엘라시스(Elasis)'라고도 부르는데, 죄인을 추방 또는 원하는 곳으로 가도록 놓아주는 날이다. 이 육체적 청결과 영적 정화의 과정은 입문자들의 죽음과 중생의 경험을 위한 준비다. 그리스에서는 다른 곳과 마찬가지로 소금 바다가 치유력이 있다고 믿었다. 다음 날에는 자신과 동물인 돼지를 정화하기 위해 해안으로 간다.[34] 아데나이우스(Athenaeus)가 전해주는 유명한 창녀 프리네(Phryne)의 이야기가 이를 연상시켜 준다.

셋째 날은 '헤이레이아 데우로(Heireia Deuro)' 즉 "신성한 제물을 가져오십시오!"라고 불린다.[35] 다음 날 저녁 아테네에서 열린 공식적인 국가 의식에는 각 입문자가 가져 온 젖먹이 돼지와 공무원이 가져 온 다른 희생 동물의 희생이 포함되었고 이 동물들은 저녁 잔치에 사용되었다. 그 외에 곡물 수확의 봉헌물은 여러 도시국가의 공식 대표단이 가져왔다. BC 5세기 후반에, 처음에는 기근의 종식을 위해 데메테르에게 감사의 제물이던 이 첫 번째 과일 제물은 스파르타와의 전쟁 중에 아테네의 동맹과 안보를 위해 아테네가 요구했다. 그러나 데메테르의 여사제는 사실상 전쟁 세금에 대한 공개적인 모금을 거부했다.

넷째 날은 '아스클레피아(Asklepia)'/'에피다우리아(Epidauria)', 즉 치유의 날이다. 이 명칭은 아스클레피오스(Asklepios)와 에피다우로스(Epidauros)의 남쪽에 있는 치유 센터를 기리기 위해 명명되었다. 아스클레피오스의 신전은 작은 동굴의 신성한 샘 주변에 지어졌다. 참가자들은 의약의 신인 아스클레피오스의 축제인 에피다우리아를 시작한다.

치유의 신인 아스클레피오스, 건강의 여신 히게이아(Hygeia) 그리고 데메테르와 페르세포네를 기리기 위한 희생제의 저녁 의식은 아테네의 엘레우시니온 신전에서 열린다. 아마 여기에서 의식에 참가한 모든 사람에게 치료법이 제공되었을 것이다. 그날 저녁 입문자들은 '야간 경계'에 참여한다. 고대인들은 질병이 자신의 신성한 운명과 일치하지 않는 사람에게서 비롯된 것이라고 믿었기 때문에 치유를 추구하는 사람들은 그날 밤 꿈을 통해서 치유의 신이 임재해 자신의 삶에 영혼과 몸의 치유를 해주고 건강과 부, 웰빙과 풍요의 조건을 제공할 것으로 믿었을 것이다.

다섯째 날은 '폼페(Pompe)' 즉 대 행렬이다. 여신들의 신성한 물건들의 바구니를 나르는 데메테르와 페르세포네의 여사제들이 인도하는 아테네에서 엘레시스까지의 대 행렬에 수천 명의 활기 넘치는 참가자들이 합류한다. 참가자들은 아침 일찍 아테네의 아고라 북동쪽에 있는 아테네의 신성한 문을 나서서 '신성한 길'이라는 뜻의 '히에라 호도스(Hierá Hodós)'를 따라 '바코이(bacchoi)'라고 불린 나뭇가지들을 흔

들면서 엘레우시스로 행진한다.

참가행렬이 방문한 행사 장소는 BC 2세기 그리스의 작가 파우사니아스(Pausanias)에 의해 기록되었다 (Pausanias, *Guide to Greece* I.36.3-38.1).[36] 아테네의 성문 바로 밖에서 참가자들은 활기 넘치는 군중을 이끄는 성자 이악코스(Iakchos, 또는 Iacchus, Iacchos로도 불리는 신의 이름)의 성지에 들린다.[37] 이악코스에 대한 특별한 이야기는 없지만, 데메테르나 디오니소스와 연결 짓기도 한다.

여섯째 날에는 '파니키스(Pannychis)' 즉 긴 밤의 향연이다. 6일 차의 저녁에 입문자들은 키케온을 마시고 향연을 벌이며, 여성들은 횃불을 켜고 엘레우시스의 데메테르 신전 근처에서 춤을 추는 것으로 시작된다. '케르노스(kernos)'라고 불리는 춤이 이어진다. 이 춤은 머리에 착용하는 의식 용기를 사용하여 추수의 첫 열매를 운반하는 여성이 이끄는 특별한 춤으로 모든 참가자가 함께 춘다. 신성한 빵인 '펠라노스(pelanos)'를 제공하는 의식이 데메테르 신전 앞의 대형 홀인 텔레스테리온(Telesterion)에서 베풀어진다. 이 빵은 아티카에서 가장 비옥한 땅인 라리안(Rharian) 평야에 있는 데메테르의 성지에서 수확한 밀의 첫 열매로 구운 것이다. 텔레스테레온은 각 면이 54m에 달하며 최대 3,000명을 수용할 수 있는 거대 홀이었으나 건물은 창문이 없다.

이 건물의 가운데에는 성물(聖物)들이 보관되어 있는 아나크토론이 있었는데, 오직 대제사장들만 들어갈 수 있다. 델레스테리온 안에서 행해진 의식들은 '드로메나(dromena)', '데이크누메나(deiknumena)', '레고메나(legomena)'의 세 요소로 구성된 것으로 알려지고 있다.

드로메나(dromena)는 '행해진 것(things done)'이라는 의미로, 데메테르와 페르세포네의 신화를 드라마의 형태로 재연하는 것이다. 데이크누메나(deiknumena)는 '보인 것(things shown)'이라는 의미로 대제사장이 성물들을 입문자들에게 보여주는 것을 나타낸다. 마지막 레고메나(legomena)는 '말한 것(things said)'의 뜻으로, 데이크누메나에 대한 해설들이다. 이 세 요소는 통칭하여 '반복 불가'라는 뜻의 '아포레타(apporheta)'라고 불린다. 이 세 요소들에 대해 누설하는 벌은 사형이었다.

이 긴 밤을 보내고 다음 날 아침과 오후에 휴식을 취한 후에 그리스 판테온 가족의 두 여신과 다른 신들을 위한 봉헌 및 희생제를 위한 시간이 주어진다. 엘레우시스의 데메테르 신전 바로 밖에는 아르테미스(Artemis)와 포세이돈(Poseidon)을 위한 신전이 있었다.

일곱째 날과 여덟째 날은 '미스테리오티데스 니크테스(Mysteriotides Nychtes)', 즉 '신비의 밤'으로, 이 절정에 도달하는 밤에 무슨 일이 일어났는지 확실하게 알려진 것은 거의 없다. '미스타이(mystae, mystes의 복수)' 즉 입문자들은 '미스타고고이(mystagogoi)'로 불리는 교사들과 함께 데메테르의 지상 고향인 데메테르의 신전에 들어간다. 신전 내부에서는 향내 나는 향기로운 물건들이 있는데 이 물건들은 '말한 것(logomena)', '행해진 것'(dromena) 및 '보인 것'(deiknymena)을 상징하는 것들이다.[38] 그리고 데메테르의 여사제들과 가장 달콤한 목소리를 가진 히에로판트(Hierophant)가 데메테르에 대한 『데메테르 찬가』를 부른다. 아르카이크 시대(BC 700~BC 600년경)로부터 『호메로스 찬가』의 『데메테르 찬가』는 어머니와 딸의 이별과 재결합의 신성한 드라마와 관련된 신화의 주요 출처이다. 이 시간쯤에 놋쇠 징이 울리고 신전 내부의 앞에서 큰불이 타오른다. 입문의 가장 높은 마지막 단계의 의식인 '에포프테이아(epopteia)' 즉 환상 속에 특별한 선견(先見) 상태에 이른다.[39]

제9일은 '플레모코아이(Plemochoai)', 즉 흙 항아리로 된 특별한 의식 용기로 헌주를 하며 '에피스트로페(Epistrophe)', 즉 귀향하는 날이다. 이날 입문자들은 플레모코아이에 술을 담아 신들 또는 아테네인들이 죽은 사람들을 가리키는 '데메트리오이(Demetrioi)' 즉 '데메테르의 사람들'이라고 불리는 조상들에게 헌주했다.[40] 그리고 새로운 시각으로 자신의 집, 가족, 공동체, 직장으로 돌아가 남은 삶으로의 전환을 시작한다.[41] 에피스트로페(Epistrophe)는 신성한 의식의 한계 영역을 넘어 일상생활의 더 평범한 경험으로 돌아가는 것을 의미한다. 이렇게 엘레우시스 대밀교의식은 막을 내리고 모든 참가자는 집으로 돌아갔다.[42]

주

1) E. Hamilton, *The Greek Way* (New York: W. W. Norton & Company, 1930), p. 179.

2) Martin Luther King, Jr. "The Influence of the Mystery Religions on Christianity," *Crozer Theological Seminary* (November 29, 1949 to February 15, 1950). 이후의 내용은 킹 목사의 원고를 중심으로 한 내용이다.

3) S. Angus, *The Mystery Religions and Christianity* (New York: Charles Scribner's Sons, 1925), p. vii.

4) Morton S. Enslin, *Christian Beginnings* (New York: Harper and Brothers Publishers, 1938), pp. 187-188.

5) Cumont Franz, *The Oriental Religions in Roman Paganism* (Chicago: The Open House Publishing Co., 1911).

6) Angus (1925), p. viii.

7) J. E. Frazer and Attis Adonis, *Osiris* Vol. I (London, 1922).

8) Shirley Jackson Case, "The Mystery Religions," *The Encyclopedia of Religion*, Vergilius Ferm (ed.), pp. 511-513.

9) Martin P. Nilsson, *Greek Popular Religion* (New York: Columbia University Press, 1941), p. 54.

10) Fairbanks, *Greek Religion* (New York: American Book Co., 1910), p. 288.

11) The Orphic Quest for the Hidden God − Grethexis https://www.grethexis. com/the-orphic-quest-for-the-hidden-god/

12) 이 글에서는 『호메로스 찬가』 중의 『데메테르 찬가』는 그대로 『데메테르 찬가』 로만 표기한다. 『호메로스 찬가』는 데메테르를 비롯해 디오니소스, 아폴론, 헤 르메스, 아프로디테, 헤라 등 20여 명의 개별 신들에 대해, 데메테르 찬가는 2 개 항, 디오니소스에 관한 찬가는 3개 항 등 33개로 된 익명의 고대 그리스의 찬가 모음이다. 이 찬가 모음집을 『호메로스 찬가(Homeric Hymns)』로 부른 것은 호메로스의 『일리아스』와 『오디세이아』와 동일한 장단단육보격(長短短六 步格)의 서사시 운율을 사용하고 있고, 문체 또한 호메로스의 형식과 방언을 비 슷하게 활용하고 있기 때문이다. 이런 점에서 '호메로스 식 찬가'로 표기해야 하지만 편의상 '호메로스 찬가'로 표기한다. 고대에는 호메로스가 이 찬가를 직 접 쓴 것으로 생각하고 따로 저자 표시가 붙기도 하였다. 가장 오래된 찬가는 아마도 BC 7~BC 6세기이지만 헤시오도스보다는 다소 늦은 것으로 보고 있다. 물론 호메로스의 서사시 이후다. 그러나 일부는 이후에 삽입되었을 가능성도 크다. 찬가의 길이는 매우 다양하다. 33개가 찬가 중에서 일부는 3~4줄 정도 로 짧은가 하면 500줄이 넘기도 한다. 찬가는 종교축제와 같은 다양한 의식의 서곡으로 사용되었을 수 있다. 따라서 그들은 폴리스 문화의 의식적 표현으로 널리 알려져 있고 이해되었다. Jenny Strauss Clay, *The Politics of Olympus: Form and Meaning in the Major Homeric Hymns* (Princeton: Princeton University Press, 1989), p. 7.

13) Hesiod, Theogony 912; *Homeric Hymn to Demeter*; Pausnias, *Description of Greece* 8.37.9

14) Nilsson (1941), p. 470.

15) G. Zuntz, *Persephone: Three essays in religion and thought in Magna Graecia* (London: Clarendon Press and Oxford University Press, 1971), pp. 75– 83.

16) Pantheon은 모든(pan) 신(theos), 즉 올림포스의 신들을 의미한다.

17) Clay (1989), p. 212.

18) Clay (1989), p. 213.

19) Louise M. Pryke, *Ishtar* ((London, New York: Routledge, 2017).

20) Walter Burkert, *Greek Religion* (Cambridge, MA: Harvard University Press, 1985), p. 285. 호메로스 찬가에서 데메테르는 크레타(Crete)에서 도착 했다.

21) Jane Ellen Harrison, *Myths of Greece and Rome* (1928), pp. 63–64.

22) 디아고라스(Diagoras)는 아테네의 아테나고라스(Athenagoras of Athens, 133~190)를 비롯한 고대 저술가들이 (다른 어떤 죄보다) 이 죄로 인해 죽음의 벌을 받았다고 언급하고 있다. 디아고라스는 BC 5세기의 시인이자 소피스트 였으며 그리스 종교를 반대하는 무신론자로 알려졌다. 아리스토파네스도 그를

당대의 유명한 인물로 언급했다 (아리스토파네스, 구름 830). 이처럼 엘레우시스 밀교의 핵심적인 의식들에 대한 누설 금지는 절대적인 사항이었으며, 엘레우시스 밀교의식에서 실천된 것에 대해 알려진 바가 사실상 거의 없는 것은 이런 이유 때문이다.

23) Aristotle, Ethica Nicomachea (Nichomachaean Ethics), 3.1111a 10–11, trans. W.D. Ross, in Richard McKeon (ed.), *Introduction to Aristotle* (New York: The Modern Library, 1947), p. 351.

24) William Smith, *A Dictionary of Greek and Roman Antiquities* (London: Wentworth Press, 1875).

25) Robert Parker, *Polytheism and Society at Athens* (New York: Oxford University Press, 2007), pp. 345–346.

26) Jan N. Bremmer, *Initiation into the Mysteries of the Ancient World* (De Gruyter, 2014), p. 3, note 16.

27) Parker (2007), p. 342, note 65

28) Sarah B. Pomeroy, *Goddesses, whores, wives, and slaves: women in classical antiquity* (New York: Schocken Books, 1995).

29) Thomas Taylor, *A Dissertation on the Eleusinian and Bacchic Mysteries* (London: 1791), p. 47.

30) Taylor (1791), p. 47.

31) D. M. Lewis, "Mylonas Eleusis and the Eleusinian Mysteries," *The Journal of Hellenic Studies,* Published online by Cambridge University Press, Vol. 83 (Dec, 2013), pp. 247–248.

32) Mara Lynn Keller, "Ritual Path of Initiation into the Eleusinian Mysteries," *California Institute of Integral Rosicrucian Digest,* Vol. 87. No.2. 2009, p. 31.

33) Plutarch, The Parallel Live; The Life of Phocion, 6.3

34) Robert Parker, *Polytheism and Society at Athens* (Oxford and New York: Oxford University Press 2005), pp. 108–109, 347.

35) Jon D. Mikalson, *The Sacred and Civil Calendar of the Athenian Year* (Princeton: Princeton University Press, 1975).

36) Pausanias, *Guide to Greece*, trans. Peter Levi (New York: Penguin Books, 1985).

37) Dikaios quoted by Herodotus VIII.65; Aristophanes, *Frogs*, lines 340–353, 395–396; 325–335, Scholium on Aristophanes' Frogs, 326. Plutarch Phocis 28.2, Plutarch Kamil. 191; Lewis (2013), pp. 254–255, 238; Kerényi, Eleusis, 8–9; Burkert (1985), p. 287, note 13.

38) Jane Ellen Harrison, *Prolegomena to the Study of Greek Religion* (New York: Cambridge University Press, 2010), p. 569 and note 2.

39) Platon, 향연, 210d; Plato, 파이드로스 250 B–D.

40) Athenaeus, *The Deipnosophists*, trans. C. B. Gulick, The Deipnosophists (Cambridge: Harvard University Press, 1927), pp. 41, 211-213; Miles, Athenian Agora, 95

41) Harrison, Prolegomena, 267, 599

42) 미스터리 제전 부분은 Mara Lynn Keller, "Ritual Path of Initiation into the Eleusinian Mysteries," *California Institute of Integral Studies* (January 2009), p. 31을 주로 참조.

8장

디오니소스 밀교의식

디오니소스 신

디오니소스(Dionysus)는 고대 그리스의 12명의 올림포스 신 중에서 마지막으로 올림포스산에 합류한 신이다. 그는 때로는 12명의 신 중에서 처녀의 신인 헤스티아(Hestia)와 교체되는 신으로 나온다. 특히 디오니소스는 인간 어머니 때문에 올림포스 신 중에서 항상 국외자으로 간주되있다. '디오니소스'리는 이름온 BC 12세기 또는 BC 13세기에 미케네의 판(Pan, 염소 신)에 선형문자 B로 'di-wo-nu-su-jo'(Dionysoio)로 처음 기록되었다. 'Dionysus'는 'dios'와 'nysus'의 두 가지 요소로 구성된다.[1] BC 13세기의 문자에 기록되었다는 것은 훨씬 그 이전부터 디오니소스의 숭배가 이루어졌다는 것을 의미한다. 그렇다면 미케네 시대인 BC 1500년에서 BC 1100년 사이로 거슬러 올라갈 수도 있을 것이다.

그가 트라키아에서 기원하여 외국 신으로 그리스에 도착했다는 주장도 있다. 미노아 문명기에 크레타가 이집트와 트라키아 및 페니키아로부터 포도주를 수입하여 그리스로 수출했다는 점을 토대로 하는 주장이다. 이런 점을 들어 19세기의 학자들은 그를 외국의 신으로 여겼다. 하지만 그리스 역사에서 미케네 시대의 증거는 오히려 그가 그리스에서 가장 오래된 신 중의 하나라는 점을 보여준다. 더 최근의 증거에 따르면 디오니소스는 실제로 그리스 본토 문화에서 입증된 최초의 신 중 하나였다.[2] 디오니소스 숭배는 BC 6세기에 그리스 전체로 확산되는데, 디오니소스 숭배에 대한 최초의 증거는 이보다 800여 년 앞선 BC 1300년경으로 나타난다. 이것은 당시의 유물이 미케네와 특히 필로스(Pylos)의 네스토르(Nestor) 궁전 안팎에서 발견되었기 때문이다.[3]

트라키아에서 다산의 신이었던 디오니소스는 그리스에서는 포도주의 신으로 숭배되어 두 형태가 섞여서 다산과 포도주의 신인 디오니소스에 대한 새로운 숭배 의식이 탄생한 것으로 보인다. 디오니소스는 포도주와 관련하여 고전 시대 이후 종종 술 취한 신이라는 고정관념이 있었다. 여기에서 포도주뿐만 아니라 포도주를 생산하는 포도나무와 포도는 신의 선물인 동시에 디오니소스의 상징적 화신으로 인식되었다. 이런 배경에서 디오니소스의 가장 강력한 상징은 '포도주의 신'이다. 디오니소스의 포도주는 고통을 완화하고 기쁨을 가져다줄 뿐만 아니라 술 취함과 달리 신의 광기를 일으키게 하는 것으로 믿었다.

다른 신들은 추종자들이 경배드릴 신전이 있었으나, 디오니소스의 추종자들은 처음에는 숲에서 그를 숭배했다. 그곳에서 그들은 황홀함과 광기의 상태에 빠졌으며, 먹을 수 있는 모든 동물을 날것으로 먹었다.

디오니소스는 고대 그리스의 신화, 종교 및 문학에 깊고 오랜 영향을 끼친 그리스 세계의 신비적인 종교의식의 중심적 존재다. 지하세계에서 죽은 사람을 다시 데려올 수 있는 극소수 신 중의 하나로, 그리스의 다른 신들과 여신들처럼 하나의 상징을 가진 신이 아니라 다양한 특성을 가진 신으로 묘사된다. 기본적으로는 와인을 만들고 포도 재배 기술을 전파한 다산과 포도주의 신, 예술의 후원자, 그리고 과수원 및 과일, 초목, 광기와 광기 의식, 종교적 엑스터시, 축제 및 고대 연극의 수호성인이다. 디오니소스는 특히 극작가들에 의해 상당히 다르게 묘사되었다. 장르에 따른 묘사는 주제와 목적에 따라 다르지만, 신성(神性)에 대한 해석은 디오니소스의 복잡한 특성에 대한 증거이기도 하다. 로마인들은 디오니소스를 바쿠스(Bacchus)로 불렀다. 또한 '해방자(Eleutherios)'로서 인간을 걱정과 불안에서 해방시키는 신으로서 별칭으로는 리아이오스(Lyaeus) 신이다. 디오니소스는 복잡하고 예측불허의 숨김과 드러냄을 동시에 나타내는 가면의 신으로, 술에 취하거나 광기 또는 예술적 표현을 통해 우리 모두가 정상적인 자아에서 가지고 있는 억압적이고 과도한 문명적 가면을 벗어낼 뿐만 아니라 우리의 진정한 본성을 실현하는 새롭고 더 확실한 가면을 만들어주는 신이었다.

디오니소스의 탄생은 불확실하고 여러 이야기로 전승되는데,[4] 모든 문헌에서 디오니소스는 제우스의 아들이지만 어머니는 버전에 따라 두 명이 등장한다. 둘 중 한 명은 필멸의 여성 세멜레(Semele)다. 호메로스는 『일리아스』에서 "세멜레는 인간들의 기쁨인 디오니소스를 낳아 주었소"(일리아스 14.325)라고 전한다. 헤시오도스에 따르면 "카드모스의 딸 세멜레는 제우스와 사랑으로 교합하여 당당한 아들을, 많은 즐거움을 주는 디오시소스를 낳아주었으니, 필멸의 여인이 불사의 아들을 낳은 것이다. 하지만 지금은 둘 다 신이다"(신들의 계보 940-

943). 그리스 신화에서 세멜레는 페니키아의 영웅 카드무스(Cadmus)와 하르모니아(Harmonia)의 가장 어린 딸이었고, 그의 많은 근원 신화 중 하나인 디오니소스의 어머니다"(일리아스 14.325; 신들의 계보 940-942). 호메로스 찬가에서도 그는 "가장 영광스러운 세멜레의 아들"(호메로스 찬가 1)이다.[5]

디오니소스의 탄생 배경은 아주 극적이다. 제우스는 인간의 눈에는 보이지 않는 밤에 세멜레를 찾아간다. 세멜레는 자신을 찾아온 이가 누구인지는 몰라도 느낌으로 신성한 존재라는 것을 알아차리고, 신의 연인이 된 것이 기뻤다. 그러나 곧 소문이 새어 나왔고 이를 알게 된 제우스의 부인 헤라(Hera)는 남편의 정부인 세멜레에게 복수를 결심한다. 헤라는 변장하고 세멜레를 찾아가, 그녀가 애인의 존재에 대해 의심을 갖도록 만들고 애인의 실제 모습을 보도록 부추긴다. 세멜레가 번개의 신인 제우스의 실제 모습을 보는 순간 번갯불에 타버리게 만들려는 흉측한 계책이었다. 헤라의 속임수에 넘어간 순진한 세멜레는 자신을 만나러 온 제우스에게 자신의 소원 하나를 들어 달라면서 그 내용을 스틱스(Styx)강에서 맹세하도록 요구한다. 스틱스강의 맹세는 신들의 왕인 제우스조차도 파기할 수 없는 맹약이었다.

제우스는 세멜레와 미친 듯이 사랑에 빠져 전후를 분간할 여지도 없이 모든 것을 쉽게 동의한다. 제우스는 이후에 무슨 일이 벌어질지는 알고 있었으나 그의 맹세에 얽매여 결국 번개를 들고 본 모습으로 세멜레 앞에 나타났고, 세멜레는 번개의 신인 그를 보고 순식간에 타버려 지하세계로 내려간다.

제우스는 세멜레의 배 속에 있던 6개월 된 태아를 구출하고 태어날 준비가 될 때까지 자신의 허벅지를 갈라 그 안에 넣고 꿰맨다. 산달이 차서 아기가 태어나자 이름을 '디오니소스'라 짓는다. 이것은 그의 번개로 인해 타버린 세멜레의 뱃속에서 꺼낸 태아가 다시 자신의 허벅지에서 태어남으로써 디오니소스가 부활한 것이다. 어머니가 불에 타면서 태아도 사실상 죽은 목숨인 것을 제우스가 새로 탄생시켰기 때문이다. 디오니소스는 인간을 어머니로 했지만, 아버지가 신이기 때문에 신의 반열에 오르게 된다. 헤시오도스의 말대로 "필멸의 여인이 불사의 아들을 낳은 것이다" (신들의 계보 942).

제우스는 헤라를 피해 아이를 헤르메스에게 맡긴다. 헤르메스는 디오니소스를 세멜레의 세 자매 중의 하나인 이노(Ino)와 이노의 남편 아타마스(Athamas)에게 데려가 소녀처럼 조용한 인물로 키우도록 한다. 헤라가 이것을 못마땅하게 여기고 이들을 미치게 만들자 제우스는 다시 헤라의 분노를 피해 디오니소스를 새끼 염소로 둔갑시키고 니사(Nysa)산에 사는 요정들에게 맡긴다. 니사산이 어디에 있는지는 디오니소스 신화를 말하는 사람마다 달라 에티오피아(Ethiopia), 리비아(Libya), 인도(India) 또는 아라비아(Arabia)를 들먹인다. 이런 점에서 현대의 신화 작가들의 의견도 극명하게 갈라진다. 에디스 해밀턴의 『그리스 로마 신화』에는 니사산이 지상에 있는 산골짜기 중에서 가장 아름다운 곳이었지만 그곳이 어디에 있는지 아무도 보지 못하고 알지도 못하는 곳으로 기술한다. 그러나 마크 모사이스의 『술에 취한 세계사』는 니사산이 현재의 에티오피아나 아라비아 혹은 인도에 있는 산으로 추정한다. 디오니소스와 세멜레 숭배의 특정 요소가 오늘날 디기인 아나톨리아 중서부 왕국이었던 프리기아(Phrygia)인들에게서 나왔다는 주장을 근거로 하여 프리기아 지역을 중심으로 어느 산에 붙여졌던 이름일 수도 있고 낭만적으로 멀리 떨어진 상상적인 땅일 수도 있다.

헤로도토스는 세멜레가 BC 1600년 전이나 BC 2000년경에 존재했던 것으로 추정한다 (역사 2.145). 디오니소스의 출생 이야기는 또 다른 전통으로 작성되고 수 세기에 걸쳐 전파되는데, 다른 이야기에서는 디오니소스의 아버지는 제우스이지만 어머니가 페르세포네다. 이 경우 디오니소스는 사바지오스(Sabazios)로 불렀다고 전해진다 (Diodorus Siculus, *Library of History* 4.4.1) 사바지오스는 프리기아인들과 트라키아(Thracia)인들의 신인데 그리스인들은 프리기아의 사바지오스를 제우스나 디오니소스와 같은 신으로 언급한다.

오르페우스의 이야기에서는 디오니소스가 처음에는 제우스와 페르세포네 사이에서 자그레우스(Zagreus)로 태어난다. 오르페우스 문학의 이야기에 따르면 인류는 제우스가 벼락으로 파괴한 티탄들의 잔해가 순환되고 있는 것이다. 이 이야기에서는 제우스가 그의 어머니 레아(Rhea)를 겁탈하는데, 실은 레아와 데메테르는 동일인이다. 여기에서 페르세포네가 출산하고 후에 제우스는 다시 뱀의 형태로 페르세포네와 성교하여 디오니소스를 낳는데 이 디오니소스에게 종종 자그레우스라는 명칭이 부여된 것이다. 제우스는 자그레우스를 자신의 후계자로 삼아 세상의 주인으로 만들 계획을 세우고 있었다. 그런데 질투심 많고 남편의 사생아를 늘 싫어하던 헤라는 장난감과 과자로 아기를 유인하여 부모에게서 멀어지게 한 후 티탄족에게 그를 죽이도록 설득한다. 그들은 석고 가면으로 얼굴을 가장하고 다양한 게임으로 작은 자그레우스를 속여 결국 그를 죽인 다음에, 찢고 조각내어 먹고 마지막으로 심장을 삼키려는 순간 아테나 여신이 심장을 구해 제우스에 주고 제우스는 그 심장을 세멜레의 자궁에 이식하여 디오니소스가 세멜레로부터 재탄생할 수 있도록 한다. 여기에서는 '첫 번째 디오니소스'는 제우스와 페르세포네 사이에 태어나고, 두 번째는 세멜레로부터 태어난 것이다. 에우리피데스(Euripides, BC 484~BC 406)의 『바카이(*Bacchae*)』에는 "제우스의 아들인 디오니소스는 카드무스의 딸인 세

멜레에서 태어났다" (에우리피데스, 바카이 1-4).[6]

제우스는 티탄들을 벼락으로 파괴하여 응징한다. 이때 자그레우스의 영혼은 디오니소스에게로 간다. 또한, 벼락으로 그을어진 곳에는 자그레우스와 티탄들의 시체가 탄 재들이 있었는데, 여기에서 인간이 태어난다. 따라서 인간은 혼합된 본질을 타고났다. 즉 티탄들이 자그레우스를 먹었기 때문에 그의 신성과 티탄들의 사악한 본성이 혼합되어 있는 것이다. 자그레우스의 해체된 사지는 아폴론이 수집하여 그의 신성한 땅 델피에 묻었다. 수 세기 후에 이런 이야기들은 아폴론의 매장 행위가 디오니소스의 환생 배경이 되면서 아폴론에게는 디오니소스를 내려보냈다는 의미의 '디오니시오도테스(Dionysiodotes)'라는 별칭이 부여되었다.

디오니소스의 탄생에 관한 여러 버전의 이야기들은 신과의 관계에서 인간의 탄생과 죽음 그리고 재생(부활)에 관한 이상과 소망에 대한 사고의 발전과, 한 신의 탄생을 놓고 두 어머니로 전개된 이야기들을 연관시키려는 시도에서 나타난 현상일 것이다. 티탄족이 아이를 먹던 중 아이의 남은 심장을 세멜레의 자궁에 이식해서 다시 아이를 재현했다는 이야기도 '세멜레의 임신' 버전과 '페르세포네 임신' 버전 사이를 조화시키려는 시도에서 생성되었을 것이다. 구조된 아이는 남자 자궁인 제우스의 허벅지에서 임신 기간을 마치고 두 번째로 태어난다는 이야기는 신성의 첫 번째 탄생과 두 번째 탄생 사이의 상관관계를 찾기 어렵거나 불가능할 수도 있는 상황을 극복하기 위해 만들어졌을 것이다. 또한 디오니소스가 다른 몸으로부터 거듭 다시 태어나면서 육체적 장애물을 극복하고 티탄적 요소의 제거를 통해서 영혼이 물질 즉 티탄적 요소로부터 완전히 자유롭게 하려 했다. 이 신성한 진리는 신비 종교로 입문하게 되면 이해하게 될 것이다. 디오니소스는 결국 두 번 탄생된 존재라는 의미에서 '디티람보스(Dithyrambus)'라는 별칭도 추가되었다.

디오니소스의 삶이 탄생과 죽음 그리고 재생으로 시작된다는 사실은 특히 밀교를 통해서 디오니소스를 숭배하는 중심주제가 되었고, 이 이야기에는 결국 윤회사상이나 부활사상이 깃들어 있다. 처음의 환생 동일성은 지켜지지 않지만, 이런 윤회가 계속 이어지면 영혼은 주인에게 돌아오는 것으로 인식했다. 사람의 영혼(디오니소스적 요소)은 신성하지만 몸(티탄적 요소)은 영혼을 속박한다. 따라서 영혼은 환생의 바퀴에 묶인 주인 즉 육체에 열 번 돌아간다고 선언되었다. 죽었다가 나중에 다시 살아나는 신의 예는 고대 근동의 종교에서 자주 인용되며, 그 영향을 받은 전통에는 그리스-로마 신화와 여기에서 확장된 기독교가 포함된다. 죽어가는 신의 개념은 제임스 프레이저(James Frazer)의 저명한 『황금가지(*The Golden Bough*)』 (1890)에 의해 비교 신화에서 처음 제안되었다.[7]

역사가 디오도로스 시쿨로스(Diodorus Siculus)도 디오니소스는 아버지는 같고 어머니는 다른 두 신이 있다고 기술한다. 그중의 하나는 제우스와 페르세포네의 아들인 더 오래된 디오니소스라는 신이며, 후대의 신은 전대의 신의 행위를 물려받은 디오니소스라는 신이다. 그럼에도 불구하고, 후대의 사람들은 이 두 신들을 놓고 디오니소스는 단 하나뿐이라고 잘못 생각하고 있다고 지적한다 (Diodorus Siculus, *Library of History* 4.4.5). 디오도로스 시쿨로스는 특히 두 가지 형태의 '디오니소스' 중에 전대의 디오니소스는 수염을 가진 고대인의 디오니소스인데 이것은 초기의 모든 남성들이 긴 수염을 가졌기 때문에 그렇게 상징하는 것이고, 젊은 사람은 산뜻하고 젊었기 때문에 후기의 디오니소스는 다른 이미지를 갖는다고 전한다 (Diodorus

Siculus, *Library of History* 4.5.2).

　신들에게는 여러 별칭이 따라다닌다. 그중에서 디오니소스에게는 특히 여러 별칭이 붙어있다. 신들의 별칭은 지역사회나 그 사회의 문화적 연관성과 상징성을 나타내는데 디오시소스 신화는 언제 어디에서나 그리스의 정상적인 신화들과 모순되는 보기 드문 내용을 담고 있다. 아마 앞에서 언급한 대로 아주 초기의 신화에 기원을 두고 있기때문일 것이다. 플라톤도 그의 법률에서 인간의 오래된 티탄적 본성에 관해 언급하고 아마 그리스의 시인인 핀다로스(Pindaros, BC 518~BC 438, 대개는 핀다[Pindar]로 불린다)도 이 이야기를 알고 있었던 것 같다.[8]

　신화에서 디오니소스는 성인이 되었을 때 헤라가 광기를 넣는 바람에 지구 곳곳을 떠도는 방랑자로 내몰리어 방랑 신으로 상징된다. 디오니소스는 여러 곳을 돌아다녔는데, 그리스인들의 대지의 여신 레아에 버금가는 프리기아의 여신 키벨레(Kybele)는 그를 치료하고 그에게 종교의식을 가르쳤다. 디오니소스는 아시아를 거쳐 그리스로 돌아와 긴 옷을 입고 머리를 가볍게 뒤로 젖힌 채 포도주를 가득 채운 새끼 사슴 가죽 주머니를 어깨에 메고 끝이 뾰족한 솔방울 달린 지팡이를 들고 야외 어디든지 가리지 않고 다녔다. 디오니소스는 두 남성신인 실레누스(Silenus)와 사티르스(satyrs) 그리고 디오니소스에서 영감을 받은 '매혹적인' 여성 추종자늘(maenads), 엄소의 뿔과 다리를 가진 인간과 같은 모습의 정열적인 신인 판(Pan)을 포함한 측근과 함께 이곳저곳을 방황했다. 예수가 초기에 베드로와 몇몇 남성 제자들 그리고 여성인 마리아와 함께 지팡이를 들고 다닌 모습도 이와 유사하다. 그리스어로 신약성경에 예수의 이런 모습을 기술한 저자들이 디오니소스 신에 관한 이야기를 머리에 담고 있었을 가능성이 조심스럽게 유추되는 이유다. 동반자들 가운데 가장 두드러진 신은 항상 술에 취해 있는 실레누스였다. 실레누스는 취한 상태에서 신비한 지식을 습득하고 미래를 예측할 수 있다고 믿었다. 신화에서 실레누스는 프리기아 지역에서 길을 잃었을 때 농부가 그를 프리기아의 미다스(Midas) 왕에게 데려가자 왕은 그를 환영하고 친절하게 대했다.

　디오니소스가 실레누스를 대신하여 왕의 친절에 대해 보답하려 하자 미다스는 통 크게도 자신이 만지는 모든 것을 금으로 바꿀 수 있는 능력을 요구했다. 디오니소스는 그의 욕심이 안타까웠지만 그의 요구에 응했다. 미다스는 자신에게 부여된 새로운 능력에 기뻐서 서둘러 시험을 했다. 그가 참나무 가지와 돌을 만지자 금으로 변했다. 다음에는 빵과 고기와 포도주도 금으로 바뀌는 것을 보자 이제는 기쁨이 걱정으로 변했다. 그의 딸이 그를 포옹하자 그녀도 금으로 변했다. 모든 것이 금으로 변하면서 당장 먹을 것이 없게되었다. 겁에 질린 왕은 '미다스 손(Midas Touch)'을 파기하려고 애썼으며, 디오니소스에게 굶주림에서 구해달라고 기도했다. 디오니소스는 미다스에게 팍톨로스(Pactolus) 강(터키 에게해 연안의 강, 현재 사르트 카이강)에서 손을 씻으라고 알려주었다. 그의 손이 강에 닿으면서 강모래가 금으로 변했다. 이 원래의 신화는 팍톨로스의 금 모래를 설명하는 신화였다.

　디오니소스의 숭배는 또한 '영혼의 숭배'다. 디오니소스의 상징은 출생과정을 토대로 한 영혼과 부활에 대한 믿음뿐만 아니라 그가 성인이 되었을 때의 행동이 그를 숭배하는 중심요소가 된다. 이점과 관련하여 일부 학자들은 디오니소스와 예수의 죽음과 부활을 동일한 신화의 행태 유형으로 이해한다. 탄생과 죽음에 부활이라는 3단계를 거치고 아버지가 신이며 디오니소스도 신의 아들이다. 그러나 세부사항은 서로 다른 형태를 갖는다는 점을 주목해야 한다.[9]

디오니소스와 예수의 탄생 과정은 모두 복잡하다. 디오니소스의 경우 모두 신을 아버지로 하지만 신화에 따라 디오니소스는 두 명의 각기 다른 어머니가 있고 그 중 한 명은 신이다. 하지만 예수의 어머니는 마리아 한 명이다. 그러나 마리아는 하느님의 여성인 동시에 인간 요셉의 아내라는 이중성이 있다. 재탄생 과정도 디오니소스는 태아기 또는 유아기였지만 예수는 하느님과 인간 요셉의 사이에 분리하기 어려운 복잡한 관계로 나타난다. 죽음도 다르다. 디오니소스는 유아기에 티탄들에 의해 죽었고 예수는 지배 세력인 로마군에 의해 죽었다. 다만 티탄이나 로마군이나 당시 지배 세력이었다는 공통점은 있다. 부활과 관련하여 디오니소스는 인간 어머니로부터 출생한 경우는 육체적 부활이고 신의 어머니로부터 출생한 경우는 영적 부활이다. 그러나 예수는 디오니소스의 전자 경우처럼 육체적 부활로 기술되고 있다. 그런데 에우리피데스의『바카이』에서 디오니소스의 신성 주장과 관련하여 테바이의 왕 펜테우스(Pentheus) 앞에 나타나고, 예수가 이스라엘 왕을 자처했다는 이유로 총독 빌라도(Pontius Pilate) 앞에서 심문을 받았다는 점이 유사점으로 지적되기도 한다.[10] 그러나 디오니소스와 펜테우스의 대결은 펜테우스의 죽음으로 막을 내린다. 반면에 빌라도는 예수에게 사형을 선고하여 십자가에서 처형된다. 이런 점에서 이 장면은 서로 상반되기 때문에 많은 학자들은 양자의 관계를 다른 것으로 간주한다.[11] 다만 인간이 신의 아들로 등장하고 육체적이고 영적인 재탄생과 죽음에서 다시 살아나는 윤회나 부활의 종교적 사고는 문화의 차이로 인해 달리 표현되고 기술되었지만 같은 맥락이라고 할 수 있다.

디오니소스 밀교의식

디오니소스 밀교의식은 여러 유형으로 거행되었는데 주로 축제 중심
이었다. 이런 축제 의식이 성대하게 이루어지기 시작한 것은 BC 7세
기부터다. 축제는 1년에 4번, 6~7일간 아테네를 중심으로 계속되었
다. 그러나 디오니소스 밀교의식의 기원은 아마도 트라키아나 프리기
아의 원시적 시조의 숭배의식이나 크레타의 의식에서 시작되어 수 세
기가 지나면서 진화하고 더 많은 신화가 추가된 것으로 보인다. 이 의
식은 그리스 고전 시대가 시작되면서 지중해 전역에 퍼지고 와인, 성
찬 또는 영적 의식으로 확산되었을 것이다. 밀교의식은 단순한 축제
의식으로 시작되어 그리스 문화 내에서 인기 속에 빠르게 진화했으며,
이 과정에서 엘레우시스 밀교와 디오니소스 밀교 그리고 오르페우스
밀교의 축제 의식으로 번졌을 것이다. 이러한 발전과 확산은 기독교가
그리스의 종교를 탄압하면서 쇠퇴의 길로 접어들었을 때까지 동부 지
중해 전역에는 상당 기간 잔존했던 것으로 전해진다.

　디오니소스 밀교의식은 소외되거나 짓밟혔다고 느끼는 모든 사람
을 해방시키는 것에 목적을 두었다. 의식들은 개인을 금지와 제약으로
부터 풀어서 자연 상태로 돌려놓아 해방시키기 위해 때로는 술이나 약
에 취하고 다른 황홀경에 이르게 하였다. 의식이 진행되는 동안에는
여성 및 노예, 비시민권자, 불법자들이 해방되어 자유의 맛을 보고 귀
족들의 신분과 계급구조가 일시 정지되어 모든 인간이 평등한 상황이
되었다. 따라서 대부분의 신자들은 상류계급이나 시민권을 가진 남성
보다는 여성, 노예, 비시민권자들이었고, 이런 사람들이 주로 이 밀교
에 합류하기를 원했던 것은 당연하다. 추종자들이 밀교에 합류하려면
다양한 입문식을 거쳐야 했으며, 입문은 일반적으로 사춘기에 도달한

후에 이루어졌다.

입문 의식의 목표는 신도들의 해방이며 장기적으로는 그들의 방식과 신념을 사회에 통합하는 것이었다. 그들은 개인의 욕망이 무엇이든 간에 원하는 만큼 자유롭게 살 수 있는 더 적은 제한과 더 많은 자유가 있는 세상을 상상했다. 신도들은 입문 의식 과정에서 디오니소스의 탄생, 죽음, 재생의 장면을 재연하고, 동굴과 지하에서 가면을 쓰고 의식을 수행했다. 동굴 속의 가면은 사회적 삶의 얼굴을 떠나 신이 그들에게 준 진정한 얼굴로 태어나는 능력을 모방한 퍼포먼스였다. 동굴을 빠져나가면 이 가면은 제거된다.

입문 의식은 남성과 여성이 약간 다른 과정을 거쳤다. 남자들은 디오니소스와 자신을 동일시하려고 디오니소스와 같은 행장을 차려입고 그의 삶, 죽음 및 재생을 모방했다. 그들은 동굴과 지하 묘지에 들어가 디오니소스가 지하에서 보낸 시간의 삶을 따라 했다. 전체적인 입문 과정이 완료되면 입문자들은 흉선 지팡이를 선물 받고 리크논(liknon)의 비밀을 보게 된다. 리크논은 디오시소스 의식에서 운반용으로 사용된 디오니소스 이미지의 긴 바구니로, 옥수수 타작 후에 옥수수를 받는 데 사용되거나 첫 열매나 다른 희생 제물을 운반하는 도구로 사용되었다. 아티카의 축제에서는 행렬에 참가한 사람들이 바구니에 남근상, 긴 빵 한 덩어리, 물과 와인들을 담아 들고 다녔는데 이것을 본뜬 의식이었다면 여기에도 이런 내용물들이 들었을 것이다.[12] 여성들온 디오니소스의 사랑인 아리아드네를 흉내 내는 것을 제외하고는 남성과 비슷한 과정을 거쳤다.

디오니소스의 숭배의식은 여러 형태로 나타났는데 그중의 하나는 디오니소스가 포도주의 신이라는 점에서 밀교의식은 처음에는 포도나무의 재배와 포도를 와인으로 발효시키는 방법에 대한 이해를 바탕으로 숙성된 술을 중심으로 출발했다. 포도 재배는 땅에 포도주를 붓고 포도 덩굴이 자라는 것을 주기의 시작으로 하여 덩굴을 전지하고 포도를 수확하며 겨울에는 휴면해야 한다. 포도의 재배에도 디오니스가 티탄에 의해 죽은 것과 재탄생에 비유되었다. 디오니소스 숭배는 포도나무 자체뿐만 아니라 와인의 다른 요소들인 품질, 풍미 및 의약 특성을 더하는 다른 성분(약초, 꽃)도 관심의 대상이었다. 또한, 와인의 영향으로 더 큰 힘에 사로잡힌 느낌을 받았는데, 술을 마시면 디오니소스의 자유로운 영혼에 서로 잡히는 것으로 믿거나 와인에 취해 소심증이 덜어지는 것을 신이 자신의 정신을 통제하기 때문에 나타나는 현상으로 간주했다. 여기에서 디오니소스는 '엘레우테리오스(Eleutherios)' 즉 '해방자'이고 입문자들은 스스로 디오시소스의 화신이 되는 것으로 믿었다.

디오니소스를 숭배하는 추종자들은 올림포스 주신들의 축제 외에 디오니소스의 영광을 위해 디오니시아(Dionysia)로 불리는 축제를 개최했다. 디오니시아는 고대 아테네에서 열린 대규모 축제로서, 매년 6월에 아테네에서 아테나 여신을 기리기 위해 열리는 파나테나이아(Panathenaia) 축제 다음으로 중요한 축제다. 디오니시아는 두 가지 유형의 축제가 있었는데, 하나는 농촌 축제로 소 축제, 다른 하나는 도시 축제로 대 축제로 불렀다. 농촌과 도시를 구분하지 않고 축제라고 하면 도시 축제를 가리킨다. 두 축제는 매년 서로 겹치지 않는 다른 시기에 다른 곳에서 개최되었다. 디오니시아 소축제는 연례행사였고 대축제는 4년마다 개최되었다. 12월에는 농촌 디오니시아(Rural Dionysia), 1월에는 레나이아 디오니시아(Lenaia Dionysia), 2월에는 안데스테리아 디오니시아(Anthesteria Dionysia), 3월에는 도시 또는 대 디오니시아 축제(City or Great Dionysus)가 각각 열렸는데,

이들 중에서 안데스테리아 축제를 제외하고는 항상 연극 경연대회가 개최되었다. 디오니시아 축제의 중심은 비극 공연이었는데, BC 487년부터는 희극도 공연되었다.

특정 신에 대한 축제는 그 신에 대한 특별한 숭배나 그 신을 중심으로 하는 새로운 의식이 탄생된 것을 보여주는 것이다. 디오니소스는 로마제국에 이르면서 바쿠스(Bacchus)라는 이름으로도 알려졌고 명칭도 바쿠스 밀교(Bacchic Mysteries)로 불렸다. 로마제국의 바쿠스 밀교는 신도 그룹의 성욕을 강조하고 어떤 경우에는 성적 학대 행위를 저지른 것으로 유명했다. 그들은 동성애, 수간, 향연 등 모든 종류의 성행위에 참여했다. 또한 디오니소스의 의식에 참여하고 축복하려는 욕구를 높이기 위해 서로 앞에서 성행위를 수행하자 로마 당국은 성적 학대 가능성 때문에 바쿠스 밀교를 금지했다. 로마인들의 박쿠스는 엘레우시스 밀교에 등장하는 이아쿠스(Iacchus)에서 비롯되었을 것이다.[13] 이 축제 중에서 농촌축제와 도시축제인 디오시니아(Dionysia)에 대해 기술해 보기로 한다.

디오니시아

농촌 디오니시아

디오니시아 중에서 농촌 디오니시아는 전쟁에서 벗어나 번영과 성장을 기원하는 축제다. 이런 기원은 연극에서도 되풀이되는 주제로 농업에 의존하던 당시에는 도시와 농촌 모든 지역에서 중심적인 과제가 되었을 것이다. 농촌 디오니시아와 안데스테리아(Anthesteria)는 완전히 다른 두 개의 디오니소스의 축제를 나타내지만 다산과 신을 공통분모로 하면서 상호보완적이다. 농촌 디오니시아(또는 소 디오니시아)는 아티카의 북쪽인 보이오티아(Boeotia) 국경 부근의 엘레우테라이(Eleutherae)에서 시작된 축제로, 포도나무 재배를 축하했지만, 처음에는 디오니소스와 관련이 없었던 아주 오래된 축제였던 것으로 보인다. 이 축제는 포세이데온(Poseideon, 동지를 중심으로 12~1월)의 겨울에 열렸다. 행사의 중심은 남성의 단단한 성기(phalloi)의 조각상을 남근 운반자를 가리키는 '팔로포로이(phallophoroi)'라는 여성들이 운반하는 '폼페(pompe)' 즉 행렬의 이동으로 진행되었다. 행렬이 끝난 후 춤과 노래 경연이 열렸고 '코레고스(choregos)'가 이끄는 합창단이 찬가인 '디티람보스(dithyrambos)'를 불렀다.

'코레고스'는 고대 그리스 축제의 경연에서 한 팀을 맡아 합창단 준비와 국가가 지불하지 않은 드라마 제작의 다른 측면을 위한 자금을 재정적으로 지원하며 지도하는 아테네의 부유한 시민이다. 이 직은 아테네 시민들 사이에서 집정관과 부족에 의해 임명되었으며, 봉사의 명예직이었지만 부유한 시민들의 의무였고 공공재를 조달하기 위해 개인적인 재산을 사용함으로써 도시 국가의 경제적 안정을 개선하기 위해 고안된 형태였다. 이들은 합창이나 연극에 필요한 모든 도구나 연습에 들어가는 비용을 부담했으며 그의 코러스가 경쟁에서 우승하면 잔치를 열었다. 아테네에서 페스티벌 경연대회의 드라마상은 극작가와 코레고스가 공동으로 받았으며 승리한 코레고스는 명성을 날렸고 이를 기리기 위한 기념비도 세워졌다. 테미스토클레스, 페리클레스, 플라톤 등 몇몇 저명한 정치인들이 코레고스의 역할을 맡았다.

'디티람보스'는 원래 디오니소스가 두 번 태어난 존재라는 의미로, 포도주와 다산의 신인 디오니소스를 기리기 위해 노래하고 춤을 추는 고대 그리스 찬가다. 이 용어는 디오니소스의 성(姓)과 신의 별명으로도 사용되었다. 플라톤은 다양한 종류의 음악에 대해 언급하면서 이렇게 말한다.

"노래의 한 종류로서 신들께 드리는 기도들이 있었다. 사람들은 이것을 찬가라고 불렀다. 이와 반대되는 종류도 있었다. 그것은 애가(哀歌)라고 부르는 것이 가장 적절했을 것이다. 파이오네스라는 종류도 있었고 '디티람보스'라고 불리는 또 다른 종류도 있었으며 나는 이것이 디오니소스의 탄생과 관련이 있다고 생각한다." (법률 3. 700b)

아리스토텔레스는 비극과 희극은 처음에 즉흥적인 것으로부터 발생했다고 전제하고 비극은 디티람보스의 지휘자로부터, 그리고 희극은 남근 찬가로부터 유래했다고 주장한다 (아리스토텔레스, 시학 1449a 10-13).

아티카의 여러 마을이 서로 다른 날에 축제를 열었기 때문에 관중들은 한 시즌에 하나 이상의 축제에 참가할 수 있었다. 또한, 아테네 시민들이 연중 나머지 기간 여행할 기회가 없다면 이 축제 참여를 계기로 도시 밖으로 여행할 수 있는 기회였다.

도시 디오니시아

도시 니오니시아는 다른 별칭이 없이 대(大) 디오니시아 또는 디오니시아로 불렸는데, 군주제에서 집정관제로 전환되면서 아테네의 군주 대신에 집정관의 후원 아래 열렸다. 최초의 축제는 BC 6세기에 페이시스트라토스(Peisistratos)의 참주정하에서 시작되었다. 이때부터 아테네의 집정관은 선출되어 취임하자마자 축제를 준비할 2명의 관리자를 선출하고 10명의 관리를 선정하여 축제의 조직을 지원했다.

도시 디오니시아는 봄이 막 시작되고 바다가 다시 항해할 수 있는 시기인 엘라페볼리온(Elaphebolion, 음력으로 춘분 주변, 양력으로 3~4월)의 10일 또는 11일에 시작되어 5일에서 6일 정도의 기간으로 열렸다. 아마도 농촌 디오니시아가 개최되고 3개월 후에 겨울이 끝나는 것과 그해의 농작물 수확을 축하하기 위한 행사였을 것이다.

이 행사의 배경은 디오니소스가 아테네에 들어가는 것을 거절당하자, 화가 치밀어 아테네 남성들에게 생식기 질환을 전파한 데서부터 비롯된다. 아테네인들은 디오니소스 신을 받아들이고 존경하라는 신탁을 받고 성병이 디오니소스가 벌을 내리는 것으로 생각했다. 아테네인들은 이 질환을 치유하기 위해 디오니소스 숭배를 받아들이자 성병이 치료되어 매년 성기(phalloi)를 운반하는 행렬로 기념한 것이다. 아울러 남근 조각상은 디오니소스의 힘과 그가 할 수 있는 능력을 회상한다.

의식의 첫날은 행렬(Pompe)이다. 시민, 외국인 거주자(metics), 아테네가 통치하는 식민지의 대표들이 앞장서서 바퀴 달린 배로 디오니소스 엘레우테리오스(Dionysus Eleuthereus, 해방자 디오니소스)의 나무 동상을 운반한다. 바퀴 달린 배는 디오니소스가 자신을 점령한 해적 그룹을 어떻게 처치했는지를 설명하는 디오니소스에 대한 『호메로스 찬가』에 나타난 승리를 상징한다. 조각상은 운반을 쉽도록 받침에 매끄럽게 고정되는 테이퍼(taper)형 발을 부착했다. 이 행렬은 아크로폴리스 남쪽 경사면에 있는 디오니소스 극장으로 행진한다. 농촌 축제와 마찬가지로 그들은 나무나 청동으로 만든 남성 성기를 기둥 위에 올려놓았고, 훨씬 더 큰 남근은 수레로 끌었다. 바구니 운반 대열과 물 및 포도주 운반 대열이 이곳의 행렬에 참가한다. 모든 아테네인, 남성, 여성, 심지어 소녀들까지 거리를 가득 메웠다. 전쟁 고아들은 특별한 대우를 받았는데, 국가를 위해 목숨을 바친 아버지를 기리기 위해 거리를 행진하고 극장에서 특권을 갖고 앞줄 좌석에 앉는다. 18~20세 사이의 군사훈련을 받은 호위병인 '에페비(ephebi)'가 방패와 창을 갖고 동상을 호위했다.

BC 5세기 중반 아테네 제국의 절정기에는 행렬 참가자들이 아테네의 힘을 보여주는 다양한 선물과 무기도 지참했다. 극장에서 희생될 황소도 행렬에 포함된다. 행렬에서 가장 눈에 띄는 구성원은 가장 비싸고 화려한 옷을 입은 코레코이(chorēgoí, chorêgos의 복수로 후원자들)이다.

두 번째 행렬은 '코모스(kōmos)' 즉 술취한 자들의 행렬이다. 특히 이들 중에는 와인 마시기 대회에서 취한 상태가 된 참가자도 있다. 이런 술에 취하는 의식은 고대 그리스의 향연에 참가한 자들 즉 먹고 마시는 자들이 행한 의식으로 참가자들은 '코마스트(komast)'로 불렸는데 이런 행렬들은 당연히 풍자적인 것이다.

축제 기간 극장에서는 연극공연(Proagon) 경연과 합창 대회가 열린다. 이 중에서 디티람보스 합창 대회는 첫날의 행렬이 디오니소스 극장에 도착하면서 시작되는데, 행렬이 끝나면서 디오니소스 극장은 합창경연과 연극 경연을 위해 황소의 희생으로 정화된다. 이 경연 후에는 모든 아테네인을 위한 잔치가 뒤따른다.

합창 경연대회는 소년 합창단 및 남성 합창단 간의 합창 대회가 두 번 있는데 구성인원은 각각 5명씩이다. 아티카의 10개 부족들은 각각 5명씩의 합창단을 출전시키는데 10개 부족들 모두가 두 대회 중 하나 또는 두개 대회에 참가해 부족 간의 경연을 펼쳤다. 이 합창단들이 원형의 형태로 둘러 서 있어서 '순환 코러스'라고도 부른다.

둘째 날에는 극작가들이 자신들이 공연할 연극의 제목을 공개하는데 이를 심사할 심사 위원들은 추첨으로 선발된다. 이날은 또한 어떤 방식으로든 그 해에 아테네인들에게 혜택을 준 아테네 사람들을 참가자들에게 발표해 칭찬을 받도록 하는 날이다. 이러한 발표는 영향력 있는 시민들에게 감사를 표하는 데 도움이 되기 때문에 아테네 정부로서는 매우 중요한 프로그램이었을 것이다. BC 406년 에우리피데스의 죽음이 이곳에서 발표되었다.

셋째 날에는 유명 극작가가 쓴 드라마 공연 대회가 열린다. 디오니시아의 연극공연은 희극도 포함되지만 비극적 드라마의 주요 본거지이며 여기에서 최초의 비극 공개 경연대회가 열린다. 첫 번째 대회는 BC 534년에 열렸다. 당시 극작가이자 배우였던 노령의 테스피스(Thespis)가 공연에 참여하여 승리의 왕관을 차지했다. 이 기간 직전에 페이시스트라토스는 망명에서 다시 한번 돌아와 그의 세 번째이자 마지막 참주정을 시작했다. 따라서 비극적 드라마 대회의 규칙은 그의 후원으로 수행되었을 것이다. BC 499년의 축제에서 아이스킬로스(Aeschylus)가 처음으로 공개적으로 등장했고, 이후의 대회들에서는 소포클레스(Sophocles)의 안티고네(Antigone), 오이디푸스 왕(Oedipus Rex) 및 에우리피데스(Euripides)의 메데아(Medea)와 같이 오늘날 우리가 알고 있는 유명한 연극 중 일부가 공연되었다.

비극 경연에 이어 희극이 끝난 후 5일간의 음주와 과로의 회복을 위해 하루를 쉬고 마지막으로 7일째 되는 날 우승자가 발표되며 우승자들에게는 담쟁이 화환이 수여되고, 축제는 막을 내린다.

안데스테리아

안데스테리아 축제의 본질

안데스테리아(Anthesteria)도 디오니소스를 기리는 아테네의 가장 오래된 여러 축제 중 여성이 참가할 수 있는 축제 중의 하나다. 축제는 겨울이 가고 봄이 오는 것을 기려서 아티카 달력의 12달 가운데 8번째 달인 안데스테리온(Anthesterion, 현재의 달력으로 2월 말과 3월 초)의 11일부터 13일까지 3일 동안에 걸쳐 진행되며, 매일 신성 및 축하의 계절과 관련된 특정 주제가 있었다.

'안데스테리아'와 '안데스테리온'은 모두 봄의 설정과 관련하여 그리스어 '꽃'의 의미인 안도스(Anthos)에서 파생되었다. 따라서 안데스테리아는 꽃이 만발한 의식이라는 의미를 갖고 있다. 3일간의 축제는 저녁, 보통 해 질 무렵에 시작되고 3일간 매일 특별한 이름이 부여되어 다양한 의식과 행사가 열린다. 축제의 첫째 날은 피토이기아(Pithoigia, 항아리 개봉), 둘째 날은 코에스(Choës, 주전자), 셋째 날은 키트로이(Chytroi, 냄비)로 불린다. 안데스테리온의 11일, 12일, 13일의 활동은 복잡하고 다소 일관성이 없다. 처음 이틀은 디오니소스 숭배의 가장 잘 알려진 측면, 즉 와인 소비와 그에 따른 즐거움과 밀접한 관련이 있으나, 셋째 날은 완전히 나른 분위기로 표시되어 축제가 다소 조각화되고 일관성이 없는 것처럼 보인다.

피토이기아

첫째 날의 축제인 '피토이기아'는 3월 2일경쯤 열리는데, 문자 그대로

'피토이(pithoi)' 즉 '저장 항아리의 개봉'을 의미한다. 이날은 모든 사람이 축제에 참가해 새 와인 항아리를 개봉한다. 와인은 곡물과 거의 동등한 필수품[14]이었기 때문에 빈티지 시즌의 와인 개봉은 분명히 중요한 축하 행사 였을 것이다. 아테네의 피토이기아에 대한 증거는 거의 없지만, 와인은 안데스테리온에 마실 수 있을 정도로 발효되었을 것이며, 그리스의 다른 지역에서도 같은 시기에 비슷한 축하 행사가 개최되었다.[15] 와인은 카트에 담아 도시 전체에 배포 및 판매된다.

이날 해 질 무렵에 아크로폴리스 아래의 림나이(Limnae)에 있는 디오니소스의 신전을 제외하고 도시의 모든 성소와 신전은 밧줄로 드리워 문을 닫는다. 이것을 공식적인 공휴일을 의미하는데, 이렇게 되면 신에게 맹세나 경배 그리고 거래도 할 수 없다. 모든 활동은 일년 중에 24시간 개방되어있는 디오니소스 신전을 중심으로 시민이나 여성, 어린이, 노예 할 것 없이 모든 사람이 점토로 된 와인 항아리를 개봉하고 시음을 하는 데 참가한다. 이것은 새로운 삶 및 재생과 관련된 의식이다. 잔치가 진행되는 동안 사회 질서는 중단되거나 역전되어 신분을 떠나 고대 방식으로 공동체를 하나로 묶고 중요성을 강조한다. 축제행사기간 학교도 문을 닫기 때문에 아이들은 모두 3일간의 축하 행사에 적극적으로 참여하여 첫번째 개봉하는 와인을 마시고, 꽃으로 관을 쓰고 현대 크리스마스처럼 선물을 받는다.[16]

코에스

둘째 날의 축제도 일몰에 시작된다. 이 날의 축제 이름인 '코에스(Choes)'는 '붓는다'는 의미의 그리스어 '케오(cheo)'에서 나와 와인을 따르는 주전자 모양을 나타낸다. 이날은 디오니소스 성소가 개방된 유일한 날이자 음주 대회가 열린 날이다. 당연히 상은 더 많은 와인을 받는 것이다. 음주 대회는 축제의 특집 행사의 일환이지만 디오니소스 구역의 제한된 공간과 행사 기간이 짧다는 가정을 고려할 때 공식 경연대회는 최소한의 시민들만 제한적으로 참석했을 것이다. 그렇다고 이것이 경연대회 참가자가 적었다는 것은 아니다. 그러나 사적인 축하 행사는 누구나 참석할 수 있는 일반적 행사로, 식사가 준비된 가정집에서 열고, 식사와 함께 와인을 마셨을 것이다.

이 날은 특히 다산 의식과 왕비와 디오니소스를 상징하는 왕의 신성한 결혼식이 부콜레이움(Bucoleium)에서 거행된다. 부콜레이움은 림나이의 디오니소스 신전과 아테네 도시 중심에 있는 타운 홀인 프리타네이온(Prytaneion)의 근처에 있으며 집정관인 왕이 의식에 사용하는 도구를 보관하는 곳이다. 여기에서 왕은 왕비와 성관계를 가진 것으로 추정된다. 이것은 테세우스가 크레타에서 탈출하여 귀향하면서 디오니소스에게 아리아드네(Ariadne)를 양보한 것을 재현하는 것으로 재생의 수단으로 신과 인간의 연합을 상징하는 것이다.[17]

희생제 후에 부콜레이움에서 디오니소스의 성역으로 향하는 행렬이 이어진다. 이 행렬에는 왕비와 디오니소스 및 왕의 가면을 쓰고 있는 사람들이 탄 마차, 화환을 감싸고 있는 군중, 와인과 포도나무의 가지, 말린 무화과 바구니, 그리고 성소에서 제물로 바칠 수컷 염소도 행렬에 포함된다. 인간은 살면서 죽음과 죽은 사람들도 생각힐 것이다. 그래서 모든 사람이 서로 어울리지 않고 자신의 식탁에 앉아 자신의 음식과 음료를 가져오는 조용한 애도 같은 공동 잔치도 있다. 이런 모습은 에우리피데스의 비극 『타우리스의 이피게니아』의 이야기에 등장한다. 이야기는 오레스테스가 자살한 후 아테네에 도착하고 아테네 인들은 디오니소스를 축하하는 공개 잔치에 참석하여 침묵 속에서 각자

따로따로 주전자에 포도주를 담아와 마신다 (에우리피데스, 타우리스의 이피게니아 950-960).

'조용한 애도의 공동 잔치' 및 음주 대회에 참가자들은 머리에 담쟁이덩굴 화환을 쓰고 와인 컵을 비우면서 화환을 굽 달린 큰 컵(beakers)에 꽂는다. 세 살 이상의 어린이들도 그들 자신의 컵을 갖고 참가하는데, 아마 유아에서 어린이로 가는 통과 의례였을 것이다. 일반적으로 이날은 3~4세 어린이가 모두 선물을 받는다. 또한, 와인 대회 우승자는 와인을 담는 가죽 포대와 같은 상을 받는다.[18] 술을 마신 후 술에 취한 참가자들은 자신들의 마차에 올라 모든 행인들을 놀려대기 시작하는 마차 행렬을 이룬다. 행렬에는 희생제를 위한 동물, 희생제를 수행할 사제, 그리고 이 축제를 즐기는 많은 사람이 따른다. 신전에 도착한 후, 그날 일찍 경연대회에서 술이 부어지고 동물들이 희생되며 봄을 축하하며 노래하고 춤을 춘다. 코에스(Choes)는 정신적인 타락의 날로 생각되었다.

사람들은 또한 이날이 죽은 사람의 영혼이 땅 위를 걸을 때라고 믿었는데 이것은 코에스(Choes)와 3일째의 키토리(Chytroi)를 '불운한 날'로 여긴다는 것을 의미한다. 아울러 모든 성소와 신전을 폐쇄하고 거래를 중단한 것도 이와 관련될 것이다. 가정과 가정의 미혼여성을 책임지는 가장인 키리오스(kyrios)는 예방 조치를 취하고 영혼이 집에 들어가는 것을 막기 위해 출입구를 송진 같은 나무진(pitch)로 칠하거나 산사나무(hawthorn)로 집의 출입문을 덮었다.

죽은 자를 위한 의식과 큰 연관이 있는 이 기념일은 정화와 해방의 의식으로 막을 내리게 된다. 코에스의 참가자들은 마지막으로 남은 포도주를 림나이의 디오니소스 신전 여사제에게 가져간다. 이 포도주들은 디오니소스 형상에 해방의 의미로 부어지고, 큰 컵에 담겨있는 화환도 디오니소스에게 봉헌하게 된다.

키트로이

안데스테리아 3일째인 13일에는 '키트로이(Chytroi)'라고 불렸다.
이 용어는 음식으로 가득 찬 요리냄비(chytroi)에서 파생되어, 냄비
의 축제이며 또한 죽은 자의 축제로서 이름은 채소와 콩류를 함께 끓
인 후 죽은 자를 기리기 위해 지하세계의 인물인 헤르메스 크토니오
스(Hermes Chthonios)와 죽은 자들의 영혼에 희생제를 지낸 조리기
구에서 유래했다. 이날은 전날보다 더 어두운 의미와 더 암울한 성격
을 가졌는데, 축제를 위해 씨앗이나 겨를 죽은 자에게 바친다. 이날의
축제는 또한 홍수의 신인 데우칼리온(Deucalion)의 홍수와 관련있다.
데우칼리온의 홍수를 기념하는 희생제는 국가에서 주최하는 공식적인
의식이다. 키트로이 날에 음식을 제공하는 것도 데우칼리온의 홍수에
서 살아남은 자들이 홍수로 죽은 사람들에게 최초로 제공했다고 믿었
기 때문이다. 이 음식은 죽은 자만을 위한 것이기 때문에 아무도 먹지
는 않는다. 다음의 여름작물과 목초지의 번영을 보장하기 위해 준비된
식사는 채식이며 살아있는 사람이 먹을 수는 없다.

  마지막으로, 아마 아테네 제우스 신전 근처의 림나이(Limnae) 지
역 밖에 있는 구덩이에 물을 가져다 붓는 의식이 뒤따랐을 것이다. 이
것은 사람들이 홍수의 물이 사라졌다고 믿어지는 구멍에 물을 붓는
'히드로포리아(Hydrophoria)' 즉 샘에서 물을 가져오는 의식이다. 이
것은 삶이 새로워지도록 하고 죽은 자의 영혼을 달래주는 헌주의 상징
이다. 축제는 이어서 아테네 인들이 영혼들에게 도시를 떠나라고 부르
는 것으로 끝난다. 안데스테리아가 끝났기 때문에 생명과 봄이 아테네

의 문으로 다시 들어갈 수 있다.

투키디데스(Thucydides)는 『펠레폰네소스 전쟁사』에서 '오래된 / 더 오래된 디오니시아'로 언급한다. '오래된 / 더 오래된'이라는 용어는 다른 디오니시아와의 비교를 암시하지만, 투키디데스가 안데스테리온 달에 디오니소스를 기리는 유일한 축제였기 때문에 안데스테리아에 대해 이야기하고 있는 것이 분명하다.

"아크로폴리스 바깥의 신전은 대개 도시 남쪽에 세워졌다는 점을 들 수 있다. 예컨대 올림포스 제우스 신전, 피토의 아폴론 신전, 대지의 여신 신전, 늪지대의 디오니소스 신전이 그렇다. (다름아닌 그를 위해 안데스테리온 달 12일에 가장 오래된 디오니소스 축제가 열리는데, 아테네계 이오니아인들은 지금도 이 관습을 지킨다.)이 지역에는 그 밖에도 오래된 신전들이 더 있다." (펠로폰네소스 전쟁사 2.15)

투키디데스의 안데스테리아 축제에 대한 언급은 몇 가지 중요한 정보를 제공한다. 무엇보다도 축제 행사의 지리적 위치를 제공하며 축제가 시기적으로 이오니아 이민보다 오래되었다는 것이다. 디오니소스의 신전이 사라짐에 따라 지리적 위치는 많은 논쟁이 있다.

안데스테리아는 아마 BC 1000년 경에 시작되어 1000년 이상 계속되었던 것으로 보인다 (펠로폰네소스 전쟁사 2.15). 특히 이 축제는 폴리스의 정치 생활이나 희생제 등에 남성들만 참여하는 것과 대조적으로 여성 전용 축제인 데스모포리아(Thesmophoria) 외에 여성이 참가할 수 있도록 허용된 축제다. 안데스테리아에서 수행되는 의식은 제단에서 직접 와인을 제물로 바치는 것부터 가축의 광범위한 희생제에 이르기까지 다양한데, 축제 프로그램은 시간이 지남에 따라 자연스럽게 다소 변경되어왔을 것이다. 새로운 전통이나 의식이 포함될 수도 있지만, 주요 프로그램은 특정 의식을 중심으로 상대적으로 고정되었을 가능성이 크다. 의식은 일반적으로 축제의 주제와 일치한다. 예를 들어 농업 번영이나 좋은 사냥의 전망, 전쟁의 행운과 같은 것이다. 그 자체의 의식은 매우 간단하지만 그런 의식의 기원은 모호하다.

디오니소스와 니체

밀교의식의 신들 가운데 디오니소스를 다시 철학과 예술의 무대에 올려놓은 사람은 근대의 독일 철학자 니체(Friedrich Nietzsche)다. 니체의 1872년 저서 『비극의 탄생』은 "예술의 발전은 아폴론적인 것과 디오니소스적인 것의 이중성과 결부되어 있다"라는 구절로 시작된다. 니체는 고대 문화뿐만 아니라 문화 일반의 역동성과 활력을 이해하고 도움이 될 만한 주제로 문화의 양극에 있는 두 가지 기본 힘에 아폴론과 디오니소스라는 신들의 이름을 부여한다. 그리고 이 두 신을 '아폴론적'인 것과 '디오니소스적'이라는 두 개념으로 나누어 비극을 해석하기 위한 열쇠로 사용한다. 아폴론적인 것과 디오니소스적인 것은 니체의 『비극의 탄생』을 관통하는 중심 용어다. 그러나 여기에서 니체가 강조하는 것은 디오니소스다. 디오니소스는 상황에 따라 변화무쌍한 모습과 역할의 상징이다.

아폴론은 밝음과 질서, 평정, 개성, 차별의 상징으로, 디오니소스는 어둠과 혼돈, 유동과 변동으로 대비하면서 디오니소스적인 상황은 포도 덩굴과 포도주의 순환처럼 변화와 생명력 그리고 개성과 차별을 극복하고 도취와 황홀경의 상태와 부활하는 강인한 생명력으로 상징된다.[19] 니체의 주요 전제는 디오니소스적인 것과 아폴론적인 것의 '예술적 충동'의 융합이 극적인 예술 또는 비극을 형성한다는 것이다.[20] 니체는 그리스 비극이 열정과 음악은 디오니소스적이며, 무대 위의 언어와 변증법은 아폴론적인데, 비극은 이 두 가지 근본 충동의 타협이며, 이 두 가지가 함께 어우러져서 어두운 운명의 힘들에 관한 깨어 있는 의식의 묘사가 이루어진다는 것이다.

니체는 디오니스적인 예술가가 어떻게 원초적 통일과 하나이고 이 통일이 모순 속에 어떻게 내재되어 있는지를 설명하면서, 역사에서 디오니소스적인 것을 추상화하여 정체성 분산의 원칙으로 만든다. 니체는 처음에 아폴론적인 것과 디오니소스적인 것을 예술 양식의 특징으로 이해했다. 아폴론적인 예술의 매력은 우리가 어느 한 순간도 인위성을 잊지 않고 거리감을 유지한다는 데 있다. 반면에 디오니소스적인 예술에서는 경계가 유동적이다. 음악이나 춤 혹은 다른 예술에 매혹된 사람은 거리감을 잃게 된다. 이렇게 예술에 도취한 상태에서는 자신이 도취되었다는 의식도 사라진다. 디오니소스적인 예술에 열광하는 사람은 자신을 객관적으로 보지 못한다. 하지만 아폴론적 예술에 감동한 사람은 반성적이며 감동에 매몰되지 않고 감동을 즐긴다.

아폴론적인 것은 개인을 향하지만, 디오니소스적인 것은 그런 제한을 뛰어넘는다. 여기에서 니체는 그의 고유 개념인 '힘에의 의지(will to power)'의 세계를 디오니소스적인 것이라고 부른다. 따라서 디오니소스적인 것은 엄청난 힘을 지니는 삶의 과정 그 자체이다. 문화는 그 과정에서 살아갈 수 있는 영역을 만들려는 시도와 다를 바 없는데, 이러한 시도는 취약하고 항상 실패할 위험을 안고 있다. 문화는 디오니소스적인 에너지를 승화시키지만, 문화 기관과 문화 의식 그리고 문화적인 의미 부여는 본래적인 삶 자체에는 의지하면서도 이에 의해서 거리를 유지하는 대리인 역할을 한다. 디오니소스적인 것은 분명히 전에 존재하거나 문명의 기저에 깔려 있으며, 위협적이면서도 매혹적인 거대한 힘이다. 아울러 니체는 디오니소스적인 힘을 이렇게 기술한다.

"디오니소스적인 것과 아폴론적인 것은 항상 새롭게 잇달아 탄생하여 서로를 고양시켜 가면서 그리스 본질을 재배해 왔다. 거인들의 전쟁과 가혹한 민간철학이 풍미하던 청동시대로부터 아폴론적인 미의 충동에 의해 지배되면서 호메로스적인 세계가 생겨났다. 이러한 '소박한' 장려함은 도도히 침입해 오는 디오니소스적인 것의 물결에 다시 삼켜져 버렸다."[21]

니체는 디오니소스적인 것에서 매혹적인 점은 자신의 한계를 세 번이나 초월하며 개별화 원리를 극복한다는 것이다. 인간은 우선 자신의 한계를 넘어 자연과 일체감을 느끼고 광란의 축제나 사랑과 군중의 도취 속에서 자신의 한계를 넘어 주변 사람들과 하나가 된다. 두 번째로 개인의 내면에 있는 한계가 제거되어 의식의 닫힌 문이 열리고 무의식을 받아들이는 것이다. 그러나 조바심 내며 자신의 정체성만을 고집하는 자아는 이러한 세 번의 한계 극복을 위협으로 느낄 수밖에 없다. 하지만 디오니소스적인 것은 자신의 몰락까지도 흔쾌하게 받아들일 각오가 되어 있다.

니체는 디오니소스적인 서대힌 물결이 아폴론적인 것으로만 기운 '의지' 안에 그리스인을 가둬 놓으려고 했던 소경계들을 수시로 파괴했다고 지적한다. 이것은 디오니소스적 세계관을 일컬어 현존의 고착된 상황을 변형시키는 힘으로 예찬하는 것이다.

"삶의 일상적 구속과 한계를 파괴하는 디오니소스적 상태의 황홀경은 그것이 지속되는 동안 일종의 망각의 강과 같은 요소를 포함하고 있다. 이러한 상태 속에서 그가 과거에 개인적으로 체험한 모든 것이 망각되어 버린다. 이러한 망각의 심연에 의해서 일상적 현실의 세계와 디오니소스적 현실의 세계가 나눠진다."[22]

여기에서 니체는 '지겨운 이성과 진리'에서 벗어난다.[23] 니체는 『비극의 탄생』의 마지막 장에서 디오니소스적인 것과 아폴론적인 것의 관계에 대해 일종의 존재론적인 기본 법칙을 언급한다. 모든 존재의 토대인 디오니소스적 토대로부터 표출된 개별적인 자아 의식의 크기는 아폴론적 변용 능력이 극복할 수 있는 만큼의 크기와 일치하며, 따라서 두 예술 충동은 서로 엄격한 비율에 따른 영원한 균형의 법칙에 따라 능력을 펼쳐 보인다.

니체는 지속적으로 디오니소스적인 것에 관심을 가지면서 이 디오니소스적인 것에 기본적으로 이중적 의미를 계속 부여한다. 디오니소스적인 것은 절대적인 실제인데, 그 속에서 개인은 쾌락을 느끼면서 해체되거나 아니면 공포심을 느끼며 몰락한다. 이러한 무시무시한 삶의 과정에 예술이라는 보호장치가 필요하다는 것이다.

🎵 주

1) Robert S. P. Beekes, *Etymological Dictionary of Greek*, vols. 2 (Leiden: Brill, 2009), p. 337. Dios는 Zeus의 속격으로 Zeus's로 나타낼 수 있다. 'nyssos'는 'kouros', 즉 소년이라는 단어와 관련된다. 따라서 Dionysus는 Zeus의 Kouros이 므로 Zeus의 아들이다. 일반적으로 Dionysus라는 이름의 기원은 그리스어가 아 닐 수도 있지만, 디오니소스는 그리스인들과 그들의 전임자들과 오랫동안 함께 있었지만, 트라키아인 또는 그리스인으로 묘사되며 외계인의 느낌을 유지했다. Thomas McEvilley, *The Shape of Ancient Thought* (Allsworth press, 2002), pp. 118-121.

2) Cornelia Isler-Kerényi(Trans. Wilfred G.E. Watson), *Dionysos in Archaic Greece: An Understanding through Images* (Leiden and Boston: Brill. Retrieved, 2007).

3) Karl Kerényi, Trans. *Ralph Manheim, Dionysus* (NJ: Princeton University Press, 1976).

4) 대표적으로는 호메로스의 『일리아스』와 헤시오도스의 『신들의 계보』, 에우리 피데스의 『바카이(*Bacchae*)』, 오르페우스의 『신론』, 『호메로스 찬가』 등에 나 타난다.

5) 디오니소스의 세멜레 탄생 이야기는 아폴로도로스(Apollodorus)의 『도서관』 (원전으로 읽는 그리스 신화 3.26-29)의 신화집과 에디스 해밀턴의 『그리스 로마 신화』에도 잘 기술되어 있다.

6) 『바카이』는 앞의 문헌들보다 훨씬 늦은 BC 410년경에 쓰여져 BC 405년 디오 니소스 의식에서 초연되어 1등 상을 받은 작품이다.

7) James George Frazer, *The Golden Bough: A Study in Comparative Religion* (New York: Touchstone, 1996).

8) Robin Hard, *The Routledge Handbook of Greek Mythology* (New York: Routledge, 2004), p. 35.

9) John Moles, "Jesus and Dionysus in 'The Acts Of The Apostles' and early Christianity," Hermathena, *Trinity College Dublin*, No. 180 (Summer 2006), pp. 65-104. https://www.jstor.org/stable/i23041395.

10) Martin Hengel (trans. Rollin Kearns), *Studies in Early Christology* (New York: T&T Clark International, 2005), p. 331.

11) Andrew Dalby, *The Story of Bacchus* (London: British Museum Press. 2005).

12) Sir Arthur Pickard-Cambridge, *The Dramatic Festivals of Athens*, 2nd ed. (Oxford: Clarendon Press, 1968) 참조.

13) Jane Ellen Harrison, *Prolegomena to the Study of Greek Religion* (New York: Cambridge University Press, 1908), pp. 540-542.

14) Noel Robertson, "Athens' Festival of the New Wine," *Harvard Studies in Classical Philology* 95 (1993): 197–250. doi:10.2307/311383, p. 197

15) Richard Hamilton, *Choes and Anthesteria – Athenian Iconography and Ritual* (MI: The University of Michigan Press, 1992), p. 6.

16) Hamilton (1992), p. 9.

17) 아리아드네는 크레타의 왕 미노스와 소와 수간하여 괴물인 미노타우로스를 낳았던 왕비 파시파에의 딸로 테세우스가 미노스 미궁에서 미노타우로스를 무찌를 때 도와 주고 함께 탈출했다가 테세우스가 그녀를 낙소스섬에 남겨두고 떠나면서 디오니소스와 인연을 맺게 되었다. 헤시오도스를 비롯한 대부분의 전승에서는 테세우스가 낙소스섬에서 잠든 아리아드네를 버리고 떠난 것으로 기술되지만 다른 전승에서는 오히려 디오니소스가 테세우스에게 아리아드네를 낙소스섬에 남겨두고 떠나라고 요구한 것으로 전해진다. 아테네가 테세우스를 아테네의 영웅으로 숭배하는 점을 토대로 하면 안데스테리아의 축제에서 아리아드네는 후자의 전승을 따르는 것으로 볼 수 있다.

18) 이런 내용은 아리스토파네스의 희극 『아카르나이 구역민들』에 기술되어 있다. 아리스토파네스, 『아카르나이 구역민들』, 1000.

19) 니체 지음, 박찬국 옮김, 『비극의 탄생』 (서울: 아카넷, 2007), 주. 6, pp. 49–50.

20) 뤼디거 자프란스키(Rudiger Safranski) 지음, 오윤희·육혜원 옮김, 『니체』 (서울: 꿈결, 2007), pp. 83–87.

21) 니체, 박찬국 옮김 (2007), pp. 85–86.

22) 니체, 박찬국 옮김 (2007).

23) 니체, 이상일 옮김, 『디오니소스 찬가』 (서울: 민음사, 1976), p. 34.

9장

오르페우스와 밀교의식

오르페우스

오르페우스(Orpheus)는 고대 그리스의 전설적인 인물로 음악가이며 시인이고 종교적 선지자로 전해진다. 종교에서 선지자는 초자연적 존재 즉 신으로부터 메시지나 가르침을 받아 다른 사람에게 전함으로써 인류와의 중개자 역할을 하는 인물이다. 선지자가 전하는 메시지를 예언이라고 한다. 오르페우스에 대한 여러 분야의 언급으로 인해 그와 관련된 용어들은 다양하다.[1]

유대인들이 모세를 역사적 입장에서 바라보는 것처럼 그리스인들도 오르페우스를 신으로 보지 않고 역사적 인물로 보았다. 이 두 '선지자'의 각각의 전통은 고대 역사에서 비슷한 시기에 다른 지역에서 유래하였다. 하나는 고대 팔레스타인과 중동의 모세 그리고 다른 하나는 트라키아와 그리스 그리고 근동의 오르페우스다. 근대와 고대 학자들은 이런 선지자들이 실제 역사적 인물이기를 기대한다.

모세가 출애굽 사건, 즉 이집트에서 노예로 생활하던 이스라엘 백성을 이끌고 이집트를 떠난 시기는 BC 1446년과 BC 1229년이라는 설이 있다. 이 시기는 이집트의 제18, 19왕조의 시기다. 그러나 이집트 왕자로서 40여 세까지 활동했다는 그에 대한 기록은 이집트에서 발견되지 않는다. 모세는 모세오경(창세기, 출애굽기, 레위기, 민수기, 신명기)을 기술한 것으로 알려졌다. 그러나 이런 이야기들에 대한 논쟁은 여전히 진행 중이다. 특히 모세에 대한 이야기는 유대인들의 성경 이외에 다른 곳에서는 언급되지 않는다. 그렇다면 모세는 어떤 존재일까. 유대인들이 이집트에서 노예생활을 하면서 자신들의 땅으로 이주하는 과정에서 어떤 지도자가 필요했고 또한 존재했을 것이다. 고대사회에서 위급한 상황을 타개하는 지도자는 신이나 다름없어 보인다. 결국, 모세는 상징적인 존재거나 실재했다면 신격화된 인간으로서 "역사가 아니라 기억 속의 인물"이다.[2]

오르페우스는 전설에 고립된 모세보다는 후손들이 아주 친숙하게 접촉하는 대상이다. 오르페우스가 등장하는 문학 작품들이 이를 잘 반증해주고 있다. 오르페우스는 1) 전설, 2) 문학전통, 3) 일련의 컬트 관행 등 몇 가지 주제가 상호 연결되어 있다. 오르페우스를 현존하는 문학에서 최초로 언급한 것은 테바이의 핀다르(Pindar, BC 518~438)였다. 핀다르는 시의 본질과 시인의 역할을 반영한 그리스 최초의 시인이다. 그는 오르페우스를 이아손의 아르고선원단(Argonauts)에 합류했던 종교적 선구자이며 음악적 괴재(瑰才)로 '노래의 아버지'라 부르고 트라키아 왕 오이아그로스(Oeagrus)와 교감을 가진 뮤즈(Muses)[3] 칼리오페(Calliope)의 아들로 본다. 그의 혈통에는 신성이 부여되었다.

신비롭게 느껴지는 인물에게는 시간이 지나면서 으레 신성이 추가된다. 칼리오페는 시, 음악 및 다른 예술 분야를 관장하는 아홉 여신 중의 하나였고 아버지 오이아그로스는 때로는 아폴론으로 소개되기도 하지만 보통 트라키아의 술의 신으로 불리면서 스스로 아틀라스(Atlas)에서 내려온 것으로 인식되었다. 아틀라스는 하늘을 지탱하도록 정죄 받은 티탄을 말하지만, 고대 그리스 시인 헤시오도스에 따르면, 서쪽 끝의 지구 끝자락에 솟아 있는 산이다.

전승에는 오르페우스가 올림포스산 주변 지역인 피에리아(Pieria)의 레이베트라(Leibethra)에서 태어났다. 이 지역은 고전 시대에는 마케도니아 지역이었지만 원래는 트라키아 지역이다. 고전 시대 후기에 트라키아인들은 헬레네인들로 간주되지 않았다. 오르페우스도 마찬가지였다. 그러나 그는 남쪽 보이오티아 또는 북쪽에서 트라키아로 이주한 것으로 생각되었다. 이런 생각은 파우사니아스 등에 의해 묘사된 오르페우스의 옷이 트라키아인이 아니라 헬라스인의 차림이란 점에서 비롯되었다.

그렇다면 오르페우스는 언제의 인물인가? 먼 고대에 산 실제 인물로 호메로스나 헤시오도스보다 몇 세대 전인 11세기 이전에 살았을까. 호메로스의 방대한 서사시는 인간과 신이 혼합해서 등장하고 있지만, 오르페우스는 그 속에 어느 형태로도 나타나지 않기 때문이다. 다른 한편으로 헤시오도스의 작품에도, 호메로스 친가 33편에도 마찬가지로 등장하지 않는다. 이런 사실로만 판단하면 호메로스와 헤시오도스 이후 시대의 존재로 볼 수 있다. 다만 오르페우스가 호메로스나 헤시오도스보다 이전의 인물이었음에도 이들의 시야 밖에 존재했을 가능성은 있다. 그의 출생과 죽음에 관한 이야기는 그리스에서 두 서사 시인의 시야를 벗어난 트라키아 지역과 밀접한 관련이 있기 때문이다.

이 지역은 고전 그리스의 북쪽과 근동 지역에 있으며, 현대 불가리아에 속한다. 이런 지정학적 요인과 함께, 그들의 시대 훨씬 이전에 민속 신앙으로 이어졌을 가능성이 있는 것이다.[4]

그러나 아리스토텔레스는 오르페우스가 아예 존재하지 않았다고 주장하는가 하면, 헤로도토스는 호메로스나 헤시오도스 이후의 인물로 본다. 헤로도토스는 그의 『역사』(2.81)에서 '오르페우스 의식'을 언급하면서, 오르페우스의 시가 호메로스 시 이후의 작품이라는 점에 근거를 두고 오르페우스가 자신보다 400년 이상 앞서지는 않았을 것으로 추정한다. 현존 문학에서 오르페우스에 대한 최초의 추론은 BC 6세기 그리스 서정 시인 이비쿠스(Ibycus, BC 530년경)의 파편에서 보인 '유명한 오르페우스'라는 문구이다.[5] 결국 오르페우스의 가장 이른 시들이 호메로스와 헤시오도스의 시들보다 늦다는 점과 BC 6세기에 그의 이름이 등장한 것 외에는 문학이나 예술에 나타나지 않는다는 점에서[6] BC 6세기 이후의 인물일 가능성이 높다.

일반적인 현대적 견해는 오르페우스의 최초의 시들이 호메로스와 헤시오도스 이후라는 점에서 빨라도 BC 6세기 이후일 것으로 인식한다. 기원전 6~5세기 비극작가 아이스킬로스(Aeschylos)의 『아가멤논』이나 에우리피데스(Euripides)의 『알케스티스』, 혹은 이소크라테스(Isokartes)의 『부시리스』, 그리고 플라톤의 『향연』 등에 단편적이나마 오르페우스의 이름이 언급되어 있다.[7] 그러나 실제 역사적 인물로 존재했다는 증거는 그다지 많지 않을 뿐만 아니라 오르페우스 자신의 글도 남아 있지 않다.

오르페우스는 또한 아폴론과 관련하여 유명한 거문고의 예인으로 알려졌는데, 그가 어렸을 때 숲에서 우연히 만난 아폴론이 오르페우스의 목소리에 크게 매료되어 그에게 거문고를 준 것으로 전해진다. 오르페우스는 음악의 신비로운 특성과 지하세계의 경험 때문에 BC 5세기 무렵 전설적인 인물로 '신비 종교'의 기초를 세우는 데 적합한 문화 영웅으로 간주되었다.[8] 여기서 "오르페우스는 우리에게 의식을 가르치고 살인을 자제하도록 훈육한다."[9]

오르페우스의 죽음에 대한 이야기는 여러 가지로 전해진다. 자살했다는 이야기와 벼락의 희생자라는 이야기도 있지만 기본적으로는 디오니소스를 숭배하지 않았다는 이유로 죽는다. 하나의 이야기는 디오니소스의 여성 숭배자들인 마이나드스(Maenads)에 의해 갈기갈기 찢겨 죽는다. 또 다른 이야기는 화가 난 디오니소스가 아이킬로스의 이야기대로 그에게 바사리데스(Bassarides)[10]를 보내 오르페우스를 조각으로 찢고 그를 따르던 사람들을 흩어지게 만들었다. 파우사니아스는 오르페우스가 올림포스산 기슭의 디온(Dion)에서 죽어 그곳에 묻혔으며, 오르페우스를 죽인 여성들이 피 묻은 손을 물에서 씻어 내려고 했을 때 헬리콘강이 지하로 침몰했다고 기록했다.[11] 후대의 작가들은 그의 머리는 헤브루스(Hebrus)강이나 레스보스(Lesbos)강에 묻혔다고 말한다.

오르페우스에 관한 저작물

오르페우스와 관련된 특정 텍스트와 문학작품은 전통적인 주류의 신화들과 다소 다른 특정 신화의 내용을 주제로 하면서 텍스트에 예언적 권위를 부여하는 방법으로 오르페우스와 관련지었다. 다양한 신들(아마도 AD 2세기부터)에 대한 87개의 '오르페우스 찬가'와 오르페우스가 자신의 이야기를 들려주는 형식의 1,400줄의 6보격 서시인 '오르페우스 아르고나우티카(Orphic Argonautica)'와 같은 일부 텍스트는 현재에도 존재한다. 그러나 대부분 오르페우스와 관련된 저작물들은 데르베니 파피루스(Derveni Papyrus, BC 4세기)로부터 현재 파편들만 존재하는 '오르페우스 랩소디스(Orphic Rhapsodies)', 그리고 기원전 5세기까지 순환되었다고 믿어지는 '오르페우스의 카타바시스(Orphic Katabasis)'로 전해진다 (이들에 관해서는 아래에서 다시 자세히 기술하기로 한다).

학자들은 그리스의 철학자들을 소크라테스를 기준으로 그 이전과 이후로 구분하는데 오르페우스는 소크라테스 이전 철학자들의 제일 앞에 자리한다. 텍스트로서 오르페우스의 다양한 '신론(Theogony)'도 자주 등장하는데, 헤시오도스의 『신들의 계보』는 고대 그리스인에게 신의 기원과 족보에 대한 이야기의 표준, 정통 버전으로 남아 있지만, 오르페우스 '신론'은 이 헤시오도스의 『신들의 계보』에 대한 또 다른 전통이 되고 있다.[12]

오르페우스 '신론'은 헤시오도스의 『신들의 계보』와 유사한 계보를 형성하지만, 세부 사항은 다르다. 오르페우스의 '신론'은 상징적으로는 근동모델과 유사하다. 이야기의 주요 골자는 디오니소스의 이전 화신인 자그레우스(Zagreus)가 제우스와 페르세포네의 아들이라는 것이다. 디오니소스의 부활에 대한 또 다른 오르페우스 이야기도 있으며, 다른 하나의 이야기에서는 제우스가 인간 여성 세멜레(Semele)를 임신시킨다.

플라톤은 그의 저술들에서 자주 오르페우스와 그의 추종자 및 그의 작품을 언급한다. 『파이돈』(69c)에서 입문 의식과 정화를 못하고 저승에 가면 수렁에 이르지만 정화되고 입교 의식을 치르고 지하세계에 이르면 신들과 함께 살게 될 것이라고 말한다. 물론 여기에서 오르페우스를 직접 거명하지는 않지만 오르페우스와 디오니소스를 염두에 둔 것이 분명하다. 『소크라테스의 변론』(41a)에서는 신성한 신비에 대한 지식과 경건의 대상으로서 오르페우스를 무사이오스(Musaeus), 헤시오도스 그리고 호메로스와 같은 범주로 놓고 있으며, 그를 오이아그로스의 아들이며 음악가로 언급한다. 플라톤은 또한 오르페우스의 문헌들을 여러 번 인용했다. 그의 『국가』에서 무사이오스와 오르페우스에 관한 책들의 많은 부분에 대해 언급했고, 법률에서 호메로스의 『일리아스』(2.596)에도 등장하는 타미리스(Thamyris)와 '오르페우스의 찬가'에 대해 언급한다. 반면에 『이온(Ion)』에서는 서사시와 웅변가에게 영감을 주는 근원으로서 무사이오스와 호메로스와 함께 오르페우스를 하나로 묶었다.

BC 5세기의 비극작가 에우리피데스는 그의 비극작품 『힙폴리토스(Hippolytus)』에서 테세우스(Theseus)가 아들 힙폴리토스에게 자신의 첩의 죽음에 대해 "이제 너는 거드름을 피우고, 네 채식을 뽐내며 오르페우스를 스승으로 모시고 잿빛 연기나 다름없는 주술서(呪術書)들에 심취하려무나"(힙폴리토스 952-3)라며 나무란다. 여기에서 에우리피데스는 오르페우스 밀교의식을 냉소적으로 바라보지만 오르페우스의 현상은 인정한다.

오르페우스가 결코 존재하지 않았다고 믿는 아리스토텔레스는 당연히 그와 관련된 작품들에 대해서도 회의적이있다. 아리스토텔레스는 오르페우스의 시에 관해 언급할 때 '소위'라는 전제를 붙여 '소위 오르페우스 시'라고 말했다. 그러나 그가 역사상 실제 인물인가의 여부와 관계없이 오르페우스의 삶은 고전 그리스 신화에 매우 깊게 연결되어 있을 뿐만 아니라 고대 그리스의 소위 '신비 종교'와도 매우 밀접하게 관련되어 있다.

오르페우스의 서사시로 알려진 6보격 시 모음집은 BC 5~4세기에 오르페우스 방식의 삶을 따르는 사람들에게는 권위있는 문서로 받아들여졌다. 그러한 권위는 당연히 그 문서가 오르페우스로부터 비롯되었다고 믿었기 때문이다. 그러나 오르페우스가 쓴 것으로 생각되는 서사시들은 BC 6세기에 아티카의 선지자이며 시인으로 알려진 오노마크리투스(Onomacritus, BC 530~480)가 쓴 것으로 보인다. 오노마크리투스는 오르페우스 밀교의 발전에 상당한 영향력을 발휘했으며, 오르피시즘의 입문 의식에 대한 시를 작성한 것으로 알려졌다. 오노마크리투스는 아티카의 선지자이며 철학자로 무사이오스의 신탁집을 편집하면서 자신의 예언을 끼워 넣다가 발각되어 참주 페이시스트라토스(Peisistratos)의 아들인 힙파르쿠스(Hipparchus)에 의해 아테네에서 추방되었다. 따라서 무사이오스의 작품은 실제로는 오노마크리투스의 작품이라고 할 수 있다. 기독교 작가와 신플라톤주의 작가들이 오르페우스에 관한 저술을 자유롭게 인용하기 시작했을 무렵, 오노마크리투스가 썼다는 주장은 많은 사람에게 받아들여졌다.

신플라톤주의자들은 플라톤이 오르페우스의 시라고 믿었던 시들을 기독교에 대한 변증에서 인용했다. 신플라톤주의자들이 사용한 저작물의 모음에는 여러 가지 버전이 있으며 각각은 우주의 기원, 신과 인간, 올바른 삶의 방식과 그에 따른 보상과 처벌에 관한 약간의 다른 설명이 주어졌었다. 케른(Otto Kern), 웨스트(Martin West) 그리고 베르나베(Alberto Bernabé)와 같은 학자들에 따르면 오르페우스 신론(Orphic theogonies)은 몇 가지 범주로 구성되어 있다.[13]

첫째, 데르베니(Derveni) 신론으로 BC 4세기의 데르베니 파피루스에 담겨있다. 이 파피루스는 오르페우스의 삶을 둘러싼 이야기와 밀접한 관련이 있는 지역인 트라키아 주변의 마케도니아의 데르베니에 있는 무덤의 장작더미에서 1962년에 발견되었는데, 두루마리로 되어있으며 부분적으로 태워져 있었다. 이 파피루스에는 오르페우스 시의 단편들이 담겨있으며, BC 5세기에 편집된 것으로 추정되지만 저자의 신원은 여전히 미궁으로 남아 있다. 파피루스 두루마리는 상당히 손상되어 있지만, 많은 연구 끝에 텍스트의 대부분이 복구되었다. 데르베니 파피루스는 몇 가지 중요한 점에서 헤시오도스의 설명과는 다른 오르페우스 신론을 인용하고, 소크라테스 이전 철학에 관한 자신의 고유한 버전을 텍스트의 우화적 해석에 적용한다. 데르베니 파피루스 텍스트의 내용은 고전 그리스 시대의 오르페우스 신앙뿐만 아니라 밀교와 신화에 대한 믿음을 드러낸다.

둘째, 다마스키오스(Damascius) 신론은, 아테네 학자의 마지막 신플라톤주의자인 다마스키오스가 언급한 오르페우스 신론이다. 다마스키오스는 서기 6세기 초 유스티니아누스 1세 황제로부터 박해를 받은 이교도 철학자 중 한 사람으로, 오르페우스의 신론에 대한 중요한 증거뿐만 아니라 오르페우스에 관련된 광범위한 그리스 유산으로부터 대안적인 오르페우스 신론에 대한 중요한 정보도 수집했다. 다마스키오스는 원시 신인 아이테르(Aither)와 혼돈(Chasma)이 태어나면서부터 초기 원시적 존재와 개념 및 물질로서 크로노스(Chronos)가 등장한 것을 서사시적으로 설명한다. 이 설명에서 시간은 원시 신 아이테르 안에 우주 알을 낳는다. 여기에서 원시 최초의 불멸의 존재인 파네스(Phanes, 혹은 Protogonus)가 신의 첫 번째 왕으로 등장한다. 파네스는 숫양, 황소, 뱀, 사자 등 네 개의 머리와 거대한 날개를 가진 자웅동체 생물로 묘사된다. 이 설명에서 파네스는 메티스(Metis)로도 불리는데, 일반적으로 티탄(Titans) 중 하나, 즉 2세대 신으로 묘사되며, 어원적으로 그리스어 '지혜', '기술', '기능'의 의미를 담고 있다.

셋째, 에우데무스(Eudemus) 신론으로 명칭과는 달리 에우데무스가 쓴 것은 아니다. 에우데무스는 BC 4세기부터 아리스토텔레스의 유명한 제자로 오르페우스, 호메로스, 헤시오도스 및 페르시아 동방 박사와 같은 근동 자료를 포함하여 여러 우주적 기록을 비교하는 소요학파(Peripatetic)의 작품을 썼다. 5세기의 신플라톤주의자들은 그의 작품을 자주 인용했다. 특히 다마스키오스는 에우데무스의 오르페우스 신론의 설명에서 밤(Nyx)이 고전적인 호메로스의 전통을 따르는 최초의 원시 신이며 원리라고 말하고 있다.

넷째, 히에로니무스(Hieronymus) 신론은 BC 2세기경 모호한 두 명의 저자인 히에로니무스와 헬라니쿠스(Hellanicus)에 의한 것으로 알려진 '오르페우스 신론'에 대해 다마스키오스가 부른 명칭이다. 다마스키오스는 히에로니무스의 신론의 내용을 원시적인 신적 물질, 즉 물과 진흙, 물과 진흙 속에서 크로노스의 출현, 크로노스가 만든 우주의 알, 그리고 알에서 태어난 파네스에 초점을 맞추어 전한다.

다섯째, 랩소디(Rhapsody) 신론이다. 랩소디의 사전적 의미는 한 번에 낭송하기에 적절한 길이의 서사시 또는 그 일부를 가리킨다. 다마스키오스가 사용한 용어를 토대로 하면 랩소디는 '함께 꿰맨 노래(stitched-together songs)'를 의미한다. 그러나 다른 한편으로 오르페우스 신론과 관련되는 문헌이다. 랩소디가 언제 작성되었는지에 관해서는 BC 6세기 또는 BC 5세기로 생각하기도 하고, 늦게는 AD 1세기부터 3세기로 보기도 한다. 랩소디는 다마스키오스 시대에 존재했던 유일한 오르페우스 신론이었기 때문에 히에로니무스 신론 이후에 쓰여진 것으로 보기도 한다. 랩소디는 고대 시대의 초기 단계부터 헬레니즘 시대의 최신 트렌드에 이르기까지 오르페우스 자료의 헬레니즘 편집본이다. 랩소디는 문헌으로서는 가장 긴 버전이지만 파편으로

만 보존되고 있다. 신플라톤주의자들에게도 분명히 오르페우스로부터 기인되는 이 서사시(Rhapsodies)들은 오르페우스의 저작 여부와 상관없이 오르페우스 신화의 주요 출처로 간주되었다.

오르페우스 신론들을 토대로 할 때 오르페우스의 밀교의식이 디오니소스 밀교의식과 밀접하게 연계되었다는 점에서 보면 오르페우스 신론은 헤시오도스가 제시한 내용보다 더 구조화되고 문학적인 버전보다 더 아르카이크 시대적이며 대안적 신들의 계보와 샤머니즘 전통을 엿볼 수 있다. 오르페우스 신론은 다른 신에 대한 기술들보다 더 난해하고 은밀한 의미를 가질 뿐만 아니라 고대 의식 및 입문과 밀접한 관련이 있다는 점을 감안할 때 훨씬 더 오래된 기원을 가진 것으로 보인다. 다만 오르페우스 밀교의 '입문식' 및 '정화'와 같은 오르페우스 공동체가 수행한 비밀 의식과 의식에 대한 언급은 아주 모호하고 간접적이다.

오르페우스에 관한 저작물들은 신론과 관련된 문헌들뿐만 아니라 문학작품에서도 다양한 버전이 혼합되어 제공된다. 비극작가 에우리피데스는 그의 비극 중의 한 작품인 『알케스티스』에서 오르페우스를 거명했다. 여기에서 알케스티스의 남편은 자신을 위해 죽은 아내 알케스티스에게 "만일 나에게 오르페우스의 혀와 가락이 있어서 데메테르의 딸이나 그녀의 남편을 노래로 홀려 그대를 하데스에서 데려올 수 있다면 하데스로 내려가련만" (알케스티스 357) 이라고 말한다.

에우리피데스와 플라톤 모두 오르페우스가 부인을 데려오기 위해 하강한 이야기를 하지만 부인의 이름에 대해서는 언급하지 않는다. 플라톤이 『향연』에서 언급한 것처럼 초기 버전의 신화에서는 오르페우스가 어떤 이유로든 아내 에우리디케(Eurydice)를 지하에서 되살려내려는 노력이 실패한다. 플라톤은 그 이유를 오르페우스가 영웅적인 남자다움이 부족하여 "그의 연인을 위해 알세스티스(Alcestis)처럼 감히 죽지 않았기 때문"(향연 179d-e)이라고 평가했다. 특히 플라톤은 오르페우스가 지하세계를 방문한 것을 부정적인 시각으로 이야기한다. 플라톤의 『향연』(179d)의 파이드로스(Phaedrus)에 따르면, 지옥의 신들은 에우리디케를 보여준 것이 아니라 에우리디케의 '나타난 환영'만을 보여주었다. 실제로, 플라톤의 오르페우스에 대한 기술은 자신이 사랑하는 사람과 함께 하기 위해 죽는 것을 선택하는 대신 살아서 하데스에 들어갈 궁리만 하였기 때문에 신들도 그에게 벌을 주고 결국 여인들에 의해 죽임을 당했다고 기술한다.

오르페우스에 대한 정교한 이야기는 최초로 로마인들 즉 버질(Vergil)과 오비디우스(Ovidius) 등이 기술했다.[14] 그들도 아마 알렉산드리아의 모델을 사용했을 것으로 보이는데 이 모델 본은 소실되었다. 전해지는 이야에 따르면 이 부분에는 동일한 신화의 두 가지 버전이 있다. 첫 번째 버전에 따르면, 오르페우스는 죽음을 부르며 거문고로 비탄의 노래를 연주하기 시작했고, 그 결과 에우리디케와 영원히 재결합할 수 있었다. 다른 버전은 맹수들이나 혹은 무녀들이 그를 찢어 강에 던졌다. 그의 머리와 거문고는 레스보스섬 강가에 떴다. 뮤즈는 그것들을 발견하고 오르페우스에 대한 적절한 매장의식을 해주었다. 그의 영혼은 다시 하데스로 가서 그의 사랑하는 에우리디케와 재회했다. 그에 대한 주요 이야기는 지하세계로부터 그의 죽은 아내 에우리디케를 되찾아오려는 애절한 노력에 모아진다.

오르페우스와 에우리디케의 이야기는 여러 버전들이 있지만, 이 이야기의 핵심과 극적인 반전은 에우리디케가 지상으로 환생하려는 순간 오르페우스가 인내심과 믿음을 갖지 못해 그간의 노력이 수포로 돌아갔다는 것이다. 오르페우스가 하데스의 경고에도 뒤를 돌아보고 그로 인해 그의 아내 에우리디케가 다시 지하세계로 빠지는 내용은 구약 성경 창세기에도 등장한다. 천사들이 야훼의 뜻에 따라 소돔 성을 멸망시키려고 왔을 때 롯의 가족을 피난시키면서 "살려거든 어서 달아나거라. 뒤돌아보아서는 안 된다"(창세기 19:17)고 당부한다. 롯은 아내와 인접 도시로 피신하는 중에 "롯의 아내는 뒤를 돌아다 보다가 그만 소금 기둥이 되어버렸다."(창세기 19:26)

이들 이야기에서 두 부부는 모두 신으로부터 뒤를 돌아보지 말라는 경고를 받았는데, 오르페우스가 뒤를 돌아보면서 부인이 지하세계로 가고 구약성서에서는 롯의 부인이 뒤돌아보면서 소금 기둥이 된다. 이 두 이야기 중에 어떤 것이 모델이 되었는지는 별 의미가 없다. 다만 두 이야기에는 중요한 차이가 있다. 오르페우스의 부인 에우리디케는 다시 지하세계로 간다. 이것은 그리스인의 내세 관념의 표현이다. 그러나 롯의 아내는 그 자리에서 소금 기둥이 되었다. 구약성서에는 내세에 대한 생각이 거의 없기 때문에 그 자리에서 바로 죽음으로 끝을 맺는 것이다. 고대 유대인들은 사람의 사후세계에 대한 인식이 없었고 죽음은 그들에게 모든 생명이 끝나는 것이었다.

오르페우스가 그의 아내 에우리디케를 구하기 위해 지하세계로 간 것은 그가 내세에 대한 특별한 지식을 얻었고 이 지식이 그의 시에 보존되었다고 믿는 근거가 되었다. 그리스인들은 오르페우스를 신비 종교의 전설적인 창시자와 연관시켰고, 신비 종교는 내세에 관한 관심이 중요했기 때문에 학자들은 오르페우스 종교가 내세에 관심이 있다고 결론지었다. 오르페우스와 관련된 금판은 이 결론을 확인하는 것으로 보인다.

오르페우스는 또한 아폴로니오스 로디우스(Apollonius Rhodius)[15]가 약 BC 240년에 쓴 아르고선원단(Argonauts)이 황금 양털(Golden

Fleece)을 찾아오는 원정항해의 이야기에도 참여한 것으로 묘사된다. 아르고호의 탐험 이야기는 호메로스의 『오디세이아』에 언급되었다. 물론 여기에 오르페우스의 이름이 등장하는 것은 아니다. BC 5세기의 시인 핀다르(Pindar)가 설명하듯, 가장 완전한 버전은 아폴로니오스의 『아르고나우티카』이다. 아폴로니오스는 호메로스의 저작을 모델로 하여 『아르고나우티카』를 쓴 것으로 보인다. 다만 호메로스가 쓴 내용보다 훨씬 짧게 기술되어 있다.

아르고선원단은 트로이전쟁(BC 1300년경) 이전에 이아손(Jason)을 중심으로 헤라클레스, 테세우스 등 49명의 영웅들로 구성된 영웅단이다. 아르고선원단은 배의 건조자인 아르고스(Argus)의 이름을 딴 배의 이름 아르고(Argo)에서 유래되었다. 지역의 선사시대 부족의 이름을 따서 때때로 민얀스(Minyans)라고도 불렀다. 이 이야기는 황금 양털을 가져오는 무용담이다. 여기에서 오르페우스는 가수로 등장한다. 황금 양털을 확보해서 돌아오는 길에 현명한 켄타우로스인 키론(Chiron)은 이아손에게 오르페우스의 도움 없이는 아르고선원단이 시렌스(Sirens)라는 위험한 생물들이 사는 시레눔 스코풀리(Sirenum scopuli)라고 불리는 세 개의 작고 날카로운 바위 섬을 통과할 수 없을 것이라고 말한다. 호메로스의 오디세이아에서 『오디세우스』가 만난 바로 그 시렌스다. 이 섬의 위치에 대해서는 여러 버전들이 있다.

영웅들과 함께 오르페우스가 탄 배가 괴물인 시렌스(Sirens)가 있는 주변을 지날 때 시렌스가 매혹적인 노래를 부르자 일행 중의 부테스(Butes)가 그 노래에 홀려 혼자서 시렌스 쪽으로 헤엄쳐갔다. 위기의 순간에 다행히 아프로디테가 그를 구조했지만 시렌스는 선원들이 그에게 오도록 유혹하는 아름다운 노래를 계속 불렀고, 그 소리에 넋을 잃고 항해하다가 배는 섬에서 난파할 위기로 몰렸다. 이때 오르페우스는 그들의 목소리를 듣고 거문고를 연주하며 아름다운 목소리로 시렌스의 요염한 노래를 제압했다. 이로서 선원들은 정신을 차렸다. 아르고선원단의 귀향은 이후에도 여러 과정을 거치고 그에 따른 여러 이야기들이 이어진다.

오르페우스 밀교

오르페우스 밀교 즉 오르피즘(Orphism)은 고대 세계의 밀교중의 하나로 그리스와 헬레니즘 세계에서 비롯된 일련의 종교적 신념과 관습에 부여된 이름이다. 그것은 오르페우스와 에우리디케이의 신화뿐만 아니라 디오니소스 신에 대한 몇 가지 신화와 깊이 관련되어 있다. 오르페우스 밀교는 전설적인 시인인 오르페우스가 시작한 것으로 인식되는 밀교의식으로서 그리스 종교의 개혁된 버전을 실행한 종교 공동체 그룹이다.

오르페우스 밀교가 언제 시작되었는지 정확히 알 수 없지만, 적어도 기원전 5세기에 존재했던 것으로 보인다. 오르페우스가 역사상 실제 인물인가의 여부에 관계없이 오르페우스는 '오르페우스 밀교'의 창시자이자 선지자로 여겨졌을 뿐만 아니라 '오르페우스 찬가'의 저자로 알려져 있다. 이 찬가는 여러 신과 여신을 대상으로 한 다소 늦은 시기에 나온 그리스어 편찬이다. 여기에는 신들을 찬미하는 내용과 법률, 정의, 평등, 건강 등과 같은 초기 그리스 철학에서 중요한 역할을 한 주요 자연주의 개념에 전념한 구절을 찾을 수 있다. 오르페우스의 삶과 그에 관한 전승들은 오르페우스 밀교의 신자들에게 큰 영향을 미쳤을 뿐만 아니라 밀교 및 의식의 '비밀적 특성'도 반영하고 있다. 또한,

오르페우스 밀교의 입문자들은 윤회 과정을 통해 영혼이 티탄족의 유산에서 해방되고 영원한 축복을 얻을 수 있다고 믿었다. 오르페우스 밀교는 엄격한 윤리 및 도덕적 행동 기준을 강조하고, 악을 정화하고 인간 성격의 디오니소스적인 측면을 배양할 목적으로 스스로를 정화하고 금욕행위(예: 동물의 살을 먹지 않는 행위)를 지키도록 했다.

오르페우스 밀교는 오르페우스 텍스트를 경전으로 사용했을 것이지만, 이러한 유형의 오르피즘이 어떤 형식의 종교 공동체로 존재했는가에 대한 의견은 다양하다. 특히 오르페우스의 텍스트가 오르피즘의 의식에서 어떤 역할을 했는지에 대한 문제는 큰 논쟁 중 하나이다. 오르페우스 밀교는 대부분의 기독교 교리의 근원이기도 한 모든 신비주의 이론의 시초이다. 이런 점에서 오르피즘에 대한 정의의 시도나 초기 기독교와 어떤 연관성을 가지고 있는가의 문제는 계속되는 관심 중의 하나다. 특히 최근 들어 오르피즘과 기독교의 관계에 관한 연구가 시도되었는데, 이런 연구는 기독교 변증자들이 이교도를 공격하기 위해 오르페우스 텍스트를 사용하는 방법에서 주로 언급된다. 오르피즘에는 입문과 장례, 개인적인 헌신행위와 같은 특정 의식이 있으며 개인 또는 그룹으로 각각의 장소와 시간에 모여 거행된 의식에는 오르페우스에 귀속된 텍스트를 사용했을 것이라는 입장이 있는 반면에 회의적인 입장은 오르페우스의 문학적 전통에 대해서만 언급한다.

그러나 확실한 것은 오르페우스라는 신화적 인물을 둘러싼 신론과 밀교의 전통이 존재했다는 것이다. 이 밀교는 신론뿐만 아니라 고전 그리스의 철학 발전에 매우 큰 영향을 미쳤다. 많은 고대 작가들은 소위 '오르페우스 전통'과 관련된 의식의 관행 및 공동체와 관련된 신도들의 특성들을 설명하기 위해 카타로스(katharos) 또는 카타로이(katharoi)라는 용어를 사용했다. 그리스어 '카타로스(katharos)'는

'순수한' 또는 '혼합되지 않은' '오염되지 않은' 마음을 의미한다. 내적 생각이 '이해(利害)'와 '물질'이 혼합되지 않은 완전한 순결을 의미하는 것이다. 의심할 여지 없이 신성과의 일체감과 경험적으로 '하나됨'을 암시한다.

고대 작가들은 오르페우스의 전통 자체를 둘러싼 신념체계뿐만 아니라 오르페우스에서 영감을 얻은 오르픽 공동체의 비밀 의식에 관해 기술하면서 이 용어를 사용했다. 이 용어는 신약성경으로 이어져 그리스어 카타로스(katharos)라는 단어는 신약성경에 22번이나 사용되었다. 영어로는 '카타르시스(catharsis)'로서 '억압된 감정을 풀어주는 과정'을 의미하는 이 단어는 기독교에서 목표가 혼합되지 않은 자비, 정욕이 섞여 있지 않은 사랑, 편파성이 없는 정의의 순수함으로 사용되었다. 성경은 이 순수하고 고상한 동기의 목표를 '카타로스'라는 단어로 나타내고 순수한 마음을 진리에 대한 눈으로 설명했다. "눈은 몸의 등불이다. 눈이 성하면 온몸이 밝을 것이며 눈이 악하면 온몸이 어두울 것이다. 하물며 네 마음이 빛이 아니라 어둠이라면 그 어둠이 얼마나 심하겠느냐"(마태6:22-23; 누가11:34-36). 이것은 그리스어 '카타로스'가 초기 기독교에서 종교적 신자들과 밀접하게 동일시되는 단어로 계속 사용되었다는 것을 말하는 것이다. 기독교가 전파되고 오르피즘을 원시 기독교(proto-Christianity)와 연결시키면서 오르피즘에도 원죄와 내세와 같은 개념에 관련되어 있기를 기대하는 사고도 일었다. 여기에서 디오시소스의 부활론을 중심으로 신비 종교가 내세에서 구원을 제공할 것이라는 생각이 나타났다.

신앙심이 없고 무관심한 사람들이나 신에 대한 관습적인 숭배를 경멸하는 사람들은 이러한 진리에 접근할 수 없었을 것이다. 숨겨진 진리를 이해하는 유일한 방법은 신성한 신비 종교에 참여하고 세 가지 입문 단계를 성공적으로 완료하는 것이다. 이것은 낡은 것을 버리고, 자신을 바꾸고, 새로운 상황에 들어가는 것이다.

♆ 주

1) 영어로는 오르페우스(Orpheus) 외에 오르픽(Orphic), 오르픽스(Orphics), 오르피즘(Orphism) 등으로 사용되고 있다. 오르페우스는 여기에서 다루는 전설적인 존재의 이름이다. 영어의 오르픽(Orphic)은 형용사 또는 부사적 용법으로 '오르페우스의', '오르페우스적', '오르페우스와 관련된'이라는 의미다. 그러나 오르픽스(Orphics)는 오르페우스에 관한 저자의 문헌이나 출처, 이런 문헌의 저자(시인), 이런 문헌이나 의식에 참여하는 개인이나 집단으로 오르픽 종파의 입문자를 의미하기도 한다. 그러나 반드시 '오르피즘'이라는 종파의 회원을 의미하지는 않는다. '오르피즘(Orphism)'이라는 단어는 이전 세대의 학자들의 마음 속에 떠오른 종교적 종파를 의미한다. 일반적으로 이런 종파가 존재하지 않았을 수도 있다. 그렇다면 다른 의미를 찾아야 한다. 오르피즘과 같은 것이 있었다면, 회원들은 오르페우스의 텍스트를 사용하는 오르페우스식의 의식을 수행했을 것이며, 오르페우스 집단으로 불렸을 것이다. 그러나 오르페우스 종교와 같은 것이 없었다고 해도, 오르페우스의 텍스트를 사용하여 오르페우스의 의식을 수행하는 그리스인이 여전히 있었고 이 사람들을 오르페우스 밀교의 입문자라고 할 수 있다. 특히 오르피시즘은 오리페우스 밀교의식 이상으로 당시 오르페우스와 관련된 문화현상이라는 더 포괄적 의미를 담고 있었을 것으로 보인다. 그렇다고 그가 트라키아인이었다는 것을 의미하는 것은 아니다.
2) Jan Assman, *Moses the Egyptian: The Memory of Egypt in Western Monotheism* (Cambridge, Mass.: Harvard University Press, 1997), p. 2
3) 뮤즈(Muses)는 고대 그리스 종교와 신화에서 문학, 과학 및 예술의 영감을 주는 여신으로, 고대 그리스 문화에서 수 세기 동안 구두로 관련된 시, 서정적 노래 및 신화에 구현된 지식의 원천으로 간주되었다.
4) 거스리(W. K. C. Guthrie)는 오르페우스의 전설에 대해, 그가 트라키아에 산 그리스인이었다는 이상한 상황을 의심할 여지가 없으며 그는 그리스인이었고 아폴론 신봉자였을 것이라고 본다. W. K. C. Guthrie, *The Greeks and Their Gods* (Boston: Beacon Press, 1956), pp. 315-316.
5) Kathleen Freeman, *The Pre-Socratic Philosophers: A Companion to Diels, Fragmente der Vorsokratiker* (Oxford: Basil Blackwell,1946), p. 1.

6) Warren D. Anderson, *Music and Musicians in Ancient Greece* (Ithaca: Cornell University, 1994), p. 27

7) 예를 들면, Freeman (1946). 한국에서 출간된 번역서로는 김인곤 외 역, 『소크라테스 이전 철학자들』의 단편 선집 (서울: 아카넷, 2005), pp. 35-38.

8) 오르페우스를 의식의 창시자로 보는 5세기 텍스트의 예를 보려면, 아리스토파네스, 『개구리』 1032를 참조

9) 에우리디케의 이야기는 실제로 오르페우스 신화에 늦게 추가되었을 수 있다.

10) 바사리데스는 여우 가죽 모자를 쓰고 긴 수를 놓은 망토를 입은 트라키아인이다.

11) Pausanias, *Description of Greece*, 'Boeotia', 9.30.1

12) 헤시오도스의 서사시는 이미 『신들의 계보』 또는 『신통기』로 익숙해진 명칭이다. 오르페우스의 Theogony도 이에 준해 『신들의 계보』 혹은 『신통기』로 부를 수 있다. 그러나 우리 말로 옮겨 쓰는 경우 혼동될 수 있다. 따라서 여기에서는 『신론(神論)』으로 표기하기로 한다.

13) Dwayne A. Meisner, "'Zeus the Head, Zeus the Middle': Studies in the History and Interpretation of the Orphic Theogonies," A thesis for the degree of Doctor of Philosophy (London, Ontario, Canada: The University of Western Ontario, 2015), ch. 1.

14) Vergil, *Georgics*, trans. A. S. Kline 4.457-527, www.poetryintranslation.com: 오비디우스(Ovidius)의 『변신이야기(*Metamorphosis*)』 10.1-85.

15) 로디오스(Rhodius)는 지명으로 보이며 아폴로니오스의 이름에 붙어 별칭처럼 사용된 것 같다.

10장

종교와 신탁

아폴론 신전의 신화적 역사와 신탁

그리스인의 종교에서 희생제를 비롯한 의식이 삶의 한 축이라면 다른 한 축에는 신탁이 자리잡고 있다. 신탁은 그리스인의 사고와 행동의 지침이었다. 그리스 각 지역의 신탁 신전 중에서 델피의 아폴론 신전은 신탁의 총 본산이었다. 아폴론 신전의 신탁은 최고(最古)의 역사와 최고(最高)의 권위가 있는 그리스의 대표적인 예언으로, 그리스의 모든 도시국가의 사절단이 와서 신탁을 구했다. 따라서 여기에서는 델피의 아폴론 신전의 신탁을 중심으로 그리스 종교의 한 축으로서의 신탁을 기술하고자 한다.

'신탁(神託, oracle)'은 '신' 즉 제우스와 아폴론의 뜻을 전달하는 행위'로, 신이 사제를 통해 자신의 뜻을 나타내거나 인간의 미래의 일에 대한 물음에 답을 주는 것이다. 신탁은 그리스인의 모든 종교의식 중에서 가장 필요하고 가장 빈번하며 생활에 가장 밀접한 의식이었다. 그리스의 모든 신화가 하나의 실타래라면 신탁은 이 실타래의 고리이다. 그리스인들에게 신탁은 모든 중요한 일의 시작이었고 그리스의 역사도 이 신전의 신탁을 중심으로 이루어졌다.

사제의 신탁은 그리스 모든 도시국가의 지침이었으며 도시국가와 정치지도자들의 흥망성쇠를 좌우하는 고리였다. 그리스의 신화나 문학도 신탁으로부터 이야기가 구성되고 전개되었다. 심지어는 아테네의 최고지성인 소크라테스도 신탁으로 인해 운명이 좌우되었다. 그리스의 전역에는 신탁을 내리는 많은 신전들이 있었지만 그 중에서 가장 압권은 델피의 아폴론 신전이었다. 따라서 델피의 신전 설립과 신탁 과정 및 결과에 대한 이해는 그리스 신탁의 전반적 내용은 물론 종교의식과 역사 그리고 문학의 단면에 접근하는 데 아주 필요하고 유용하다.

델피 신전은 아테네에서 서북쪽으로 180km 거리에 해발 2,457m의 파르나소스(Parnassus)산 중턱의 자락(해발 600m)에 있다. 이 신전의 명칭은 '아폴론 신전'이지만 델피에 위치해 있기 때문에 '델피의 아폴론 신전' 또는 '델피 신전'으로도 불리는데 이 글에서도 '아폴론 신전'과 '델피 신전'을 혼용한다. '델피'라는 지역명은 아폴론이 피톤으로부터 신전을 차지한 뒤에 추종자들을 데리고 올 때부터 '델피니오스'라는 별칭으로 불린 데서 연유한 것으로 전해진다.

당시에 그리스인들은 파르나소스산이 세계에서 가장 높은 것으로 알고 있었고, 여기에서 파르나노스산을 중심으로 구약성서의 '노아의 방주'를 연상시키는 신화가 등장한다. 황금시대가 끝나기 전, 인간들이 점점 자만해지고 악해지기 시작하자 제우스는 화가 잔뜩 나서 홍수로 인류를 멸망시킬 결심을 하게 된다. 프로메테우스가 이런 사실을 알고 그의 인간 아들 데우칼리온(Deucalion)과 그의 아내 피라(Pyrrha)를 거대한 나무 상자에 태웠다. 비가 9일 밤낮 동안 계속되어 전 세계가 홍수에 잠기기 시작했고, 단지 신들의 고향인 올림포스산과 파르나소스산 정상만 물에 잠기지 않았다. 인간인 데우칼리온과 피라는 파르나소스산에 정박하고 나무 상자에서 나와 밖을 보니 세계가 물에 잠겼다. 그들은 홍수 물이 빠질 때까지 그곳에서 상자에 담은 식량으로 살아 목숨을 구했다.

델피는 고대 그리스의 위대한 종교 중심지였다. 이 지역에는 이미 신석기시대부터 사람들이 살기 시작했다. 미케네 문명기에 작은 마을 델피에서 숭배의 대상은 대지의 여신이었다. 이런 역사적 사실은 1892년에 프랑스 고고학 팀이 발굴작업을 시작하면서 드러났다. 발굴 탐사팀은 델피에는 BC 1400년대의 미케네 시대의 정착민들이 자리를 잡고 살면서 가이아 신을 경배한 것을 밝혀냈다.

델피의 고대 마을은 현재의 위치보다 약간 서쪽에 있었다. 수직으로 놓여있는 두 개의 거인바위 끝머리이다. 두 개의 바위는 마을의 벽을 이루고 있다. 절벽의 한구석에는 '카스탈리아(Kastalia)샘'이 있다. 이 샘물은 하데스가 지배하는 지하세계에서 흘러나온 것이라고 전해진다. 신전에서 피티아가 신탁을 내리기 전 사용했던 성수가 바로 이 샘에서 나오는 물이다. '카스탈리아'는 아폴론의 사랑을 거부하고 도망치다 샘이 된 님프의 이름 '카스탈리아'에서 유래되었다. 오비디우스의 『변신이야기』(3.14)에는 '카스탈리아'가 동굴로 묘사되어 있다. 카스탈리아 샘터에는 현재 두 개의 샘이 남아있다. 하나는 고대 그리스 시대에 만들어졌고 다른 하나는 로마 제국 시대에 만들어진 것으로 절벽 높은 곳에 바위를 자른 틈이 있다.

델피 주민들은 미케네 문명에서 암흑기로 이행되는 BC 10세기 전후에는 태양과 음악의 신인 아폴론 신을 숭배했다. 신화가 전해주는 것처럼 숭배의 대상이 가이아에서 아폴론으로 신의 교체가 일어난 것이다. BC 8세기부터 아폴론 숭배가 확립되고 차츰 명성을 얻으면서 델피 신전과 신탁이 발전하게 되었다. 또한, 올림피아의 제우스 신전, 델로스의 아폴론 신전과 함께 그리스의 종교 중심지로 부상하면서 BC 6세기에는 그리스에서 가장 중요한 신탁 신전이 되었다.

델로스의 아폴론 신전은 아폴론의 탄생을 기념하는 신전이지만 델피의 아폴론 신전은 제우스의 뜻이다. 그리스 신화에서 아폴론은 제우스와 레토 사이에서 태어나 아르테미스와는 남매간으로 태양과 예언

▶ 사진 10.1 델피의 아폴론 신전의 유적

신전은 파르나소스산 밑에 가로 60미터, 세로 23미터이며 외벽에서 38개의 도리아식 기둥이 직사각형으로 떠받치고 있었지만 현재에는 6개의 기둥만 남아 있다.

및 광명·의술·궁술·음악·시를 주관하며 제우스와 아테나 다음으로 위대한 신이다. 흰칠하고 준수한 미남이라서 여성은 물론이고 남성과도 사랑을 나누는 사례가 많다.

아폴론이 태어나기 이전에 레토는, 자신이 임신한 쌍둥이들이 아버지인 제우스 다음가는 권력을 누리게 될 것이라는 예언을 받는다. 이 소식을 들은 헤라는 큰 뱀 피톤(Python)에게 레토를 쫓아다니면서, 그녀의 해산을 어떻게든 막으라는 명령을 내렸다. 출산이 임박하자 레토는 헤라의 저주가 두려워 해산할 장소를 찾아 정처 없이 떠돌다가 오르티기아 섬에서 아르테미스를 낳고 다시 이웃의 델로스섬으로 가서 아폴론을 낳는다.

레토는 아폴론을 출산할 때 9일 밤낮 동안 산고를 겪었고, 이 기간 동안 헤라는 레토의 출산을 돕지 못하도록 신성한 산파의 여신인 에일레이티아이아(Eileithyia)를 자기 옆에 잡아두었다. 그러나 다른 여신들, 디오네, 레아, 테미스, 암피트리테 등이 레토의 주변에 모여들었고, 아폴론이 출생하자 신들은 환호했다. 레토가 젖을 먹일 수 없어 테미스가 불로(不老) 신주(神酒)인 넥타르(nektar)와 신의 음식인 암브로시아(ambrosia)를 주었다. 불사의 음식을 맛본 아기는 어떤 강보끈으로도 묶을 수 없을 만큼 건장했다. 아폴론은 여신들에게 말한다. "나에게 수금과 활을 주시오. 나의 신탁으로 제우스의 용서 없는 의지를 인간들에게 보여주겠소."

아폴론이 태어나고 4일이 지나자, 제우스는 그에게 황금 왕관과 현악기 리라, 백조가 끄는 마차를 주며, 델피로 가라고 명령한다. 그는 델피로 가서 신전에 세워진 대지의 신성한 배꼽이자 우주의 중심인 옴팔로스(Omphalos)를 지키고 있던 뱀 피톤을 화살로 퇴치하고 피톤이 관장하던 가이아의 신전을 차지했다. 아폴론은 델피의 '가이아 신전'을 '아폴론 신전'으로 바꾼 다음 신전의 피톤의 이름을 따서 피티아(Pythia)라고 부르는 여사제(신녀)를 통해 사람들에게 신탁을 내리게 했다. 이후로 인간은 가이아의 뜻이 아닌, 제우스의 뜻을 알리는 아폴론의 신탁에 의하여 미래를 알 수 있게 된 것이다.

아폴론 신전은 유구한 세월을 간직했다. 신전에 대한 최초의 언급은 호메로스의 『일리아스』와 『오디세이아』에 나타난다. 『일리아스』(9.403-404)에는 "바위투성이의 피토(델피의 옛 이름)에 자리 잡은 명궁 아폴론의 돌 문턱 안에 쌓여 있는 모든 보물", 『오디세이아』(8. 79-82)에는 "아가멤논이 신성한 피토에서 신탁을 듣고자 돌 문턱을 넘었을 때 포이보스 아폴론이 그에게 그렇게 예언했기 때문이다"라는 구절이 나온다. 이러한 기술은 이미 호메로스 시기에 델피의 아폴론 신전에서 신탁이 행해지고 있었음을 알려준다.

BC 60년대 인물로 알려진 역사가 디오도로스는 그의 저서(*Diodorus Siculus* XVI. 26)에서 델피 신탁의 초기 모습에 대해 전승되는 이야기를 기록하고 있다. 기록에 따르면, '금지된' 성역으로 알려진 바위 사이에 틈이 나있고, 먹이를 찾아다니던 염소들이 이 틈새를 들여다본 뒤 이상한 행동을 보였다고 한다. 목동은 염소의 이상한 행동에 놀라 자신도 틈을 들여다본 뒤 염소처럼 이상한 행동을 하면서 미래의 일들을 예언하기 시작했다. 이런 소문이 알려지고 퍼지면서 사람들이 이 틈새에 접근한 후에는 기적 같은 영감을 얻게 된다. 이로부터 이곳은 예언가가 주는 지구의 신전으로 간주되었다. 그러나 너무 많은 사람들이 모여들고 이들이 광란 속에 틈새로 뛰어들었기 때문에 위험을 방지하기 위하여 예언자로 한 명의 여성을 배치하고 이 여성을 통해 예언을 말하도록 했다는 것이다.

아폴론 신전은 BC 7세기경에 나무로 건립되었다. 아폴론에 대한 신비로움과 아폴론 신전의 신탁에 대한 권위로 인해 시간이 지나면서 델피는 점점 더 유명세를 탔고 BC 7세기 이후에는 크게 번성했다. 그러나 델피는 4차례의 성전(聖戰)에 휘말렸으며 여러 차례 지진과 화재로 인한 피해를 당했는데 이때마다 모든 그리스 도시국가들이 재건에 동참했다.

델피 신전은 BC 3세기에는 아이톨리아의 지배하에 들어갔다가, BC 191년에 로마인들에게 정복당했다. 로마 제국 시기에는 때때로 약탈을 당하기도 했으나, 몇몇 황제들은 이곳에 애정을 갖기도 했다. 기독교가 확산되면서 신전은 종교적 의미를 잃었고, AD 390년 테오도시우스 황제가 기독교를 국교로 삼고 이교도 금지령을 내리면서 성전은 폐쇄되고 델피는 폐허로 변했다. 이때 그리스의 12신도 금지된다. 델피의 피티아 신탁은 로마의 율리아누스(Iulianus) 황제시대로 막을 내렸다. 당시 오라클은 신탁이 모두 종료된다고 선언했다. 마지막으로 기록된 신탁은 393년에 있었다. BC 8세기부터 AD 393년까지의 신탁 중 기록물로서 가치 있는 신탁의 내용이 일부 전해지고 있다.

역사 속에서 자연과 인간의 재해로 묻혀있던 델피 신전은 프랑스 고고학 팀이 1892년에 발굴작업을 시작하면서 델피의 장엄한 모습 특히 아폴론 신전이 발견된다. 가파른 파르나소스 산자락에 묻혀 있다가 2000여 년 만에 세상에 모습을 드러낸 것이다. 지진으로 허물어진 유물은 발굴작업이 이루어진 20세기까지 땅속에서 시간을 보내야 했다. 신전 입구의 고고학 박물관에는 델피의 파란만장한 흔적들이 잔잔하게 진열되어 있다. 델피의 아폴론 신전은 1987년 유네스코에 의해 세계문화유산으로 지정되었다.

델피 신탁의 본질

고대 그리스에는 여러 곳에 신탁을 내리는 신전이 있었다. 헤로도토스는 6곳을 꼽는다 (역사 1.46). 델피, 그리스 서북부의 도도나, 포키스의 아바이, 암피아레오스, 트로포니오스, 밀레토토스의 랑키다이 등이다. 이들 가운데 델피의 아폴론 신탁의 명성이 최고였다. 명성이 높은 것은 예언의 적중률이 높기 때문이다. 요즘 말로 '쪽집게', 잘 맞추기 때문이다. 어느 정도였나?

부유한 도시국가인 리디아(현대의 터키 일부)의 크로이소스(BC 595~547)왕은 이상의 6곳의 신전의 신탁에 대한 예언력을 시험하려고 각 신전에 사절단을 파견하여 자신이 무엇을 하고 있는지 물어보라고 지시했다. 크로이소스 왕은 시험사절단을 보내면서 자신은 사람들이 알거나 추측할 수 없는 일을 궁리해 행동으로 옮기고 있었다. 그는 거북이와 양고기를 잘라내어 청동 솥에 넣고 그 위에 청동 뚜껑을 얹은 채 삶았다 (역사 1.46-48). 각 신전의 신탁을 받고 돌아온 사절단의 답변 중에 델피 신탁만이 그때 그가 한 일을 알아맞혔다. 당시 델피 신전의 여사제 신탁은 아래와 같았다.

"나는 모래 아래 개수도 바다의 크기도 알고,
벙어리를 이해하고 침묵하는 자의 말도 알아듣노라.
내 후각에는 청동 용기 속에서 양고기와 함께 삶기는,
껍질이 딱딱한 거북이의 냄새가 풍겨 오는구나,
그 아래에 바닥은 청동이고 위의 뚜껑도 청동이로다." (역사 1.46)

이 신탁을 받은 왕은 크게 반겼다. 델피 신전의 신탁이 다른 곳의 신탁보다 더 잘 맞춘다는 믿음을 굳게 해준 하나의 사례이다. 신탁은 여

사제 즉 피티아를 매개로 하여 규칙에 따라 내려진다. 피티아는 기능적 측면에서 만티스, 프로페테스, 프로만티스 등 여러 이름으로 불렸다. 만티스는 신이 믿고 보내는 처녀로 신과 접촉하는 여성이고, 프로페테스는 미래의 사건을 예언하는 여성이며 프로만티스는 일반적인 예언자이다. 이런 예언자의 명칭들은 히브리어를 그리스어로 번역한 구약성경 70인역본이나 처음부터 그리스어로 쓰인 신약성경에도 '선지자'라는 용어로 많이 등장한다.

그리스의 피티아는 의미상으로는 우리에게 '무녀' 또는 '신녀'이지만, 한국의 무녀나 신녀와는 달리 아폴로 신을 대신해 질문에 답하고 조언을 해주고 예언을 하는 신비한 여인이었다. 사람들은 이 여사제를 신과 같은 능력을 갖고 있는 존재로 여겼다. 그리스인에게 그녀는 미래를 놀라울 정도로 정확하게 예측할 수 있는 예언자이고 아폴론 신전 안에 머물며 아폴론 신의 메시지를 인간에게 전달하는 아폴론의 대변인이다.

피티아는 실체가 있는 개인으로서 이름을 가지고 나름의 신분을 유지하고 있었다. 헤로도토스의 『역사』(7.140)에는 '아리스토니케'라고 불리는 여사제가 신탁을 내렸다는 내용이 있다. 또한, 아테네의 대표적 희극 작가인 아리스토파네스(BC 447~385)의 『평화』(1095)와 『기사』(61)에는 예언녀 '시빌라'라는 이름이 등장한다.

피티아는 신전 내부의 성소로 들어갈 수 있는 유일한 인물이며, 아폴론 신이 앉았던 아디톤(Adyton)의 삼각대 의자에 유일하게 앉을 수 있는 특권을 가진 인물이다. 그렇다고 그녀가 특별한 신분인 것은 아니었던 것 같다. 아리스토텔레스가 '가장 비극적인 작가'라고 불렀으며, 괴테가 극찬한 에우리피데스(Euripides)의 『이온』에는 "모든 델피 여인들 중에서 선발된 포이보스의 예언녀"로 묘사하고 있다 (이온

1321-1322). '포이보스'는 아폴론을 가리킨다. 제우스는 원래 헬리오스와 셀레네가 맡고 있던 태양의 신과 달의 여신 자리를 아들 아폴론과 딸 아르테미스에게 각각 맡겼다. 태양신 헬리오스의 별명은 '포이보스' 즉 '빛나는 자'였다. 아폴론은 이 별명을 물려받아 '포이보스 아폴론'이라고 불렸다.

피티아가 모든 델피 여인 중에서 선발되었다면 델피 지역에 거주하는 여성이었거나 신전에 와서 어떤 활동을 하는 여성이었을 것이다. 전통적으로 피티아에게는 두가지 규정이 따랐다. 첫째는 결혼하지 않은 처녀이어야 하고, 둘째, 신탁의뢰자에게 신탁에 대한 비밀을 유지해야 한다. 만일 이 규정을 위반하면 해임된다. 그런데 하나의 사건으로 인해 처녀 피티아는 50세 이상의 여성으로 대체된다. 디오도로스의 저서(*Diodorus Siculus* ⅩⅥ. 26.86)에는 비밀을 지키지 않은 피티아가 해임되고 처녀 피티아가 50세 이상의 여인으로 대체된 사례를 들고 있다. 테살리아 사람인 에카크레테스가 신탁을 받으러 왔다가 처녀 피티아의 아름다움에 매혹되어 사랑에 빠졌는데, 처녀 피티아는 예언에 대한 비밀을 그에게 발설했다. 더 나아가 그는 그녀를 성소 밖으로 데리고 나와 두 몸을 뜨겁게 달구었다. 델피 사람들은 이 통탄스런 사건으로 인해 앞으로 처녀는 더 이상 예언을 하지 말아야 한다는 법을 통과시켰다. 이로부터 50세 이상의 여인이 처녀 의상을 입고 이전의 예언자처럼 신탁을 하도록 했다.

피티아가 예언 과정에서 부정한 행위를 하여 해임되거나 매수되는 일도 벌어졌다. 헤로도토스에 따르면 "클레오메네스는 델피에서 권세가 가장 막강한 아리스토판토의 아들 코본을 자기편으로 끌어들였다. 이에 코본은 예언녀 페리알리를 설득하여 클레오메네스가 듣기 원하는 말을 하도록 했다. 피티아 여사제는 (그렇게 했고) …. 나중에 이런 사실이 들통나 코본은 델피에서 추방되었고 예언녀 페리알리는 직책을 박탈당했다.”(역사 6.66). “알크메오니다이 가문 사람들은 델피에 머물면서 피티아를 돈으로 매수하여 스파르타인들이 개인적인 임무나 공적인 임무로 신탁을 구하러 올 때마다 그들에게 아테네인을 해방하라고 촉구하게 했다”(역사 5.63). 투키디데스도 “라케다이몬인 이스토아낙스와 그의 형제 아리스토클레스가 델피의 무녀를 매수했다”(펠로폰네소스 전쟁사 5.162-163)고 전한다.

이런 매수사건은 피티아가 신탁 의뢰인의 질문에 대해 명백하고 구체적인 답을 주지 않고 해석의 여지를 남기기 때문에 가능하다. 피티아는 육각운(六脚韻) 운율의 12행으로 이루어진 운문시 형식으로 응답하기 때문에 피티아와 사전에 내통한 사람은 의미를 알게 된다. 그리고 피티아는 애매모호한 답변 뒤에 자신의 매수 사실을 숨길 수 있게 된다. 피티아의 모호한 답변은 해석에서 국가나 개인이 비난받을 수 있지만, 오히려 비난으로부터 보호받는 기능으로도 작용하는 것이다.

델피의 신전에는 피티아 외의 여사제들뿐만 남성 사제들도 있었다. 여성 사제들과 남성 사제들은 함께 희생제를 철저하게 준비하고 거행할 책임을 진다. 남성 사제들은 이 외에 신관과 의식을 담당하는 사제들이었다. 사제 및 의식담당 관리들은 신탁 전에 희생 제물을 바치고 희생 제물에 물을 뿌려 그 제물의 움직임과 그것이 떠는 것을 관찰한다. 에우리피데스가 “신전 바깥의 일은 내가 처리하고, 신전 안의 일은 삼각대 의자 가까이 앉아 있는 다른 사람들이 처리할 것이다”(Euripides, Ion 418-420)라고 묘사한 것은 피티아의 예언을 받아 의뢰인에게 전해주는 일을 하는 신관을 말한다. 신관은 피티아가 예언을 내리는 동안 그 옆에 배석해 있어야 한다.

신관과 사제들은 신탁에 관한 업무를 수행하는 동안은 수당을 지급

받았다. 이 사제들은 특별한 가문으로부터 선발되었는데, 신탁을 수행하기 위해 필요한 신성한 관리로 인정받았다. 특히 델피 신탁에서 신관들은 그리스의 시민들 중에서 선정되어 종신제로 임명되었다. 신관의 위상은 우리에게 익숙한 『영웅전』의 저자 플루타르코스가 신관이었다는 사실로부터 잘 알 수 있다. 아더 휴 클러프는 『영웅전』의 해제에서 플루타르코스가 오랜 세월 동안 아폴론 사제로서 직무를 맡았다고 밝히고 있다. 플루타르코스는 말년에 그리스 카이로네아로 돌아와 작은 읍의 읍장을 지내면서 신관을 겸임했다.

신탁을 받으려면 의뢰인들은 신전에서 사제들에게 신탁을 접수한다. 이때 피티아로부터 알고 싶은 내용을 기재하여 제출하면 신전의 규정에 따라 신탁 일자가 결정된다. 신탁의 순서는 델피에 봉헌물을 많이 바친 도시국가의 시민은 특별 순서이고, 다음에 델피에 기여 정도와 델피 인근 지역에 거주하는 시민 등의 기준에 따라서 1, 2순위가 결정된다. 이런 순서를 따르다 보면 연고가 없는 의뢰인은 몇 달씩 기다려야 하는 사람도 많다.

신탁 날짜가 되면 의뢰인들은 명목상의 요금을 납부해야 하는데, 국가의 공무 신탁은 7드라크마 2오볼로스, 개인은 4오볼로스를 지불해야 한다.[1] 또한, 아폴론 신에게 염소도 제물로 바쳐야 했다. 에우리피데스의 기술이다.

"그대들이 신전 앞에서 꿀로 만든 과자를 제물로 바쳤다면, 그리고 포이보스께 물어보기를 원한다면 제단으로 들어가시오. 그러나 지성소로 들어가려면 먼저 염소를 제물로 바쳐야 하오." (이온 225)

그리고 "그들은 카스탈리아샘의 은빛 소용돌이로 가서 맑은 물로 목욕한다" (이온 95-96). 신탁 의뢰자들은 차례가 되면 정화 의식을 하고 아폴론 신에게 희생 제물을 바친 뒤 신전의 대기실로 안내된다. 여기에서 의뢰자들은 신관에게 신탁을 받으려는 내용을 글이나 말로 전한다. 신관은 신탁 의뢰인이 전해주는 문서나 구두의 사연을 듣고 정리하여 신전에서 가장 깊숙한 지하 방에 있는 여사제 피티아에게 전달하고 방 밖에서 대기한다. 지하 방은 오직 피티아만이 들어갈 수 있기 때문이다.

헤로도토스는 이 과정을 이렇게 묘사한다. "아테네에서 델피로 파견된 사절단이 신전 주위에서 정해진 의식을 마치고 신탁 의뢰를 위해 신전에 들어가 앉는다."(역사 7.140) 대기실에는 의뢰 사절단 한 팀이나 의뢰자 개인 한 명만 들어가는 것이 아니라 한꺼번에 여러 사람들이 들어간다. 여기에서는 입조심, 말조심하여야 한다. 신탁을 듣고 싶어 하는 사람들에게 말을 하되 좋은 전조의 말만 하도록 해야 한다(이온 96-100).

신탁의 순위가 뒤인 의뢰인들은 아폴론 신전으로부터 60km 정도 떨어진 파르나소스산 중턱 해발 1,000여m의 아라호바(Arahova) 마을에서 묵었다. 당시에 아폴론 신전을 찾는 사람들은 인근의 아테네나 스파르타, 테바이, 코린토스뿐만이 아니라 크레타, 로도스, 낙소스, 델로스 등 섬 지역 그리고 이집트와 중동 등 최소한 150여 개의 도시 국가에서 모여들었을 것이다. 이런 사람들은 먼 길을 오면서 이 마을에서 기다리거나 유숙하고 다시 길을 떠났다. 각지에서 사람이 모이면 문화와 정보를 교환한다. 한국 사람들에게는 '태양의 후예 촬영지'로 더 잘 기억하고 있는 곳이다.

아라호바(Arahova)라는 마을 이름은 '아라호바 아라크네'라는 소녀의 이름을 소재로 하는 신화를 배경으로 한다. 아라크네(Arachne)는 염색장인인 이드몬의 딸로 베짜기와 자수에는 탁월한 재능을 가지고 있었지만 성격이 오만했다. 사람들은 그녀의 솜씨에 감탄하면서 아테나 여신이 내려 준 재능일 것이라고 믿었다. 그러나 그녀는 자신의 재주라고 뽐내며, 심지어는 아테나 여신과 한번 겨뤄보고 싶다고 떠들어 댔다. 화가 난 아테나 여신은 노파의 모습으로 변신하고 그녀를 만나 충고한다. "감히 신과 겨룰 생각을 하다니. 그런 경솔한 말을 하면 안 돼." 그러나 그녀는 한 발 더 나갔다. "여신더러 나와 겨루라고 하세요. 내가 지면 하라는 대로 하겠어요"라고 응대한다. 아테나는 더 이상 참지 못하고 진짜 신의 모습을 드러내고 길쌈 대결을 시작했다. 아테나는 자신과 포세이돈이 아테네를 두고 겨룬 승부의 광경과 신에게 대항한 인간들이 화를 당하는 장면 그리고 평화의 상징인 올리브를 수놓고 아라크네에게 경쟁을 포기하라고 경고했다. 반면에 아라크네는 자신이 짠 베에다가 여러 모습으로 변신하여 바람을 피우는 제우스, 포세이돈, 아폴론, 디오니소스의 행위를 수로 새겼다. 결과는 아라크네의 승리였고, 아라크네는 그리스 신화에서 실력으로 신을 이긴 유일한 인간이 되었다. 그러나 그 속에는 불손과 교만이 그대로 드러나 있었다. 자존심이 상하고 화가 치민 아테나는 아라크네의 옷감을 조각조각 찢고는 죄의식과 치욕을 느끼도록 베틀의 북으로 그녀를 때렸다. 아라크네는 치욕감을 이기지 못해 울다가 고를 맨 매듭을 목에 걸고 티탄 여신인 헤카테의 액즙을 자기 몸에 뿌렸다. 이 액즙이 닿자마자 아라크네는 거미로 변했다.

그녀는 지금도 거미가 되어 옛날에 하던 대로 베를 짜고 있다. 거미가 짜는 베는 거미줄일 뿐이다. 몇 방울의 이슬에도 견디지 못하고 살랑바람에도 날아가 버린다. 인간의 재능은 한낱 거미줄을 치는 것에 지나지 않음을 가르쳐주고 있다. 델피 신전을 찾는 사람들은 여기에서부터 자기 자신을 알라는 아테나 여신의 경고를 듣고 신전 입구에서

"너 자신을 알라"는 경구를 마음에 새겼을 것이다.

신탁과 피티아

피티아의 신탁은 어떻게 진행되나. 신녀가 신탁을 내리는 아디톤은 피티아 외에는 아무도 들어가지 못한다. 피티아의 전언이 없는 상황에서 이를 떠올리기 위해서는 사실과 상상의 조합이 필요하다. 의뢰자가 대기실에서 신탁 차례를 기다리는 동안, 아디톤에서는 피티아의 예비 의식이 진행된다. 아디톤은 신전 안의 지하 방으로 피티아가 신탁을 내리는 곳이다. 프랑스 고고학 발굴단에 의해 발견된 아디톤은 측정결과 2.74m × 4.87m이었다. 아주 조그만 방이다. 대기실보다 약간 낮은 위치에 있다. 이곳에서 50살의 처녀로 보이는 늙은 신녀는 젊은 처녀처럼 키톤을 걸친다. 키톤은 위아래가 잇달리고 재단하지 않은 하늘거리는 고대 그리스 전통 옷이다. 피티아는 카스탈리아 샘물에 몸을 깨끗이 씻고 샘물을 마신다. 이어 아디톤으로 들어가서 건초잎으로 향을 피우고 불이 꺼지지 않고 계속 타도록 세심하게 조심하면서 월계수 잎을 씹고 신성한 청동 삼각대에 올라앉는다.

삼각대는 3개의 지지대가 있어서 붙인 이름이다. 삼각대 밑의 지하 바닥의 갈라진 바위틈에서 증기가 나온다. 이 증기는 '프네우마(Pneuma)'로 불리는데, 고대 그리스 단어로 '숨·호흡'을 의미하며 종교적으로는 '영' 또는 '영혼'을 뜻한다. 프네우마는 최초로 아낙시메네스가 공기가 만물의 근원이라 할 때 '공기'와 동일한 뜻으로 사용했다. 유대교와 기독교에서는 '영(spirit)'을 의미한다. 프네우마를 들이마신 피티아는 황홀감 속에서 환각 상태로 접어든다.

▶ 사진 10.2 델피 성소에서 발굴된 삼각대(Tripod)

여사제 피티아가 앉아 신탁을 전했다고 전해진다. 델피 고고학 박물관 소장.

피티아는 우주의 중심인 신비스러운 옴팔로스를 만지면서, 기독교에서 말하는 '방언'처럼 이해할 수 없는 소리를 중얼거리다가 "신성한 삼각대 의자에 앉아 아폴론께서 하신 말들을 헬라스인들에게 노래로 전한다"(이온 901-903). 피티아는 여기에서 기도한다. "레토의 아들, 나는 당신의 황금색 자리에서 당신의 거룩한 음성을 나에게 보내어 주시는 당신께 호소합니다."(이온 907-909) 피티아가 아폴론 신이 앉았던 삼각대 의자에 앉음으로써 아폴론 신의 영이 피티아의 몸에 들어와 신들린 상태로서 신의 영감으로 예언하는 것이다.[2]

피티아가 환각 상태에 빠졌다는 수수께끼와 같은 이야기에 대한 과학적 탐구가 시도되었다. 1894년에 프랑스 고고학자들이 먼저 도전했다. 델피를 발굴하면서 아디톤을 발굴했다. 그러나 아디톤 밑의 갈라진 틈은 물론 환각 작용을 일으키는 어떤 물질도 찾아내지 못했다. 결국, 학자들은 바위 틈새가 없고 따라서 어떤 가스도 나올 수 없는 지형이라고 단정했다.[3] 이후 지난 1세기 동안 학자들은 트로이전쟁이 단순한 신화라고 생각했던 것처럼 델피에 대한 고대 문헌 사료를 단순히 신화와 허구라고 간주하였다. 그러다가 1995년부터 고고학자, 지리학자, 화학자, 의학자 등이 공동 연구를 통해 아디톤 발굴에서 새로운 사실을 발견했다. 특히 미국인 드보에와 존 헤일은 토질이 석회암이고 화산 폭발이 있었다는 점에 착안하여 델피 신전 주변과 신전 밑에서 암녹색을 띠는 석회암 띠를 발견했다. 실험 결과 여기에는 소량의 유독가스 연기가 배출될 수 있다는 점을 알아냈다. 이를 전제로 유독가스가 아디톤 밑의 갈라진 틈에서 신전으로 올라와 피티아를 자극하고 발작을 일으켜 몽환 상태에 빠뜨릴 수 있다고 추론했다.[4]

신전의 아디톤 지하의 석회암에서 방출되어 나오는 탄화수소 가스에는 메탄, 에탄, 에틸렌 등이 포함되어 있었다. 고대 문헌에 기록된 피티아의 행동이 미량의 마취제, 특히 에틸렌 가스의 흡입 효과와 유사하다. 에틸렌 가스는 피티아가 신과 영적으로 교감할 수 있도록 정신적 심리적 집중력을 높여주었을 것이다. 이상을 토대로 하여 아디톤 밑의 갈라진 틈에서 환각 작용을 일으키는 물질이 나온다는 것은 분명해 보인다. 이러한 사실은 전언을 기록한 문헌, 현장에서 체험한 플루타르코스의 증언 그리고 과학적 분석을 통해서 드러났다. 이런 환각 작용은 예언 과정의 신비스러움을 더해주었을 것이다.

아폴론 신과 청동 삼각대 그리고 아디톤의 지하에서 나오는 프네우마, 이런 것들을 연결하면 신의 계시가 감도는 드라마가 구성된다. 그리스인들은 여기에서 바로 아폴론의 영감 및 계시가 피티아의 몸에 들어와 피티아를 통해서 신탁을 내리는 것으로 인식했다. 소크라테스도 환각 작용이 예언의 능력을 증진시키는 것으로 믿었다. 소크라테스는 플라톤의 『파이드로스』에서 델피 신탁에 대해 "가장 큰 축복은 하늘이 내린 진정한 광기를 통해서 온다"고 했다.

"광기란 하늘이 내린 특별한 재능이며, 인간 세상에서 가장 소망되는 재능일세. 왜냐하면, 예언 능력도 일종의 광기이며, 델피 신의 신녀는 광기에 젖어 있을 때는 공사(公私)를 가리지 않고 그리스에 커다란 도움을 주었지만, 그들이 정상적인 상태일 때는 거의 도움을 주지 못하기 때문일세. 아니 전혀 도움을 주지 않았기 때문일세. 광기가 그 고귀함과 완전함에 있어 정상적 상태의 정신보다 월등하다는 것을 고대인은 입증하고 있네. 정상적 상태의 정신은 단지 인간의 능력일 뿐이지만, 광기는 신이 내린 능력이기 때문일세." (파이드로스 244b)

델피의 아폴론 신탁은 당시 그리스인의 가장 중요한 종교의식이었고 그리스인의 삶 속으로 깊숙이 들어앉아 있었다. 당시 그리스 사회의 정신세계를 독점하고 있었던 것이다. 그러나 아디톤의 지하에서 환각 물질이 나오고 피티아가 이를 흡입하여 황홀 지경에서 신탁을 내린다는 것이 사실이라고 해도 그것이 신탁 내용의 정확성을 담보하는 것은 아니다. 당시로써는 신탁 내용의 타당성을 믿었으나 현재의 과학으로 볼 때 어떤 근거도 없다. 그런데 이 신탁에 개인은 물론 국가의 운명을 건 사례가 많다. 신탁에 대한 이러한 확고한 신앙심은 신탁의 정확성에 대한 의심이 일어나기 어려웠다.

피티아도 신탁의 주제를 알고 있기 때문에 골몰하게 해답을 생각할 것이다. 또한, 사전에 신관과 어떤 교감을 가졌을 것이다. 환각 상태에서 어떤 생각이 문득 떠오를 수 있다고 하자. 그러나 분명한 것은 신의 계시는 아니다. 사람의 생각이고 사람의 소리다. 바로 신녀와 신관의 생각이고 판단인 것이다. 따라서 피티아의 앞에 있는 신은 아폴론이 아니라 피티아 자신인 동시에 바로 아디톤 밖에서 기다리는 신관이다.

신관은 피티아가 비몽사몽 간에 떠드는 소리를 보통 모호한 의미의 6보격의 운문으로 옮겨 의뢰인에게 전달한다. 델피의 신탁이 권위를 갖게 된 배경은 피티아가 신의 소리를 전해서가 아니라 플루타르코스와 같은 지성인들이 만들어낸 메시지를 신의 소리로 믿었기 때문이었을 것이다.

겨울의 파르나소스산에 강한 눈보라와 강풍이 몰아치면, 델피는 눈 속에 묻혀 깊은 겨울잠에 빠진다. 그리스인들은 이 겨울철에는 아폴론 신이 델피를 떠나 다른 곳으로 간다고 생각했다. 역시 다윈의 자연선택을 통해서 생존한 호모사피엔스다운 생각이다. 험한 산악지방을 뒤덮은 눈이 모든 사람의 발을 묶어 놓기 때문에 접근하기가 어려운 것이다. 델피 신전은 11월부터 1월까지 3개월은 문을 닫았다. 처음에는 아폴론의 탄생일인 비시오스(Bysios)의 달 7일에만 신탁 응답을 했었다. 그러나 BC 590년 이후부터는 몰려드는 의뢰인들로 겨울 석 달, 11월에서 1월까지를 제외하고 2월부터 10월까지 9개월 동안 매달 7일에 문을 열었다.

신탁과 신화문학

소포클레스의 오이디푸스 왕

신탁은 그리스 '신화문학'[5]의 구성에서 첫 단추의 기능을 수행한다. 이야기의 단초와 국면 전환에서 신탁이 고리가 된다. 그리스 신화문학은 신탁의 결과를 '우연'이 아니라 '필연'으로 기술하여 신탁의 신뢰성을 제고하는 기능을 수행했다. 당시 그리스인들이 이런 대부분의 문학 작품들 특히 비극 작품에 열광했던 것은 바로 종교로서 신탁에 대한 절대적 믿음을 반영하는 것이다. 대부분의 작품은 신탁의 이런 준거를 따르지만, 특히 비극작가 소포클레스의 『오이디푸스 왕』은 신탁의 필연적인 인과에 따라 반전에 반전을 거듭하는 가장 대표적인 신화문학 작품이라는점에서 간략하게 기술하기로 한다.

오이디푸스 왕은 테바이의 신화적인 왕으로 작품의 무대는 테바이(Thebai)다. 테바이는 그리스 신화에서 헤라클레스 시대 이전의 가장 위대한 그리스 최초의 영웅인 카드무스(Cadmus)가 시조다. 테바이는 적어도 초기 청동기 시대로부터 늦게는 미케네 시대(BC 1400)에 정착된 것으로 추정된다. 테바이는 고대 그리스의 강국으로 중앙의 보이오티아 지역에서 보이오티아 동맹을 주도했다. 정치적 위상뿐만 아니라 테바이를 배경으로 하는 카드무스, 오이디푸스, 디오니소스 등의 이야기는 그리스 신화의 압권이다.

오이디푸스 왕을 주제로 하는 이야기는 고대 그리스의 여러 작가에 의해 부분적으로 언급되지만, 가장 인기 있는 이야기는 소포클레스(Sophocles)의 작품이다.[6] 소포클레스는 130여 편에 이르는 작품을 쓴 것으로 알려졌지만 완전히 전해 내려오는 것은 7편에 지나지 않으며 이 작품들 중에서 압권은 전승되는 신화를 재해석해서 쓴 『오이디푸스 왕』을 주제로 하는 3편의 연극이다.[7]

오이디푸스는 그리스 신화와 드라마에서 지속되는 두 가지 주제인 인간의 본성적 흠결과 세상의 냉혹한 운명 과정에서 개인의 역할을 나타내 준다. 오이디푸스 왕의 연극 즉 『오이디푸스 렉스』는 오이디푸스가 테바이의 왕으로서 테바이 시민들의 청원을 듣는 장면부터 시작된다. 막이 오르면서 사제는 궁전의 제단 앞에 모인 시민들이 청원하는 배경을 왕에게 전하고 왕이 대답한다.

"… 테바이는 지금 요동치는 바다 위의 배랍니다. 깊은 수렁에서 뱃머리를 들어 올릴 수 없고, 잔혹한 파도를 빠져나올 수도 없습니다. 테바이는 죽음의 물결에 감겨 죽어가고 있습니다. … 말라비틀어진 여인들의 몸에서는 그 어떤 아이들도 태어나지 못합니다. 무서운 역병이 온 나라를 휩쓸고 있습니다. 카드무스 가문의 씨는 말라버리고 지옥은 통곡의 소리로 가득합니다 …"[8]

"친애하는 백성들이여! … 그대들 슬픔이 아무리 크다고 한들 나의 슬픔보다 크지는 않을 것이요. 그대들은 각자의 슬픔만을 지니고 있소. 하지만 나 오이디푸스는 나 자신의 슬픔과 그대들의 슬픔과 모든 백성들의 슬픔을 함께 지니고 있소."

절망에 지친 시민들이 오이디푸스 왕에게 청원하자, 왕은 자신이 전염병을 종식시킬 것이라고 선언하고 처삼촌인 크레온을 델피에 보내 방법을 찾도록 한다. 델피에 다녀온 크레온은 재앙의 원인이 선왕인 라이오스(Laios)의 살인자가 아직 잡히지 않았기 때문이라며, "찾아라. 그러면 찾게 될 것이다. 하지만 찾지 않으면 못 찾게 될 것이다"라는 신탁의 내용도 전한다. 찾으려면 찾을 수 있지만 덮어 두고자 한다면 덮을 수 있다는 것은 권력자에게 칼자루를 쥐어 주는 반가운 신탁이다. 권력의 유불리에 따라 선택이 가능하다. 범인이 내 편이라면 완전히 은폐시키고 상대편이라면 색출하여 상대편을 허무는 것이다.

소포클레스의 『오이디푸스 왕』은 오이디푸스가 두 가지 문제를 가지고 있다는 점에 초점이 모아진다. 첫째는 자신이 누구인지 모른다는 것, 그가 찾고 있는 선왕의 살인자가 바로 자신이라는 사실을 모르고 있다는 데 관심을 갖는다. 둘째는 범인을 밝혀가면서 어느 정도 상황

판단이 이루어 질 즈음에 통치자로서 가질 수 있는 음모론적 사고나 수습책에 대한 고민의 흔적이 존재하지 않는다는 것이다. 군주는 전쟁에서 수많은 인명이 희생되어도 자신의 보위를 지키는 데 최우선 관심을 갖는다. 만일 오이디푸스가 음모론적 사고를 가졌다면 재앙으로부터 어떤 국민적 희생을 당하더라도 범인을 은폐했을 것이다.

연극의 끝에서 진실이 마침내 밝혀진 후에 오이디푸스의 어머니이며 아내인 이오카스테(Jocasta)가 스스로 목을 매고, 오이디푸스는 부친 살해와 근친상간의 충격에서 절망에 빠져 자신의 눈을 후벼 파낸다. 그리고 눈이 먼 채로 궁을 나와 딸 안티고네의 도움을 받으며 떠돈다. 오이디푸스의 이렇게 뒤틀리고 꼬인 가혹한 운명의 발단은 연극의 개막 장면 전에 발생한 신탁과 관련된다. 그러나 소포클레스는 이런 일들이 일어나게 된 까닭에 대해서는 건너뛴다. 그는 그런 일이 일어나고 그로 인해 오이디푸스가 겪는 비극과 함께 그것을 극복해 가는 과정만을 그려낸다. 즉 소포클레스는 이미 다른 신화에서도 등장하는 신탁에 얽히는 출생의 이야기를 빼고, 전염병을 사건의 전개에 끼워 넣어 시의성(時宜性)을 극대화하면서 긴장감을 고조시키고 현실성을 강화한다. 물론 이 이야기들의 일부는 연극 중에 간단히 언급된다. 그러나 독자들에게는 궁중에서 일어난 일련의 사건을 이해하려면 그 이전의 사건들을 알아야 한다. 이에 대한 이야기는 신화로 이어지고 있다.

테바이의 왕 라이오스와 왕비 이오카스테는 얼마 동안 자식이 없자 델피의 신녀에게 신탁을 구했다. 피티아의 예언은 충격적이었다. "아들이 태어나고 그 아들이 아비를 죽이고 어미와 살 것"이라는 예언이었다. 예언대로 이오카스테는 아들을 낳았다. 라이오스는 이 예언의 성취를 막기 위해 아들의 발목에 구멍을 내고 사슬로 묶어 기어 다니지도 못하게 만들었고, 어머니 이오카스테는 하인에게 아이를 인근 산에 버리도록 했다.

그러나 하인은 아이를 코린토스에서 온 양치기에게 주고, 그 양치기는 또 다른 양치기에게 주면서 세 다리를 건너 결국 코린토스의 왕 폴리보스(Polybus)와 왕비 메로페(Merope)의 궁전으로 가게 된다. 왕손은 굴러가도 궁전으로 가는가. 소생이 없던 왕은 이 아기를 입양했다. 아기는 구멍 낸 발과 발목의 상처가 부어올랐다. 왕은 이 모습을 보고 아기에게 "발이 부었다"는 뜻의 오이디푸스(Oedipus/Oidipous)라는 이름을 지어주었다. 영어에서 'oedema'(영국), 'edema'(미국)는 '붓다'는 의미이다. 이 말의 어원은 그리스어 'oedema'에 어원을 두고 있다.

수년이 지난 후에, 오이디푸스를 시기하던 사람이 술에 취해 오이디푸스에게 한 마디 지껄였다. 오이디푸스가 코린토스 왕의 '사생아'라는 것이다. 오이디푸스는 그 소식을 듣고 부모에게 확인한다. 부모는 당연히 부인한다. 오이디푸스는 현재의 부모의 강력한 부인에도 불구하고 한번 뇌리를 지나 가슴으로 파고든 출생에 관한 이야기를 쉽게 털어 버릴 수가 없었다. 그는 자신이 누구인지를 알기 위해 델피의 신녀를 찾았다. 그런데 그가 신탁을 구한 피티아는 그의 생부가 신탁을 구했던 바로 그 신녀였다.

신녀는 자신이 "아버지를 죽이고 어머니와 결혼할 운명"이라는 신탁을 내렸다. 오이디푸스는 그런 참혹한 운명을 피하기 위해 코린토스에 돌아가지 않고 델피와 가까운 테바이로 가기로 결정했다. 코린토스의 왕 폴리보스가 자신의 친부이고 왕비인 메로페가 생모인 것으로 믿었기 때문이다. 여기에서 오이디푸스가 자기에게 다가오는 운명을 피하려고 얼마나 몸부림쳤는지를 잘 보여준다.

테바이로 가는 도중에 오이디푸스는 세 개의 도로가 교차하는 다빌라(Davlia) 마을에 이르러 2륜 전차를 만났다. 그는 알 리가 없지만 이 이륜차는 그의 생부인 라이오스 왕 일행이 몰고 있었다. 오이디푸스와 왕의 일행은 교차로에서 마주해, 서로 먼저 지나가려고 다툼이 일었다. 라이오스 왕의 전차가 먼저 오이디푸스를 치려는 순간 오이디푸스는 반격하며 라이오스 왕을 죽였다. 왕의 죽음에 대한 유일한 증인은 당시 마차를 끌다 도망친 하인 한 명뿐이었다. 오이디푸스가 라이오스 왕을 살해한 것은 결국 신탁의 첫 번째 실현이었다.

오이디푸스는 테바이로 향하다가 입구에서 스핑크스를 만난다. 입구의 스핑크스는 테바이 시민들의 공포 대상이었다. 스핑크스의 수수께끼에 답하지 못하면 목을 졸라 삼켰다. 수수께끼는 "하나의 음성을 갖고 처음에는 네 발에서 다음에는 두 발 그리고 그 다음에는 세 발이 되는 창조물이 무엇이냐?"는 것이었다. 이 질문은 그리스 역사상 가장 유명한 수수께끼다. 오이디푸스는 "인간 – 아기 때는 네발로 기어다니고 성인이 되면 두 발로 다니며 늙으면 두 발과 하나의 지팡이로 포함하여 세 발로 다닌다"는 것이라는 답을 냈다. 어떤 이야기에는 두 번째 수수께끼도 있다. "두 명의 자매가 있다. 첫째가 둘째를 낳고 둘째가 첫째를 낳는다. 이 둘은 누구인가?" 답은 '낮과 밤'이다. 마침내 스핑크스는 높은 바위에서 스스로 몸을 던져 죽었다.

이때 이오카스테 여왕의 오라비인 크레온(Creon)은 도시에서 스핑크스를 제거할 수 있는 사람은 테바이의 왕이 될 것이며, 최근에 미망인이 된 여왕인 이오카스테와 결혼하게 될 것이라고 발표했다. 오이디푸스는 이오카스테 여왕과 결혼했다. 이것은 친아버지의 살해에 이어 예언의 나머지가 실현된 것이다. 오이디푸스와 이오카스테는 4명의 자녀를 두었다. 두 명의 아들로 에테오클레스(Eteocles)와 폴리니케스(Polynices) 그리고 두 딸로 안티고네(Antigone)와 이스메네

(Ismene)다.

오이디푸스 왕은 국가의 재난을 해결하기 위해 선왕의 살해범을 찾아야 한다. 크레온은 오이디푸스가 선왕 살해범을 찾는 데 필요한 인물을 추천했다. 당시 널리 존경받고 있는 맹인 선지자 티레시아스(Tiresias)였다. 오이디푸스는 드디어 티레시아스를 만났으나 그는 "자신과 오이디푸스를 위해 아무 말도 하지 않겠다"며 비밀을 털어놓으려 하지 않는다. 대신 그는 오이디푸스에게 충고한다.

"당신의 적은 바로 당신 자신입니다. … 당신은 성한 눈을 가지고 있지만 저주받을 자신의 죄를 보지 못하고 … 당신과 함께 사는 사람들이 누구인지를 알지 못하고 있습니다. 당신이 누구 자식인지도 알지 못합니다."

티레시아스는 오이디푸스와 논박을 하다 떠나면서 결국 오이디푸스가 바로 범인이라고 실토한다. 증인을 만나서는 일단 모든 이야기를 들어야 한다. 증인과의 논박은 사실 확인의 한 방법에 한정되어야 한다. 오이디푸스의 논박은 사건의 본질과 다르게 감정적이다. 증인으로부터 사실을 확인했을 경우, 당연히 철저한 보안을 명령해야 한다. 오히려 증인이 발설을 완강히 거부한 상황이라서 보안은 가능할 수 있다. 증인 청취가 끝난 뒤 왕은 결과에 대해 함구하고 연막을 쳐야 한다. 그리고 다음 증인을 만나야 한다. 티레시아스의 신체적 약점을 건드리며 자존심을 허물었다. 오이디푸스는 티레시아스가 크레온과 내통하여 자신을 몰아내기 위한 계략을 꾸미는 것이 아니냐고 화를 내며 그를 물리친다. 권좌에 있는 인물은 자신 이외의 모두가 자신을 권좌에서 몰아내려고 음모를 꾸미는 존재로 보일 수 있다. 권력자는 이 상황을 냉철하게 관리해야 한다. 이 이야기의 구성은 현대적 관점에서 보면 너무 단순하고 유치하다. 권력의 세계는 이렇게 순진하게 돌아가지 않는다.

결국, 티레시아스는 떠나면서 모든 것을 털어놓는다. 왕비가 그의 어머니라는 사실과 앞으로 오이디푸스가 겪게 될 운명까지 말한다. 그러나 크레온이나 코로스는 "절대 그럴 리가 없고 그럴 수도 없다"고 단언한다. 당연한 반응이다. 의심이 가도 일단 그렇게 말해 놓는 것이다. 자칫 왕을 음해한 반역죄에 걸려들 수 있기 때문이다. 이미 오이디푸스는 왕비의 오라비 크레온에게 이 올가미를 씌우고 이제 당길 채비를 하고 있지 않은가.

오이디푸스는 크레온과 '공모'와 '반역'을 놓고 공방을 벌이고 코로스가 중간에서 이를 말리고 크레온이 나간다. 왕으로서는 체통도 지혜도 없는 언행이다. 이때 왕비가 등장하고 코로스로부터 오이디푸스와 크레온이 다툰 이야기를 들은 왕비는 직감적으로 사태의 전모를 파악한다. 왕비는 오이디푸스가 범인일 수 없다고 말하면서 라이오스 왕이 삼거리에서 '도적 떼'에 죽었고 하인 한 명만 살아남았다는 이야기를 하며 친아들의 손에 살해되지 않았고 이 예언은 이루어지지 않았다고 단정한다.

그러나 이오카스테는 티레시아스의 예언을 확고하게 부정하고 강력하게 반박하기 위한 강박 관념에서 너무 구체적으로 말했다. 명백한 정황 증거가 되는 왕의 피살장소 즉 '삼거리'라는 특정 장소와 살아남은 자는 '하인 한 명'이라는 특정 인물까지 뱉어버린 것이다. "피살장소가 어딘지, 도적 떼가 자신들의 정체를 은폐하기 위해 시체를 어떻게 옮겼는지는 전혀 알 수 없다. 더구나 현장의 목격자가 없는 상황이라 조사 자체가 불가능했다"라고 연막을 쳐서 사건을 오리무중(五里霧中)으로 더 깊이 밀어 넣어야 했다.

오이디푸스는 '삼거리', '하인 한 명'이라는 말에 온몸이 공포의 전율로 떨린다. 자신이 당사자일지도 모른다는 생각 때문이다. 즉시 그 '하인'을 만나도록 해달라고 요구한다. 제 발이 저리고 공포로 인한 조바심이 난 것이다. 그러면서도 왕을 죽인 범인이 '도적 떼'였다는 왕비의 말에 일말의 희망을 갖는다. 자신이 범인이라면 도적의 '떼' 즉 복수의 사람들이 아니라 '단독'이기 때문이다. 두려움에 왕비에게 그 말을 다시 확인한다. 다행히 왕비도 '도적 떼'라는 사실은 확고부동한 것으로 못 박는다.

오이디푸스의 관심은 "왕의 살해자가 누구인가"라는 의문에서 이제 "나는 누구인가"로 옮겨진다. 이때 코린토스로부터 사자가 와서 코린토스 왕 폴리보스가 사망했다는 소식을 전한다. 폴리보스를 친부로 여기고 있는 오이디푸스는 폴리보스가 천수를 다했다면 신탁의 예언은 빗나간 것이라는 데 일말의 위안을 얻는다. 코린토스 왕을 자신이 죽인 것이 아니기 때문에 예언은 빗나갔다는 판단 때문이다. 그러나 아직 두려워해야 할 일이 남아 있다. 자신의 생모로 생각하고 있는 코린토스의 왕비 메로페가 아직 살아있다. 첫 예언은 빗나갔지만, 자신의 모친이 살아있는 한 "어머니와 결혼한다"는 두 번째 예언에 대한 두려움이 남아있는 것이다. 이에 대해 이오카스테는 말한다.

"인간의 삶이란 우연에 지배되고, 그 어느 누구도 미래를 내다볼 수 없는데 뭘 두려워하며 살아야 한다는 말씀인가요? 하루하루 최선을 다해 살아가는 수밖에 … 어머니와 결혼하게 될 것이라는 두려움 따위는 제발 잊어버리십시오. 많은 남자들의 꿈속에서 그런 일이 허다하게 일어나곤 했지요."

이오카스테는 "많은 남자가 꿈속에서 어머니와 결혼하게 되는 일이 허다하게 일어난다"고 했지만 '꿈속'이라는 전제로 가능성을 내비친다. 그런 일이 일어날 수도 있다는 의미가 아닌가. 이오카스테는 자신과 아들 오이디푸스의 행위를 합리화하여 일말의 위안을 찾고자 하는 것이다.

이오카스테의 이 말은 프로이트(Sigmund Freud, 1856~1939)의 '오이디푸스 콤플렉스(Oedipus complex)'라는 주제의 기원이 된다. 오이디푸스 콤플렉스는 자신의 『정신성적 발전 단계(*psychosexual stages of development*)』 이론에서 사용한 용어다. 프로이트는 1899년 『꿈의 해석(*The Interpretation of Dreams*)』에서 '오이디푸스 콤플렉스'의 개념을 처음 제안했으나 1910년까지 공식적으로 이 용어를 사용하지는 않았다. 프로이트는 소포클레스의 『오이디푸스 렉스』에서 우연히 아버지를 죽이고 그의 어머니와 결혼한 등장인물에 콤플렉스라는 이름을 붙였다.

한편 코린토스에서 온 사자는 오이디푸스에게 코린토스로 갈 것을 권유하지만 오이디푸스는 신탁의 예언을 얘기하며 거절한다. 이에 사자는 오이디푸스는 코린토스 왕과 왕비와 어떤 혈연관계도 없다는 것을 알린다. 그리고 자신이 오이디푸스가 갓난아기였을 때 기타이론 산골짜기에서 양치기를 했고 거기에서 라이오스 왕의 하인으로부터 오이디푸스를 받아 코린토스 왕에게 바쳤다는 이야기까지 털어놓는다. 이 사자는 현재 테바이 궁궐에서 벌어지고 있는 사태를 모르고 있는 것이 분명하다. 오이디푸스를 코린토스로 모시고 가서 상을 받으려는 기대에 차있을 뿐이다. 그러니 자신이 알고 있는 일을 자랑스럽고 친절하게 털어놓고 있는 것이다.

이때 찾던 '시골 사람'이 도착했다. 코로스 장이 끼어들어 오이디푸스가 찾으려는 하인이 바로 이 사자가 말하는 그 시골 사람이라고 확인해 준다. 오이디푸스는 왕비에게 불러오겠다는 사람이 바로 그 사람이냐고 다그친다. 상황이 이렇게 전개되자 왕비는 공포로 창백해지면서 "쓸데없는 이야기니 더 이상 신경 쓰지 말고 제발 무시하라"고 하소연한다. 오이디푸스는 왕비의 만류에 담긴 속뜻을 알아차리지 못한다. "무슨 일이 있어도 끝까지 밝혀내겠다"며 고집을 부린다. 여기에서 한 발짝만 물러섰어도, 왕비의 말에 조금이라도 귀를 기울였어도, 자신이 취할 행동의 방향을 이렇게 막다른 골목으로 몰고 가지는 않았을 것이다. 왕비는 "제발 그만두라"라고 애원한다.

'시골 사람'은 처음에는 코린토스 사자의 말을 부인한다. 다행히 그도 티레시아스처럼 사건을 묻어두려고 한다. 실체를 까발리는 것은 용기이지만 그를 덮고 치유하는 것은 지혜다. 얽히고 설킨 사건은 어느 선에서 탈출구를 찾는 '출구전략'이 필요한 것이다. 인류 역사의 통속적인 궁중비사(宮中祕事)들이었다면 어떻게 처리되었을까? '시골 사람'을 찾기보다는 멀리 추방하거나 철저히 함구하도록 하여 비밀을 영원히 묻어 버렸을 것이다. 비열한 권력은 살해도 서슴지 않는다. 비밀을 간직한 자에게 늘 위험이 따르는 것이기 이 때문이다.

제정신이 아닌 오이디푸스는 그렇다고 하자. 왕비라도 손을 썼어야 한다. 어린 핏덩이를 하인에게 버리라고 했을 때 가졌던 그 걱정보다 지금은 더 큰 위기가 닥치지 않았나. 왕비는 현대 용어로 지략, 정무적 판단, 용의주도함이 결여되어 있다. 출구를 정했더라면 왕비도 사건이 수습되고 나서 자신의 갈 길을 정할 수 있었을 것이다.

그러나 오이디푸스는 전후좌우에 대한 좌고우면이 없었다. 자만심과 격정에 사로잡혔다. '시골 사람'은 그의 위협에 결국 진실을 털어놓는다. 자기가 양치기였던 그 사자에게 아기를 주었다는 것이다. 모든 진상이 드러났다. 오이디푸스가 조금만 사려 깊었더라면 절대로 드러날 수 없는 비밀이었다. 진상을 알게 된 오이디푸스는 탄식한다. 그러나 그는 남을 탓하지 않는다. 오히려 그 책임을 스스로 안고 간다. 코로스의 합창은 이미 오이디푸스의 앞날을 이야기한다.

"행복이란 환멸로 사라져 버리는 허망한 환상에 지나지 않을 뿐! 환상으로 끝나지 않을 행복 누릴 자 그 어느 누구더냐? … 오이디푸스! 고매한 왕이시여! 아들과 아비가 같은 가슴 위에서 휴식 취할 항구를 발견하고, 아비가 일군 밭고랑에서 아들 또한 같은 곡식을 거두어들이니 어찌 분개하지 않으리오."

연극은 이제 종막으로 간다. 시종이 왕비의 근황을 알린다. 내전으로 들어가 "남편으로부터 남편의 자식으로부터 자식을 낳게 했던 저주스러운 결혼을 생각하며 통곡했다"는 것이다. 오이디푸스가 짐승처럼 가련한 신음 소리를 안고 "칼을 달라"고 외치며 내전으로 들어갔을 때 왕비는 목을 매 숨진 채였다. 오이디푸스는 왕비의 옷에 꽂힌 황금 브로치를 빼내어 "눈이여 영원한 어둠 속에 잠겨 이제 아무것도 보지 마라"는 절규와 함께 자신의 눈 속으로 박아 넣었다. 그는 울부짖으면서 자탄(自歎)한다.

"아 근친상간의 죄! 내가 태어난 곳에서 내 새끼를 낳다니! 망측한 결혼 가운데 혈육 간의 피를 섞어, 아비인 동시에 형제요 아들이 되고 신부이고 아내인 동시에 어미가 되었구나! 이 수치스러운 근친상간의 범죄에 인간의 모든 불결함이 중첩되었구나!"

그러나 같은 주제의 에우리피데스 연극에서는 이오카스테는 오이디푸스의 출생의 비밀을 알고서도 자살하지 않는다. 오이디푸스도 라이오스의 하인에 의해 눈이 먼다. 오이디푸스의 눈을 멀게 하는 것은 아이스키로스(Aeschylus, BC 525/524~BC 456/455)이전의 출전에 서는 나타나지 않는다. 일부 더 오래된 신화의 자료들은 오이디푸스가 폭로와 이오카스테의 죽음 이후에도 테바이를 계속 지배했다는 내용 이 전해진다.

소포클레스의 『오이디푸스 렉스』에서 눈이 먼 그는 이제 암흑 말고 는 어떤 것도 볼 수 없게 된다. 그를 이 지경으로 몰고 온 배경은 사실 오이디푸스의 아버지 라이오스가 '크세니아(Xenia)' 즉 환대(歡待)의 성스러운 법률을 위반한 것에 대한 저주의 결과이다. 라이오스는 어린 시절에 펠로폰네소스에 있는 피사(Pisa)의 왕 펠롭스(Pelops)의 손님 이었다. 그는 왕의 막내아들인 크리시포스(Chrysippus)의 교사가 되 었으나, 어떤 버전에 따르면 크리시포스를 유혹하거나 유괴하고 강간 하여 그가 수치스러워 자살하도록 만들었다. 이 살인은 라이오스와 그 의 후손들 모두에게 파멸을 피할 수 없는 운명을 불어 넣었다. 그러나 오이디푸스는 그 운명을 담담히 받아들인다. 여기에서 오이디푸스는 인간의 존엄과 위대함을 보여준다. 그는 두 아들은 걱정이 안 되지만 어린 딸을 보살펴달라고 크레온에게 부탁한다. 연극은 코로스의 클로 징 멘트로 끝난다.

"테바이의 시민 여러분! 여기 이 가련한 인간을 보시오. 이 사람이
그 어려운 수수께끼를 풀었고 이 세상 모든 사람들이 부러워했던 위
대한 오이디푸스 왕이시오. 자, 여러분 여길 보시오 … 삶의 마지막
경계를 지나 고통으로부터 해방될 때까지는 어느 누구도 행복하다
고 생각하지 마라!

『콜로노스의 오이디푸스』

소포클레스의 작품에서 오이디푸스는 아테네 근처 마을인 콜로노스 (Colonus)에서 사망한다. 오이디푸스는 아테네의 왕 테세우스(Theseus) 및 지옥의 여신 에리니에스(Erinyes)에게 탄원자로서 그의 딸 안티고네와 이스메네와 함께 여기에 왔다. 왜 콜로노스인가? 이곳은 소포클레스의 출생지이다. 소포클레스는 자신의 출생지를 오이디푸스의 사망 장소로 설정한 것이다. 이로써 오이디푸스의 한 많은 삶은 오히려 아름답게 끝나면서 관객들에게 많은 함축된 메시지를 전달한다. 『콜로노스의 오이디푸스』는 오이디푸스가 안티고네의 손에 이끌려 콜로노스에 도착하면서 극의 막이 오른다.

> "눈먼 노인의 딸 안티고네야. … 오늘 저녁 그 어느 누가 정처 없이 떠도는 이 오이디푸스에게 친절과 자비를 베풀어 줄 것이냐? 조금 밖에 청하지 않고 그보다 더 적은 것을 얻었지만 나는 그것으로 만족한다."

안티고네의 손에 의지해 아티카 땅을 헤매는 오이디푸스는 긴 고난의 세월을 통해 '작고 적은 것에 대한 만족'을 깨닫는다. 동냥을 하면서 그는 "조금밖에 청하지 않고 그보다 더 적은 것을 얻었지만 나는 그것으로 만족한다." 오이디푸스의 또 하나의 변화는 상황에 대한 순응이다. "우리 같은 이방인들은 이곳 사람들 뜻을 알아차려 그들이 일러주는 대로 행동해야겠지"라는 말은 모든 것을 내려놓고 처해진 상황에 순응하겠다는 것이다.

오이디푸스는 안티고네에 이끌려 콜로노스 마을로 들어가 돌 위에 앉았다. 코로스는 오이디푸스에게 그곳을 떠나도록 요구하자 왕의 판

단을 받기로 한다. 테세우스 왕이 군사들과 함께 도착하여 오이디푸스
에 대해 모든 것을 안다며 이렇게 말한다.

"… 당신처럼 어떤 이방인이 여기 온다면 그 어느 누구라도 날 만나
지 못하거나 내 도움을 받지 못하는 일은 없을 것이요. 나도 하찮은
인간이라는 걸 잘 알고 있소. 나도 결국에는 당신처럼 더 이상 희망
을 품지 못할 지경이 될 수도 있소."

소포클레스는 테세우스의 말을 통해 최고 통치자의 자세에 대해 천
명한다. 이방인이 노예처럼 차별받던, 세습 귀족의 시대에 군주가 어
느 이방인과도 만나 허심탄회하게 소통하고, 군주도 '하찮은 인간'이
라는 인식은 그리스에서 평등을 정의의 핵심으로 인식하도록 한 배경
이다.

오이디푸스는 자신이 아테네 땅에 매장되면 차후에 아테네가 테바
이와 전쟁을 할 때 아테네가 이기게 된다고 말하자 테세우스는 어찌하
여 두 나라 사이에 전쟁이 일어나느냐고 묻는다. 오이디푸스는 아마
이 연극에서 가장 유명한 연설로 반응한다.

"불멸의 신들만이 나이도 죽음도 피해 갈 수 있는 존재요! 다른 모
든 것들은 전능한 시간에 굴복하기 마련입니다. 대지의 힘도 쇠하고
우리 육신도 쇠하죠. 또한, 신의는 사라지고 불신이 생겨납니다. 자
신도 알지 못하는 사이에 친구 사이도 두 나라 사이도 언젠가는 변
하기 마련이랍니다. 어느 누구 할 것 없이 시간 차이만 있을 뿐 즐거
움은 언젠가 괴로움으로 변하고 그러다가 다시 사랑으로 변하기 때
문이죠."

그로부터 2300년여가 지난 지금도 많은 사람 특히 욕심과 허영에

지배받는 사람들은 이 '시간의 법칙', 즉 시간에는 누구나 무엇이나 굴복하게 된다는 진리를 깨닫지 못한다. 오이디푸스는 죽음이 가까웠음을 알고 자기가 아티카 땅에 묻힐 때가 되었다면서 테세우스와 함께 떠난다. 사자가 등장해 오이디푸스가 막 죽었다는 소식과 함께 죽음의 순간 오이디푸스가 말한 내용을 다음과 같이 전한다.

> "얘들아 아비는 이제 너의 곁을 떠난다. … 하지만 한마디 말이 수고스러운 삶의 고통과 무게를 덜어 줄 것이다. 그건 바로 사랑이란 말이다. 나 오이디푸스는, 그 누구에게서도 받을 수 없을 크나큰 사랑으로 너희를 사랑했다."

오이디푸스는 여기에서 자신을 내쫓은 아들에 대한 '저주'를 자신을 돌본 딸에 대한 '사랑'과 대비시킨다. 특히 그는 '남을 보살펴 주는 수고스러운 삶의 고통과 무게'를 가늠할 수 있는 것을 '사랑'으로 묶는다. 이 '사랑'에는 아울러 아비의 딸들에 대한 극진한 마음이 그대로 가슴 뭉클하게 드러난다. 큰 사랑은 무엇인가. 누구에게서도 받을 수 없을 만큼의 사랑이다. 테세우스가 퇴장하고 안티고네가 두 오라버니의 싸움을 말리려고 테바이로 돌아가기 위해 퇴장하면서 연극은 막을 내린다.

이 연극이 구성되고 첫 공연이 이루어지기까지 몇 년 사이에 아테네는 많은 변화를 겪었다. 아테네는 펠로폰네소스의 전쟁에서 스파르타에게 패해 30인 참주의 폭정하에 놓이게 되었다. 이들의 통치에 반대하는 시민들은 추방되거나 처형당했다. 이 연극은 아테네와 테바이의 국가들을 아주 예리하게 대조한다. 작가는 테바이를 무대로 근친상간, 살인, 오만 등의 주제를 펼친다.

『안티고네』

안티고네는 소포클레스의 『오이디푸스 왕』으로 대표되는 비극의 3연작 가운데 사건의 전개 과정으로는 제일 마지막이지만 제일 먼저인 BC 441년에 공연된 작품이다. 소포클레스가 안티고네를 쓴 당시는 흔히들 페리클레스 시대로 일컫는 아테네의 전성기였고, 소포클레스는 집권자인 페리클레스의 친구지만 그의 3연작에는 정치적 선전이 거의 개재되지 않고 있다. 오히려 권력이 집중되는 참주에 반대하며 민주정치를 주창하는 내용이 담겨있고 아테네를 두둔하는 내용도 없이 철저히 주제에 집중되어 있다. 이것은 이 연극이 갖는 아주 매력인 동시에 작가의 순수하고 올바른 정신의 반영이다.

『콜로노스의 오이디푸스』는 시기별로 『안티고네』로 이어진다. 오이디푸스가 장님이 되어 딸 안티고네의 길잡이에 의지해 테바이를 떠난 뒤 오이디푸스의 두 아들인 에테오클레스와 폴리니케스는 나라를 공유하여 각자 1년씩 교대로 통치하기로 한다. 그러나 동생인 에테오클레스는 그의 1년 집권 후에 왕위 이양을 거절한다. 아르고스 공주와 결혼한 폴리니케스는 에테오클레스를 축출하기 위해 아르고스 동맹국들의 군대를 이끌고 테바이를 공격해 전투가 벌어진다. 결국, 형제들은 서로를 죽였고, 왕권은 이오카스테의 오라비인 크레온에게 넘어갔다.

『안티고네』는 두 오빠가 죽으면서 막이 열린다. 죽은 두 사람의 동생들인 안티고네와 이스메네 자매가 늦은 밤에 성문 밖에서 몰래 만난다. 안티고네는 크레온의 칙령을 무시하고 폴리니케스의 시체를 매장하자고 한다. 그러나 이스메네는 시체를 경비병이 지키고 있어 불가능하다면서 이를 거절한다. 둘 사이는 오빠에 대한 매장 문제를 놓고 대립한다. 안티고네는 매장의 결행 의지를 나타내며 이렇게 말한다.

"오빠를 매장한 경건한 죄로 인해 죽어 오빠 곁에 눕게되면,
나는 오빠에게 오빠는 나에게 서로가 소중한 사람으로 남게 될 거
야. 여기 이승 사람들과 지내는 것보다 저승에서 죽은 자와 함께 지
내는 시간이 훨씬 더 길지 않니? …
넌 마치 인간의 법만을 생각하고 신의 법은 아랑곳하지 않는 사람
같구나."

안티고네는 남매의 이승에서의 순애보가 저승에서 더욱 소중하게
이어진다는 것을 말하고 있다. 소크라테스가 독배를 마시면서 그렸던
이승을 이미 소포클레스에서도 나타내고 있다. 『파이돈』에 나타난 것
처럼 소크라테스는 영혼이 죽지 않는다고 믿었다. "여기 이승 사람들
과 지내는 것보다 저승에서 죽은 자와 함께 지내는 시간이 훨씬 더 길
지 않니?" 이 말은 결국 영혼의 영원성을 나타낸다. 플라톤도 『티마이
오스』에서 이데아(Idea)를 영원불변하는 존재로 보았다.

특히 소포클레스는 안티고네의 입을 통해 로크(John Locke,
1632~1704)나 몽테스키외(Charles de Montesquieu, 1689~1755)
보다 1200여 년이나 앞서서 '천부 인권설'을 이야기하고 있다. "넌 마
치 인간의 법만을 생각하고 신의 법은 아랑곳하지 않는 사람 같구나."
여기에서 '인간의 법'은 군주인 크레온의 명령이고 '신의 법'은 인간의
시체는 매장되는 것이 당연하다는 안티고네가 믿는 보편적인 법을 의
미한다. 크레온의 명령은 인간의 보편적 권리를 제한한다는 점에서 신
의 법에 반한다는 주장이다. 몽테스키외는 '법 정신'에서 모든 사물의
법을 주장했다. 즉 모든 존재는 각각의 법을 가지고 있다. 신에게는 신
의 법이 있고, 물질에게는 물질의 법이 있고 인간에게는 인간의 법이
있다. 인간의 법이 모든 인간에게 공통적이라면 그 법은 인간 이상의
자연법이다. 이 자연법을 중세에는 신법으로 이해했다.

무대가 바뀌고 크레온이 등장한다. 파수병이 폴리니케스의 시신이 매장된 것을 보고하려고 달려왔지만 겁에 질려 주저한다. 이때 코로스장이 끼어들어 능청스럽게 "폐하, 이상한 생각이 드는데, 혹시 신들이 한 일이 아닐까요"라고 말한다. 능청이지만 매장의 당위성을 우회적으로 이야기하는 것이 분명하다. 이에 크레온은 역정을 내면서 불평분자들이 파수병을 돈으로 매수해서 저지른 일로 단정한다. 소포클레스는 여기에서 크레온의 입을 통해 돈의 역기능에 대해 지적한다.

> "돈! 인간을 타락의 유혹에 빠지기도 하는 데 돈보다 더 위력적인 것은 없을 거요.
> 돈 때문에, 나라를 말아먹고 가정을 파괴하는 거예요.
> 돈 때문에, 정직한 사람들도 유혹에 빠져 타락하고 수치스러운 일을 저지르는 것이오.
> 돈 때문에, 흉측하고 불경스러운 일도 아무렇지 않게 저지르게 되는 것이요."

무대가 바뀌고 파수병이 안티고네를 데리고 와서 범인이라고 보고한다. 크레온의 심문에 안티고네는 당당히 시인하면서 자신의 행동에 대한 정당성을 내세운다.

> "당신 명령은 신의 명령과는 다릅니다. 이 땅의 인간들을 다스리는 신의 정의는 당신의 명령이나 법과는 무관합니다. 저는 인간인 당신의 명령이 신들의 변함없는 불문율을 우선할 만큼 강하다고는 생각하지 않습니다. … 신의 불문율은 과거나 현재의 것이 아니라 항상 살아 숨 쉬는 영원한 법이지 않습니까? 인간의 뜻을 따르기 위해 신의 불문율을 범할 수는 없습니다."

소포클레스는 이미 '시민불복종권리'의 의식을 가지고 있다. 참으로 놀라운 선견(先見)이다. 시민불복종권리의 현대적 개념은 헌법적 질서가 부정되거나 위협받는 경우뿐만 아니라 정의에 반하는 내용의 개별 법령이나 정책에 대해 행사할 수 있는 비폭력적 권리이다. 특히 소포클레스는 안티고네 즉 여성의 입을 통해 이 권리를 제시함으로써 여성이 시민권에서 제외된 데 대해 간접적인 비판을 하고 있다. 무대가 바뀌고 크레온의 아들 하이몬(Haemon)이 등장한다. 크레온은 하이몬이 자신의 방침을 따라 줄 것을 기대하면서 일장 훈계를 한다.

> "… 한 나라를 통치하도록 선택된 자는 자신이 정당하다고 생각하는 일에 대해 큰 일이든 작은 일이든 백성들의 복종을 받아 내야 한다. 설사 정당한 일이 아니라 해도 백성들이 순순히 복종하도록 해야 한다."

클레온의 이 언급에서 마키아벨리의 얇은 저서 『군주론(The Prince)』이 펼쳐진다. 마키아벨리는 소포클레스의 『안티고네』 공연(BC 441) 이후 약 2000년 이후의 인물이다. 피렌체 출신의 문필가 지망생이었고 특히 플루타르코스의 『영웅전』을 탐독했던 마키아벨리가 소포클레스의 작품을 외면했을 리 없다. 그리고 그는 『군주론』을 집필하면서 클레온의 이런 대사를 통해 많은 영감을 받았을 것이다. 하이몬은 부친의 말을 우선 수긍하면서도 대담하게 반론을 제기한다.

> "자신만이 현명하다고 생각하는 사람, 자신만이 유창하게 말할 수 있다고 여기는 사람, 자신만이 올바로 판단할 수 있다고 여기는 사람, 그런 사람은 사실 알고 보면 생각과 마음이 텅 비어 있는 경우가 많지요. 현명한 사람은 배우는 걸 부끄러워하지 않고, 틀렸다고 생

각하면 금방 굽힐 줄 아는 사람이라고 생각합니다. … 급류가 지나가는 곳에서 있는 나무를 보십시오. 사나운 물결에 자신을 굽히는 나무들은 무사하지만, 거기에 거스르는 나무는 뿌리고 가지고 할 것 없이 모두 송두리째 뽑혀 버린답니다."

크레온과 하이몬은 또 다시 설전을 주고받는다. "테바이가 한 사람만의 나라는 아니지 않습니까?", "이 나라의 모든 것이 왕에게 속해 있음을 넌 모르느냐?", "아버님은 백성 하나 없는 사막에서 왕 노릇을 하고 싶으십니까?"

연극은 종막에 이른다. 사자가 코로스에게 방금 일어난 일을 전한다. 예언자의 말대로 안티고네가 목매 자결했고, 이를 본 하이몬은 그녀를 안고 아버지의 잔인한 행동을 원망하면서 왕의 얼굴에 침을 뱉고 칼로 자신의 옆구리를 찔러 자살했으며, 이 사실을 안 크레온의 아내이며 하이몬의 어머니인 에우리디케(Eurydice)도 자살했다는 것이다. 크레온은 "이제 어디서도 위안을 찾을 길 없고 이 세상 모든 것이 헛되다"며 비통해한다. 이어 코로스의 클로징 멘트로 연극은 막을 내린다.

소포클레스의 비극 연작은 인간의 오만을 인간의 비극의 원인으로 간주했다. 그러면서 이 오만의 전제가 되는 권력이 허무하고 헛된 것임을 지적한다. 석가모니가 임종에서 마지막 남긴 말이 '무상(無常)'이다. 즉 모든 것은 변한다는 것이다. 소포클레스는 이 변화 중에서 비극의 종착역으로 달리는 것은 바로 인간의 오만과 탐욕이라는 점을 깨우치고 있는 것이다.

소크라테스와 신탁

플라톤의 『소크라테스의 변론』에는[9] 소크라테스는 501명의 배심원 앞에서 자신의 변론을 하면서 그의 제자 카레이폰이 델피를 찾아가 피티아에게 신탁을 구한 이야기를 한다 (플라톤, 소크라테스의 변론 21a-22a). 카레이폰이 피티아에게 묻는다. "소크라테스보다 더 현명한 사람이 있습니까?", "더 현명한 자는 없다." 피티아의 답변은 아주 간명했다. 소크라테스는 신녀의 이 답변으로 그리스에서 가장 지혜로운 사람이 되었다. 소크라테스의 제자인 카레이폰이 먼 길인 델피까지 가서 신탁을 받아 소크라테스에게 전한 것이다.

카레이폰으로부터 이 말을 전해 들은 소크라테스는 "신이 거짓말을 한다는 것은 가당치도 않은 것"이고 생각하고 있었기 때문에 의아해하지 않을 수 없었다. 당시 아테네 안에는 둘째가라면 서러워할 뛰어난 정치가, 예술가, 철학자, 과학자들이 넘쳐났다. 반면에 소크라테스 자신은 맨발로 아고라 거리를 배회하면서 지나가는 사람들과 입씨름이나 하는 처지였다. 그런 자신이 세상에서 가장 슬기로운 사람이라니 이를 어떻게 받아들여야 하나. 그는 신탁 속에는 분명히 어떤 수수께끼가 숨겨져 있을 것으로 생각했다. 소크라테스는 자기보다 더 지혜로운 사람을 찾아내어 신탁의 의미를 알아내려고 당시에 아테네에서 가장 지혜롭다고 알려진 인사들을 만나 대화를 나눈다.

이 과정에서 소크라테스는 신탁의 의미를 깨닫는다. 신탁이 자신을 가장 지혜로운 사람이라고 한 것은 다른 사람들은 자기가 모른다는 사실조차도 모르는 데에 반해 자신은 자신이 모른다는 사실을 알고 있다는 것이다. 즉 소크라테스는 자기가 모른다는 것을 안다는 그 사실만은 다른 사람들보다 더 낫다는 뜻이라는 것을 깨닫는다. 여기에서 소크라테스는 "모르는 것을 모른다"는 '이중무지(二重無知)'의 명제를 도출한다. 이것은 소크라테스가 델피 신전의 "너 자신을 알라"는 격언을 역설적으로 이해하고 있는 것이다.[10]

소크라테스는 이중무지를 이야기하면서 자신이 겪은 일들을 재판의 변론에서 거론한다 (소크라테스의 변론 21a-22b). 그러면서 자신은 물어본 그 당사자를 비롯해 많은 사람들로부터 미움을 사게 되었다고 말한다. 소크라테스가 미움을 받는 것은 너무나 당연했다. 자신의 주장을 거침없이 쏟아내는 소크라테스는 상류 사회의 불편한 존재였다. 그런 소크라테스가 델피의 아폴론 신전으로부터 가장 지혜로운 사람이라는 신탁을 받았다는 사실은 아테네 상류사회 인사들로 하여금 소크라테스를 질투하고 그의 재판에서 그에게 사형의 결과를 가져오는 하나의 원인으로 작용했다.

소크라테스는 결국 재판에서 사약을 받는다. 그러나 소크라테스의 죽음의 배경이 여기에만 있는 것은 아니다. 다른 한편으로 그는 펠로폰네소스 전쟁에서 패배한 아테네의 30인 참주정이 붕괴되고 민주정이 회복되면서 민주파들에 의한 정치적 희생자였다. 델피의 신탁은 소크라테스에게 확실한 신의 계시였지만, 신탁은 소크라테스도 해석을 고심했던 것처럼 구체적이고 명시적이 아니라 운문형식이라 해석을 놓고 혼선이 빚어졌다. 신탁은 인간이 해석하기에 따라 극단적인 결과를 초래하곤 했다. 당시로써는 신탁은 신의 절대적인 계시였기 때문에 외면하거나 거역할 수가 없었다. 그렇다 보니 개인은 물론이지만, 국가 대사와 관련된 모호한 신탁 내용을 놓고 개인이 운명뿐만 아니라 국가의 운명도 갈렸다.

신탁과 국가의 운명

BC 480년 페르시아의 크세르크세스(Xerxes)가 260만 명의 대군을 이끌고 그리스를 침공하려는 준비에 그리스 참주 테미스토클레스는 완전히 패닉 상태에 빠졌다. 그는 서둘러 델피에 신탁 사절을 보내 신탁을 물었다. 헤로도토스에 따르면 이때 아리스토니케라고 불리는 피티아 여사제가 다음과 같은 신탁을 내렸다 (역사 7.140-143).

가련한 자들이여, 왜 여기에 앉아 있느냐? 그대들의 집과,
원형의 도시(아테네를 말함)의 높은 고지를 떠나 땅끝으로 달아나라.
… 어떤 것도 남아있지 못하며, 모두가 황폐해지도다.
사리에서 만든 마차를 몰고 다니는 잔혹한 아레스와 불이
그것을 무너뜨리로다.
그는 그대들의 성채뿐 아니라 다른 많은 성채들도 파괴할 것이며
신들의 수많은 신전들을 맹렬한 불에 넘겨줄 것이니라.
신전들을 지금 땀을 뻘뻘 흘리며 서서 두려움에 떨고 있으며,
맨 위의 지붕에서는 검은 피가 쏟아지니 불가피한 재난을
예견하고 있도다.
그대들은 이 성소에서 나가, 그대들의 마음을 온통 비탄에 젖게 하라.

헤로도토스에 따르면 사절들은 이런 신탁을 듣고 비탄에 빠져 아테네에 대해 좀 더 유리한 신탁을 간청 끝에 다음과 같은 두 번째 신탁을 받았다.

… 내 그대에게 다시 철석같이 굳건한 말을 내리노라.
케크롭스의 경계와 성스러운 키타이론의 골짜기 내에 있는
다른 모든 것들이 적에게 점령될 것이니라.

그러나 멀리 내다보시는 제우스께서 트리토게니아에게
나무 성벽을 내려 주실 것이니
오직 그곳만이 약탈당하지 않고
그대와 그대 자식들을 도울 것이니라.
그대는 육지에서 공격해 오는 기병과 보병의 대군을
가만히 기다리지 말고 등을 돌려 후퇴하도록 하라.
그대가 그들과 대적할 날이 언젠가 오게 되리라.
성스러운 살라미스여, 그대는 곡식의 씨가 뿌려지거나 추수할 때에
여자들의 자식들을 파멸시킬 것이다.[11)]

　사절단은 이상의 신탁 내용을 아테네 시민들에게 전했다. 신탁의
모호한 내용은 국가의 사안인 경우 민회의 토론을 통해 내용의 가닥
을 잡는다. 신탁의 의미를 놓고 해석이 분분했다. 논쟁의 핵심은, "제
우스께서는 아테네를 위해 나무 성벽을 주실 것인데, 이 나무 성벽만
이 파괴되지 않고 그와 그의 자식들을 도울 것이다"에서 '나무 성벽'
이 '아크로폴리스'냐 '함선'이냐의 대립이었다. 나무 성벽을 아크로폴
리스라고 주장하는 쪽은 아크로폴리스가 가시나무 울타리로 둘러싸여
있기 때문에 이 울타리가 나무 성벽이라는 것이다. 반면에 나무 성벽
이 함선이라고 주장하는 사람들은 "성스러운 살라미스여, 그대는 곡
식의 씨가 뿌려지거나 추수할 때에 여자들의 자식들을 파멸시킬 것이
다"라는 구절을 들고나와 살라미스 부근에서 해전을 벌일 준비를 한다
면 반드시 패하게 될 것이라고 주장했다.
　이런 갑론을박에서 아테네의 떠오르는 인물인 이 테미스토클레스
가 나섰다. 그는 만일 살라미스에서 아테네가 패한다면 신탁은 '성스
러운 살라미스'가 아니라 '잔인한 살라미스'라고 했을 것이라며 따라
서 패배하는 쪽은 아테네가 아니라 페르시아이기 때문에 싸우면 이길

수 있다고 강조했다. 시민들은 그의 말에 동조했다. 특히 5세기 말에 라우레이온 광산에서 은을 채광하여 거액이 들어오자 시민들에게 각자 10드라크마씩 나누어주자고 하는 것을 테미스토클레스가 반대하여 그 돈으로 삼단노선 200척을 건조하여 아테네와 아이기나와의 싸움에서 승리한 전력이 그의 주장을 신뢰하도록 만들었다. 결국, 아테네인은 신녀가 말한 '나무 성벽'을 함선으로 해석하여 함선을 증강하여 페르시아와의 해전에서 승리를 거둘 수 있었다. 아테네를 비롯해서 스파르타나 모든 다른 도시국가들도 국가의 중요사안에 대해서는 항상 신탁을 받아 그대로 따랐다.

한편 당시 인근에서 가장 부유한 리디아 왕국은 신탁을 자의적으로 엉성하게 해석하여 화를 자초해 멸망에 이른 대표적 사례다 (역사 50). 리디아 왕 크로이소스는 델피의 사제들에게 환심을 사려고 상당량의 금괴와 보물을 봉납했다. 그리고 봉헌물을 가져가는 리디아인들에게 명하여 다음과 같은 내용에 대해 신탁을 받도록 했다.

"리디아인들과 다른 종족들의 왕 크로이소스는 이곳의 신탁이 인간들 사이의 유일한 것이라고 여겨 그대들의 통찰에 걸맞은 선물들을 보냈습니다. 이제 크로이소스는 페르시아인들과 전쟁을 해야 할 것인지와 그럴 경우 다른 세력을 동맹군으로 맞이해야 할 것인지를 그대들에게 문의드리는 바입니다".

신탁은 이렇게 나왔다.

"크로이소스가 페르시아인들과 전쟁을 한다면 거대한 제국을 멸망시킬 것이다. 헬라스인들 가운데 가장 강력한 자들을 찾아내 그들을 우방으로 맞이하라."

크로이소스는 제국을 페르시아로 해석하고 무모한 전쟁을 통해서 멸망했다. 누구라도 조금만 사려깊다면 "'제국'이 리디아와 페르시아 어느 쪽이냐?"고 물었어야 한다. 결국, 크로이소스 왕은 (예언의 잘못이) 신이 아니라 자신에게 있음을 인정했다 (역사 1.91). 크로이소스 왕의 사례는 역사가 담겼지만, 비극 작품인 오이디푸스 왕의 경우는 신탁에 얽매어 오히려 삶의 비극을 초래한 사례를 보여준다.

알렉산드로스 대왕은 전쟁의 운이 어떤지 알고 싶어 델피로 갔다. 그런데 하필이면 그가 도착했던 날이 신탁이 내려오지 않는 불길한 날이었다. 그러나 알렉산드로스는 전혀 신경을 쓰지 않고 사람을 피티아에게 보냈다. 왕의 명령임에도 불구하고 그녀는 율법으로 금지되어 있는 일은 할 수 없다며 요청을 거절했다. 그러자 알렉산드로스가 몸소 나서서 그녀를 신전 안으로 끌고 갔다. 결국, 그녀는 그의 집요함에 지고 말았다. "당신한테는 당할 수가 없구려" 피티아의 이 말을 이해한 알렉산드로스는 곧 대꾸했다. "그럼 됐어. 듣고 싶던 대답을 들었으니 더 이상 신께 물어볼 필요 없어." 그는 이어 연전연승했다. 당할 자가 없었던 것이다.

🪕 주

1) 1드라크마는 6오볼로스로 현대의 가치로 환산하면 1드라크마는 약 45달러, 5만 원 정도이다.
2) 파우사니아스도 당시에 신전에서 여성들에게 영감을 준다고 기록하고 있다 (*Description* 10.24.7).
3) A. P. Oppé, "The Chasm at Delphi," *The Journal of Hellenic Studies* Vol. 24, No. 214 (1904), pp. 233-234; L. B. Holland, "The Mantic Mechanism at

Delphi," *American Journal of Archaeology* Vol. 37 (1933), pp. 201-214;
H.W. Parke and D.E.W. Womell, The Delphic Oracle (1956) 1.22.

4) J. Z. de Boer, J. R. Hale and J. Chanton, "New Evidence for the Geological
Origins of the Ancient Delphic," *Geology* 29, No. 8 (2001), pp. 707-710.

5) '신화문학'은 신화를 토대로 한 문학작품으로 나타내는 용어로 사용했다. 고대
그리스의 특히 비극 작품들은 대부분 신화를 바탕으로 구성되었다. 여기에서
'신화문학'과 '문학'은 같은 의미로 서로 교환적으로 사용한다. 예를들면 『오이
디푸스 왕』을 들 수 있다.

6) 소포클레스(BC 496/495~BC 406)는 아테네 근처의 콜로노스(Kolonos)에
서 태어났는데, 뛰어난 용모와 탁월한 재능으로, BC 468년, 27세 때 처음으
로 비극 시인으로 등장하여 경연대회에서 30세 연상인 비극작가 아이스킬로
스(Aiskhylos, BC 525~BC 456)에게 승리를 거둔 다음부터 만년에 이르기까
지 비극작가로서 정상의 자리를 누렸다. 그러나 말년(90세쯤)에 자녀들로부터
시달려 법정에 서기까지 했다는 일화로 볼 때 말년은 행복한 삶을 보내지 못한
것 같다. 즉 자녀들이 재산을 당장 물려받기 위해 그를 무능한 노인으로 규정
하려고 법정에 세웠다. 법정에서 그는 그 무렵에 쓰고 있던 비극 『콜로노스의
오이디푸스』에 나오는 긴 대사를 배심원들에게 읽어주고 나서 이것이 정신적
으로 무능한 사람의 글이라고 생각하느냐고 물었다. 그는 재판에서 당연히 이
겼다. 에크로스 지음, 안진이 옮김, 『지혜롭게 나이든다는 것』 (서울: 오크로스,
2018), p. 48.

7) 이 중에서 소포클레스가 제일 먼저 쓴 작품은 『안티고네(Antigone)』로, BC
441년이나 혹은 그 전에 쓰였다. 두 번째 작품은 『오이디푸스 렉스(Oedipus
Rex)』로 BC 429에 공연되었다. 렉스(Rex)는 라틴어로 '왕'을 의미한다. 렉스
에 해당하는 그리스의 고어는 아르콘(Archon)으로 '수석 집정관'이다. 이 연
극의 고대 그리스의 제목은 단순히 『오이디푸스』였다. 그런데 후에 『오이디푸
스 티란누스(Oedipus Tyrannus)』 또는 『오이디푸스 왕(Oedipus the King)』
으로도 불렸다. 그런데 제목이 『오이디푸스 티란누스 렉스』로 개명된 것은 아
리스토텔레스가 시학(Poetics)에서 언급한 것처럼 소포클레스의 다른 작품과
구별하기 위해서였다. 제목에서 'Tyrannus'는 고대 그리스에서 참주(absolute
ruler)를 가리킨다. 이 단어는 '폭군(tyrant, despot)'라는 단어와 연관되며,
'tyrant'는 정당성이 없는 지배자가 지배를 요구하는 것을 말한다. 그러나 이
용어가 반드시 부정적 용어를 가지고 있는 것은 아니다. 소포클레스의 3편 중
에서 가장 마지막(BC 406년)으로 죽기 직전에 쓰여진 작품이 『콜로노스의 오
이디푸스(Oedipus at Colonus)』인데, BC 401년 디오니소스 축제에서 그의 손
자가 공연했다. 그런데 소포클레스는 연극을 사건의 진행 순서대로 쓴 것이 아
니다. 제일 먼저 쓴 『안티고네』는 사건 전개에서 제일 마지막 내용이다. 그리
고 두 번째에 쓴 『오이디푸스 렉스』가 사건의 순서로는 제일 먼저 발생한다.
그리고 이어 『콜로노스의 오이디푸스』 그리고 그 다음이 『안티고네』이다. 많
은 학자들은 『오이디푸스 렉스』를 고대 그리스 비극의 걸작으로 여기고 있다.

특히 아리스토텔레스는 그의 『시학(Poetics)』에서 『오이디푸스 렉스(Oedipus Rex)』를 드라마 제작법에 가장 잘 어울리는 비극으로 간주했다. 소포클레스는 페르시아 전쟁 및 펠로폰네소스 전쟁과 함께 삶과 작품을 이어 왔다. 그가 『안티고네』를 공연한 것은 이른바 제1차 펠로폰네소스 전쟁(BC 460~BC 446)이 끝난 BC 443~441년 사이로, 아테네와 테바이는 적대적 관계였다. 제2차 펠로폰네소스 전쟁(BC 431~BC 404)이 일어나기 2~5년여 전인 BC 436~BC 433년에 『오이디푸스 렉스』가 공연된다. BC 430년에 페리클레스가 지도하는 아테네는 전쟁의 승리를 눈앞에 두고 역병이 돌아 아테네 전체가 황폐화된다. 그런데 소포클레스 작품에서 오이디푸스 왕이 지배하는 테바이도 흑사병으로 국가가 아우성이었다. 이런 점에서 소포클레스의 『오이디푸스 왕』은 페리클레스와 아테네의 비극적 운명을 반영한 작품일 개연성이 크다는 주장도 있다 (존 R. 헤일, 이순호 역, 『완전한 승리, 바다의 지배자』 [서울: 다른 세상, 2011], p. 253). 그러나 년대 순으로보면 『오이디푸스 왕』의 공연이 아테네의 역병보다 몇 년 앞선다. 펠로폰네소스 대전쟁이 막바지에 치닫고 있던 BC 406년에 소포클레스는 3연작의 최종편인 『콜로노스의 오이디푸스』를 썼다. 이 작품은 아테네가 BC 404년에 전쟁에서 항복하고 2년 후이다. BC 404년부터 BC 401년까지 3년간 스파르타의 괴뢰 정권인 30인 참주 정권과 민주파들 간 이어진 내전은 BC 401년에 민주파의 승리로 끝났다. 그리고 BC 401년에 『콜로노스의 오디디푸스』가 공연된다.

8) 소포클레스 지음, 김종한 옮김, 『오이디푸스 왕』 (서울: 지식을 만드는 지식, 2014), pp. 9-10. 『오이디푸스 왕』 번역본은 '천병희 옮김' 이 원문에 따라 절, 행을 표기하였으나 여기에서는 '천병희 옮김'을 참고하고 김종한 옮김(2014)을 인용한다. 다만 내용이 아주 짧기 때문에 페이지 표기가 불필요해 인용표시를 생략한다. 따라서 인용문은 김종환 옮김의 인용이다.

9) Platon, *The Apology of Socrates* (trans. Benjamin Jowett), https://chs. harvard.edu/primary-source/plato-the-apology-of-socrates-sb/

10) "너 자신을 알라"는 너무나 유명한 경구다. 이 경구가 누구의 말인가에 대한 논란이 그치지 않고 있다. 소크라테스가 최초로 말했을 것이라는 주장은 소크라테스의 이중무지론에서 나왔을 것이다. 다른 주장은 델피 신전 입구에 새겨져 있던 경구라는 주장이다. 그러나 두 주장 모두 모호하다. 신전 입구에 새겨져 있는 경구를 소크라테스가 이중무지론에 사용했다면 소크라테스가 최초로 말한 것은 아니다. 아폴론 신전 입구에 새겨져 있다는 이야기는 가능성과 모호성 모두가 있다. 우선 신전 입구 자체가 없어졌으니 확인이 불가능하다. 다만 그리스인들은 이 신전 어딘가에 이 경구가 새겨져 있었다는 확고한 믿음을 가지고 있다. 그렇다면 신전의 역사로 보아 최소한 소크라테스 이전이다. 이 말의 주인공은 탈레스(BC 7~BC 6세기)일 가능성이 크다. 탈레스는 고대 그리스의 밀레토스 출신으로 밀레토스 학파의 창시자로 알려졌다. 그는 "자신을 아는 게 가장 힘들며 남에게 충고하는 게 가장 쉬운 일이다" 가장 올바르고 정의롭게 사는 길은 무엇인가라는 질문에 "우리가 꾸짖는 다른 사람의 행위를 우리

스스로 하지 않으면 된다"고 대답한다. "너 자신을 알라"는 경구는 "네 분수를 알아라" 즉 "자만하지 말라", "과욕을 부리지 말라"는 교훈적인 뜻이 분명하다. 결국 탈레스의 이야기들을 누군가가 "너 자신을 알라"라는 간명한 경구로 만들어 신전 입구에 새겼을 가능성은 충분하다. "너 자신을 알라"에 대한 의미는 또 다른 해석이 제기된다. 신전 앞에 걸려있는 것은 신탁을 구하러 온 사람들에게 전하는 메시지다. 신탁을 구하기 전에 자신이 처해진 상황과 자신에게 필요한 상황 그리고 이를 바탕으로 자신이 신녀에게 신탁을 구할 내용이 무엇인지를 알라는 내용이다.

11) 케크롭스는 아테네의 전설적인 왕이고 팔라스와 트리토게니아는 아테나 여신 의 별칭이다.

11장

신들의 사랑과 성

그리스 언어의 사랑과 성

남녀 간의 육체적 행위는 인류의 역사에서 가장 오래되었으면서 변화가 가장 적은 행위다. 이런 행위를 흔히 '사랑'이라는 용어로 표현하지만, 육체적 행위에 반드시 사랑이 담긴 것은 아니다. 단순한 육체적 쾌감을 위한 동작이나 주로 남녀의 일반적 욕구 배출 행위를 사랑이라고 할 수는 없기 때문이다. 이런 점에서 그리스인들은 사랑을 특성에 따라 아가페(agape), 에로스(eros), 필리아(philia), 스토르게(storge) 등 4가지로 구별했다.

첫째, '아가페'는 형제에 대한 사랑, 신에 대한 인간의 사랑, 인간에 대한 신의 사랑을 나타낸다. 이런 사랑은 부부, 자녀, 파트너 혹은 다른 가족 구성원에 대한 사랑이 될 수도 있다.

둘째, '에로스'는 성적인 사랑과 열정 혹은 깊은 사랑에 빠지는 것을 의미한다. 플라톤에게 에로스는 사람의 내적인 아름다움에 대한 감상이나 심지어는 아름다움을 가진 사람으로부터 느끼는 사랑이다. 플라톤은 사랑의 두 측면 즉 육체적 사랑인 성적 사랑과 이성적 사랑에서 성적 사랑에 필요한 육체적인 매력은 보지 못하고 이성적 사랑만 인식한다. 여기에서 '플라토닉 사랑'이 제기되는데 이 사랑은 성적 관계가 없는 영적 사랑이다. 플라톤은 특히 『향연』(180b-181a)에서 파우사니아스(Pausanias)가 에로스를 통속적인 지상의 사랑과 신성의 사랑으로 구별했다는 것을 인용한다. 파우사니아스에게 전자는 쾌락과 재생산이 목적인 육체적 사랑이고, 후자는 육체적 매력으로부터 시작되지만 점차 신과 비슷한 수준에 놓인 최고의 아름다움에 대한 사랑이다. '플라토닉 사랑'은 바로 신성한 에로스의 개념이다. 아리스토텔레스는 에로스를 감정에 따른 즐거움으로 성립하는, 사랑으로 순식간에 빠졌다가 순식간에 헤어지는 사랑으로 본다.

셋째, '필리아'는 성적인 사랑이거나 비성적인 사랑이 될 수 있다. 아리스토텔레스에게 필리아는 애정, 우정 혹은 감정에 좌우되지 않은 고결한 사랑이다. 아리스토텔레스는 그의 『니코마코스 윤리학』에서 필리아를 세 종류의 우정으로 구별한다. 1) 두 사람이 서로에게서 이익을 얻는 효용에 기반한 우정 2) 상대방의 재치, 외모, 유쾌한 특성에 대한 매력을 바탕으로 이루어지는 우정, 3) 두 사람 서로의 선함을 존경하고 선을 위해 서로 돕고 선을 바탕으로 하는 우정이다. 처음 두 종류의 우정은 우연일 뿐이라서 시간이 지남에 따라 필요와 즐거움이 변하기 쉽기 때문에 오래 가지 못한다. 그러나 선함은 지속적인 특성이므로 오래 지속된다는 것이다.[1] 크세노폰은 필리아를 아리아드네와 디오니소스 사이의 사랑을 묘사하는 데 사용하고, 디오니소스가 일어

나 아리아드네의 손을 잡아 일으키고 서로 입술을 맞대고 키스하는 상
호 배려와 애정을 나타내는 데 사용한다.[2]

넷째, '스토르게'는 특히 부모와 자녀의 사랑과 애정이다. 고대 그
리스에서 이 단어는 거의 사용되지 않았으며 다만 가족 내의 사랑으로
사용되었다.

이밖에 필로테스(philotes)는 헤시오도스의 『신들의 계보』(211)에
등장하는 밤의 여신 닉스의 딸로 애정, 우정, 남녀관계의 성적인 사랑
을 의미한다. 남녀 간의 성행위가 폭력적 수단이 동원되는 상황이 아
니라면 최소한 두 사람의 정신 또는 감정적 교류가 선행되어야 한다.
여기에서 감정적 교류는 행위의 동기에 따라 사랑, 쾌락, 조건 등 아주
복잡할 것이다. 이런 감정적 교류는 그 사람들이 속한 사회의 문화적
배경이 크게 작용한다.

그리스인들은 남녀관계의 특성을 표현하는 단어도 풍부하게 구사했
다. 문자 그대로 함께(being together)라는 '수노우시아(Sunousia)',
교류(intercourse)라는 '호밀리아(homilia)', 섞다(mingling)는 의미
의 '수믹크시스(summixis)'와 '믹크시스(mixis)'가 있다. 플레시아제
인(plesiazein)은 "~와 성적 관계를 갖다"는 의미이다. 성관계의 기능
적 차이에 따른 표현도 사용했다. 아프로디시아(aphrodisia)는 '성적
쾌락'을 의미한다. '아프로디시아제인(aphrodisiazein)'은 성관계를
하는 즐거움이다. 그리스어는 또한 '파스케인(paschein)'을 통해서 남
성 간의 관계를 나쁘게도 하고 좋게도 하는 양면적인 성격으로 보았지
만 신약시대에는 파스케인이 고통스런 의미로 사용되었다. 그러나 남
성 간의 동성애에 대한 이야기는 오히려 활발하게 이루어졌다.

플라톤의 『향연』은 그리스 사회의 남성 동성애의 연애론이 담긴 책
이다. 플라톤은 자웅동체와 동성애자들이 어떻게 생겨났는지를 아리

스토파네스의 입을 빌어 알려준다 (향연 189c-192d). 아리스토파네스는 일종의 패러디(spoof) 창조 신화를 만들어 냈는데, 인간은 세 개의 성, 즉 남성, 여성 및 남녀 양성으로 나누어져 있다는 것이다. 이 중에서 남녀양성의 인간은 이름만 남고 실체는 사라졌다. 이 자웅공동체는 한 번에 네 개의 팔, 네 개의 다리, 두 개의 얼굴, 두 개의 얼굴 위에 한 개의 머리, 네 개의 귀 그리고 두 개의 생식기를 가지고 있었다. 아리스토파네스는 이들이 힘이나 활력이 엄청나면서 자만감을 갖게 되어 신들을 공격하게 되자, 제우스는 이런 인간들의 힘을 약화시키기 위해 반으로 가르게 된다고 전한다.

인간들은 몸이 둘로 쪼개지면서 본성도 둘로 갈렸다. 이들의 반쪽은 각각 자신의 나머지 반쪽을 그리워하면서 항상 만나려고 하는 것이다. 결국, 남성이 남성을, 여성이 여성을 만나는 것은 본래 한 몸이었던 존재끼리 다시 만나는 것이고, 남성과 여성이 한 몸이었던 양성이 갈라진 경우는 남녀가 서로 만나려 한다는 것이다. 아리스토파네스는 양성에서 나온 자들은 각각 여성과 남성을 밝히며 간통을 한다고 진단한다. 또 남성들에서 갈려 나온 남성들은 남성 동성애를, 여성들 가운데 갈려 나온 여성들은 여성 동성애를 하게 된다는 것이다. 헤파이스토스가 조심스럽게 결론을 내린다. "우리가 신들에 대해 질서 있게 대하지 않으면 다시 쪼개져서 … 코 쪽을 중심으로 잘릴 수 있으니 모든 사람은 모든 일에서 신들에 대해 경건한 일을 하도록 서로에게 권유해야 하네" (향연 193a).

그리스인들은 남녀관계의 동기에 따른 성행위에도 성격을 부여했다. 그리스어 '비네인(binein)'은 영어의 "~와 관계하다"는 'fuck'이다. 이 용어는 자발적으로 원하거나 또는 타인의 강요에 의한 관계로 능동적이고 피동적인 의미가 함께 담겨있다. 그리스어에는 '카리제

스타이(Charizesthai)'라는 단어도 있다. 남녀관계에서 "상태를 만족시키기 위해 호의적으로," "상대의 욕망에 동조하여 호의적으로" 성관계를 하여 성적으로 상대방을 만족시키는 것이다. 이스코마코스(Ischomachus)의 아내처럼, 섹스를 즐기기 때문에 훨씬 더 섹시하게 되는 것이다.[3] 반면에 성폭행이나 노예 소녀는 신분적 우월한 힘의 억압으로, 매춘부는 돈으로 관계를 하는 것이다.

신과 영웅의 사랑과 성

그리스 신화에서 성관계는 모든 것의 시작이었다. 그리스의 신화를 성(性)이라는 측면에서 보면 근친상간, 위력에 의한 성폭력, 호색 성(eroticism) 등이 담긴 이야기들이다. 이들이 남신이나 남성들 중심만은 아니었다. 여신들, 여성들도 적극적이었다. 신화들은 처음부터 여성의 기본적인 생산적 역할을 나타내 주었고, 특히 제우스는 다른 신들, 남녀뿐만 아니라 모든 일에 대한 그의 지배를 확고히 했다. 이 과정에서 신들의 세계에서 일어나는 일련의 강간과 유혹에 대해 무신경한 태도는 수십 년간 남성지배와 여성의 복종 분위기를 조성했다. 헤라를 산만하고 위선적이고 기만적인 여성으로 묘사한 것은 수년간의 불신과 불안과 불행을 불러일으켰다.[4] 판도라는 항아리를 열고 불운한 운명을 맞게 되면서 희망에 대한 희망을 남겼지만, 여인들이 사회나 가정에서 평등한 대우나 인정받을 수 있는 희망에 대해서는 영원히 문을 닫았다.[5]

그리스 신들은 남녀관계에 대한 일종의 관행의 길을 마련해주었다. 신들은 물론 반신반인 즉 신과 인간의 섹스를 통해서 낳은 존재들도 여성들을 거침없이 탐했다. 그리스 신화의 전반에 걸쳐서 남신들이 상대를 가리지 않고 추구하는 남녀관계는 엽색 행각의 백화점이었다. 예를 들면 제우스의 최초의 여인은 티탄의 여신이며 아테나의 어머니인 메르티스(Mertis)였다. 이어 그는 또 다른 티탄 신인 테미스(Themis)와 결혼하고 이어 네 번째로 누이인 헤라(Hera)와 결혼한다. 이후 그는 실로 수많은 여인과 바람을 피운다. 그는 최소한 57명의 여신 또는 여성과 성적인 관계를 갖는다.[6] 제우스는 자신이 원하는 여신이나 인간 여성들과는 반드시 관계를 맺었다. 소, 독수리, 백조로 등장하거나 심지어는 금비(金雨)로도 변해서 때와 장소를 가리지 않고 여성을 유혹하거나 관계를 가졌다. 제우스의 여성 행각에 헤라의 질투가 폭발하여 제우스와 관계를 가진 여성은 물론 둘 사이에서 낳은 자식까지 박해를 받았다.

그리스 신들의 사랑과 성관계는 제우스를 비롯해서 많은 신의 삶이었고 그리스 신화는 이러한 사랑과 성관계 그리고 이를 둘러싼 치정과 정념의 도도한 강이다. 신들의 사랑을 쫓다 보면 모든 그리스 신화를 섭렵해야 한다. 따라서 여기에서는 인상적이고 현대에도 회자되는 몇 가지 사례를 짚어보기로 한다.

헤라클레스의 사랑과 고통

헤라클레스는 그리스인들에게 최고의 영웅이며 신이다. 헤라클레스는 제우스와 티린스의 공주인 알크메네의 아들이다. 제우스는 미케네의 왕손으로 장군인 암피트리온이 전쟁에 참여하여 집을 비운 틈을 타서 암피트리온으로 변신하여 집을 찾아간다. 제우스는 여기에서 그의 아내 알크메네와 밤의 길이를 3배나 늘려 정사를 나눈다. 밤의 길이를 3

배 늘리면 낮의 길이도 3배가 늘어나니 3일 낮 3일 밤 정사를 이어 간 것이다. 제우스나 암페트리온 모두 대단한 정력을 가졌다. 아마 지상 최장의 시간이었을지도 모른다. 여기에서도 레다와 간통의 경우처럼 알크메네는 제우스에 이어 전쟁터에서 귀향한 남편 암피트리온과 또 잠자리를 같이 한다. 그러나 암피트리온은 아내의 행동에 간통을 의심하고 알크메네를 화형에 처하려 한다. 제우스는 다급히 비를 내려 알크메네의 목숨을 구한다.

한편 제우스가 알크메네와 사랑을 나눈 이야기는 기독교의 구약성서(사무엘하 11:1−27)에 나오는 다윗 왕이 장군 우리아의 아내 밧세바가 목욕하는 것을 보고 성적 충동을 일으켜 왕의 침실로 불러 정을 통한 이야기와 비교된다. 다윗은 통정 후에 밧세바가 임신하자 자신과 밧세바의 불륜 흔적을 없애려고 전방의 남편 우리아를 호출한다. 그리고 밧세바와 동침을 권유하지만 "병사가 전방에 있는데 자신만 집에서 잘 수 없다"고 거부하자 전쟁터로 보내 죽게 만든다. 그러나 제우스는 자신이 알크메네의 남편 암피트리온의 모습으로 변신하여 알크메네에게 남편 이외의 남성과 잠자리를 한 것에 대해 면죄부를 준다. 제우스가 암피트리온으로 변신하지 않았더라면 당연히 알크메네는 제우스의 요구를 거부했을 것이다. 이것은 구약성서에서 자기 남편이 아닌 줄을 알면서 통정한 밧세바와는 다르다.

알크메네는 제우스 및 암피트리온과 연속하여 동시에 관계를 맺은 끝에 두 명의 아들을 출산한다. 그리스 남신들의 성관계에는 거의 아들의 출산이 따른다. 그리고 이 아들은 영웅이 된다. 여기에서 신들의 사랑이나 '바람'이 단순한 욕망이나 로맨스라기보다는 농사와 전쟁, 해상무역과 어업에 힘센 남성이 필요했던 당시의 소망이 신화로 표현되었을 것이다. 두 아들 중의 하나가 그리스의 대표적인 영웅 헤라클레스다. 헤라클레스는 신화의 인물인 동시에 실존 인물로도 인식된다. 호메로스의 『일리아스』(18.117)에서 아킬레우스는 자신이 아끼는 파트로클로스가 트로이 장수 헥토르에 의해 죽자 헥토르와 일전을 벼르면서 말한다. "강력한 헤라클레스도 죽음의 운명을 피하지 못하고 운명의 여신과 헤라의 무서운 노여움에 제압되고 말았어요."

헤라클레스에 관한 이야기는 아폴로도로스의 『그리스 신화』(2.4.8 이하)에 자세히 기술되었다. 헤라클레스는 출산하기 전부터 헤라의 모진 학대 속에 결국 험하고 힘든 인생을 살아간다. 그는 살면서 여러 여성과 사랑 또는 육체관계를 맺는다. 이 글에서는 이 중에서 두 가지를 기술한다. 헤라클레스 부모는 그의 급한 성정을 고치려고 18살에 키타이론산에서 소들을 돌보는 목동으로 일하도록 주선했는데 그곳에서 소를 해치는 사자를 잡아 아레스(Ares)의 아들로 아이톨리아(Aetolia)의 왕인 테스티우스(Thestius)를 놀라게 한다. 테스티우스는 헤라클레스와 같은 손자를 얻고 싶어 그의 딸 50명을 일주일 동안 번갈아 가며 합방을 시켰다. 건장한 남자 아이를 바라는 것은 그리스 사회의 통념이었고 스파르타에서는 건강한 청년을 씨내리로 삼은 스와핑이 성행했으며 플라톤도 스와핑의 긍정적인 측면을 강조했다. 헤라클레스는 50번의 합방을 동일인으로 생각했다. 테스티우스 딸들의 입장에서는 사자를 때려잡는 힘센 남성과의 하룻 밤이 가슴 설레는 일이었겠지만 일주일에 50번의 성관계를 가지면서 더욱이 한 여성과 성관계를 갖는다고 생각하면서 버티는 것은 역시 제우스의 왕성한 정력과 3일 밤의 정사 이후 또다시 잠자리를 갖는 어머니의 욕망과 강인함을 이어받지 않고서는 감당할 수 있었을까.

헤라클레스는 헤라의 마수에 시달리다가 테세우스의 권유에 따라 아폴론의 신탁을 받는다. 이때 피티아가 처음으로 그를 헤라클레스라고 불렀다. 사실 헤라클레스는 그동안 헤라클레스의 할아버지인 알카이오스 손자라는 뜻으로 알케이데스로 불렸다. 피티아의 신탁은 첫째, 티린스에 가서 살며 에우루스테우스에게 12년간 봉사하라, 둘째, 에우르스테우스가 부과하는 10가지 과제를 완수하라, 셋째, 고역을 마치면 신의 일원으로 소명을 받는다는 내용이었다. 헤라클레스는 이 과업의 수행을 위해 고난의 삶을 출발한다. 헤라클레스가 10가지의 과제를 완수하자 2가지를 더 부과하여 수행한 것이 이른바 헤라클레스 이야기의 단골 메뉴인 '헤라클레스의 12고역(苦役)'이다 (아폴로도로스, 그리스 신화 2.4).[7]

헤라클레스는 12고역을 완수하는 과정에서도 여러 사랑 이야기가 등장한다. 그리고 이 과업을 완수한 후에도 헤라의 끈질긴 공작으로 인해 또 다시 죄를 짓고 몇 고비를 더 돈 뒤에 새로 결혼한 아내 데이아니라(Deianira)와 함께 고향으로 가는 길에 강을 건너게 된다. 이 이야기는 소포클레스의 비극『트라키스 여인들』이 잘 전해준다. 강에는 상반신은 인간이고 하반신은 말인 상상의 종족 켄타우로스(kéntauros)인 네소스(Nessus)가 배로 한 명씩 강을 건네주고 있었다. 네소스는 데이아니라를 보자 흑심을 품고 배에 한 명씩 따로 태워 강을 건네주겠다고 제의하여 데이아니라를 혼자 태우고 강을 거너가 그녀를 겁탈하려고 대들었다. 멀리서 이를 보고 놀란 헤라클레스는 네소스에게 히드라(Hydra)의 독화살을 쏘았다. 히드라는 파충류 형의 괴물인데 헤라클레스가 히드라를 처치할 때 히드라의 쓸개즙을 화살에 발라 독화살을 만들었다. 이 독화살은 헤라클레스가 죽으면서 그의 제자 필로크테테스에게 주는데, 트로이전쟁에서 파리스를 살해하는 데 사용된다.

네소스는 화살을 맞고 죽어가면서 데이아니라에게 사죄를 하는 척하며 자신의 피가 '사랑의 묘약'이라면서 자신의 피를 받아두라고 제의한다. 후일에 남편이 바람을 피울 때 남편의 사랑을 되찾고 싶으면 남편의 속옷에 이 피를 바르라는 것이다. 데이아니라는 혹시나 해서 네소스의 피를 받아 보관해 두었다.

이후 헤라클레스는 오이칼리아를 정벌하고, 케나이온곶의 항구에서 케나이온의 제우스 제단을 세우고 제물을 바치고자 했다. 그는 트라키스(Trachis)에 머물고 있는 데이아니라에게 전령인 리카스를 보내 고운 옷을 가져오라고 했다. 이때 데이아니라는 헤라클레스가 과거에 결혼했던 여인인 이올레(Iole)를 데려온다는 소식을 접하고 헤라클레스가 자신보다 이올레를 더 사랑하면 어쩌나 하는 불안감과 함께 여성의 질투 본능이 발동했다. 그녀는 헤라클레스의 사랑을 자신이 독점하기 위해 네소스로부터 사랑의 묘약이라면서 받았던 피를 속옷에 발라 전령편에 보냈다. 헤라클레스는 이 속옷을 입자마자 전신이 불에 타는 듯한 고통을 느꼈다. 히드라의 독이 살 속으로 파고들었다. 옷을 벗으려 하자 살이 함께 찢겼다. 헤라클레스는 고통이 죽음보다 더 두렵다는 것을 실감한다.

소포클레스는 헤라클레스의 이런 고통이 여인에 대한 정념(情念)에서 비롯되었음을 보여주려고 한다. 그리고 이 여인에 대한 정념은 다시 여인의 남성에 대한 정념으로 치달은 것이다. 정념은 통제되기 어려운 감정이다. 여기에 집착과 질투가 덧씌워지면 그 끝은 처참하고 암울하다. 거미줄처럼 엉켜있는 신들의 사랑과 욕망은 정념이 불행의 골짜기로 떨어진다는 교훈을 보여준다. 뼈저린 고통을 참지 못한 헤라클레스는 제우스에게 천둥 번개를 보내 자신의 머리를 내려치라고 절규하고 죽음보다 더 참기 힘든 고통의 절규가 하늘을 올린다.

헤라클레스의 고통을 본 데이아니라는 자책감에 자살한다. 헤라클레스는 나무들을 모아 오이타산의 높은 곳에 모으고 자신의 몸을 태우려 한다. 지나가는 모든 사람에게 장작에 불을 붙여 달라고 간청하지만 어느 누구도 눈길을 주지 않았는데, 양치기인 포이아스의 아들인 필로크테테스가 지나가다가 불을 붙여 주자 보답으로 자신의 활과 화살을 물려준다. 필로크테테스는 후에 트로이전쟁에서 함선 7척을 인솔한다 (호메로스, 일리아스 2.718). 그리고 독화살로 파리스를 쏘아 죽인다. 헤라클레스의 몸은 불길에 휩싸였으나 육체만 탔다. 인간 어머니에게 받은 인간의 몸은 사라졌지만, 영혼은 신이었기 때문에 남게 되었다. 아테나는 제우스의 명령을 받고 헤라클레스를 올림포스에 데려온다. 헤라클레스가 신으로 고양된 것은 후대의 일로 보인다. 호메로스가 일리아스를 구성할 때인 BC 8세기에는 단순한 인간 영웅으로 묘사된다.

아폴론과 카산드라 그리고 시빌레의 미완의 사랑

제우스를 비롯한 신들은 마음에 담은 여성들은 유혹 또는 강제로 목적을 달성했다. 이런 상황에서 자신이 원하는 여성과의 관계에서 뜻을 이루지 못한 신들의 사랑이 오히려 관심을 끈다. 그 중에서도 아폴론은 준수한 용모와 능란한 화술 그리고 열정에도 불구하고 여성들로부터 퇴짜를 맞은 신이다. 그런데 상대 여성은 불행한 상황으로 빠진다. 카산드라와 시빌레가 대표적 사례다.

카산드라(Cassandra)는 트로이 왕 프리아모스와 왕비 헤카베 사이에서 태어난 공주로 헬레네를 유혹한 파리스의 누이다. 카산드라는 미모로 인해 기구하게 굴절된 운명을 맞는다. 아폴론은 그녀의 미모에 반해 그녀에게 사랑을 고백했으나, 그녀는 불멸의 존재인 신과의 사랑은 자신이 늙고 쇠하고 추해지면 비참해질 것이 걱정되어 거절한다.

아폴론의 끈질긴 구애에 카산드라는 미래를 내다볼 예언능력을 달라는 당찬 요구 조건을 제시한다. 아폴론을 물리치기 위한 계책이었다. 애가 탄 아폴론은 그녀에게 예지능력을 주었다. 그러나 카산드라는 예지능력만 받고 돌아섰다. 카산드라에게 보기 좋게 차인 아폴론은 배신감을 느낀 분노로 저주를 내리려고 계책을 냈다. "마지막 이별의 키스라도 해주오." 카산드라는 이마저 거절할 수가 없어 허락했다. 순간 아폴론은 카산드라의 혀에 담긴 설득력을 빼내 버렸다. 아폴론은 카산드라의 예언을 아무도 믿지 않게 하는 저주를 내린 것이다. 카산드라는 예언력을 가졌지만, 그 예언을 아무도 믿지 않는 이중적 인간이 되었다. 이 이야기는 호메로스의 『일리아스』, 『오디세이아』에서, 그리고 아이스킬로스의 『아가멤논』, 에우리피데스의 『트로이의 여인들』 등의 고전 희곡에서 잘 그려지고 있다.

설득력이 빠진 예언력을 가진 카산드라는 이미 왕자 파리스를 스파르타로 보내면 트로이에 재앙이 올 것이라고 경고했으나, 프리아모스 왕과 파리스는 이 말을 무시했고 파리스는 헬레네를 데려오고 만다. 또한 파리스에게 스파르타로 헬레네를 데리고 돌아가면 전쟁을 끝낼 수 있다고 간청하지만 또 무시당한다. 트로이전쟁에서 그리스인들이 목마를 성 안에 들이려 하자, 카산드라는 그 목마를 들이면 트로이가 멸망할 것이라고 반대했지만 또다시 무시당하고 트로이 성은 그리스군에 의해 함락되면서 나라도 망한다.

미케네 왕 아가멤논도 카산드라의 미모에 반하여, 전쟁이 끝나고 그녀를 전리품으로 취해서 고국으로 돌아온다. 카산드라는 아가멤논의 아내 클리템네스트라가 아가멤논과 자신을 죽일 것이라고 경고하지만 여기에서도 또 무시당한다. 그리고 결국 클리템네스트라에게 둘 다 살해당한다.

카산드라는 서구에서 힘없는 예언자이면서 동시에 개혁자의 상징이다. 마키아벨리는 "무기 없는 예언자는 멸망한다"는 명언을 남겼다. 이것은 피렌체의 종교 개혁자이자 도미니코회 수도자인 사보나롤라를 카산드라에 빗대어 한 말이다. 탁월한 예지능력을 가진 여성도 카산드라로 불린다. 오늘날에도 카산드라의 이름은 '시대와 불화한 예언가'를 가리킨다. 예지는 예언이나 점성술이 아니다. 정확한 상황 판단을 근거로 한 객관적인 예측이다. 그러나 이런 예측이 받아들여지지 않는 사회는 감언이설의 간신배가 득세한다. 카산드라를 20세기에 다시 불러낸 작가는 독일의 볼프(Christa Wolf, 1929~2011)다. 그는 소설 『카산드라』(1983)에서 카산드라가 "내 목소리로 말을 하는 것이야말로 가장 고귀한 일"이라고 말하도록 한다. 예언은 현실의 속임수라는 것을 강조한다. 그리고 그녀는 남성 중심의 사회를 걷어차고 나와 사회의 증인이 되고 진실을 말하도록 촉구한다.

카산드라는 현대 심리학에서 여성들에게 '카산드라 콤플렉스'라는 말로 사용된다. 누군가에게 인정받기를 원하지만 번번이 무시당하는 현상을 나타낸다. 카산드라 콤플렉스는 여성들이 저평가되고 있다는 분노와 강박 관념으로 분출한다. 완벽주의와 작은 사소한 일에 대한 집착이 나타나고 이런 상황은 스스로를 지치게 만든다. 처음에는 인지하지 못하겠지만 몸에 여러 가지 반응이 나타나면서 의학적으로 만성 피로가 생기고, 불면증이 생기거나 통증이 생기기 시작한다.

시빌레(Sibile)[8]는 델피의 아폴론 신전의 피티아 즉 예언녀였다. 델피의 신전으로 가는 길목에 있는 거북이 모양의 바위에서 시빌레가 신탁을 내렸다고 해서 이 바위 이름이 시빌레로 불린다. 시빌레는 아폴론 신전이 건립되기 전까지 이 바위에 앉아 신탁을 전하였다. 이 바위는 지금도 담쟁이덩굴에 감겨 수천 년의 세월을 머금으면서도 건재하다. 시빌레의 이야기는 오비디우스의 『변신이야기』에 잘 기술되어 있다. 아폴론은 자신의 사제인 아름다운 소녀 시빌레에게 사랑을 고백하지만 거절당하자 시빌레에게 소원 하나를 들어주겠다고 추근댄다. 이때 시빌레는 손으로 모래를 한 움큼 쥐고 모래알 수만큼 생일을 갖게 해달라고 한다. 아폴론은 시빌레의 요구를 들어주었다. 아폴론은 그녀가 몸을 허락하면 세월뿐만 아니라 영원한 청춘도 주려던 참이었다. 그러나 그녀도 카산드라와 비슷한 이유로 아폴론에게 몸은 허락하지 않았다. 그런데 그녀도 조건에서 "그 세월이 계속 자신을 청춘으로 유지하도록 해야 한다는 요구를 깜빡했다." (오비디우스, 변신이야기 14.139).

아폴론은 영원한 청춘을 빼 버렸다. 시빌레는 세월이 흐르면서 늙어갔다. "어느새 행복한 시절은 내게 등을 돌리고 병약한 노령이 떨리는 걸음으로 다가오고 있는데 나는 그것을 오랫동안 참고 견뎌야 해요…. 아폴론 자신도 나를 몰라보거나 나를 사랑조차 한 일이 없다고 하실 겁니다." 그녀는 몸이 쇠약해지고 사는 것이 사는 것이 아니었으나 죽고 싶어도 죽지 못했다. 살아있으나 산 사람이 아니었다. 그녀는 얼마를 더 살아야 할지 기약할 수 없는 상태에서 유리병 속에 들어가 살며 죽기를 소원했다.

미국태생 영국 시인으로 노벨문학상 수상자인 엘리엇(Thomas Stearns Eliot, 1888~1965)은 그의 유명한 장편 시인 "황무지(The Waste Land)"에서 시빌레의 전설을 이렇게 표현하고 있다.

"한 줌의 먼지 속 공포를 보여 주리라(I will show you fear in a handful of dust)"

한 줌의 먼지는 시벨레가 자기가 원하는 수명을 아폴론에게 요구하기 위해 모래를 한 움큼 쥔 것을 의미한다. 그리고 젊음이 없이 늙어가면서 오히려 살아있는 것이 죽는 것만 못한 공포의 상황을 나타낸 것이다.

정사의 훼방과 시시포스의 응징

신화에서 시시포스(Sisyphos)는 고대 그리스의 도시국가로 현재는 코린토스로 알려진 에피라(Ephyra, 코린토스의 최초의 이름)의 설립자다 (Apollodorus, *Library* 1.9.3). 코린토스는 고대 그리스에서 양대 강국인 아테네, 스파르타에 이어 강력한 도시국가였다. 현재 아테네에서 코린토스로 가려면 운하 위에 가설된 이스트모스(Isthmos) 다리를 건너야 한다. 코린토스는 기독교 성경에서 코린토(가톨릭), 고린도(개신교) 등으로 불리는데 바울의 서신인 "고린도 전(후)서" 등으로 잘 알려져 있는 곳이다. 바울이 코린토스에서 고린도 전(후)서를 쓴 것은 네로 황제가 코린토스 운하를 파기 위해 6,000명의 유대인들을 강제 이주시켜 코린토스에 유대인의 촌락이 이루어졌기 때문이다. 그러나 운하는 파지 못하고 기독교 사회를 만드는 결과만을 초래했다. 유대인들은 공사가 중단된 뒤에도 코린토스에 남아 디아스포라를 이루었다. 여기에 바울이 달려가서 기독교 교회를 세운 것이다.

시시포스는 코린토스에 나라를 세우고자 했으나 물이 귀했다. 꾀 많은 영웅 시시포스라도 묘책이 떠오르지 않았다. 망루에서 사방을 돌아보며 고심하고 있을 때 마침 제우스가 코린토스 이웃에 있는 강의 신 아소포스(Asopos)의 딸 아이기나(Aegina)를 납치해 가는 장면을 목격했다. 아소포스는 코린토스만 동북쪽에 있는 보이오티아의 아소포스강의 신이다. 보이오티아의 아소포스강은 보이오티아의 왕 아소포스의

▶ 사진 11.1 코린토스 운하

코린토스 운하는 수에즈, 파나마운하와 함께 세계 3대 운하로 꼽힌다. 단단한 암석을 깎아서 만든 코린토스 운하는 길이 6.5km, 너비 25m, 깊이 8m의 규모로, 3개의 다리가 걸려 있으나 운하의 폭이 좁기 때문에 운하를 이용하는 선박은 대부분 관광용 여객선이다. 이 운하가 완공됨으로써 아테네의 외항 피레에프스와 이탈리아의 브린디시 사이의 항로를 320㎞ 단축했다.

이름에서 유래한 것으로 보인다 (Pausanias, *Description* 9.1−2).

아이기나는 '강의 신'인 아소포스와 요정 메토페(Metope) 사이에서 태어난 딸로, 아티카와 펠로폰네소스 사이의 오이노네(Oinone)섬의 요정이었다. 이 섬은 나중에 이 님프의 이름을 따서 아이기나섬으로 명명된다. 아이기나에게 반한 제우스는 독수리로 변해 아이기나를 오이노네섬으로 납치해 갔다. 아이기나의 아버지 아소포스는 딸을 찾아 백방으로 다니다가 마침내 코린토스에 도착해서 시시포스에게 딸의 행방을 물었다. 물이 필요했던 시시포스는 강의 신인 아소포스에게 딸의 행방을 알려주는 대가로 코린트에 샘을 만들어 달라고 요구한다. 그는 독수리로 변한 제우스와 딸의 행방을 알려주고 아소포스는 그 대가로 샘을 만들어 준다. 이 샘이 현재 코린토스에서 보게되는 '페이레네 (Peirene)'샘이다. 시시포스의 이런 행동은 제우스의 비밀 하나를 발설 하여 신에 대한 배신행위를 저지르는 것이다 (Apollodorus 1.9.3).

아소포스는 곧장 제우스와 딸이 간 섬으로 달려가 제우스와 딸이 있는 방으로 쳐들어갔다. 이때 제우스는 욕정을 불태우고 있었고, 이 순간에 아이기나는 제우스의 아이 아이아코스(Aiakos)를 임신한다. 격정의 순간에 아소포스가 방문을 열어젖히자 제우스는 극도로 자존 심이 상해 벼락을 던졌다. 아소포스는 불에 타서 아소포스강으로 되돌 아갔고, 이때부터 아소포스 강바닥에서는 석탄이 채취되고 있다. 제우 스는 이 정도로는 분이 풀리지 않았다. 자신의 정사 순간에 산통을 깨 트리고 신의 일에 개입한 처사는 용서할 수가 없었다. 제우스는 '죽음 의 신'인 타나토스(Thanatos)에게 명령하여 시시포스 왕을 타르타로 스(Tartarus) 지옥에 사슬로 묶어 놓도록 명령했다. 그리스 신화의 전 면에는 아름답거나 애달픈 사랑이야기만 나열되어 있다. 정사를 둘러 싼 끔찍한 보복의 이야기는 지나쳐진다. 타나토스는 죽을 사람에게 찾 아와서 그 사람 머리카락을 칼로 잘라 그 영혼을 저승에 데려가는 업 무를 담당한다. 여기에서 누가 사망하면 머리카락을 짧게 잘라 애도를 표하는 관습이 유래되었다.

타르타로스는 가장 고통스러운 감옥으로 이 감옥은 중죄인을 보내 는 곳이다. BC 380년경 플라톤의 『고르기아스(Gorgias)』에 의하면, 타르타로스는 영혼이 죽음 이후에 심판을 받게 되는 곳이다. 이런 곳 에 시시포스를 보낸 것은 정사(情事)의 결정적인 순간을 방해한 죄가 신들의 세계에서는 중죄라는 점을 보여주며 다른 한편으로는 정사에 가장 중요한 가치를 두고 있다는 메시지를 주고 있다. 또한, 정사를 방 해한 대가가 얼마나 처참한지를 보여준다.

화가 풀리지 않은 제우스는 아울러 시시포스에 대한 별건 수사를 실시했다. 이번 사건과 관련 없는 그간의 모든 X파일을 뒤져서 시시포스가 제우스의 지배 영역에 있는 크세니아(xenia)를 위반하고 여행자들과 손님들을 살해했다는 사실도 들추어냈다. 보복수사다. 시시포스는 신에 대한 배신 외에 항해와 상업을 증진시켰으나 탐욕스럽고 기만적인 위인이었고, 제우스의 지배 영역에 있는 크세니아를 위반하고 여행자들과 손님들을 살해했다는 혐의가 추가되었다.

영특한 시시포스는 저승사자 타나토스가 자신을 데리러 올 것을 예상하고 미리 숨었다. 그리고 타나토스가 나타나자 꾀보답게 기습공격으로 그를 제압하여 지하실에 감금한다. 타나토스가 갇히자 저승사자가 활동을 못 하게 되어 세상에는 죽음이 없어졌다. 가장 큰 피해를 본 신은 하데스다. 세상에서 죽음이 사라지니 지하세계로 오는 존재가 없어진 것이다. 상점에 물건을 사러 오는 구매자가 없어지니 장사가 안 되는 것과 마찬가지다. 하데스는 제우스가 타나토스를 시시포스에게 보내는 바람에 일이 이 지경이 되었다고 제우스에 항의했다. 결국, 제우스는 정실부인인 헤라 사이에 태어난 전쟁의 신 아레스(Ares)를 보내 타나토스를 구출하도록 했다. 제우스가 자기의 적자를 보낸 것은 사안이 그만큼 중대하기 때문이다.

시시포스가 타르타로스에 가는 과정에 대한 다른 전승에서는 시시포스가 자신을 데리러 온 타나토스에게 사슬이 어떻게 작동하는지 시범을 보여주도록 요청하여 타나토스가 자기 몸에 사슬을 감는 시범을 보이는 순간 그대로 타나토스를 쇠사슬로 묶었다. 죽음의 신인 타나토스가 튼튼한 사슬에 묶이면서 지구에서는 아무도 죽지 않자 전쟁의 신 아레스가 소란을 일으켰다. 전쟁을 해도 그의 상대가 죽지 않아서 전투에서 재미를 잃어버렸기 때문에 짜증이 났다. 화가 난 아레스는 타나토스를 풀어주고 시시포스 왕을 타나토스에게 넘겼다.

또 다른 버전에서는, 지하의 왕으로 죽음의 신인 하데스에게 시시포스를 사슬로 묶도록 했는데 시시포스에 속아 자신이 묶였다. 하데스가 묶여있는 동안 아무도 죽지 않았기 때문에 신에게 희생물을 바칠 수 없으며 늙고 병들어 죽게된 사람은 죽지도 못한 채 고통받고 있었다. 제우스가 마침내 시시포스가 스스로 죽기를 바랄 만큼 비참한 삶을 살 것이라고 위협하자 시시포스는 하데스를 풀어줄 수밖에 없었다.

세상 일은 다 양면적이다. 죽음의 신이 움직일 수 없게 되자 저승사자가 실직하는 사태가 벌어졌고, 사람을 죽이는 전쟁의 신도 무력해졌다. 시시포스도 결국 저승으로 호출된다. 시시포스는 저승으로 출발하기 전에 꾀를 내어 미리 아내에게 "내가 죽으면 절대 장례식을 치르지 말고 내버려 두라"라고 당부한다. 시시포스는 저승에 와서는 아내가 자기 장례식도 치러주지 않았다며 아내를 원망한다. 지상에서 시시포스의 장사를 지냈다는 소식도 전해진 바가 없다. 당시의 관습으로는 장례를 치르고 매장한 다음에 제물을 바쳐야 지하세계에 정식으로 들어가게 된다고 믿고 있었다. 이때 지하의 여신인 페르세포네(Persephone)가 시시포스 아내의 무례함을 지적하며 시시포스가 다시 지상에 돌아가도록 해달라고 설득했다. 신화의 또 다른 버전에서, 시시포스는 자신이 타르타로스로 인도되었던 것은 실수였다고 속이는 바람에 페르세포네가 석방을 명령했다는 전승도 있다.

시시포스는 일단 코린토스에 다시 돌아왔다. 그의 영혼은 그의 아내에게 적절한 장례식을 거행하지 않은 것을 꾸짖는 시늉을 했다. 다른 버전에서는 장례를 안 치른 시시포스를 지하에 매어 둘 수 없게 된 하데스가 화가 치밀어 시시포스에게 빨리 지상의 집에 가서 장례를 치르고 오라고 다그쳤다. 지하의 신이지만 태생이 점잖은 하데스가 속아 넘어간 것이다. 시시포스는 알겠다며 줄행랑을 쳐서 지상으로 돌아온 뒤 저승으로 되돌아가는 약속을 저버리고 지상에 눌러앉아 코린토스 왕으로 천수를 누렸다는 이야기도 따라다닌다.

그러나 시시포스 왕에 대한 신화 중에서 가장 많이 알려진 이야기는 그가 지하세계에서 평생 노역으로 살았다는 이야기다. 시시포스가 지하세계로 돌아가기를 거부하자 헤르메스가 강제로 끌고 가서 신들을 능멸하고 기만한 죄로 가파른 언덕 위로 거대한 둥근 돌을 끝없이 굴리는 벌을 받게 된다. 제우스는 시시포스가 바위를 굴려 언덕의 정상에 도착하기 전에 바위가 아래로 굴러 내리도록 마법을 걸었다. 제우스는 시시포스가 영리하다는 오만한 신념으로 신들을 농락한 데 대해 신들의 영리함이 그를 능가한다는 것을 보여주는 벌이었다. 시시포스는 크고 둥근 바위를 가파른 언덕 위로 굴려 뾰족한 산 정상으로 올려놓아야 한다. 힘들게 바위를 굴려 정상에 다다르면 다시 아래로 굴러떨어진다. 처음부터 다시 올려야 한다. 결국, 제우스는 시시포스를 영원히 쓸데없는 노력과 끊임없는 좌절감에 처하게 만들었다. 호메로스는 이 모습을 이렇게 묘사하고 있다

"나는 또 심한 고통을 당하는 시시포스도 보았소.
그는 두 손으로 거대한 돌덩이를 움직이고 있었소.
그는 두 손과 두 발로 버티며 그 돌덩이를 산꼭대기로 밀어 올렸소.
그러나 그가 그 돌덩이를 산꼭대기 너머로 넘기려고 하면
그 무게가 그를 뒤로 밀어내는 것이었소.
그러면 그 뻔뻔스러운 돌덩이가 도로 들판으로 굴러내렸고
그러면 그는 또 기를 쓰며 밀었소. 그의 사지에서 비 오듯 땀이
흘러내렸고 그의 머리 위로는 구름처럼 먼지가 일었소." (오디세이아 11.593-600)

시시포스의 이 노역은 영원히 반복되어야 하는 일이다. 이런 일을 평생 하다 보면 혹시나 바위가 다시 구르지 않을까 하는 조바심이 날 수도 있지만, 계속 밀어 올리면 다시 계속 굴러 내려오는 것에 당위성을 부여하면서 작업을 계속하게 된다. 달리 마땅하게 할 일도 없는 그에게 이 일은 오히려 그에게 행복을 줄 수도 있다.

이 신화를 20세기 현대에 와서 되살린 인물이 바로 프랑스의 알베르 카뮈(Albert Gamus)다. 그는 시시포스를 통해서 자신의 부조리 문학에 관해 서술하는 에세이 『시시포스의 신화』(1942)를 썼다. 그는 시시포스는 신에게 유일하게 반항할 수 있는 것이 그가 하는 일의 무의미함에 대한 의식을 버리고 무한한 반복을 즐기는 것임을 알게 될 거라 했다.

카뮈의 『시시포스 신화』는 카뮈의 대표작인 『이방인』에서 발견되는 부조리 즉 내 삶에서조차 나 아닌 다른 이들이 중심부를 차지한다는 현실을 다시 지적한다. 카뮈는 『이방인』에서 부조리 중에서 가장 중요한 것은 내 삶에서 내가 빠져 있다는 것이다. 나 자신은 구경꾼으로 밀려난다. 대신 다른 사람들이 내가 누구이고 내가 어떤 일을 했는지를 말하고 있다. 나에 대해서 다른 사람들이 왈가왈부한다. 나는 문득 낯선 공간에 와 있다는 느낌을 받는다. 카뮈에게는 이런 모든 것들이 부조리다.

카뮈는 시시포스 신화에서 결연하게 말한다. 오늘날의 노동자도 매일 똑같은 작업을 이어간다. 그 운명이 시시포스와 얼마나 다른가. 모두 부조리하기는 마찬가지다. 그러나 운명은 오직 의식이 깨어 있는 순간들에만 부조리하다. 무력하지만 반항적인 시시포스는 그의 비참한 상황을 안다. 그가 산에서 내려올 때 생각하는 것은 바로 이 상황이다. 카뮈는 인간이 이 세계 앞에서 대처해야 할 방향을 '반항'에 놓는다. 그에게 영원히 산 위로 돌을 밀어 올리기를 반복하는 시시포스와 같은 인생을 사는 인간에게 가장 필요한 것은, 그럼에도 불구하고 살아 내려는 반항적 의지와 저주를 한 몸에 받아들여 감수하면서도 미소를 띨 수 있는 삶에 대한 열정인 것이다.[9] "신의 벌을 온몸으로 감내하면서, 즉 모순을 정면으로 응시하면서 그것을 고통의 원인이 아니라 행복의 원천으로 삼는 이 역리(逆理)야말로 시시포스가 제우스에게 제기하는 최고의 반항일 것이다. 이 반항의 결과, 카뮈가 『시시포스의 신화』에서 말하는 '행복의 시시포스'가 탄생하는 것이다."[10]

카뮈는 시시포스와 같은 상황에서 벗어나기 위해 '인간적이지 못한' 신의 구원을 기대하지도 않을 것이며, 미래나 영원에 대해 희망이나 기대를 갖지 않을 것이다. 다만 그는 "바로 지금, 바로 여기의 삶에 충실할 것이다"라고 단언한다. 무의미하거나 끝없는 활동이 때로는 시시포스적(Sisyphean)이라고 기술되기도 한다. 시시포스 왕은 고대 작가들에게 공통적인 주제였다. 호메로스는 『일리아스』(6.152)와 『오디세이아』(11.593)에서 시시포스를 언급한다.

시시포스가 자신의 처지를 모면하려고 잔꾀를 부린 상황에 대해서는 상응하는 대가를 치뤄야겠지만, 그가 이런 상황에 이르게 된 최초의 동기는 코린토스 도시국가의 설립자로서 물 기근을 타개하기 위한 불가피한 공적 행동에서 비롯되었다는 것을 간과해서는 안 된다. 시시포스도 신들의 비밀을 탄로 내면 엄중한 벌을 받는다는 것을 알고 있었을 것이다. 그럼에도 그는 백성들을 위해 물을 구하려는 일념에서 아이기나를 오이노네섬으로 납치해 간 사실을 그의 부친 아소포스에게 알려주었던 것은 오히려 코린토스인들로부터는 긍정적인 대상으로 인식될 수 있었다.

신들의 강간과 살인의 재판

남녀관계에서 강간은 파렴치한 짐승같은 범죄로 비난과 처벌의 대상이다. 그리스인들도 강간에 대한 죄의 의미를 전달하기 위해 일방적이고 강압적인 성관계에 '강제적'이라는 의미의 bia를 추가했다. 라틴어에서는 강제적인 성관계를 보통 사통(fornication)을 의미하는 'stuprum'으로 표현했는데, 라틴어에서 강간은 행위자의 자제력 결핍을 보여주는 것으로 강제라는 의미를 더하기 위해 'cum vi(힘)' 또는 'per vim(폭력적인 힘으로)'으로 표현했다.

그리스 신화에서도 강간 및 강간미수 이야기들이 있다. 이 중에서 대표적인 강간 이야기는 아레스의 신화에 등장하는데, 이 강간 및 살인 사건의 재판은 '아레오파고스(Areopagus)'[11] 법정에서 열렸다. 이 신화를 바탕으로 하는 역사적 배경에서 이후 법정으로 이어졌다. 고대 아테네의 '아레오파고스'는 고대 로마의 원로원과 같은 역할을 했으며, 살인 재판의 법정의 기능도 했다. 아레오파고스는 아테네 아크로폴리스 아래 서북 쪽에 있는 석회암 덩어리로 된 높이 150여m의 작은 언덕이다. 헤로도토스의 『역사』(8.52)에는 BC 480년 페르시아가 아테네를 침공하고, 아크로폴리스를 포위 공격할 때 아레오파고스를 페르시아군이 거점으로 삼아 승리한 기록이 나온다. 아레오파고스는 전시에 침략군이 아크로폴리스를 공략하는 전투 기지로 자주 사용되었지만, 평시에는 아테네의 최고 법정의 역할을 하는 곳이었다.

포세이돈의 아들 할리로티오스가 아레스의 딸 알키페를 강간하는 중에 알키페의 비명을 듣고 아레스가 나타나 할리로티오스를 그 자리에서 때려 살해했다. 아들을 잃은 포세이돈은 울분 속에 아레스를 고소했다. 재판은 아레오파고스에서 진행하게 되었다. 포세이돈은 자기

아들이 피살되었다는 점을 들어 처벌을, 아레스는 자기 딸을 구하기 위해 아버지로서 정당방위였다는 점을 들어 무죄를 주장했다. 포세이돈과 아레스를 제외한 올림포스 12신이 투표로 유죄 여부를 가리기로 했다.

포세이돈은 위세가 등등한 신인 반면에 아레스는 평판이 좋지 않았다. 성격이 잔인하고 폭력적이었지만, 미남형인 그는 아프로디테와 간통하다 아폴론이 남편 헤파이스토스에게 알려주어 망신을 당한 사건으로도 유명하다. 아레스가 저지른 살인은 본인은 정당방위였다고 주장하지만, 그의 잔인성과 폭력성, 그리고 아들은 부전자전일 것이라는 이미지로 인해 불리한 상황이 될 가능성이 높았다. 그러나 여신들은 아레스에게 무죄를 선고했다. 비판의 대상인 아레스가 무죄가 된 것은 강간이 살인과 마찬가지의 끔찍한 범죄이기 때문에 엄격한 처벌을 해야 한다는 것을 나타낸다. 신들의 재판은 곧 남성 우월주의 사회에서도 강간이 살인과 동일한 중죄라는 그리스인들의 가치를 나타낸 것이다. 또한, 신들의 재판은 아레스의 다른 행실과 이 사건과는 분리시켜 공정한 재판을 하는 전례를 보여주고 있다. 평소의 미운털과 죄와 관련된 행위와는 별개로 판정한 것이다.

아레오파고스에서 열린 이 재판의 전설은 고대 아테네의 귀족정치 초기에 있었던 아레오파고스 회의의 유래가 되었다. 비록 신화지만 이 재판은 인류 역사상 문헌으로 확인할 수 있는 최초의 재판 이야기다. 그리스의 대표적인 비극작가 아이스킬로스(BC 525/524-BC 456/455)의 3부작인 '오레스테이아'의 『아가멤논』에는 아버지 아가멤논을 죽인 어머니 클리템네스트라와 그의 정부(情夫) 아이기스토스를 죽인 아가멤논의 아들 오레스테스가 아레오파고스 법정에서 여신 아테나의 주재 아래 심판을 받는 이야기가 나온다. 오늘날 그리스 대법

원의 이름이 '아레이오스 파고스(Areios Pagos)'인 것은 바로 이런 배경에서 연유한 것이다.

　간음이나 간통은 어느 한쪽이라도 배우자나 관계를 갖는 당사자가 있는 존재가 다른 대상과 관계를 갖는 것이다. 그리스 신들에게 간음 또는 간통은 아주 흔한 일이다. 그러나 인간사회는 다르다. 인간들의 경우 결혼한 여성과 간음한 남성의 처벌중 하나는 그 남성의 성기로 무에 구멍을 뚫거나 무 부위에 강간하는 행위를 취하도록 했다. 또 다른 굴욕적인 처벌은 간음한 사람의 음모를 털어내어 그 간음자가 나약하게 보이도록 만드는 것이다. 간통 현장에서 남편이 남성을 잡았을 경우 그는 자신의 처분대로 할 수 있었다. 리시아스(Lysias)의 『에라토스테네스의 살인(*On the Murder of Eratosthenes*)』은 간음하는 남자를 죽이고 동시에 여러 야비한 비난을 받고 공공적 굴욕과 법정 출두를 하게 된 사람의 변론이다.[12]

아프로디테 판데모스의 사랑

아프로디테의 사랑

그리스 신들 가운데에서 간통의 압권은 단연 아프로디테의 자유분망하면서 절제되고 현란하면서 애절한 성적 여로이다. 아프로디테는 미모와 성적인 사랑의 여신으로 성적 매력과 성적 욕망을 자극하는 관능적인 천부적 미모에다가 색기를 타고나서 모든 남성의 가슴을 설레게 했다. 모든 남성은 아프로디테를 생각만 해도, 바라만 보아도 가슴이 울렁거렸고 바람기로 똘똘 뭉친 그녀가 혹시라도 자신에게 기회를 주지 않을까 하는 희망과 기대를 가져보는 대상이었다.

　아프로디테의 기원에 관해서는 두 개의 버전이 있었다. 하나는 헤시오도스의 버전으로 바다의 거품에서 태어난 아프로디테로 '아프로디테 우라니아(Ourania)'이다. 즉 하늘의 신 우라노스의 잘린 성기에서 흐른 피가 바다에 떨어지면서 거품이 일고 그 속에서 아프로디테가 태어났다는 것이다. 아프로디테라는 이름은 거품을 뜻하는 '아프로스(aphros)'에서 나왔는데, 그녀가 바다의 거품 속에서 태어났기 때문이다. 우리노스의 거품은 물결을 타고 키테라(Cythera)섬을 거쳐 키프로스(Cyprus)에 닿은 후 아프로디테가 태어난다 (신들의 계보 188~206). 여기에 또 다른 이야기가 추가된다. 아프로디테가 셈(Sem)족의 풍요와 다산의 신인 아스타르테(Astarte)가 팔레스타인 지방을 거쳐 미케네 시대인 BC 1200년경에 키프로스(Kypros)섬으로 오면서 키프리스(Kypris)라는 별명을 얻었고, 다시 크레타섬을 거쳐 그리스 본토로 와서 미의 여신 아프로디테로 다시 태어났다는 것이다. 아프로디테는 이후 로마로 가서 다시 비너스(Venus)로 변신하는 데 성공한다. 이 이야기들에서 아프로디테 탄생에는 모체가 없다. 여성과 관계를 맺고 잉태하여 태어난 것이 아니다. 플라톤이 『향연』(180d)에서 파우사니아스의 입을 통해 말하는 '아프로디테 우라니아'다. 여기에서 플라톤은 육체가 아니라 영혼의 사랑을 들고 나온다.

　호메로스는 아프로디테가 제우스와 바다의 정령 디오네(Dione) 사이에서 태어났다고 전한다 (일리아스 5.370). 여기에는 남성과 여성의 성적결합이 전제된다. 플라톤은 이 아프로디테에는 영적인 사랑보다 육체적인 쾌락이 따른다고 설명하며 이를 '판데모스'로 표현한다. 그리스어 'Pandemos'는 '사람들의(of the people)' 또는 '사람들에 속하는(belonging to the people)'의 의미다. 직역하면 '모든 사람의 또는 모든 사람에 속하는'이다. 결국, 아프로디테는 "모든 사람의 여자" 또는 "모든 사람이 가지는 여자"라는 의미다. 그렇다면 이것은 '매춘부'이거나 '스타'이다. 하늘(Urania)의 영적 사랑과 세속(Pandemos)의 육체적 사랑의 대비이다. 결국, 플라톤은 헤시오도스의 아프로디테와 호메로스의 아프로디테를 절묘하게 결합하고 있다.

신플라톤주의자들도 '아프로디테 우라니아'는 영적인 사랑과 관련이 있으며, '아프로디테 판데모스'는 육체적 사랑과 관련짓는다. 이 '아프로디테 판데모스'는 모든 평민의 아프로디테이다. 그리스인들은 '아프로디테 판데모스'를 사랑하고 숭배했다. 플라톤의 현학적 설명과 달리 민중들은 '우라니아 아프로디테'보다는 '판데모스 아프로디테'를 더 좋아했다. 어느새 '아프로디테 우라니아'는 사라지고 '아프로디테 판데모스'만 남게 되었다.

아프로디테의 미모에 버금가는 이집트의 여왕 클레오파트라는 율리우스 카이사르(Gaius Julius Caesar)의 정부였지만, 카이사르가 브루투스에게 살해된 후에 카이사르의 부하였던 마르쿠스 안토니우스(Marcus Antonius)와 사랑에 빠진다. 이때 클레오파트라는 안토니우스에게 로마에서 자신을 이집트의 창녀로 본다고 불평을 털어놓는다. 두 남자를 상대했다는 것이다. 반면에 아프로디테는 헤라의 명령으로 헤파이스토스와 결혼했지만 결국 아레스와 밀회를 나누고 끝내 여러 남신들과 염문을 뿌렸다. 그의 간음은 여성들에게는 호기심의 대상이었으나 남성들에게는 쾌감과 기대감을 높여주었다. 그럼에도 아프로디테 자신은 클레오파트라처럼 자신이 창녀라는 자괴감을 갖지 않았을 뿐만 아니라 사람들도 그를 창녀로 부르지 않았다. 남녀간에는 여러 자물쇠가 놓여있다. 사랑과 쾌락, 의리와 배신, 윤리와 도덕, 관습과 문화 등등 시대와 사회에 따라 족쇄는 끝이 없이 이어진다. 대개 이

자물쇠의 열쇠는 남성이 가지고 있었다. 아프로디테는 예외다. 이 자물쇠와 열쇠는 가변적이고 개인의 의식에 따라 클레오파트라형과 아프로디테형이 있다. 대개는 사회적 선택에 의존하지만 일부는 스스로 선택한다.

아프로디테의 바람기의 배경은 천성이거나 상황적일 수도 있다. 첫 결혼의 불만이 그녀를 자포자기의 상태로 몰고 갔을 가능성이다. 올림포스의 신 중에서도 가장 아름다운 아프로디테는 당시 가장 못생긴 불구의 헤파이스토스와 거래의 제물로 강제 결혼했다. 헤파이스토스는 제우스와 정실부인 헤라 사이에서 적자로 태어난다. 제우스를 지고의 신으로 숭배하는 헤시오도스는 제우스의 완전성을 강조하려는 듯 헤파이스토스도 헤라 혼자서 낳았다고 기술한다. 헤라는 처음으로 태어나는 아들에 대단한 기대를 가졌으나 못생긴 얼굴에 절름발이였다. 헤라는 너무 화나고 수치스러워서 다리 하나를 잡고 머리 위로 두 번 돌려 올림포스산 너머로 던져버렸다. 아기는 땅과 바다 위를 하루 동안 치솟아 올랐다가 다음날 새벽에 이르러서야 바다로 떨어져 바다 밑으로 곤두박질했다. 다행히 바다의 여신인 테티스와 에우리노메의 보살핌으로 살아났다.

헤파이스토스는 바다의 신 네레우스 동굴에서 여성용 장신구를 만들며 자랐다. 그는 크면서 올림포스로 돌아가서 부모로부터 인정도 받고 자신을 버린 어머니에 대한 분풀이도 하고 싶었다. 그는 황금 의자를 만들고 의자 위에 눈에 보이지 않는 그물을 쳐 놓았다. 의자에 앉는 즉시 몸을 조이는 그물은 헤파이스토스만이 풀 수 있다. 이 의자를 어머니 헤라에게 선물하자 그녀는 기뻐 어쩔 줄을 모르며 그 의자에 앉았다. 그러자 그 그물이 헤라를 옭아맸다.

헤라와 헤파이스토스는 거래를 했다. 헤라를 그물에서 풀어주는 대신에 헤라는 헤파이스토스에게 아프로디테를 아내로 주고 올림포스로 복귀시키는 조건이었다. 모자간의 거래는 성사되었다. 그런데 헤파이스토스의 동생인 아레스가 아프로디테에게 눈독을 들이고 있었다. 아레스는 아프로디테가 정략결혼의 희생물이 된 것을 미끼로 헤파이스토스와 아프로디테 사이를 파고들어 아프로디테를 정부로 만들었다. 아레스에게 옷고름을 푼 아프로디테는 이후부터 거침이 없었다. 바로 첫 결혼의 불만이 그녀를 자유방임적 연애주의자로 만들었을 것이다. 남성의 유혹에 넘어간 것이 아니라 자신의 눈에 드는 남성들을 거리낌 없이 후렸다. 헤르메스, 포세이돈, 아레스, 디오니소스 등과 번갈아 가며 사랑을 나누었다. 그야말로 '판데모스', 뭇 남성의 아프로디테, 뭇 남성에 속하는 아프로디테가 되었다.

그러나 그녀에게도 순정은 있었다. 그녀의 마지막 사랑은 키프로스의 왕 키니라스의 아들인 아도니스였다. 그녀는 그에 흠뻑 빠졌다. 그러나 아도니스가 사냥 중에 멧돼지에 받혀 죽게되자 그녀는 연인을 찾아 숲속을 방황한다. 그리고 그녀가 흘린 눈물이 떨어진 자리에는 아네모네가 피었고 그녀의 발에서 흐른 피로 그동안 하얗던 장미들이 진홍색으로 물들었다. 여기에서 신화는 자유분망한 육체적 쾌락 속에서 일편단심의 순수한 정신적 사랑을 보여주고 있다.

아프로디테의 환생녀 프리네

미의 여신 아프로디테 판데모스는 천의 얼굴과 몸을 가질 수밖에 없다. 각자가 바라는 아름다움의 기준에 따라 각자의 가슴에 새겨지기 때문이다. 그런데 이 상상 속의 여신 아프로디테가 현실 속의 인간으로 나타났다. BC 4세기경이다. 정확히 알 수는 없지만 여러 역사가의 추정을 종합하면 BC 371년경 보이오티아 테스피아이(Thespiai)에 나타났다. 이름은 므네사레테(Mnesarete), 기념, 미덕이라는 의미인데, 그녀의 누런 얼굴색 때문에 '두꺼비(toad)'라는 의미의 프리네(Phryne)로 불렸다. 그녀는 아테네로 진출하여 헤타이라(hetaira)가 되었다. 솔론이 공창제도를 도입한 후 2세기가 흐르면서 아테네는 고급 창녀 즉 헤타이라가 활발하게 활동했다. 그중에서 프리네는 타고난 미모로 인해 '아프로디테 판데모스'가 인간으로 현현(顯現)한 여인이었다.

고대 그리스 남성들, 그리고 학자들도 모이면 토론의 주제는 프리네였다. 프리네 시대로부터 2세기가 흐른 뒤 아데나이오스가 전해주는 그녀의 삶에 대한 자세한 내용과 함께 그녀의 외모에 대한 이야기는 식을 줄 몰랐다. 프리네가 얼굴뿐만 아니라 눈부실 정도로 아름다운 육체를 뽐낸 것은 엘레우시스(Eleusis) 축제와 포세이돈(Poseidon) 축제 때다. 그녀는 운집한 모든 그리스 사람들 앞에서 옷을 벗고 머리를 풀어 헤친 채 목욕하려고 바닷속으로 들어갔던 것이다. 그녀는 이 퍼포먼스를 통해 여성을 억누르고 있는 당시의 사회문화에 저항하고자 했을 것이다. 이 장면을 재빠르게 화폭에 담은 것은 그리스의 유명한 화가인 아펠레스(Apelles)였다.[13] 그는 바다에서 알몸으로 나오는 프리네에게서 평소에 머릿속에 간직하고 있던 미와 열정의 아프로디테를 보고 이 영감으로 '아프로디테 아나디오메네(Aphrodite Anadyomene)'를 그렸다.[14] 프리네의 빛나는 아름다움은 그녀의 직업적 고객 중의 한 명이었던 BC 4세기에 아테네의 위대한 조각가인 프락시텔레스(Praxiteles)의 조각상과 여러 회화(繪畫)를 비롯해 코믹 오페라(comic opera) 그리고 그림자 연극(shadow play)에 이르는 예술 작품들에서 추측과 해석에 영감을 불어넣었다. 프락시텔레스는 크니도스 도시를 위해 그의 유명한 조각 '크니도스의 아프로디테'(Aphrodite of

Cnidus)도 제작했다.[15]

　고급 창녀인 프리네가 일약 유명해진 것은 아데나이오스가 전해주는 그녀의 재판에 관한 일화 때문이다.[16] 아데나이오스에 따르면 그녀는 '사형에 처해질 범죄 혐의(capital charge)'로 기소되었다. 그녀를 고소한 것은 당시의 그리스 희극 작가 에우티아스(Euthias)였다. 그는 작가로서 행세는 했지만, 인기 있는 작품을 내놓지 못해 지명도가 거의 없었다. 그는 프리네가 '엘레우시스'에서 개최된 포세이돈 축제에 참가하여 벌인 발가벗은 알몸의 퍼포먼스에 대한 이야기를 들었다. 그녀의 알몸을 본 참가자들은 그녀의 경이롭도록 아름다운 모습에 가슴이 멎고 몸이 경련을 일으킬 정도였으며 그녀의 모습을 인간이라고 하기에는 너무 신비스럽다고 감탄했지만 프리네에 대해 증오심을 갖고 있던 에우티아스에게 이 소식은 질시의 낚시밥이었다. 그는 프리네가 신의 축제에 알몸을 보였고, 특히 아름다운 여신이 더러운 창녀 같은 취급을 받았다는 이유를 내세워 그녀를 신성 모독죄로 고발했다. 아프로디테의 모델이 되는 자체가 신을 모독했다는 것이다. 플루타르코스도 그녀가 불경죄로 기소되었다고 전한다. 프리네의 신성모독죄는 '사형에 처해질 범죄'다.[17] 프리네는 에우티아스의 고발에 따라 아레오파고스에 서게 되었다. 이것은 오히려 프리네에게 기회였다. 이 재판은 프리네를 영원불멸의 신비로운 여인으로 만들었다. 그녀의 '신성한' 외모, 믿을 수 없을 정도의 많은 재산, 그리고 유명한 연인들 때문이 아니었다. 그리스 더 나아가 세계의 역사서에 프리네를 기록하도록 한 것은 의심의 여지 없이 그녀의 재판 그 자체였다.

　프리네의 재판은 아레오파고스에서 열렸다. 프리네의 변호인은 그녀의 여러 연인 중의 한 명이었던 아테네의 유명한 웅변가인 동시에 정치가이고 법률가였던 히페레이데스(Hypereides, BC 390~BC 322)

였다. 그는 마케도니아 통치에 반대하는 주전파 중의 한 명이었고, 우아하고 재치있는 표현의 절묘함으로 특히 유명했으나 그의 프리네 변론 내용은 전해지지 않는다. 아데나이오스에 따르면 히페레이데스의 변론은 그가 프리네의 옷을 벗겨 그녀의 알몸 젖가슴이 드러나는 것으로 절정을 이루었다. 그 당시에 법정에서 실제로 일어난 일에 대해 역사가들 사이에서 대단한 논란이 있긴 하지만, 가장 신뢰할 만한 출처 중 하나는 『철인의 만찬』에 언급된 내용이다 (Athenaeus, *The Deipnosophists* 13.59).

히페레이데스는 에우티아스의 기소가 부당하다는 것을 조목조목 설명하면서 프리네의 선처를 간청했지만, 배심원들이 오히려 그녀에게 곧 사형선고를 내리려 한다는 사실을 직감했다. 그에게 프리네는 한 여인 또는 한 죄인에 대한 변론이 아니라 자신의 사랑하는 연인에 대한 변론이고 이 재판은 몇 년 징역 혹은 얼마의 벌금의 문제가 아니라, "사형이냐 무죄냐"의 문제이다. 히페레이데스에게는 셰익스피어가 『햄릿』(3막 1장)에서 말한 "사느냐 죽느냐 그것이 문제"였다.

그동안 많은 법정 경험과 배짱 및 기지가 넘치는 히페레이데스는 이제 그의 모든 경륜과 지혜를 쏟아내야 할 순간이었다. 그는 배심원들이 앉아있는 법정의 한 가운데로 그녀를 데려갔다. 모두가 긴장했다. 어찌하려는 것인가. 그 순간 모든 배심원들의 뒤 귀가 번쩍 뚫리고 두 눈이 휘둥그레지는 일이 벌어졌다. 히페레이데스는 배심원들에게 '신이 자신의 모습을 빌려줄 정도로 아름다운 그녀를 죽일 수 있겠는가?'라면서 프리네의 튜닉(고대 그리스나 로마인들이 입던, 소매가 없고 무릎까지 내려오는 헐렁한 웃옷)을 찢어 제쳤다. 그녀는 알몸이 되어 나체를 드러내 보였다. 여러 사람 앞에서 옷을 홀랑 벗은 것은 엘레우시스 축제와 포세이돈 축제 때에 이어 아마 두 번째이고 신성한 법정에서 알몸을 보인 것은 전무후무한 일일 것이다. 알몸 퍼포먼스는 그의 고도의 전략이었다. 그는 장시간의 열변이 아니라 이 하나의 행위를 최고의 연설 기술로 하여 연설의 말미를 장식한 것이다. 그의 전략은 단순했지만, 결과는 재판을 거꾸로 뒤집었다.

배심원들은 그녀의 아름다운 육체를 보고 경탄했다. 백옥같이 흰 살결을 보고 "빛에 이르게 되면 눈이 광휘로 가득 차서 어느 하나도 볼 수 없게 되는" 플라톤의 동굴 속의 죄수(국가 7.515e)가 되었다. 이런 재판의 모습을 그림으로 표현한 것은 프랑스의 화가이자 조각가인 장 레옹 제롬(Jean-Leon Gerome, 1824~1904)이다. 그는 그리스 신화를 비롯해 고대 역사와 오리엔탈리즘을 소재로 많은 작품을 남긴 신고전주의의 대표적인 화가다. 제롬은 '법정에 선 프리네'를 통해 프리네의 노출증과 배심원들의 관음증을 적절히 조화시켰다. 전해지는 이야기에는 젖가슴을 드러내 보였지만 그림에는 온 몸을 다 드러냈다. 얼굴을 손으로 가림으로써 얼굴 대신에 남성들이 호기심을 갖는 관심 부분을 자연스럽게 부각시켰다. 배심원들이 그녀의 여체를 통해 욕정의 노예가 되어 흐트러진 이성으로 판결을 내렸다는 것을 강조하려는 의도였을 것이다.

제롬의 그림에 등장하는 배심원들의 권위를 상징하는 붉은 법복은 침대 위의 호색한의 가운처럼 흐트러졌다. 그들의 표정도 천태만상이다. 공통적 욕망을 토대로 각자 다른 상상을 하고 있다. 그들은 프리네의 벌거벗은 육체를 중심으로 이심전심으로 욕정이라는 노예가 되었다. '아프로디테의 예언자와 여사제'에게 사형선고를 내린다는 생각은 꿈에도 할 수 없도록 변화되었다. 이제 판결의 방향이 정해졌다. 무죄였다.

세상의 많은 일들은 '논리'가 '방향'을 정하기보다는 '방향'이 논리

▶ 사진 11.2 장 레옹 제롬

법정의 배심원 앞에서 프리네(Phryne before the Areopagus, 1861). 근엄한
척 하던 배심원들이 프리네의 알몸을 보는 순간 경탄의 표정을 짓고 있다.

를 만들어 낸다. 방향이 정해지면 그에 맞는 논리가 구성되는 것이다.
'무죄'라는 방향이 정해지면서 그에 합당한 논리가 필요했다. 그녀에
대한 판결문은 다음과 같은 형식으로 작성되었다.

"저 여체의 아름다움은 신의 의지로 받아들일 수밖에 없을 정도로 완
벽하다. 그녀 앞에서는 사람이 만들어 낸 법은 효력을 발휘할 수 없
다. 그러므로 무죄를 선고한다." (Athenaeus, *The Deipnosophists*
13.59)

방향과 논리에서 '신'은 가장 편리하고 가장 영향력이 강한 무기다.
이들도 신을 동원했다. 배심원들은 프리네의 여체의 아름다움을 '신의
의지'라는 논리로 무장시켰다. 자신들의 여체에 대한 본능적 욕망을
신의 의지로 교묘히 위장한 것이다. 그리고 그녀 앞에 "사람이 만들어

낸 법은 효력을 발휘할 수 없다"는 논리로 자신들의 책임을 비껴갔다. 그리스의 신은 법정도 지배하고 판결도 좌우했다.

"앞으로는 어떤 연설가도 어느 누구를 위하여 동정심을 불러일으키려고 노력해서는 안 되며, 남성이든 여성이든 어느 누구도 그들이 고발당했을 때, 그들의 소송사건이 현재 상황을 바탕으로 결정되어서는 안 된다." (Athenaeus, *The Deipnosophists* 13.59)

이 해괴한 궤변은 무슨 의미인가. 표면적으로는 히페레이데스의 퍼포먼스를 꾸짖으며 그에 의해 재판이 좌우된 것은 아니라는 변명이다. 그러나 이것은 유치한 궤변이다. 뒤집으면 자신들은 프리네가 보여준 나신의 황홀경에 재판이 좌우되었다는 것을 나타낼 뿐이다. 또한 "남성이든 여성이든 어느 누구도 그들이 고발당했을 때, 그 들의 소송사건이 현재 상황을 바탕으로 결정되어서는 안 된다"는 문장에서 "남성이든 여성이든"이라는 구절은 다분히 프리네를 의식한 표현이다. 당시 그리스 여성은 정치, 경제, 사회적으로 어떤 권리도 없었다. 그럼에도 '남성'과 동등한 관점에서 '여성'에게 라는 표현을 넣은 것은 프리네의 아름다움에 자신들이 흔들리지 않았다는 것을 강조하려는 속셈이다. 재판이 "현재 상황을 바탕으로 결정되어서는 안 된다"는 내용은 프리네의 판결이 나신을 보여준 퍼포먼스에 의해 좌우된 것이 아니라는 자기변명이다.

프리네가 패소할 것으로 보이던 사건은 히페레이데스의 행동으로 인해 행동의 영향으로 곧 그녀의 승리로 돌아섰다. 프리네는 승자가 되어 법정을 걸어 나왔다. 프리네를 고발했던 에우티아스는 프리네가 무죄판결을 받자 분개했지만, 그 이상 소송절차를 밟지는 않았다. 프리네의 이야기는 제롬의 '법정의 프리네'를 비롯한 많은 그림과 조각

작품으로 이어지고 있다. 그리고 외형적인 아름다움에 진실을 보지 못하는 남성들의 그릇된 인식을 보여주는 사례로 회자된다. 특히 오늘날 프리네는 학자들에 의해 경건으로 위장된 억압에 반대하는 자유의 상징으로 평가되고 있다.

'크니도스의 아프로디테'가 현실 속의 사랑을 나누던 여인을 모델로 하여 관념 속의 신을 조각한 것이라면 피그말리온(Pygmalion)의 조각인 '갈라테이아(Galatea)'는 조각이 여인으로 변신하여 조각가와 사랑을 나눈 전설이다. 전자는 '인간의 조각화' 즉 사람이 조각상이 되었고 후자는 '조각의 인간화' 즉 조각상이 사람이 된 것이다. '크니도스의 아프로디테'가 한 조각가가 현실세계에서 관능미와 색정이 넘치는 아름다운 창녀와 불같은 사랑을 조각상으로 만들었다면, '피그말리온과 갈라테이아'는 한 조각가가 자신이 조각한 조각상에 대한 연민과 사랑이 아프로디테의 배려로 사랑하는 여인으로 변신한 것이다.

'피그말리온과 갈라테이아' 이야기는 그리스 신화를 수록한 고대 로마의 오비디우스(Publius Ovidius Naso, BC 43~AD 17)의 『변신이야기(Metamorphoses)』에 수록되어 있다. 여기에서 피그말리온은 그리스 키프로스의 전설적인 조각가로서 자신이 조각한 상아 조각상과 사랑에 빠진다. 피그말리온은 키프로스섬의 아마투스(Amathus)시에 사는 프로포이투스(Propoetus)의 딸 프로포이티데스(Propoetides)가 스스로 매춘하는 것을 본 후에 여성에 대한 관심을 버렸다. 세속의 여성에 실망한 그는 대신 자신이 사랑할 수 있는 여성의 조각상을 온 사랑을 담아 상아를 소재로 하여 만들었다. 그가 조각한 동상은 너무 아름답고 살아있는 인간 같아서 그는 그 조각과 사랑에 빠져들었다. 현대사회에서 논쟁의 대상인 러브돌(love doll)은 이미 오래 전부터 인간의 마음에 심어져 있었던 것이다. 그는 이 조각상에 바다의 요정인 '갈라테이아'라는 이름을 붙이고 마치 자신의 진짜 연인인 듯 여겼다. 옷도 갈아입히고 몰래 입맞춤도 하면서 혼자 탄식하곤 했다.

시간이 지나고 아프로디테 축제의 날이 왔다. 피그말리온은 아프로디테 제단에 제물을 바치고 빌었지만 너무 두려워서 자신의 욕망을 고백하지 못하고, 자신이 조각한 소녀와 닮은 신부를 조용히 바랐다. 그가 집으로 돌아와 상아 조각상에 입을 맞추자 그 입술이 따뜻하게 느껴졌다. 그는 다시 동상에 키스하면서 단단하던 상아가 부드러워졌다는 것을 알았다. 아프로디테가 피그말리온의 소원을 들어주어 상아 조각이 실제 인간 여성으로 변신한 것이다. 피그말리온은 여성으로 바뀐 상아 조각상과 아프로디테의 축복 속에 결혼했다.

프락시텔레스는 창녀를 사랑하고 그녀를 만인의 연인인 아프로디테의 모델로 하여 조각으로 만들었다. 반면에 피그말리온은 창녀를 경멸하고 대신 자신이 여성 조각상을 만들었고 그녀가 인간이 되자 결혼한다. 전자는 현실이고 후자는 신화다. 양쪽 남성 조각가가 여성을 조각한다. 하나는 현실의 여인을 모델로 상상의 여인을 만들어 냈다. 다른 하나는 상상의 여인을 (모델)로 하는 조각상을 토대로 현실의 여인을 만들어 냈다. 여기에서 공통적인 것은 여성에 대한 간절한 사랑이라는 것이다. 이런 사랑에는 신과 인간이 호흡을 나눈다. 피그말리온의 사랑은 독특하다. 그는 현실과 등을 돌리고 스스로 고립된다. 이 고립 속에서 세상에 대한 원망을 자신만의 소망으로 투영한다. 그리고 가상의 이상적 존재에 탐닉한다. 오늘날 이런 현상을 '피그말리오니즘'으로 부른다.

신전과 매춘

그리스 신들의 세계에는 돈거래가 없다. 신과 인간 사이도 마찬가지다. 거의 모든 신화는 화폐가 만들어지기 이전에 생성되어 물품거래에 한정되었다. 후기의 신화에서 망자가 명계로 가는 아케론(Acheron)강을 건널 때 저승의 뱃사공 카론(Charon)에게 도선료를 내는 것이 유일하다. 특히 신들 사이나 신과 인간들 사이에 남녀관계를 놓고 여러 흥정을 하면서도 금전거래 즉 매춘은 나타나지 않는다. 신들은 무상으로 자유롭고 능수능란하게 바람을 핀다. 대신 신들은 인간에게 '매춘'이라는 조건을 붙여 자유로운 섹스의 공간을 마련해 주었다.

사회에 부(富)가 넘쳐나면 빈익빈(貧益貧) 부익부(富益富)의 경제적 불평등과 부유한 사람들이 성적 탐닉에 빠지면서 매춘업이 번성한다. 부가 넘쳐났던 리디아는 BC 650년 전후에 인류 최초로 화폐가 발명되면서 리디아의 도시인 사르디스에서는 소매 시장과 함께 도박장과 사창가의 매춘이 번성했다. 화폐가 발명되기 전에는 매춘의 화대를 물건으로 지불하다 보면, 금이나 은 등 보석류가 있을 수 있지만, 그 외의 운반이나 보관이 불편하다. 말이나 나귀 등에 물건을 싣고가고, 창녀는 그 화대들을 집안에 쌓아놓는 상황을 상상해 보면 웃음이 나온다. 동전 화폐는 이러한 쌍방 간의 불편을 일거에 해소했다.

그리스는 아마 인류 최초의 공창 국가였을 것이다. 솔론(Solon) 시대에 아테네에는 매춘 업소 즉 공창인 '오이키스코이(oik'iskoi)'가 문을 열고 매춘이 공개적으로 이루어졌다. 그리스의 매춘부들은 크게 4가지로 하급부터 고급 콜걸까지 1) 포르나이(Pornai), 2) 가두 매춘부(Street girl), 3) 아울레트리데스(Auletrides)로 기생급, 4) 헤타이라이(Hetairai, 단수는 'hetaira로 고급창녀)로 구분되었다.

그리스에서는 성매매 자체에 대한 부정적 인식이 가장 약했을 뿐만 아니라 오히려 매춘이 사회적인 일상의 하나였고, 매춘부가 등급에 따라 다르기는 하지만 역사적으로 크게 멸시되는 직업도 아니었다. 현재 쓰이는 매춘과 관련된 용어들도 그리스어에 기원을 두고 있는데, 영어에서 외설이라는 의미로 사용되고 있는 포른(porn)은 그리스의 동사 페르네미(pernemi, 팔다)에서 파생되었다. 그리스 말엽에 밀교의식이 성행하고 성적 표현이 개방화되면서 매춘과 간음은 거리에서 신전으로 번져, 일부 신전마저 타락하여 매음굴로 변화된 것으로 보인다.

그리스가 로마에 복속되면서 네로 황제가 유대인 노예 6,000명을 투입해서 운하를 팔 때, 유대인에게 전도하러 코린토스에 간 금욕주의자 사도 바울도 사랑의 여신 아프로디테를 섬기는 신전이 환락의 도시로 변화된 상황을 목도했다. 그는 이후에 서신인 고린도 전서에는 이런 정황을 담았다. 한편 스트라보(Strabo)의 기술은 더 생생하다.

"코린토스에 있는 아프로디테 신전은 매우 부유하여, 여신에게 바쳐진 천 명 이상의 신전 노예 즉 매춘부를 소유하고 있었다. 이 중에는 자유인 남성과 여성도 여신에게 바쳐졌다. 이 성전 창녀들 때문에 도시는 사람들로 붐볐고 부가 증가했다. 선장들은 돈을 자유롭게 낭비했다. "모든 사람이 코린토스로 항해하는 것은 아니다"라는 속담이 있을 정도였다. (Strabo, *Geographia* 8.6.20)[18]

스트라보는 이집트의 테바이 신전에도 매춘부가 있었다고 전한다.[19] 그리스의 제우스에 해당하는 최고의 신 암몬(Amon)을 위해 유명한 가정에서 아름다운 처녀를 신전에 바쳐 여사제로서 자신의 몸이 자연적으로 정화될 때까지 원하는 모든 남성과 매춘을 하거나 성관계를 갖고, 정화 후에 이별 의식을 갖고 어느 남성과 결혼했다는 것이다

(Strabo, *Geographies* 17.1.46).[20]

스트라보는 여기에서 매춘(prostitution)이라는 용어를 동원한다. 그러나 헤로도토스는 이집트인들이 신전에서 성관계를 갖지 않았고, 신전 외부에서 성관계를 가진 후에도 신전에 들어가기 전에 씻는 것을 종교 문제로 만든 최초의 이집트인이라고 말하면서 이집트 신전에서의 성행위 금지를 알고 있었다 (역사 2.64). 이런 점을 고려하면 스트라보의 정보에 오류가 있거나 번역상의 문제가 있을 가능성을 추정해 볼 수 있다. 양갓집 처녀는 아마 여성으로서 신체적 변화가 올 때까지 사제의 하녀로 봉사하다가 생리작용이 시작되면 신전을 나와 결혼했다는 의미가 올바를 것 같다. 이것은 네팔의 쿠마리 관습과 유사한 것이다. 네팔에서 쿠마리(Kumari)는 석가가문에서 선발된 살아있는 (사제나 사제의 보조는 아니고) 신의 상징이지만 초경이 시작되면 자리에서 물러나 집으로 돌아간다.

만일 신전에서 처녀들이 어떤 형식의 성관계를 가졌다면 몽골에서 지역 사찰의 주지가 초야권을 가졌던 것을 떠올릴 수는 있지만 지나친 비약으로 생각된다. 고대 이스라엘에서도 매춘은 흔한 일이었다. 히브리어 성경에는 매춘에 대한 언급이 많이 나타난다. 창세기의 유다와 타마르(창세기 38:14-26)의 이야기는 그 당시에 행해진 매춘을 묘사한다. 성서 여호수아에 나오는 여리고 성의 창녀 라합은 현대적 의미의 고급 콜걸이다.

신전이 신의 이름으로 돈벌이와 성적 유희가 정당화되는 장소로 변질된 것은 훨씬 이전의 일일 가능성도 있다. 헤로도토스는 바빌론의 여성들이 매춘 아닌 매춘을 하는 이야기를 전한다.

"바빌론인들에게서 가장 수치스러운 관습은 … 그곳에 사는 여자는 누구나 다 일생에 한 번 아프로디테 신전에 앉아있다가 낯선 남자와 동침을 하게 되어있다. … 대부분 여자들은 … 끈으로 만든 관을 머리에 두르고 아프로디테의 성역 내에 앉아있는데 … 그 여자들 사이로 직선으로 그어진 통로들이 사방으로 나 있고 그 길을 통해 낯선 남자들이 지나가며 여자들을 고른다. 여자가 일단 그곳에서 자리에 앉게 되면 낯선 남자 중 누군가가 그녀의 무릎에 은화를 던지고 신전 밖에서 그녀와 동침하기 전에는 집으로 돌아가지 못한다. … 여자는 자신에게 은화를 던진 첫 번째 사람을 따라가고 결코 그를 거부하지 않는다. 그와 동침하고 나면 그녀는 이제 여신에 대한 의무를 다하게 되어 집으로 돌아간다. 그 후에는 아무리 많은 돈을 준다해도 그녀를 차지할 수가 없게 된다. 그런데 그때 용모가 아름답고 키가 큰 여자들은 일찍 집으로 돌아가지만, 그들 중 못생긴 여자들은 규정을 이행하지 못해 오랫동안 기다린다. 그중 일부는 3년 혹은 4년 동안이나 머물러 있는 것이다. 키프로스의 일부 지역에도 이와 유사한 관습이 있다." (역사 1. 199)

헤로도토스의 증언은 신의 뜻을 가장하거나 종교의식을 빙자하여 남성들이 파놓은 매음굴이 분명해 보인다. 그뿐 아니다. 신을 빙자한 종교인들의 탐욕은 '성전(聖殿)'이 성(聖)이 아니라 성(性)의 유희의 전당인 '성전(性殿)'으로 변할 수도 있다. 여기에는 사제의 그루밍(Grooming)이나 은밀한 간음이 이루어 졌던 것으로 보인다. 헤로도토스가 전해주는 이야기다.

"마지막 꼭대기 탑에는 커다란 신전이 있다. 그 신전 안에는 좋은 덮개가 깔린 큰 침상이 하나 있고 그 곁에는 황금 탁자가 놓여있다. 하지만 그 안에는 어떤 조각상도 세워져 있지 않으며, 이 신의 사제들인 칼데아(Chaldea)인들의 말에 따르면 밤에는 신이 그 지역의 모든 여성 중에서 선택한 여성 한 명만을 제외하고는 어떤 인간도 그곳에서 잠을 자지 않는다. 이 칼데아인들은 신이 직접 신전에 왕림하여 침상에 누워 쉰다고 말하지만, 나는 그들의 말을 믿지 않는다. 이집트인들에 따르면 이집트의 테바이에서도 역시 마찬가지라고 한다. 거기에서도 역시 한 여성이 신전에서 잠을 자고 바빌론과 테바이 신전이 이 여성들은 둘 다 어떤 남성과도 동침하지 않는다고 하기 때문이다. 또한 리키아(Lycia)의 파타라(Patara)에 있는 예언녀도 그곳에 가 있을 때면 역시 마찬가지다. 그곳에선 신탁소가 항상 열려 있는 것이 아니기 때문이다. 그러나 그녀는 그곳에 가 있을 때면 늘 밤 동안 신전 안에서 갇혀 지낸다." (역사 1.181-182)

이것은 바빌론과 이집트의 사례다. 그리스의 주요 신전은 구조적으로 이런 일이 일어나기가 쉽지 않다. 그러나 큰 성소 안의 신전은 밤에는 항상 적막하다. 지방 신전의 경우 개연성을 배제될 수 없다.

여신과 여성들의 성적 의식

고대 그리스의 미노아 문명 시대에는 여성들의 사회적 지위와 활동이 남성들에 버금갔지만 에게해의 고고학 및 역사적 증거들은 시간이 지나면서 여성들에 대한 억압이 증대하는 유형을 분명하게 보여준다.[21] 이 증거들에서 남녀의 성관계에 대한 묘사나 특히 여성의 반응은 드러나지 않는다. 이 중에서 호메로스의 『일리아스』에는 아킬레우스가 전리품인 브리세이스(Briseis)를 아내처럼 순백하게 사랑하는 모습이 그려지는데 아마 그리스에 나타난 남녀 간의 육체적 사랑에 관한 최초의 표현 중 하나일 것이다. 그리스인의 남녀관계에 대한 인식은 신화에서 남신, 세속에서 남성 중심으로 표출되었고 특히 외도에 대해서는 여신이나 여성은 항상 수세적이었다. 그러나 외도에 대한 호기심과 성적 욕구는 남신이나 남성뿐만 아니라 아프로디테가 보여주는 것처럼 여신이나 여성도 예외일 수 없다. 그러나 남신이나 남성들의 통제에 꼼짝 못 하는 여신이나 여성들은 속으로 불평이 나올 수밖에 없다. 님프 칼립소(Calypso)는 그런 불평을 털어놓는다.

> "무정하시도다. 그대들 남신들은! 그리고 그대들은 유별나게 질투심이 강하시오. 그대들은 어떤 여신이 인간을 사랑하는 남편으로 삼아 공공연히 인간과 동침하면 질투를 하시니 말예요." (오디세이아 5.118-120)

여신들도 남신들처럼 남자를 만나서 바람을 피우고 싶은데 남신들이 이를 철저히 차단한다는 것이다. 대표적인 예가 제우스다. 제우스는 부인 헤라가 바람을 피우려고 했던 것은 아니지만 다른 신이 헤라를 넘본 것에 대해서도 가장 가혹한 보복을 했다. 익시온(Ixion)은 제우스로부터 식사 초대를 받은 자리에서 헤라를 보고 엉큼한 마음을 품었다. 이미 익시온의 태도를 눈치챈 제우스가 구름으로 헤라의 이미지를 딴 네펠레(Nephele)라는 요정을 만들었다. 네펠레를 헤라로 착각한 익시온은 네펠레 즉 구름과 동침했다. 그리스 신화는 여기에서 탄생한 것이 상체는 인간이고 하체는 말인 켄타우로스(Kentauros)족속으로 기술한다. 제우스는 헤르메스에게 익시온을 영원히 불타는 수레바퀴에 묶도록 하고 그 후에 그를 타르타로스로 유배시켰다. 여기에서 예를 든 신들 이외에도 많은 신들과 영웅들이 우월한 지위에서 여신 또는 님프 그리고 인간 여성들과 관계를 가졌다. 아테네의 건국신화에 등장하는 아이게우스(Aegeus)는 호플레스(Hoples)의 딸 메타(Meta) 및 렉크세노르(Rhexenor)의 딸 칼키오페(Chalciope)와 각각 결혼하고 두 아내를 모두 친구들에게 주었다. 그 이후에도 그는 다른 사람들의 딸들을 데려가는가 하면 결혼하지 않은 채 아주 많은 여인들과 동거했다. 테세우스는 헬레네를 납치해 강간하려다 나이가 어려 단념했으며 아리아드네를 사랑하다가 섬에 남겨두고 혼자 아테네로 떠났다. 그는 트로이 전쟁의 영웅 아자크스(Ajax)의 어머니 멜리보이아(Meliboea)와 법적으로 결혼했다 (Athenaeus, *Deipnosophist* 13.4).

남신(성)들의 이런 행태에 헤라가 들고 일어났다. 어느 날 헤라가 제우스에게 그의 여러 차례에 걸친 부정(不貞)에 대해 책망을 시작했다. 제우스는 자신이 여성들과 관계를 맺을 때 남성보다 여성들이 오히려 더 많은 쾌락을 느낀다고 주장했다. 이것은 여성들이 더 관계를 바라며 자신의 부정은 여성들의 유혹 때문이라는 의미였다. 반면에 헤라는 남성이 더 많은 쾌락을 느낀다고 항변했다. 제우스와 헤라는 각자 주관적인 판단을 바탕으로 상반된 주장의 대립을 이어갔다.

제우스의 바람에 골머리를 앓는 헤라는 남녀관계에서 당연히 남성들이 더 만족감을 느낀다고 생각했다. 남성 중심의 만족감이 남성들의 바람의 요인이라고 생각했을 것이다. 그래서 그녀는 "남자와 여자 가운데 관계의 쾌락을 누가 더 누리는가?"라는 문제를 "쾌락을 더 느끼는 쪽에서 성(性)을 더 탐하며, 성(性)을 더 탐하는 쪽에서 상대를 더 갈망하고 하나의 상대로 만족하지 못할 경우 불륜을 저지를 가능성이 높을 수 있다"는 가설을 경험적으로 입증해 내고 싶었다. 그리고 이 자료로 제우스의 외도를 압박하려는 의도였다. 그런데 그녀에게 이에 대한 경험적 자료를 확보할 기회가 찾아왔다.

남자와 여자로서 번갈아 가며 산 사람이 있었던 것이다. 바로 오이디푸스 왕에 등장하는 맹인 티레시아스(Tiresias)였다. 그는 남자였지만 7년간 여자로 변신되어 남성과 여성으로서 모두 성적 경험을 한 인물이었다. 그는 한 쌍의 뱀이 교미하는 것을 보고 지팡이로 암놈을 죽이자 화가 난 헤라가 그를 매춘부 같은 여성으로 만들었다. 7년 후에 그는 똑같은 장소에서 똑같은 일을 목격했다. 이번에는 남성 뱀을 죽임으로써 그는 자신의 남성을 회복했던 것이다.

제우스와 헤라는 남녀의 양성 경험을 가졌던 티레시아스에게 남녀 양쪽 중에서 어느 쪽이 더 쾌감을 느끼는지 물었다. 티레시아스는 남녀관계는 자신이 여성이었을 때 훨씬 더 쾌감이 높았다며 "만일 남녀관계의 쾌감을 10으로 계산한다면 여성이 가져가는 몫은 9이고 남성은 단지 1이다"라고 대답했다. 티레시아스의 이 답은 단지 그의 주관적 느낌에 불과하다. 게다가 이것은 헤라가 원하는 답이 아니었다. 헤라에게 필요한 대답은 남성들을 '색광(色狂)'으로 몰아갈 대답이 필요했던 것이다. 헤라는 그를 이단으로 몰아 또 다시 장님이 되는 벌을 내렸다. 제우스는 그를 안타깝게 여기고 그에게 예지력과 7대손까지 살도록 보상해주었다. 티레시아스가 오이디푸스 왕에게 불려간 것은 아마 이 이후일 것이다. 한편 신화의 세계가 아닌 현실의 세계에서 히포크라테스는 『세대(On Generation)』에서 남성과 여성 모두 체액의 사출에서 절정에 달하지만, 남성들이 관계에서 더 많은 즐거움을 얻는다고 믿었다.[22] 헤라가 원하던 답은 히포크라테스에 있었던 것이다.

신화의 시대에 전쟁은 남편들이 오랫동안 집을 떠나 있는 동안 여성들에게는 의식적이든 무의식적이든 성적 갈구의 본능이 들어날 수 있는 시기이다. 그리스 사회를 이끌어가는 혈기 왕성한 남성들이 트로이 전쟁터로 빠져나가고 촌노나 여성들만 남게 된 미케네 사회의 성 풍속은 어떻게 돌아갔을까. 전쟁이 10년을 끌 것으로는 아무도 예상하지 못했을 것이다. 호메로스의 『일리아스』는 전장의 무대를 트로이로 한정하기 때문에 그리스의 본토 모습은 전해지지 않는다. 이야기도 신들과 영웅들의 활동에 초점을 맞춘다. 특히 홀로 남겨진 여성들의 성적 행태에 대해서는 이야기 하지 않는다. 신화는 음모와 복수 그리고 신들이 인간의 사고와 행동을 조종하는 내용이 중심이다.

미케네에 남게된 인물이 늙은 영웅 나우플리오스(Nauplius)다. 나우플리오스는 포세이돈이 아미노네와 정을 통해 낳은 아들이다. 나우플리오스는 팔라메데스(Palamedes)라는 아들을 갖게 된다. 트로이전쟁 당시에 나우플리오스는 이미 노령이라서, 대신 그의 아들 팔라메데스가 그리스 연합군의 일원으로 참전했다. 팔라메데스는 당시 스파르타 왕이던 메넬라오스와 4촌 지간이다. 메넬라오스는 자기 아내 헬레네를 찾으려고 트로이전쟁을 선동했고 팔라메데스도 4촌으로서 이에 적극 가담했다 (호메로스의 『일리아스』에는 등장하지 않는다. 모든 참전자가 『일리아스』에 등장하는 것은 아니다). 반면에 꾀가 많은 오디세우스는 꾀병을 내세워 군역을 기피하고 트로이전쟁에 참전하지 않으려고 했으나 팔라메데스가 이를 알아차리고 지적하는 바람에 꼼짝없이 참전하게 되었다.

오디세우스는 이 일로 치욕적인 망신을 당하고 팔라메데스에게 앙심을 품게 된다. 이어 아르고스의 왕인 디오메데스(Diomedes)와 합작하여 팔라메데스를 트로이의 첩자로 몰아 병사들의 돌팔매에 맞아 죽게 만들었다. 이 소식을 전해들은 팔라메데스의 아버지 나우플리오스는 너무 억울해서 분을 삭일 수가 없었으나 자신은 이미 늙어서 트로이로 가서 그리스 연합군에게 타격을 가하는 일은 불가능했다.

그는 대신 아들을 죽게 만든 그리스 연합군의 장군들을 아주 교묘하게 괴롭힐 묘책을 고심 끝에 찾아냈다. 가정을 파탄 내는 것이다. 나우플리오스는 남자와 헤어져 지내는 여성들의 외로움을 이용해 장군의 부인들이 바람을 피우도록 만들기로 했다. 그는 복수의 첫 대상을 총사령관 아가멤논의 부인 클리템네스트라로 정하고, 아가멤논이 클리템네스트라를 감시하도록 옆에는 붙여 준 감시자 데모도코스를 떼어 놓았다. 그리고 역시 클리템네스트라에게 접근할 기회를 노리고 있던 아가멤논의 조카 아이기스토스(Aegisthus)와 사련(邪戀)에 빠지도록 만들었다. 아가멤논과 카산드라의 죽음을 몰고온 아이기스토스와 클리템네스트라의 사통이 결국 나우플리오스에 의해 엮였다는 이야기다.

나우플리오스의 다음 목표는 오디세우스와 함께 자신의 아들을 죽이는 데 합작한 디오메데스였다. 디오메데스의 아내 아이기알레이아는 디오메데스가 신혼 초에 출전하는 바람에 몸에 불만 붙여진 채 뜨겁게 달아오다가 멈춘 상태였다. 디오메데스는 트로이전쟁에서 아킬레우스에 버금가는 장수로 활약했으나 전쟁터에서 아프로디테의 손등에 상처를 입혀 불행의 씨앗을 잉태했다. 아프로디테는 인간으로부터 상처를 받은 것에 대해 줄곧 앙갚음을 생각하고 있다가 에로스를 시켜 디오메데스의 아내인 아이기알레이아가 코메테스라는 청년에 빠져 남편을 배신하게 만들었다. 그런데 다른 버전에서는 이 작업을 나우플리오스가 한 것으로 전하고 있다. 디오메데스는 귀국했을 때 아이기알레이아가 보낸 자객에 의해 살해당할 위기에서 자객을 제압하지만 이 자객으로부터 충격적인 진술을 듣는다. 자신을 보낸 것은 왕비이며 왕비는 이미 코메테스와 매일 욕정을 불사르고 있다는 것이다. 그는 아내의 배신감에 치를 떨었으나 신변의 위험을 느끼고 즉시 나라를 떠난다.

나우플리오스의 다음 차례는 오디세우스의 부인 페넬로페(Penelope)를 바람나게 만들어 그의 가정을 파탄내는 것이다. 나우플리오스의 아들이 꾀병을 탄로내어 트로이전쟁에 참전했던 오디세우스는 10년의 전쟁이 끝나고 그로부터 다시 10년의 세월이 흐르는데도 돌아오지 않은 채 소식이 없다. 궁정의 실력자들은 왕비와 왕위를 차지하려는 "꿩

먹고 알먹는 경쟁"에 돌입하여 협박과 회유로 페넬로페에게 결혼을 졸라 댄다. 그녀는 시아버지를 위한 수의를 짜고 나면 재혼하겠다는 핑계로 상황을 모면하며 낮에는 수의를 짜고 밤에는 수의를 다시 풀어서 시간을 벌었다. 그리고 끝내는 오디세우스가 돌아온다는 해피엔딩의 이야기다. 그녀는 나우플리오스의 공작에도 불구하고 끝까지 정절을 지켜 그리스 신화에서 가장 정숙한 여인으로 평가되고 있다. 이후부터 "페넬로페의 수의"라는 용어는 "여인의 정절"을 상징한다.

그런데 캐나다 출신 작가 마거릿 애트우드 여사는 『페넬로피아드』[23]에서 오디세우스와 페넬로페의 삶을 비틀어 새롭게 조명한다. 오디세우스가 미인들과의 유희에 정신이 팔려 집과 아내를 잊고 있었던 것은 아니었나? 페넬로페는 수의를 풀었다는 그 밤에 남자들을 불러들여 밤을 뜨겁게 달군 것은 아닌가? 애트우드는 페넬로페는 탕녀로, 오디세우스는 바람둥이로 전락시킨다.

나우플리오스의 이야기는 그리스 여성들이 외간 남성과의 관계에 대한 동경을 늘 간직하고 살았으며 기회가 되면 남성들과 관계를 했다는 생각을 가능하게 해준다. 이런 신화는 그리스 사회에서 여성들의 목소리가 점점 커지면서 공개적인 성적 표현의 상황으로 이어진다. 신화 외에도 아리스토파네스(BC 445~BC 385년경)는 BC 411년에 공연된 희극 『리시스트라테』에서 아테네가 시칠리아 원정에서 대패하자 아테네의 붕괴를 막고 평화를 가져오기 위해 아테네와 스파르타가 휴전협정을 맺도록 여성들이 섹스를 무기로 남성들에게 압력을 넣기로 한다.

칼로니케: 남편들이 완력으로 우리를 침실로 끌고간다면?
리시스트라테: 문에 매달려요.

칼로니케: 남편들이 우리를 때리면?

라시스트라테: 그럼 해주되 재미없게 해주는 거죠. 그런 일엔 폭력을 쓰면 재미없는 법이니까요. 다른 방법으로도 짜증나게 해줘요. 걱정 마세요. 그들은 곧 포기하게 될 테니. 남자란 여자를 만족시키지 못하면 만족을 얻지 못하는 법이니까. (리시스트라테 160-165)

이 대사는 그리스 시대의 여성이 시민이면서도 참정권이나 상속권 등 차별대우를 받고, 결혼의 목표가 자식을 낳고 가정을 이어가는 것이라는 표면적 이유 외에 침실에서는 남성의 쾌락에 대한 보조기구에 불과했다는 것을 보여준다. 여기에서 여성들은 섹스를 무기로 남성들의 마음을 돌리기 위한 결의의 맹세를 다진다.

"나는 결코 자진하여 내 남편의 요구에 응하지 않겠다."
"그이가 완력으로 강요한다면 나는 재미없게 해주고
요분질도 하지 않겠다."
"나는 천장을 향하여 다리도 들지 않겠다." (리시스트라테 210-230)

아리스토파네스는 이 글을 통해서 그리스의 여성들이 문화의 굴레에서 본능적 욕구를 막고 있던 판도라의 항아리의 마개를 열고 말았다. 그는 BC 392년에는 『여인들의 민회(Ekklesiazousai)』라는 제목의 희극에서 여성의 집권과 처자 및 재산공유제, 공동식사제 그리고 누구나 자유롭게 섹스하되 늙고 추한 여자 또는 남자와 먼저 관계를 하는 '남녀 의무 관계제'를 도입하는 내용을 제시했다.

당시 스파르타에서는 이미 건강한 자녀의 출산을 위해서 건강한 남성이 다른 남성의 동의나 부탁으로 그 남성의 아내와 관계를 할 수 있었지만, 이런 관계는 쾌락이 아니라 자녀의 임신을 위한 목적이었고 태어난 자녀는 당연히 그 여성과 남편의 자녀였다. 그러나 아리스토파네스가 주는 메시지는 누구나 자신이 원하는 사람과 관계를 할 수 있다는 것이다. 다만 "만인의 만인에 의한 자유로은 섹스"는 젊고 예쁜 여성과 젊고 건장한 남성들끼리 상위계급을 형성하여 오히려 성적 관계의 불평등을 야기하게 된다. 따라서 아리스토파네스는 열등한 사람이 우선권을 갖고 그 다음에 자유 의사대로 관계를 갖도록 제안한다. 노인이나 약자와는 "의무성관계"를 먼저 수행한 다음에 자유관계를 갖도록 하는 것이다. 아리스토파네스는 이를 통해 남성 및 강자 우월주의에 대한 약자와 여성들의 저항의 메시지를 전하고자 했다.

아리스토파네스가 이 희극을 공연한 것은 BC 392년으로 추정된다. 비슷한 시기에 당대의 최고 철학자인 플라톤이 『국가』에서 부부의 관계에 대해 "친구들의 것들은 공동의 것"(국가 5.449c)의 것으로 "모든 남자의 모든 여자는 공유하게 되어있다" (국가 5.457d)고 주장한다. 아리스토파네스의 자유 섹스는 개인의 성적 욕망의 자유로운 분출이지만 플라톤의 아내공유제는 우량아를 생산하는 사회적 목표라는 점에서 다르다. 다만 플라톤은 "여자고 남자고 아이를 낳을 나이를 벗어나게 되는 때에는, 아마도 우리는 이들이 자신이 원하는 상대와 자유롭게 성적 관계를 갖도록 내버려 두게 된다 (국가 5.461c). 다만 남자들은 그들의 딸과 어머니, 그리고 딸이 자식들과 관계만을 제외하고, 또한 여자들도 아들과 아버지, 그리고 이들의 후대와 선대 남자들과의 관계만은 제외하도록 한다. 플라톤의 생각은 친구들이나 또는 관료들 또는 군인들 등으로 사람들을 집단화하고 이 집단 구성원들이 부부를 공유하면서 그 범위 내에서 자유롭게 남녀관계를 하도록 하자는 것이며 모르는 남녀가 자유롭게 관계를 갖는 것은 아니다 (국가 5.460.e)

플라톤의 '아내공유제'는, 스파르타가 펠로폰네소스전쟁에서 승리한 것을 스파르타의 결혼 및 교육제도에서 기인된 것으로 판단하고 우량아의 출산에 집착한 소산이다. 그러나 플라톤은 스파르타 교육의 역기능과 남의 아내에 대한 다른 남성의 임신보조역할에 대해 제대로 파악하지 못하고 있었음이 분명하다. 스파르타의 교육은 강인한 심신과 용맹성을 주입하여 전투에서는 위용을 자랑했으나 상대적으로 고갈된 정서와 창의성 부족으로 인해 전쟁에서는 늘 고전했다. 특히 스파르타는 전투라는 단순한 사고로 인해 문화적인 가치를 소홀히 했다. 오늘날 옛 스파르타 지역에는 역사가 없다.

특히 플라톤의 부부공유제는 후학인 아리스토텔레스에 의해 신랄하게 비판된다. 아리스토텔레스(BC 384~BC 322)는 이런 공유제를 자신의 저서 『정치학』에서 "국가가 잘 다스려지려면 공유 가능한 모든 것을 공유하는 편이 더 나은지, 아니면 어떤 것은 공유하되 다른 것은 공유하지 않는 편이 더 나은지 하는 것"(정치학 1260b36)이라는 관점에서 평가한다. 그리고 이러한 공유제를 '통일성'으로 보고 이 통일성이 지나치면 국가의 본질에 배치된다고 비판하면서 공유제에 따른 폐해를 우려한다 (정치학 1262a25, 1262a40).

♪ 주

1) Robert C. Bartlett and Susan D. Collin(trans.), *Aristotle' Nicomachean Ethics* (Chicago: The University of Chicago Press, 2011), 8. ch 3. 1156-1157; H. Rackham (trans.), Aristotle in 23 Volumes, Vol. 19 (Cambridge, MA: Harvard University Press / London: William Heinemann Ltd., 1934).
2) Xenophon, *Symposium*, 9,5-6; Xenophon, Xenophon in Seven Volumes, 4 (Cambridge, MA: Harvard University Press / London: William Heinemann Ltd., 1979); 아리스토텔레스 지음, 강상진 외 옮김, 『니코마코스 윤리학』(서

울: 도서출판 길, 2013).

3) Jennifer Larson, *Greek and Roman Sexualities* (New York: Bloomsbury, 2012).

4) Paul Chrystal, *In Bed With The Ancient Greeks* (GL: Amberley Publishing, 2018), p. 17. 인용 표시는 중요한 대목으로 제한했다.

5) 이 부분은 헤시오도스의 서사시에서 더 자세히 언급했다.

6) Chrystal (2018), p. 25 참조.

7) 헤라클레스가 12과업을 완수하는 과정은 헤라클레스의 무적의 용맹과 활약을 둘러싼 복잡하고 흥미진진한 내용지만 여러 신화 책에 잘 기술되어있어 여기에서는 생략한다.

8) 그리스어 시빌라(Sibylla)가 라틴어로 옮겨진 뒤 프랑스 고어로 시빌레(sibile)로 발음되며 영어로는 시빌(sibyl)로 불리는데 여기에서는 대중화된 시빌레로 부른다.

9) 알베르 카뮈 지음, 유기환 옮김, 『이방인』 (서울: 홍익출판사, 2014); 알베르 카뮈 지음, 이휘영 옮김, 『이방인』 (서울: 문예출판사, 2019); 알베르 카뮈 지음, 김화영 옮김, 『시지프 신화』 (서울: 민음사, 2019). 이 문헌들 외에도 여러 다른 책을 읽었으나 특히 카뮈의 『이방인』과 『시시포스 신화』는 필자에게 대단히 난해하여 이해하기 힘든 글이다.

10) 알베르 카뮈 지음, 유기환 옮김, 『이방인』 (서울: 홍익출판사, 2014), p. 149.

11) '아레이오스 파고스'는 '아레스(Ares) 신의 언덕(Areios Pagos)'이라는 의미이다. '아레이오스 파고스'는 라틴어 표기이고, 영어로는 '아레오파고스(Areopagus)'로 사용된다.

12) Lysias (trans. W.R.M. Lamb), *On the Murder of Eratosthenes* (MA: Harvard University Press, 1930).

13) 아펠레스는 BC 4세기에 그리스의 이오니아의 콜로폰(Colophon)에서 태어나 마케도니아 궁정화가가 되어 궁정에서 필리포스 2세와 알렉산더의 초상화를 그렸다. 그의 그림은 도리안의 완전함과 이오니아의 우아함을 결합한 것으로 유명하다.

14) '아나디오메네'는 '바다에서 나온'이라는 의미로 아프로디테가 바다에서 탄생했다는 내력을 연결지은 것이다.

15) 이 조각상은 파손되어 복제품이 남아있고, 그 하나는 바티칸 박물관에 있다. 이 조각상은 고대 그리스의 최초의 여성 나체조각상으로 프리네가 모델이었다. 크니도스는 도리아인의 식민지로 성립된 도시로 현재는 터키에 속해있다. 이 도시는 BC 4세기경 문화와 예술이 융성했으며 고대 그리스의 가장 아름다운 도시로 유명하다. 한쪽은 에게해 그리고 다른 한쪽은 동지중해와 연결된 항구도시이다. 배가 중요한 교통 운송수단이었던 당시에 항구도시는 여러 지역의 사람들과 문물이 교차하면서 새로운 문화와 예술이 번창하게 된다. 여기에는 아프로디테의 전설적인 유적이 남아있다.

16) 프리네에 대한 기록은 2세기의 그리스의 수사학자이자 문법 학자인 아데나이

오스(Athenaeus)의 『철인의 만찬(*Deipnosophistae*)』에 잘 소개되어 있다. 아데나이오스의 간행물 중 일부는 분실되었지만, 15권의 데이프노소피스타이(Deipnosophistae)는 대부분 존재한다. 그리스어 제목 Deipnosophistae는 deipno(dinner) +sophistés (one knowledgable in the arts of ~)의 조합으로 이루어진 단어로, 직역하면 "저녁식사 + 전문가, ~의 기예에 정통한"의 의미이다. 영어는 라틴어 형태로 알려졌는데 '소피스트 만찬(Sophists at Dinner)', '박식한 연회(The Learned Banqueters)', '철인의 만찬(Philosophers at Dinner)' 등의 의미이다. 이 작품은 학자이자 부유한 예술 후원인인 라렌시우스(Larensius)의 집에서 열린 3번의 연회에 대해 저자가 그의 친구 티모크라테스(Timocrates)에게 설명한 내용이다. Athenaeus. *The Deipnosophists*. trans. C. D. Yonge, London. Henry G. Bohn, York Street, Covent Garden. 1854. www.perseus.tufts.edu/hopper/text 외 여러 사이트에서 읽을 수 있다.

17) 아데나이오스는 프리네가 당시에 "여성으로서 가능한 최대의 부자"였다고 기술한다. 당시에 여성은 재산권이 없었지만, 헤타이라 즉 창녀는 자신이 버는 돈을 자신이 관리했다. 창녀는 자신의 몸을 무기로 돈을 번다. 토지나 다른 자본 또는 무역으로 돈을 버는 것과 다르다. 따라서 마르크스가 자본가와 노동자 사이에서 분류를 고민했던 창녀가 버는 돈은 재산권이 인정된 것이다. 프리네는 BC 336년 알렉산더에 의해 파괴된 테바이의 성벽 재건을 위해 기금을 내겠다고 제안했다는 이야기도 전해진다. 다만 조건으로 "알렉산더에 의해 파괴된, 프리네에 의해 복원된"이라는 글귀를 성벽에 새길 것을 요구했다는 것이다. 아데나이오스는 귀족들이 한 여성 그것도 한 창녀가 알렉산더 대왕이 파괴한 성벽을 재건할 수 있다는 생각에 겁을 먹었다고 전한다. 아울러 프리네의 제안은 그 도시의 족장들에 의해 거부되었으며, 성벽은 여전히 파괴된 채 남아있다는 것이다. 그러나 이 기술이 역사적 사실과 일치하는지 혹은 프리네의 많은 재산과 그녀가 호기를 가진 여성이었다는 것을 상징적으로 나타내기 위해 부풀려진 이야기인지는 확실하지 않다. 다만 테바이의 성벽은 이미 BC 315년 또는 BC 316년에 복원되었다. 프리네가 그 성벽을 재건하기로 제안한 시기보다 훨씬 이전이다. 그리스 역사학자 디오도로스 시큘로스(Diodorus Siculus, BC 90~BC 30)는 아테네 사람들이 성벽 대부분을 재건했으며 나중에 카산데르(Cassander)가 더 많은 도움을 제공했다고 기록하지만, 프리네의 이야기는 언급하지 않는다 (Diodorus Siculus, *Bibliotheca historica* 19.54.1-3, 19.63.4). 프리네의 성곽재건기금 기부제안에 관한 이야기는 진위여부를 떠나 항간에 회자되었을 개연성은 충분하다. 이것은 아데나이오스가 『철인의 만찬』에 기록한 것이 증거이기 때문이다.

18) Paul Chrystal, *In Bed With The Ancient Greeks* (GL: Amberley Publishing, 2018), p. 173 참조.

19) 스트라보는 "신화학자의 이야기를 통해 어린 시절부터 거짓에 익숙한 고대 역사학자들은 결코 존재하지 않는 많은 것을 이야기한다. 그러므로 그들은 똑같은 것에 대한 그들의 설명에도 서로 동의하지 않는다"(Strabo, *Geography* 8.3.2)

고 비판한다. 스트라보가 헤로도토스를 지목한 것은 아니지만 고대사회의 문헌들이 갖는 역사성의 한계를 지적해 주고 있다. 그러나 스트라보 자신도 헤로도토스의 이야기와 다름없는 충격적인 이야기를 전해준다.

20) Strabo. *Geography.* trans. Horace Leonard Jones, Volume 7 (Cambridge, Massachusetts: Harvard University Press, 1967); Chrystal (2018), p. 173 참조

21) Chelsea O'Toole, *Aegean Gender: Minoans, Mycenaeans, and Classical Greeks*, http://chelsea-otoole.wikispaces.com/

22) Hippocrates, On Generation, 4, 1-3. Paul Chrystal, *In Bed With The Ancient Greeks* (GL: Amberley Publishing, 2018), ch. 13에서 인용

23) 마거릿 애트우드, 김진준 역, 『페넬로피아드』 (서울: 문학동네, 2005).

12장

결론

신비(神祕)스러운 이야기란 인간의 일상적 삶에서는 겪어 보기 어려운 일들에 대한 이야기다. 전쟁이나 스포츠 또는 극한의 역경을 헤쳐 나온 사람들의 이야기다. 또는 자연의 생명체에서 나타나는 희한한 현상에 대한 이야기이기도 하다. 이런 신비스러운 이야기도 줄이면 '신화(神話)'라고 표현할 수 있다.

그러나 일반적으로 사용되는 신화는 신들의 이야기를 말한다. 그런데 그리스 신화 속에는 반드시 신들의 이야기만 담겨있는 것은 아니다. 신들이 인간들과 상호작용하여 새로운 신과 인간의 역사를 만들어 왔다. 영웅들은 신과 인간이 관계하여 출생하고 이 영웅들은 나라를 세우거나 인간사회의 역사창조를 주도했다. 그리스 대부분의 도시국가를 창업한 것은 신들의 자손들이었다. 이런 이야기들은 신화로 전승되고 있다. 도시국가는 역사적 사실이다. 그렇다면 이 신화에는 역사가 담겨있다. 이 글에서는 이런 내용을 '신화적 역사'와 '역사적 신화'로 묶었다.

일반적으로 역사는 사실로 인식된다. 그러나 역사의 모든 내용이 사실은 아니다. 역사는 부분적으로는 사실이지만 전체적으로는 기록자의 주관이 담긴 일련의 상황에 대한 기술이다. 기록자의 주관 속에는 기록자의 판단과 생각이 담겨있을 수밖에 없다. 기록자의 생각이 신비스러움과 관련된다면 역사는 신비스러운 이야기가 담기게 된다. 고대사회에서 신비스러운 이야기에는 신들이 개재되었다. 그리고 역사적 인물이나 역사적 사실도 신들과 연관되고 신으로 상징되었다. 여기에서 사실이 신화로 발전하게 된다. 이런 점에서 그리스뿐만 아니라 고대의 신화와 역사는 뒤엉켜 있어 신화는 역사일 수 있고 역사도 신화로 각색되었다고 볼 수 있다.

이런 신화들은 현대사회에 홍수처럼 범람한다. 그러나 이 신화들은 인간이 만들어낸 상징적인 신들을 대상으로 인간들이 만들어낸 허구적인 이야기들이다. 이런 신화들은 역사는 고사하고 역사적 개연성도 들어있지 않은 뿌리 없는 마른 나무들이거나 발원지에서 솟아난 샘물이 모인 저수지가 아니라 허드렛물이 모인 저수지에 불과하다.

그러나 신화가 역사를 고리로 한 것이라면 그 고리인 발원지가 있다. 이 책에서는 신화라는 샘물의 발원지가 역사의 발원지와 궤를 같이하고 있다는 사고를 바탕으로 하고 있다. 특히 그리스 신화에서 신들은 철저한 족보로 나타나 있다. 그리스 신들의 체계적인 족보는 하나의 트리(tree)다. 뿌리에서 솟아난 기둥은 가지를 쳤고 각 가지에서는 무성한 잎이 솟았다. 올림포스산에 뿌리를 두고 있는 신들은 어느 지역과 특별한 연고를 가지고 있다. 물론 하나의 신은 시공을 초월하여 여러 지역을 연고로 한다. 이것은 각각 지역이 신들을 자신의 지역과 연관지었거나 그 지역의 역사적 사실을 특정 신과 엮어서 이야기를 만들었기 때문이었을 것이다. 특정 지역을 배경으로 하는 이런 신화들은 트리의 한 가지나 잎이다. 이런 지역적 신화의 배경은 고대사회에서 보통의 인간을 넘는 특출한 인간의 활동은 '신의 활동'으로 설명되었거나 그 스스로 신으로 자처하거나 신으로 인식되도록 했기 때문이었을 것이다.

현대사회에 흩날리는 신화들은 이 고목의 가지 끝에 달린 한 잎들이다. 신화로서 한 잎 한 잎 모두가 소중한 의미를 가지고 있다. 그러나 이 잎들을 따로 접하게 되면 허구적인 신들의 이야기에 불과하다. 여기에서는 역사를 찾을 수 없다. 기둥과 뿌리를 통해서 나무의 본질을 찾을 수 있는 것처럼 신화의 근원을 찾으면 본질을 꿰뚫고 그 속에서 인류의 역사를 찾을 수 있는 것이다.

그리스 신화들의 발원지에 대해서는 여러 견해들이 있지만, 물이 흘려들어 고인 상류의 샘은 분명하다. 지상으로 또는 지하로 흐르는 신화의 물줄기를 모아서 최초로 신화의 샘을 만든 것은 호메로스와 헤시오도스다. 그리고 그리스의 많은 작가들은 이 물을 퍼서 또 다른 샘을 만들었다. 이 작업은 로마에 이어지면서 로마식의 새로운 신화의 샘이 만들어졌다.

신화는 인간의 상상력이 시대나 문명의 발달과 비례하는 것은 아니라는 점을 보여준다. 물론 해석에 따라 다른 견해가 대두될 수 있지만, 현대인에게 나타나는 각종 삶의 모습이나 첨단과학에 관한 상상력은 이미 수천 년 전의 그리스 신화에 등장하고 있다. 이런 점에서 신화는 과거의 이야기들이지만 현재와 미래의 이야기로 소중한 잠재력을 가지고 있다.

그리스 종교는 신화를 중심으로 한다. 종교의 모든 제의는 신화에 등장하는 신들을 숭배대상으로 하고 제의도 신화에서 기술한 내용을 전범(典範)으로 한다. 그러나 역설적으로 그리스 신화는 또한 종교를 바탕으로 한다. 종교 즉 신의 숭배과정에서 신에 대한 이야기가 계속 생겨나고 가지를 쳐왔다. 그리고 신화와 종교의 순환 과정에는 역사가 고리로 작용했을 것이다.

역사는 미래다. 역사의 한끝과 미래의 한끝은 맞물려 있다. 역사를 보는 것은 현재를 보는 동시에 미래를 보는 것이다. 역사는 기록된 내용 그 자체보다 그 의미에 가치가 있다. 역사와 미래에는 타임머신이 종횡한다. 그리스 종교에 대한 역사적 고찰은 모든 종교의 미래에 대한 예측이다(여기에서 모든 종교라고 하는 것은 모든 종교의 본질은 동일하기 때문이다). 그리스 종교도 현대에 존속되는 종교들과 다르지 않은 신들과 경전 그리고 신도들로 구성되어 있었으며 신에 대한 숭배 의식들이 수행되었다. 고대 종교들의 관습대로 살아있는 동물들을 제물로 하는 희생제는 현대의 언어와 몸짓으로만 이루어지는 신에 대한 간구와 숭배보다 훨씬 더 간절한 몸부림이 담겨있다. 그러나 그리스 종교는 그리스 국가의 소멸과 함께 소멸되었다.

그러나 그리스 종교의 불씨는 완전히 꺼진 것이 아니다. 오르페우스 신론에서 불에 탄 티탄의 잔재가 인간의 육체가 되었다고 보는 것처럼 그리스 종교는 밀교의 형태에서 기독교의 초석의 일부로 옮겨졌다. 즉 그리스 종교는 기독교를 통해서 그 본질의 일부가 계속 연명되고 있는 것이다. 다만 종교로서 공식적인 지위는 사라졌지만, 이것은 종교의 책임이 아니라 국가의 소멸과 관련된다. 더구나 모든 종교는 과학과 이성 앞에서 그리스 종교가 타고 간 그 열차에 오를 수밖에 없는 운명이 아닌가.

그리스 종교의 본질인 희생제와 축제 그리고 종교유적들은 그리스

민족이 세계 어느 민족보다 종교적 신앙이 강하고 깊었음을 보여준다. 특히 1,500개의 도시국가로 분립되고 300~400여 신들이 난립하는 속에서도 종교적 또는 종파적 분열이나 갈등이 없이 국경과 전쟁을 초월하여 공통적 신앙을 유지한 것은 다른 지역이나 다른 종교에서는 보기 어려운 현상이다.

그리스의 종교생활의 한 축을 차지한 신탁은 당시로서는 그리스인들이 전적으로 의존하는 미래의 예언이었다. 신탁은 특히 작가들이 문학작품의 모티브로 삼아 이른바 '신화문학'을 만들어내고 이 문학에서 신화는 우연이 아니라 필연적인 결과를 가져오는 것으로 묘사하면서 신화의 공신력은 더 증대되어 모든 길이 신탁으로 통하는 현상을 가져왔다. 또한, 그리스인들은 역사의 흐름에서 생성해 놓은 신들의 삶을 통해 인간 스스로의 문화를 창조하고 변화해 나갔다. 특히 작가들은 신들의 자유분방한 남녀관계를 소재로 하여 남존여비의 문화를 혁파하고 여성의 지위를 제고하는 모티브로 삼았다. 그리스의 문학작품들은 자유로운 남녀관계를 주창하면서도 이렇게 되면 연로한 사람들은 오히려 기회를 박탈당하는 결과를 염려하여 노약자와의 우선적으로 성관계를 갖도록 의무화하는 혁신적인 안을 내기도 했다.

그리스의 종교는 영혼사상과 부활사상을 심어주었지만, 종교사는 신들의 존재나 신들의 거소 그리고 죽은 자가 가는 지하세계나 죽은 자들이 생전의 업보에 의해 구별되는 지하세계의 삶이 모두 허구라는 점을 입증해주었다. 그리스 종교사가 제공하는 그리스 종교의 종점이 모두 허구라는 사실은 현대 종교에는 분명 노출이 두려운 충격적인 반면교사이다. 과연 새로운 것이 있는가? 그렇다면 현대의 모든 종교는 그리스 종교사가 보여준 자취와 다르다고 할 수 있는가.

이 책이 최소한 수천 년 전 그리스의 신화와 종교를 토대로 현대의 종교와 인간의 삶의 의미를 되새기고 미래의 삶을 내다보는 작은 디딤돌이 되기를 기대해 본다.

참고문헌

한글자료

Demetrios J. Constantelos. "카잔차키스 신." 『현대 그리스 학회지』 제16집 2호 (1998.10.01).

F. W. 니체, 마르틴 하이데거 지음. 강윤철 옮김. 『니체의 신은 죽었다』. 서울: 스마트북, 2015.

John R. Hale 지음. 이순호 옮김. 『완전한 승리, 바다의 지배자(Lords of the Sea)』. 서울: 다른세상, 2011.

강대진. 『그리스 로마 서사시』. 서울: 북길드, 2017.

구스타프 슈바브 지음. 이동희 옮김. 『그리스 로마신화』. 서울: 휴머니스트, 2016.

그레고리 블래스토스 지음. 이경직 옮김. 『플라톤의 우주』. 서울: 서광사, 1998.

니체 지음. 박찬국 옮김. 『비극의 탄생』. 서울: 아카넷, 2007.

니체 지음. 이상일 옮김. 『디오니소스 찬가』. 서울: 민음사, 1976.

니코스 카잔차키스 지음. 김욱동 옮김. 『그리스인 조르바』. 서울: 민음사, 2018.

니코스 카잔차키스 지음. 오은숙 옮김. 『토다 라바』. 서울: 열린책들, 2008.

니코스 카잔차키스 지음. 유재원 옮김. 『그리스인 조르바』. 서울: 문학과지성사, 2018.

니코스 카잔차키스 지음. 이윤기 옮김. 『그리스인 조르바』. 서울: 열린책들, 2009.

루키우스 아풀레이우스 지음. 송병선 옮김. 『황금 당나귀』. 파주: 현대지성, 2018.

루트비히 포이어바흐 지음. 강대석 옮김. 『종교의 본질에 대하여』. 서울: 한길사, 2006.

뤼디거 자프란스키 지음. 오윤희·육혜원 옮김. 『니체』. 서울: 꿈결, 2007.

리처드 도킨스 지음. 이한음 옮김. 『만들어진 신(The God Delusion)』. 서울: 김영사, 2007.

리처드 컴스탁 지음. 윤원철 옮김. 『종교의 탐구: 방법론의 문제와 원시종교』. 서울: 제이엔씨, 2007.

마거릿 애트우드 지음. 김진준 옮김. 『페넬로피아드』. 서울: 문학동네, 2005.

마크 대니얼스 지음. 박일귀 옮김. 『그리스 신화밖에 모르는 당신에게』. 서울: 행성B잎새, 2016.

마크 포사이스 지음. 서정아 옮김. 『술에 취한 세계사』. 서울: 미래의 창, 2019.

마틴 버낼 지음. 오흥식 옮김. 『블랙 아테나』. 서울: 소나무, 2006.

베터니 휴즈 지음. 강경이 옮김. 『아테네의 변명』. 서울: 옥당, 2014.

소포클레스 지음. 김종환 옮김. 『안티고네』. 서울: 지식을 만드는 지식, 2016.

소포클레스 지음. 김종환 옮김. 『오이디푸스 왕』. 서울: 지식을 만드는 지식, 2014.

소포클레스 지음. 김종환 옮김. 『콜로노스의 오이디푸스』. 서울: 지식을 만드는 지식, 2017.

아리스토텔레스 외 지음. 최자영 외 옮김. 『고대 그리스정치사 사료』. 서울: 신서 원, 2002.

아리스토텔레스 지음. 유원기 옮김. 『영혼에 관하여』. 서울: 궁리, 2012.

아리스토텔레스 지음. 천병희 옮김. 『정치학』. 서울: 도서출판 숲, 2009.

아리스토텔레스 지음. 강상진 외 옮김. 『니코마코스 윤리학』. 서울: 도서출판 길, 2013.

아리스토텔레스 지음. 전영우 옮김. 『레토릭』. 서울: 민지사, 2009.

아리스토텔레스 지음. 천병희 옮김. 『시학』. 서울: 문예출판사, 1994.

아리스토파네스 지음. 천병희 옮김. 『아리스토파네스 희극 전집 1, 2』. 서울: 도서 출판 숲, 2018.

아이스킬로스 지음. 김종환 옮김. 『탄원하는 여인들』. 서울: 지만지드라마, 2019.

아폴로도로스 지음. 천병희 옮김. 『그리스 신화』. 서울: 도서출판 숲, 2016.

알베르 카뮈 지음. 김화영 옮김. 『시지프 신화』. 서울: 민음사, 2019.

알베르 카뮈 지음. 유기환 옮김. 『이방인』. 서울: 홍익출판사, 2014.

알베르 카뮈 지음. 이휘영 옮김. 『이방인』. 서울: 문예출판사, 2019.

앙드레 보나르 지음. 김희균 옮김. 『그리스인이야기1, 2, 3』. 서울: 책과함께, 2011.

에디스 해밀턴 지음. 서미석 옮김. 『그리스 로마신화』. 서울: 현대지성, 2017.

에우리피데스 지음. 김종환 옮김. 『아울리스의 이피게네이아』. 서울: 지만지드라 마, 2019.

에우리피데스 지음. 김종환 옮김. 『타우리스의 이피게네이아』. 서울: 지만지드라 마, 2019.

에우리피데스 지음. 천병희 옮김. 『에우리피데스 비극전집 1, 2』. 서울: 숲, 2009.

에크로스 지음. 안진이 옮김. 『지혜롭게 나이든다는 것』. 서울: 오크로스, 2018.

오비디우스 지음. 이윤기 옮김. 『변신이야기 1』. 서울: 민음사, 1998.

유재원. 『그리스 고대로의 초대, 신화와 역사를 따라가는길』. 서울: 리수, 2015.

유재원. 『데모크라티아』. 서울: 한겨레출판, 2017.

윤일권 외. 『그리스 로마신화와 서양문화』. 서울: 알렘, 2015.

이경직. 『플라톤과 기독교』. 서울: 기독교연합신문사, 2005.

이한규. 『그리스 철학이야기』. 서울: 좋은날들, 2014.

장 필리프 오모툰드 지음. 김경랑 외 옮김. 『유럽문명의 아프리카 기원』. 서울: 지 식을 만드는 지식, 2015.

장영란. 『그리스 신화』. 서울: 살림, 2005.

장영란. 『호모 페스티부스』. 서울: 서광사, 2018.

조셉 캠벨, 빌 모이어스 지음. 이윤기 옮김. 『신화의 힘』. 서울: 고려원, 1992.

존 R. 헤일 지음. 이순호 옮김. 『완전한 승리, 바다의 지배자』. 서울: 다른 세상, 2011.

카를 케레니 지음. 장영란 외 옮김. 『그리스 신화』. 서울: 궁리출판, 2002.

키케로 지음. 강대진 옮김. 『키케로의 신들의 본성에 관하여』. 서울: 나남, 2012.

토머스 R. 마틴 지음. 이종인 옮김. 『고대그리스사』. 서울: 책과함께, 2015.

투키디데스 지음. 천병희 옮김. 『펠로폰네소스 전쟁사』. 서울: 도서출판 숲, 2017.

폴 스트랜던 지음. 강철웅 옮김. 『노예로 팔릴 뻔한 이데아의 영혼 플라톤』. 서울: 펀앤런북스, 1997.

프랑수아 드 페늘롱 지음. 김중현·최병곤 옮김. 『텔레마코스의 모험』. 서울: 책세상, 2017.

프레도 릭켄 지음. 김성진 옮김. 『고대그리스철학』. 서울: 서광사, 2000.

플라톤 지음. 강철웅 옮김. 『향연』. 서울: 이제이북스, 2014.

플라톤 지음. 강철웅 외 옮김. 『편지들』. 서울: 이제이북스, 2010.

플라톤 지음. 김남두 외 옮김. 『법률 1. 2.』. 서울: 나남, 2018.

플라톤 지음. 박종현 옮김. 『국가.정체』. 서울: 서광사, 1997.

플라톤 지음. 박종현 옮김. 『대화편: 에우티프론, 소크라테스의 변론, 크리톤, 파이돈』. 서울: 서광사, 2003.

플라톤 지음. 박종현 외 옮김. 『타마이오스』. 서울: 서광사, 2000

플루타르코스 지음. 이성규 옮김. 『영웅전 전집(상. 하)』. 서울: 현대지성, 2016

한스 리히트 지음. 정성호 옮김. 『그리스 신화와 그리스성풍속사』. 서울: 산수야, 2020.

헤로도토스 지음. 김봉철 옮김. 『역사』. 서울: 도서출판 길, 2016.

헤시오도스 지음. 김원익 옮김. 『신통기』. 서울: 민음사, 2016.

헤시오도스 지음. 천병희 옮김. 『신들의 계보』. 서울: 도서출판 숲, 2020.

호메로스 지음. 천병희 옮김. 『오디세이아』. 서울: 도서출판 숲, 2017.

호메로스 지음. 천병희 옮김. 『일리아스』. 서울: 도서출판 숲, 2017.

영문자료

Anderson, Warren D. *Music and Musicians in Ancient Greece*. Ithaca: Cornell University, 1994.

Angus, S., *The Mystery Religions and Christianity*. New York: Charles Scribner's Sons, 1925.

Apollodorus, trans. Sir James George Frazer, (ed.). *The Library*, Bk 1.1. MA: Harvard University Press, 1921.

Apuleius, Lucius. *The Golden Ass*. trans. A. S. Kline, www.poetryintranslation. com. 2013.

Aristotle. *Ethica Nicomachea* (Nichomachaean Ethics). trans. W.D. Ross, New

York: The Modern Library, 1947.

Aristotle, *Ethica Nicomachea*(trans. Rackham, H. Cambridge, MA: Harvard University Press / London: William Heinemann Ltd., 1934.

Aristotle. *The Athenian Constitution*(trans. H. Rackham, E. Edward Garvin. ed.).

Aristotle. *The Politics*(trans. Ernest Barker). New York, Oxford University Press, 1962.

Assman, Jan. *Moses the Egyptian: The Memory of Egypt in Western Monotheism*. Cambridge, Mass.: Harvard University Press, 1997.

Athenaeus, *The Deipnosophists*, trans. C. D. Yonge, London. Henry G. Bohn, York Street, Covent Garden. 1854. www.perseus.tufts.edu/hopper/text

Barrett, J. L., & B. Van Orman. "The effects of image-use in worship on God concepts." *Journal of Psychology and Christianity* 15−1 (1996).

Bartlett, Robert C. and Susan D. Collin(trans.). *Aristotle' Nicomachean Ethics*. Chicago: The University of Chicago Press, 2011.

Beekes, Robert S. P. *Etymological Dictionary of Greek*, vol. 2. Leiden: Brill, 2009.

Bell, Catherine. *Ritual: Perspectives and Dimensions*. New York: Oxford University Press, 1997.

Bellah, Robert. *Beyond Belief: Essays on Religion in a Post-Traditionalist World*. Berkeley and LA: University of California Press, 1991.

Boudewijnse, Barbara. "British Roots of the Concept of Ritual." in Arie L. Molendijk and Peter Pels (eds.). *Religion the Making: The Emergence of the Sciences of Religion*. Lieden: Brill, 1998.

Bremmer, Jan N. *Initiation into the Mysteries of the Ancient World*. De Gruyter, 2014.

Brown, Donald. Human Universals. New York: McGraw Hill, 1991.

Burkert, W. *Homo Necans: The Anthropology of Ancient Greek Sacrificial Ritual and Myth*. California: University of California Press, 1986.

Burkert, Walter. *Greek Religion*. Cambridge, MA: Harvard University Press, 1985.

C. G. Jung. Joseph Campbell (ed.), *The Portable Jung*. London: Penguin Classics, 1992.

Cartledge, Paul. "The Greek religious festivals." in P. E. Easterling, J. V. Muir and Sir Moses Finley (eds.). *Greek Religion and Society*. New York: Cambridge University Press, 1985.

Cartledge, Paul. *The Spartans: The World of the Warrior-Heroes of Ancient Greece*. New York: The Overlook Press, 2004.

Cartwright, M. "Hermes. Ancient History Encyclopedia." Retrieved from https://www.ancient.eu/Hermes/

Cassirer, Ernst. *An Essay on Man: An Introduction to a Philosophy of Human Culture.* New York: Doubleday & Co. Inc., 1970.

Chaniotis, Angelos. "The Dynamics of Ritual Norms in Greek Cult." https:// books.openedition.org/pulg/

Charles A. Beard. " Written History as an Acy of Fait.," *American Historical Review* Vol. 39 (1934).

Chrystal, Paul. *In Bed With The Ancient Greeks.* GL: Amberley Publishing, 2018.

Clay, Jenny Strauss. *The Politics of Olympus: Form and Meaning in the Major Homeric Hymns.* Princeton: Princeton University Press, 1989.

Comstock, W. Richard. *The Study of Religion and Primitive Religions.* New York: Harper & Row, 1972.

Dalby, Andrew. *The Story of Bacchus.* London: British Museum Press. 2005.

de Boer, J. Z., J. R. Hale and J. Chanton. "New Evidence for the Geological Origins of the Ancient Delphic." *Geology* 29, No. 8 (2001).

Dee, James H. *The Epithetic Phrases for the Homeric: A Repertory of the Descriptive Expressions for the Divinities of the Iliad and the Odyssey.* New York: Garland, 1994.

Diodorus Siculus, *Library of History* book 4, trans. C.H. Oldfather, Harvard University Press, 1933

Durand, J. L. "Greek animals: toward a topology of edible bodies." in Marcel Detienne & J. P. Vernant. *The Cuisine of sacrifice among the Greeks.* Chicago: University of Chicago Press, 1989.

Durkheim, Emile. *The Elementary Forms of the Religious Life: a Study in Religious Sociology* (trans. Joseph Ward Swain). London: George, Allen & Unwin Ltd., 1915.

E. H. Carr. *What is History?* New York: Random House, 1963.

Ekroth, Gunnel. *The Sacrificial Rituals of Greek Hero-Cults in the Archaic to the Early Hellenistic Period.* Liège: Presses Universitaires de Liège, 2002.

Eliade, Mircea. *The Sacred and the Profane: The Nature of Religion.* Florida: Harcourt Books, 1959.

Enslin, Morton S. *Christian Beginnings.* New York: Harper and Brothers Publishers, 1938.

Fairbanks. *Greek Religion.* New York: American Book Co., 1910.

Fetvadjiev, Velichko H., and Fons J.R. van de Vijver. "Measures of Personality across Cultures" in *Measures of Personality and Social Psychological Constructs,* Gregory J. Boyle, Donald H. Saklofsky, Gerald Matthews, Cambridge (eds.). Massachusetts: Elsevier/Academic Press, 2015.

Forrest, W. G. *The Emergence of Greek Democracy 800−400 BC.* New York: McGraw-Hill Book Co., 1976.

Franz, Cumont. *The Oriental Religions in Roman Paganism.* Chicago: The Open House Publishing Co., 1911.

Frazer, J. E. and Attis Adonis. *Osiris* Vol. I (London, 1922).

Frazer, James George. *The Golden Bough: A Study in Comparative Religion.* New York: Touchstone, 1996.

Freeman, Kathleen. *The Pre-Socratic Philosophers: A Companion to Diels, Fragmente der Vorsokratiker.* Oxford: Basil Blackwell, 1946.

Graf, Fritz. trans. T. Marier. *Greek Mythology: An Introduction.* Baltimore: Johns Hopkins University Press, 2009.

Graves, Robert. *The Greek Myths.* New York: Penguin Books, 1960.

Greertz, Clifford. "Religion as a Cultural System." in Michael Banton (ed.)., *Anthropological Approaches to the Study of Religion.* London: Tavistock Publications, 1968.

Griffin, Jasper. "Greek Myth and Hesiod." in J. Boardman, J. Griffin, and O. Murray (eds.). *The Oxford Illustrated History of Greece and the Hellenistic World.* New York: Oxford University Press, 1986.

Guthrie, W. K. C. *The Greeks and Their Gods.* Boston: Beacon Press, 1956.

Hack, Roy Kenneth. *God in Greek Philosophy to the Time of Socrates.* New Jersey: The Princeton University Press, 1931.

Hamilton, E. *The Greek Way.* New York: W. W. Norton & Company, 1930.

Hamilton, Richard. *Choes and Anthesteria − Athenian Iconography and Ritual.* MI: The University of Michigan Press, 1992.

Hard, Robin. *The Routledge Handbook of Greek Mythology.* New York: Routledge, 2004.

Harrison, Jane Ellen. *Myths of Greece and Rome* (1928). www.forgottenbooks. org. 2007(Republished).

Harrison, Jane Ellen. *Prolegomena to the Study of Greek Religion.* New York: Cambridge University Press, 1908.

Hayden White. *The Practical Past.* Il: Northwestern University Press, 2014.

Hengel, Martin. (trans. Rollin Kearns). *Studies in Early Christology.* New York: T&T Clark International, 2005.

Herodotus. *The Histories*(trans. Robin Waterfield). New York: Oxford University Press, 1998.

Hesiod, *Theogony, and Works and Days,* trans. M. L. West. Oxford, New York: Oxford University Press, 1988.

Homer, *The Iliad.* trans. Robert Fagles. *Introduction and note by Bernard Knox.* New York: Penguin Group, 1990.

Hood Jr., Ralph W., Peter C. Hill and Bernard Spilka. *The psychology of religion: An Empirical Approach.* New York: The Guilford Press, 2009.

Howatson, M. C., (ed.). *The Oxford Companion to Classical Literature,* 3rd ed. Oxford: Oxford University Press, 2011.

Iddeng, Jon W. "What is a Graeco-Roman Festival? A Polythetic Approach." in J. Rasmus Brandt & Jon W. Iddeng(eds.). *Greek and Roman Festivals: Content, Meaning, and Practice.* Oxford:Oxford University Press, 2012, 11–37.

Isler-Kerényi, Cornelia. (trans. Wilfred G. E. Watson). *Dionysos in Archaic Greece: An Understanding through Images.* Leiden and Boston: Brill. Retrieved, 2007.

Johnstone, Ronald L. *Religion in Society: A Sociology of Religion,* 8th Edition. upper Saddle River, New Jersey: Routledge, 2007.

Jones, Horace Leonard, *The Geography of Strabo, with an English Translation by Horace Leonard Jones, Volume 7.* Cambridge, Massachusetts: Harvard University Press, 1967.

Joseph Campbell. *The Hero with a Thousand Faces.* New World Library, 2008.

Jung, Carl Gustav. *Psychology and Religion.* New Haven: Yale University Press, 1938.

Kagan, D. *The Peloponnesian War.* London: Penguin Books, 2004.

Kearns, Emily. *Ancient Greek Religion.* London: Wiley-Blackwell, 2010.

Keith Jenkins. *Re-thinking History.* New York: Routledge, 1991.

Keller, Mara Lynn, "Ritual Path of Initiation into the Eleusinian Mysteries" *California Institute of Integral Studies,* Rosicrucian Digest, Vol. 87. No.2. (Jan 2009),

Kerényi, Karl. Trans. Ralph Manheim. Dionysus. NJ: Princeton University Press, 1976.

Kyriakidis, E. (ed.). "The Archaeology of Ritual." in Evangenos Kyriakidis (ed.). *The Archaeology of Ritual.* LA: Cotsen Institute of Archaeology, UCLA publications, 2007.

Langdon, Susan H. "Gift Exchange in the Geometric Sanctuaries." in Tullia Linders and G. C. Nordquist (eds.). *Gifts to the Gods.* Stockholm: Almqvist och Wiksell, 1987.

Larson, Jennifer. *Greek and Roman Sexualities.* New York: Bloomsbury, 2012.

Larson, Jennifer. *Understanding Greek Religion.* London and New York: Routledge, 2016.

L. B. Holland. "The Mantic Mechanism at Delphi." *American Journal of Archaeology* Vol. 37 (1933).

Leach, Maria, and Jerome Fried (eds.). *Funk & Wagnall's Standard Dictionary of Folklore, Mythology, and Legend.* New Yotk: Harper & Row Publishers, 1984.

Leopold von Ranke. *The Theory and Practice of History.* London, New York: Routledge, 2011.

Lewis, D. M. "Mylonas Eleusis and the Eleusinian Mysteries." *The Journal of Hellenic Studies*, Published online by Cambridge University Press. Vol. 83 (Dec, 2013).

Long, Charlotte R. *The Twelve Gods of Greece and Rome*. Leiden and New York: Brill. 1987.

Luther King, Martin, Jr. "The Influence of the Mystery Religions on Christianity," Crozer Theological Seminary (November 29, 1949 to February 15, 1950).

Lysias (trans. W.R.M. Lamb). *On the Murder of Eratosthenes*. MA: Harvard University Press, 1930.

Mark, Joshua J. *Mythology*, https://www.ancient.eu/mythology/

Martin Luther King, Jr.. "The Influence of the Mystery Religions on Christianity." *Crozer Theological Seminary* (November 29, 1949 to February 15, 1950).

Martin, Thomas R. *Ancient Greece* (2nd), New Haven, Yale University, 2013.

Marx, Karl and Annette Jolin (ed.). trans. Joseph O'Malley. *Critique of Hegel's Philosophy of Right*. Cambridge: Cambridge Univ. Press, 1970.

McClure, Michael, & A. Scott, Leonard. *Myth and knowing: an introduction to world mythology*. New York: McGraw-Hill, 2004.

McEvilley, Thomas. *The Shape of Ancient Thought*. Allsworth press, 2002.

Meisner, Dwayne A. "'Zeus the Head, Zeus the Middle': Studies in the History and Interpretation of the Orphic Theogonies." A thesis for the Degree of Doctor of Philosophy. London, Ontario, Canada: The University of Western Ontario, 2015.

Mikalson, Jon D. *The Sacred and Civil Calendar of the Athenian Year*. Princeton: Princeton University Press, 1975.

Mikalson, Jon D. "The Heorte of Heortology." in *Roman and Byzantine Studies* Vol. 23, Iss. 3 (Fall 1982).

Miles, Geoffrey. "The Myth-kitty." in *Classical Mythology in English Literature: A Critical Anthology*. Chicago: University of Illinois Press, 1999. https://en.wikipedia.org/wiki/Greek_mythology

Moles, John. "Jesus and Dionysus in 'The Acts Of The Apostles' and early Christianity." Hermathena. *Trinity College Dublin*. No. 180 (Summer 2006).

Murray, Oswyn, and Simon Price (eds.). *The Greek City From Homer to Alexander*. Oxford: Oxford University Press, 1991.

Nilsson, Martin P. *Greek Popular Religion*. New York: Columbia University Press, 1941.

O'Toole, Chelsea. *Aegean Gender: Minoans, Mycenaeans, and Classical Greeks*. http://chelsea-otoole.wikispaces.com/

Oppé, A. P. "The Chasm at Delphi." *The Journal of Hellenic Studies*, Vol. 24, No. 214 (1904).

Otto, Rudolf. (trans. John W. Harvey). *The Idea of the Holy: An Inquiry into* the *Non-Rational Factor in the Idea of the Divine and its Relation to the Rational.* London: Oxford University Press, 1924.

Parker, Robert. *Polytheism and Society at Athens.* New York: Oxford University Press, 2007.

Pausanias, *Guide to Greece,* trans. Peter Levi, New York: Penguin Books, 1985.

Pausanias. *Description: Pausanias Description of Greece* (trans. W.H.S. Jones, Litt. D., and H.A. Ormerod). MA: Harvard University Press, 1918. www. perseus.tufts.edu>hopper>text

Peckruhn, Heike. "Rudolf Bultmann." in Miguel A. De La Torre and Stacey M. Floyd-Thomas (eds.). *Beyond the Pale: Reading Theology from the Margins.* Westminster: Westminster John Knox Press, 2011.

Pickard-Cambridge, Sir Arthur. *The Dramatic Festivals of Athens,* 2nd ed. Oxford: Clarendon Press, 1968.

Planeaux, Christopher. "The Athenian Calendar." Ancient History Encyclopedia, Last modified November, 2015. https://www.ancient.eu/article/833/.

Platon, *Euthyphron,* https://www.gutenberg.org/files/1642/1642-h/1642-h. htm

Platon, *Gorgias,* trans. W.R.M. Lamb. Cambridge, MA: Harvard University Press, 1967.

Platon. *Phaedrus in Twelve Volumes,* Vol. 9 trans. Harold N. Fowler. Cambridge, MA: Harvard University Press, 1925.

Platon. *Phaedo.* trans. Benjamin Jowett. Produced by Sue Asscher, and David Widger, 2008.

Platon. *The Apology of Socrates* (trans. Benjamin Jowett), https://chs.harvard. edu/primary-source/plato-the-apology-of-socrates-sb/

Platon. *The Republic of Plato*(trans. F. C. Cornford). New York: Oxford University Press, 1960.

Platon. *Theaetetus.* trans. Benjamin Jowett. www.gutenberg.org/files, 2013.

Plutarch, *The Parallel Lives,* Vol. III. published in of the Loeb Classical Library edition, 1916, https://penelope.uchicago.edu/Thayer/E/Roman/Texts/Plutarch/Lives/Pericles*.html

Plutarchos, *Moralia.* trans. Arthur Richard Shilleto, London:George Bell and Sons, 1898, Release November 27, 2007 [EBook #23639], www.gutenberg. org/files

Pomeroy, Sarah B. *Goddesses, whores, wives, and slaves: women in classical antiquity.* New York: Schocken Books, 1995.

Price, Simon. *Religions of the Ancient Greeks.* Cambridge and New York: Cambridge University Press, 1999.

Pryke, Louise M. *Ishtar.* London, New York: Routledge, 2017.

Robertson, Noel. "Athens' Festival of the New Wine." *Harvard Studies in Classical Philology* 95 (1993).

Shirley Jackson Case. "The Mystery Religions," *The Encyclopedia of Religion.* Vergilius Ferm (ed.). pp. 511–513.

Siculus, Diodorus. *Bibliotheca historica* (The Library of History), trans. C. H. Oldfather. Mass.: Harvard University Pres, 1989. www.perseus.tufts.edu＞hopper＞text＞

Smith, Jonathan Z. *Imagining Religion.* Chicago: University of Chicago Press, 1982.

Smith, William Robertson. *Lectures on the Religion of the Semites.* London: Adam and Charles Black, 2005.

Smith, William. *A Dictionary of Greek and Roman Antiquities.* London: Wentworth Press, 1875.

Spiro, Melford. *Culture and Human Nature: Theoretical Papers of Melford E. Spiro* (Benjamin Kilborne and L.L. Langness, eds.). Chicago: University of Chicago Press, 1987.

Strabo. *Geography.* (trans. H.C. Hamilton, ed.). W. Falconer, M.A., London. George Bell & Sons. 1903. www.perseus.tufts.edu＞hopper＞text

Taylor, Thomas. *A Dissertation on the Eleusinian and Bacchic Mysteries.* London: 1791.

The Orphic Quest for the Hidden God – Grethexis https://www.grethexis.com/the-orphic-quest-for-the-hidden-god/

Thucydides. R. B. Strassler (ed.). The Landmark Thucydides, New York: Free Press, 1996.

Tremlin, Todd. *Minds and Gods: The Cognitive Foundation of Religion.* New York: Oxford University Press, 2006.

Tylor, Sir Edward Burnett. *Anthropology: An Introduction to the Study of Man and Civilization* (Poland: Palala Press, 2015).

Vernant, J. P. (trans. Paula Wissing). "At man's table: Hesiod's foundation myth of sacrifice." in Marcel Detienne & J. P. Vernant. *The Cuisine of sacrifice among the Greeks.* Chicago: University of Chicago Press, 1989.

Xenophon. *Memorabilia,* (trans. & ed.)E. C. Marchant MA: Harvard University Press, 1923. www.perseus.tufts.edu＞hopper＞text＞

Xenophon. *Symposium.* (trans. & ed.), E. C. Marchant, Cambridge: MA: Harvard University Press, 1979. www.perseus.tufts.edu＞hopper＞text

Xenophon. *The cavalry? Commander,* (trans. & ed.), E. C. Marchant, Cambridge, MA: Harvard University Press, 1920. www.perseus.tufts.edu＞hopper＞text

Zaidman, Louise Bruit, and Pauline Schmitt Pantel. *Religion in the Ancient*

Greek City. New York: Cambridge University Press, 1993.

Zuntz, G. *Persephone: Three essays in religion and thought in Magna Graecia*. London: Clarendon Press and Oxford University Press, 1971.

그리스 신화와 종교

명인문화사 정치학 관련 서적

한국의 중견국 외교
손열, 김상배, 이승주 외 지음

자본주의 Coates 지음 / 심양섭 옮김